미완의 독일통일

이 총서 발간은 독일 외무부 재원으로 DAAD에 의해 재정 지원됨.

독일유럽연구총서 제6권

미완의 독일통일

독일통일 30년을 돌아보며

중앙대학교 독일유럽연구센터 기획

김면회·김영찬·김호균·류신·마이케 네도·배기정·백민아·베티나 에프너
볼프강 엥글러·신광영·안성찬·이동기·조성복 지음

한울
아카데미

| 차례 |

2부
정치·경제적 통합의 상처

3부
사회·문화적 통합의 후유증

제2차 세계대전 후 독일은 40년 이상 동·서독으로 분단된 상태였다. 하지만 냉전의 종식이라는 세계사의 변화와, 서로 체제는 달랐지만 교류와 협력이라는 동·서독 내부의 노력을 통해 1990년 10월 3일 독일은 통일을 달성했고, 한 세대의 세월이 지났다. 독일통일 30년에 대한 결산은 일단 성공적이라고 보는 견해가 지배적이다. 한 여론조사 결과에 따르면 응답자의 80%가 독일통일을 역사적 성공으로 평가했다. 또 여러 가지 지표는 동·서독 지역[1] 시민의 삶의 질이 향상되었고, 정치적 환경이 개선되었으며, 사회·문화적으로 점점 더 동질화되고 있음을 보여준다.

그러나 독일통일에 대해 이런 긍정적인 시각만 존재하는 것은 아니다. 통일 후 벌써 30년이 훌쩍 넘었지만, 분단의 흔적은 여전히 독일의 정치, 경제, 사회 영역에 그대로 남아 있기 때문이다. 통일독일의 중앙에서 활동하는 동독 출신 엘리트 정치인의 수는 현저히 부족해 동독인들의 좌절감은 여전히 크고, 동독지역의 경제 상황이 과거에 비해 나아지기는 했으나 서독지역과

---

1) 서독지역(West)은 구서독지역 또는 구연방주, 동독지역(Ost)은 구동독지역 또는 신연방주로 혼용되고 있다. 이뿐 아니라 'Alternative für Deutchsland'도 독일대안당, 독일을 위한 대안(당), AFD가 혼용되고 있다. 연구자마다 사용하는 기준이 조금씩 달라 부득이하게 통일하지 않고 그대로 두었음을 밝힌다.

비교해 상대적 무력감이 팽배하며, 동·서 지역 간의 사회적 통합은 아직도 요원하다. 독일에는 아직도 두 개의 사회가 존재하는 셈이다. 특히 동독지역 시민 다수는 사회발전 면에서 오히려 후퇴했다고 느끼기도 한다. 이렇듯 동독지역에서는 통일과 그에 따른 갑작스러운 체제 변혁이 발전을 위한 긴 여정의 시작에 불과했다. 또 그러한 변화에 적응하기 위해 기나긴 고난의 시간을 보내야 했고, 그 과정에서 갖가지 도전과 쟁점에 부딪혀야 했다.

통일 후 정부와 시민사회의 수많은 동화 또는 균등화 노력에도 불구하고 '동독지역(Ost)'과 '서독지역(West)'은 독일에서 언제나 범주를 나누는 중요한 기준이다. 예를 들어 생산성, 사회간접자본, 소득, 재산분배, 인구구조 또는 선거 행태 등 다양한 경제적·사회적 통계자료의 수집에서 서독지역과 동독지역이라는 지표는 항상 분명한 구분점이 된다. 이 경우 서독지역의 통계치는 대부분 정상적인 상태로 인식되는 반면, 동독지역의 수치는 매번 무엇인가가 결여된 이질적 수치로 취급된다.

통일 이후 매년 10월 3일이면 독일 정부와 국민은 평화적이고 민주적으로 달성한 독일통일을 기념하고 있지만, 일반 시민의 '머릿속의 장벽(Mauer in den Köpfen)' 문제는 여전히 해소되지 않고 있다. 또한 극우주의 세력이 성장하면서 다시금 국가 분열 현상이 중요한 이슈로 떠오르고 있어 이를 극복하려는 논의를 중단할 수 없는 상황이다.

통일 25주년과 30주년, 이 5년의 시차를 두고 독일 내에서도 엇갈린 평가가 나오고 있다. 2015년 10월 3일에 열린 통일 25주년 기념식은 그동안의 연례행사 가운데 가장 축제 분위기 속에 거행되었다. 당시 연방대통령 요하임 가우크(Joachim Gauck)는 이제 독일이 통일 이후 직면했던 수많은 난관과 역경을 극복하고 완전한 통일에 이르렀다고 선언했다. 하지만 불과 4년 뒤 베를린장벽 붕괴 30주년 기념식은 독일통일 25주년 기념식과는 뚜렷이 대조되는 우울한 분위기에서 진행되었다. 가우크의 후임 프랑크-발터 슈타인마이어(Frank-Walter Steinmeier) 연방대통령은 "과거의 장벽은 존재하지 않지만 새로운 장벽들, 즉 좌절, 분노와 증오의 장벽들, 눈에 보이지 않지만 우리를 갈라놓고 있는 침묵과 소외의 장벽들이 생겨났다"라고 우려를 표했다.

독일통일은 가장 먼저 정치적 통합이 이루어졌고, 이후 20~30년에 걸쳐 경제적 통합이 추진되었으며, 끝으로 사회적 차원의 통합이 진행 중이다. 그런데 '머릿속의 장벽'이라는 말이 암시하듯이 독일 사회는 사회·문화적 차원의 통합에서 큰 어려움을 겪고 있다. 독일통일은 통일을 염원하는 한국인에게 하나의 중요한 모델이 되어왔다. 그러나 독일이 통일된 지 이미 30년이 넘었지만, 독일통일과 관련해 아직 잘 알려지지 않았거나 일부 오해가 있는 부분도 존재한다. 또한 세월이 흐르면서 독일 내에서도 통일에 대한 인식이나 평가가 달라지고 있다. 이런 점들은 한반도의 미래를 설계하는 데 중요한 시사점을 주기도 하지만, 한반도의 미래 설계를 더 어렵게 만드는 측면도 있다.

중앙대학교 독일유럽연구센터에서는 베를린장벽 붕괴 30주년과 독일통일 30주년을 맞이하여 세 차례에 걸쳐 독일과 한국의 전문가를 초대해 국내 및 국제심포지엄을 개최했다. 2019년에는 '동독혁명과 베를린장벽 붕괴'라는 주제로 국제심포지엄을 열었으며, 한겨레경제사회연구원·한겨레통일문화재단과 공동으로 다섯 차례에 걸쳐 '독일통일, 이룬 것과 잃은 것'이라는 주제로 '열린토론회'도 개최했다. 또한 2020년에는 '독일통일 30주년과 한반도'라는 주제로 국제심포지엄을 열었다. 이 책은 여기서 발표된 글을 모아 책의 성격에 맞게 수정·보완한 것이다. 독일과 한국의 전문가들이 베를린장벽 붕괴 이후 독일통일의 의미와 정치적, 경제적, 사회·문화적 통합 과정에서 불거진 갈등과 문제점, 한반도에 주는 시사점이 무엇인지를 톺아보았다.

독일통일을 현장에서 직접 경험한 베를린 예술대학의 볼프강 엥글러(Wolfgang Engler) 교수, 베를린장벽재단의 베티나 에프너(Bettina Effner) 부단장, 저널리스트 마이케 네도(Maike Nedo)가 통일 30년을 성찰했으며, 한국에서는 중앙대학교를 주축으로 오랫동안 독일문제를 연구해 온 여러 대학의 교수들이 독일통일과 이후 통합과정을 분석한 글을 각 주제에 맞게 3부로 구성했다.

1부 '무너진 장벽과 세워진 장벽'에서는 1990년 통일과 함께 기존의 장벽은 무너졌지만, 이후 시간이 흐르면서 통일독일 곳곳에 보이지 않은 장벽이 새로이 세워졌다는 의미에 대해 논의한다. 독일통일 30주년을 기점으로 통일에 대한 평가가 긍정에서 일부 부정적으로 바뀐 배경과 여전히 불투명한 통일독일의 미래를 독일인의 시각과 한국인의 시각으로 분석한다.

1장에서는 독일통일 30년이 되었지만, '서독과의 동화 없는 경제 회복'이 '정치적 좌절감'과 상응해 포퓰리즘이 자라나는 현상에 주목한다. 통일 직후 급진적으로 진행된 체제 변화는 동독인들에게 정치적 기본권의 확대라는 선물과 함께 사회경제적 기반의 상실이라는 아픔도 남겼다. 이와 같은 이중적 경험을 한 동독인들의 입장은 민주주의에 대한 의구심과 극우 세력에 대한 지지로 표출되고 있다(볼프강 엥글러).

2장에서는 독일통일 후 30년 동안 동·서독 간에 어떠한 변화와 차이가 생겼는지를 살펴보고, 그러한 차이가 독일통일을 바라보는 역사적 관점을 어떻게 형성하고 변화시켰는지를 알아본다(베티나 에프너).

3장에서는 여러 지표를 중심으로 통일 30년을 맞은 시점에 불거진 '머릿속의 장벽' 논쟁의 전개 과정과 주요 쟁점을 살펴봄으로써 통일독일이 아직까지도 '정신적 통합(mentale Einheit)'을 이루어내지 못했음을 강조한다(안성찬).

4장에서는 동독 주민의 시각으로 독일통일을 평가하고, 동·서독 주민들이 차별과 소외를 극복할 수 있는 길을 탐색한다. 이는 남·북한의 평화적 협력 관계와 남·북한 주민들의 상호 이해에도 중요한 함의를 지닌다(이동기).

2부 '정치·경제적 통합의 상처'에서는 독일통일이 정치·경제통합 과정에서 어떠한 갈등을 겪었으며, 특히 동독지역의 정치·경제적 지형이 어떻게 변모해 갔는지 심층적으로 살펴본다.

5장에서는 제2차 세계대전 이후부터 현재까지 진행된 독일 정치 지형의 변화를 정당체제를 중심으로 추적해 동독지역의 정치적 위상과 정치적 선택의 의미, 정치 지형의 추이와 현황을 집중적으로 분석한다(김면회).

6장에서는 독일의 통일 과정을 독일 정당, 독일 연방정부의 통일 정책 및 주변국 정책을 중심으로 자세히 살펴보고, 독일의 사례가 왜 한반도 통일의 모델이 되기에 어려움이 있는지 밝힌다. 그래서 독일통일의 경로를 우리가 그대로 따라갈 수는 없지만, 그럼에도 불구하고 독일의 통일 경험이 한반도에 주는 시사점이 무엇인지를 정치적·외교적 관점에서 분석한다(조성복).

7장에서는 동독의 사회주의 경제가 사회적 시장경제로 전환하는 과정에서 불가피했던 소유권 '개혁'을 실시하면서 연방정부가 보인 이데올로기적 경직성으로 인해 부담해야 했던 막대한 통일 비용에 대해 살펴본다. 아울러 정치적 결정에 따른 통화통합이 초래한 다양한 경제 비용을 분석한다(김호균).

8장에서는 신연방주의 재건과 동·서독의 경제적 균형을 이루기 위해 독일 정부가 지난 30여 년간 전개한 경제정책적 전략의 변화상을 추적한다(김호균).

9장에서는 독일 정부에서 발행하는 독일통일 「연차보고서」, 통독 '30년위원회'의 종합보고서, 독일정치교육센터(bpb) 등이 공동으로 발행하는 "Datenreport"와 같은 포괄적인 보고서와 할레경제연구소(IWH) 등 주요 경제연구소의 발간자료를 비롯해 연방통계청 등의 각종 통계를 폭넓게 활용해 동·서독 지역 간의 경제통합, 수렴 상황을 다각도로 분석·소개한다(김영찬).

10장에서는 동독지역이 국가사회주의에서 시장자본주의로 변화하는 과정을 동유럽 국가의 사례와 비교해 설명한다. 특히 유럽의 경제적 전환, 정치적 전환, 사회·문화적 전환을 분석해 동독의 체제전환(transformation)이 이행(transition)이라는 단절적 변화를 의미하는 대단히 예외적인 사례임을 밝힌다(신광영).

3부 '사회·문화적 통합의 후유증'에서는 체제 격변기를 거치며 동독인들이 직면한 현실, 즉 그들의 현재가 갑자기 낯선 과거로 전락하거나, 그들의 삶의 이력이 부정된 독일통일의 후유증을 개인의 경험과 소설, 영화 등을 통해 살펴본다.

11장에서는 동독 출판사에 근무했던 독일 저널리스트의 글을 통해 통일 이후 동독지역의 출판사가 어떤 방식으로 몰락의 길을 걸었는지 알아본다. 동독지역의 유서 깊은 출판사마저 문을 닫으면서 동독적 주제와 관점이 문화정책 분야에서 동등하게 다루어지지 않는 결과를 낳았다고 강조한다(마이케 네도).

12장에서는 2021년 이호철통일로문학상을 수상한 동독 출신의 유명 작가 예니 에르펜베크(Jenny Erpenbeck)의 소설 『늙은 아이 이야기(Geschichte vom alten Kind)』를 통해 급변하는 동독지역의 시대상과 그로 인한 동독인의 당혹감을 성찰한다. 이 글에서는 마술적 리얼리즘 문체로 근대의 주체 개념을 비판하는 작가의 문제의식에 주목한다(류신).

13장에서는 통일 후 시행된 재산권 반환과 맞물려 겪게 된 '집의 상실'이라는 자전적 체험을 토대로 쓴 예니 에르펜베크의 또 다른 소설 『재앙(Heimsuchung)』을 분석한다. 이 글에서는 20세기 현대사를 배경으로 일어난 동독인들의 비극과 트라우마가 역사 기술과는 차별되는 미시적 관점을 통해 문학적으로 어떻게 기억되고, 어떤 내적 치유의 가능성을 제시하는지 살펴본다(배기정).

14장에서는 토마스 슈투버(Thomas Stuber) 감독의 영화 〈통로들에서(In den Gängen)〉를 분석한다. 특히 영화의 주요 장소인 '대형 마트'를 표현하는 영상기법과 연출 방식을 통해 장소가 내포한 상징적인 의미를 고찰하고, 브루노·마리온·크리스티안의 에피소드를 중심으로 독일통일이 개인의 삶에 어떤 모습으로 형상화되고 있는지 탐구한다(백민아).

독일은 동·서독이 서로 반목하는 관계가 아니었는데도 통일 후 이러한 혼란을 겪고 있는 데 반해 남·북한은 오랜 시간 대립과 반목의 세월을 이어왔고, 이런 관계 속에서 통일을 모색해야 한다. 남한의 시선뿐 아니라 북한의 입장도 고려해야 한다. 남한의 이익만을 생각하는 통일은 생각하기 어렵다.

남·북한의 분단이 80년 가까이 이어지면서 민족적 동질감은 점점 더 퇴색하고 있다. 남쪽에서는 반복되는 정권교체로 인해 대북정책의 일관성이 무너지고 있다. 특히 20·30세대가 보수화되는 경향을 보이면서 사회 전반에서 통일에 대한 관심이 줄어들고 있는 것으로 보인다. 여기에 더해 북한의 핵 문제는 남·북한 갈등의 주요 원인이 되고 있다. 북쪽에서도 남북 관계 개선보다 북미 관계 개선에 더 신경을 쓰는 것 같다. 미국과 중국 간의 대립이 점점 더 격화하면서 한반도 문제는 우선순위에서 밀리고, 남·북한은 불안정한 현상 유지에 내몰리고 있는 셈이다. 이러한 어려움 속에서 우리는 단기적으로 한반도와 동북아의 평화와 안정을 유지해야 하고, 중장기적으로 남북한 관계의 개선과 통합을 모색해야 한다. 그 과정에서 독일통일의 경험은 우리에게 여러 가지 시사점을 제공할 것이다.

　그동안 바쁜 가운데도 중앙대학교 독일유럽센터에서 주최한 국내·국제 심포지엄에 참석하여 발표해 주시고, 이를 정리해 귀중한 원고를 보내주신 여러 선생님들께 이 자리를 빌려 심심한 감사의 말씀을 드린다. 더불어 출판계의 불황에도 이 책을 기꺼이 출판해 준 한울엠플러스(주)의 김종수 사장님과 꼼꼼하게 원고를 읽어준 최진희 씨에게도 감사드린다.

2022년 11월
조성복

1부

무너진 장벽과 세워진 장벽

1

독일통일 30년과 남아 있는 문제들

볼프강 엥글러 | 옮긴이: 손여원·조성복

1. 해방의 역설

동독 주민이 다시 정치권과 언론에서 화두가 되고 있다. 구동독지역(이하 동독지역)이 새로 여론의 관심을 받게 된 배경은 다소 역설적이다. 그 배경에는 네오나치(NSU-Komplex: Nationalsozialistischer Untergrund), 페기다(Pegida), 동독지역의 주 또는 연방 차원의 선거에서 꾸준히 승전고를 울리고 있는 새로운 우파 '독일대안당(AfD: Alternative fur Deutchsland)' 등이 자리하고 있기 때문이다. 2018년 9월 켐니츠에서처럼 대담한 인종차별적 구호를 필두로 한 폭력 시위는 동독인을 향한 비난에 기름을 부었다. 동독 땅에 민주주의가 시작된 지 30년이 되는 해이지만, 아직도 많은 동독인이 통일독일에 안착하지 못했다는 것이다. 거액의 투자와 희망적인 말에도 동독지역에 민주주의, 법치주의, 시민사회의 참여가 불가역적으로 뿌리내릴 수 있도록 할 힘은 없었던 것으로 보인다. 무엇이 문제인가? 혹시 아직도 많은 사람에게 독일민주공화국(동독)의 유령이 나타나는 것인가? 독재가 자신의 치욕적인 종말에 대해 이렇

---

*   이 글은 2019년 11월 8일 저자가 중앙대학교 독일유럽연구센터(ZeDES)의 국제심포지엄에서 발표한 내용을 기반으로 작성했다.

게 늦게나마 복수를 감행하는 것인가?

가치관이나 습관, 정치적 입장에서 지속되거나, 심지어 굳어지고 있는 서독과 동독의 차이를 적어도 다른 시각에서 찾아보고자 한다면 이와 같은 추측에 동의해서는 안 된다. 다니엘 데틀링(Daniel Dettling)은 2018년 11월 10일 ≪노이에 취르허 차이퉁(Neue Zürcher Zeitung)≫의 객원 칼럼에서, 특히 서독 전문가 사이에 퍼지고 있는 혼란에 대해 다음과 같이 표현했다.

> 동독 주민의 상황이 오늘날처럼 좋았던 적은 없다. 동독과 서독 간의 격차는 그 어느 때보다 줄어들었다. 동독의 경제 상황은 꾸준히 나아지고 있다. 2000년 이후 동독의 자산은 75% 성장했다. 독일통일 이후 평균수명은 30년 전보다 약 7년이 늘었다. 생산성, 임금과 연금은 최근 더 빠르게 성장했으며, 실업률도 서독에 비해 큰 폭으로 감소했다. 그런데도 구동독지역에는 무력감이 팽배해 있으며, 정치적 포퓰리즘은 이 무력감을 양분으로 삼아 자라나고 있다. …… 경제부흥은 아직 정치적 좌절감을 잠재우지 못했다.

이 글에서 이런 사실을 상세히 논하려는 것은 아니다. 수많은 경제지표는 경제부흥 과정이 낙관적이지만은 않다는 단면을 보여주고 있으며, 최근 그 속도가 지체되거나 정체되어 있다고 지적한다. 이에 반해 주택과 건물, 도시는 리모델링을 거듭하고 있으며 인프라는 보완되거나 새롭게 구축되었다. 몇몇 기업은 최첨단 생산기술을 통해 경쟁에서 우위를 점하고 있다. 이 경우에 과연 이 모든 것이 누구의 손에 들어가는지, 실제 소유자는 누구인지에 관한 질문을 제기할 수밖에 없다. 동독 주민은 고향의 땅을 거닐면서 낯선 부의 형상을 자주 보곤 하며, 바로 이 형상이 동독 몰락 전에 지켜낸 것과 새롭게 이뤄낸 것에 대한 기쁨을 퇴색시키는 것이다. 동독인은 서독인이 더 많은 재산을 점유하는 현 상황을 흔들지 못할 것이다. 축약하면 '서독과의 동화 없는 경제 회복'이라고 할 수 있으며, 바로 이것이 제한적 조건하에 이루어진 동화 과정이 '정치적 좌절감'과 전적으로 상응하는 여러 원인 중 하나이다.

독일통합 및 이주연구센터(Das Deutsche Zentrum für Integrations- und Migrationsforschung)의 공동 대표 나이카 포루탄(Naika Foroutan)은 2019년 4월 1일 주간신문 ≪디 차이트(Die Zeit)≫와 진행한 인터뷰에서 또 하나의 원인을 다음과 같이 설명했다.

구조적 데이터를 살펴보면 동·서독 간의 차이는 실제로 줄어들고 있습니다. 비록 자산 형성에서 아직 현저한 격차가 존재하더라도, 동독의 실업자 수가 감소하고, 빈곤율이 줄어들고 있습니다. 즉 우리는 사회 전반적으로 상황이 더 크게 개선될수록, 아직 개선되지 않은 사안에 대한 정당한 불만이 더 커지는 현상을 목격할 수 있습니다. 이를 해방이라고 합니다. 또한 이를 통해 점점 더 많은 동독인이 '어떻게 동독이 구조적으로 서독과 가까워지면서도, 문화적으로는 여전히 서독에 속하지 않는다고 간주할 수 있는가?'라는 질문을 제기하는 것입니다.

이런 해방 과정의 역설을 제일 처음 언급한 사람은 알렉시 드 토크빌(Alexis de Tocqueville)이다. 토크빌은 1856년 그의 저서 『앙시앵 레짐과 프랑스 혁명』에서 "가장 억압적인 규율을 마치 아무것도 느끼지 못하는 것처럼 불평 없이 견뎌낸 민족이 그 억압이 조금이라도 줄어들면 격렬하게 이 규율에 저항하는 일은 매우 흔하다"라고 썼다. 이는 오늘날에도 유효한 해석이며, 어중간한 것을 거부하고 언제나 완전한 목표(동독인의 경우 1등 시민으로의 인정)를 추구하는 이 해방의 논리는 지금까지의 성과에 대해 많은 동독인이 품고 있는 불만을 이해하기에 적절하다. 동독 주민에게 새로운 공동체에서 누리는 꽤 안락한 삶을 거듭 보여주는 것, 그들이 감사한 마음을 가져야 한다고 호소하는 것은 현재까지의 성과를 근거로 여성해방운동을 적당히 마무리하려는 시도에 비견될 만큼 비생산적인 일이다. 통일 기념행사의 축사 연설자가 필수적으로 언급하는 이와 같은 내용은 그 목적을 달성하기 어려우며, 따라서 연설문에서 삭제해도 좋을 것이다.

2. 책임의 문제

전체 독일 인구 중 동독인의 비율을 고려했을 때, 정치적으로 새로운 우파의 길을 따르는 동독인의 비율은 현저히 높으며, 극우주의의 늪에서 헤엄치는 이들도 적지 않다. 이 상황을 어떻게 설명할 수 있을까?

이 문제와 관련해 오랫동안 동독에 책임을 전가하고 독일 역사상 나치에 이어 두 번째 독재주의가 남긴 후유증을 그 원인으로 보는 시각이 우세했다. 서독인과 달리 동독인은 1945년 이후 '전체주의 정권'에서 단시간에 새로운 정부로 이행하는 데 어려움이 있었다는 것이다. 이에 따르면 동독인은 '완전히 폐쇄적인 사회'의 폐단에 대내외적으로 적응했고, 명백한 독재주의에 편승하는 집단적 태도를 형성했다. 1989년의 베를린장벽의 붕괴와 이어진 서독으로의 편입 이후 급작스럽게 '개방사회'로 내맡겨진 동독인은 이 급격한 변화를 충격으로 받아들였고, 그 충격에서 헤어 나오기 위해 그들이 가진 정신적 유산에 매달렸다. 그렇게 그들은 서유럽과의 내부적 결속 및 '자유민주적 기본 질서'로의 통합을 방해했다. 새로운 것, 낯선 것과 낯선 이들에 대한 동독인들의 혐오, 공포증, 때로는 은밀하게, 때로는 거리낌 없이 나타나는 인종차별은 그들이 동독 시절부터 짊어진 짐을 버리지 않고 끌고 간 결과이다.

이와 같은 고찰이 사실이라고 가정한다면, 다음과 같은 질문이 바로 쇄도한다. 통일독일로서 함께해 온 지난 30년 동안 동독이 남긴 그 치명적인 유산이 사라지기는커녕, 조금도 약해지지 않은 이유는 무엇인가? 이는 동독인에 대한 새로운 독일사회의 설득력을 겨냥한 질문이다. 마치 관련 연구가 필요하지 않은 것처럼 이 역사의 한 단면을 쉽게 생략함으로써 이 질문을 피해

가고, 동독이 죄악의 유일한 근원이라고 고집스럽게 주장하는 것은 무지 때문이다. 확실히 동독 주민은 1989년까지 윤리·문화적으로 매우 동질적인 사회에서 살았을 것이다. 경제적 세계화, 문화·종교적 다양성의 무대로 향하는 급속한 변화는 이들에게 혼란과 불안을 안겨주었으며, 이는 1990년대 초반에 심화한 저항운동으로 이어졌다. 당시 특히 청소년과 젊은이가 외부인을 적대시하는 시위의 선두에서 활동했던 것은 실제로 동독 시절, 특히 그 마지막 10년에 원인이 있다.

일부 청년은 국가에 대한 저항, 일상이 되어버린 삶의 제한과 간섭에 대한 저항을 분명히 나타내기 위해 급진적 표현의 힘을 빌렸다. 훌리건들은 인종차별적 구호를 외치고, 열차를 약탈하며, 경찰과 몸싸움을 벌였다. 다른 이들은 자신의 좌절감을 좌파 성향 밴드나 환경운동가 탓으로 돌렸고, 나치 상징물로 몸을 휘감고는 공공연하게 '파시스트'처럼 행동했다. 변혁 초기 충돌과 소요 사건의 원인은 (후기) 동독에 뿌리를 두고 있다. 하지만 이 시기에서 벗어나 역사의 시곗바늘을 점점 더 앞으로 돌릴수록, 이렇게 책임을 전가하는 것이 더욱 의문스러워진다. 오늘날 동독 주민의 평균연령은 50세보다 훨씬 낮다. 대다수 주민이 삶의 많은 시간을 격변하는 시대 아래에서 보냈으며, 우익과 극우주의의 신념에 따라 거리로 나섰던 이들이라면 특히 그렇다.

민주주의에 대한 이들의 적대감을 계속 동독 탓으로 돌리는 것은 삼중으로 실수를 범하는 것이다. 먼저 이 주장은 동독 주민이 1989년부터 겪은 경험이 이 현상과 무관하며 동독 이후 삶의 변화가 그들에게 정신적인 영향을 미치지 않았을 것이라고 규정함으로써 동독 주민을 유아화한다. 더 나아가 동독이 남겨놓아 습관처럼 굳어버린 유산의 모순적인 측면을 보지 못하고, 일차원적으로 이를 버려야만 하는 핸디캡이나 거추장스러운 짐 정도로 생각한다. 마지막으로 이 시각은 변화에 뒤따른, 또 수많은 사람을 선로에서 이탈하게 했으며, 일시적·장기적으로 동독인을 2등 시민으로 낙인찍은 그릇된 발전, 부정과 병적 폐단을 정당화한다. 동독에서 우익이 득세하는 원인을 찾을 때 습관적으로 통일 이후의 역사를 감추는 것은 이해관계에 따른 것이며, 저속한 이데올로기이다.

사실을 알면서도 의견을 내놓기를 겁낸 위선자가 많았다면, 1989년 가을은 절대로 오지 않았을 것이다. 동독이 실제로 주민들의 민주적 기본권리를 빼앗았기 때문에, 그들이 정치적·민주적 자기 결정권에 대한 열망이 그렇게 생생하게 퍼질 수 있었다. 오늘날 자신의 주장을 정당화하려는 이들은 이 변증법적 논리를 부인한다. 1959년 동독을 떠난, 4부작 『국경일들(Jahrestage)』의 저자 우베 욘존(Uwe Johnson)은 이 논리를 알고 있었을 것이다. 그는 1964년 한 인터뷰에서 다음과 같이 말했다.

민주주의 정부에 대한 생각은 민주정치가 이뤄지지 않는 국가에서 한층 더 활기를 띠고, 더 명확한 체계를 갖는다고 말할 수 있다. 민주주의의 결핍은 민주주의의 성격을 더욱 분명하게 결정짓는다. 또한 국가가 개인의 삶에 두드러지게, 또 전방위적으로 개입함으로써 민주주의의 모습이 더 선명하게 나타난다.

인터뷰 전체의 맥락에서 해당 발언을 읽어보는 것을 적극 추천하며,[1] 또한 이 발언은 많은 동독 주민들이 간절히 소망하고 함께 투쟁해 얻어낸 민주주의로부터 마음을 돌린 원인이 무엇인지에 관한 질문과 연관되어 있다.

3. 침묵의 대가

국가와 대중매체는 최근까지도 동독의 사회적 변혁과 그 변혁이 실생활에 가져온 결과의 가감 없고 현실적인 모습을 다루지 않았다. 특히 집권 세력에

---

1) Uwe Johnson, Wo ich her bin…, Roland Berbig·Erdmut Wizisla(ed.)(Berlin, 1994).

게 이 문제는 오랫동안 불편한 주제였으며, 이들은 동독지역의 유권자가 우익 성향을 띠면서 무질서하게 행동하고 나서야 상황의 심각성을 깨달았다. 이제는 사민당의 구동독 옴부즈맨 마르틴 둘리히(Martin Dulig)가 2018년 10월 1일 의회의 기고문에서 언급한 것처럼 뒤늦은 통찰을 얻기 위한 노력이 시작되고 있다. 그는 "통일 후 시간이 흘렀으나, 역사의 청산은 이제야 시작되고 있다. 당시의 변화, 병적 폐단과 부정에 대해 공적으로 논의하지 않았던 것은 중대한 실수이다. 이제는 당시 급진적 시장 개혁의 기조하에 진행된 체제 변화의 형태와 그 실수에 관해 이야기해야 한다"라고 말했다.

2000년부터 수년간 기민당(CDU: Christlich Demokratische Union Deutschlands)의 동독지역 연방의원의 대변인으로 활동했던 귄터 누케(Günter Nooke)는 2019년 3월 3일 ≪디 차이트≫와의 인터뷰에서 과거 정치권이 역사 청산에 실패했다는 사실을 시인하며, 다음과 같이 말했다.

당시에 제가 연방의회에서 연설했던 때가 기억납니다.…… 당연히 저는 동독에 관한 이야기를 했습니다. 동독을 모르는 사람은 동독에 아무것도 요구할 수 없다고 생각했기 때문입니다. 다음 날 저는 당시 주(州) 총리였던 베른하르트 포겔(Bernhard Vogel)을 만나기 위해 튀링겐으로 떠났습니다.…… 포겔주 총리는 이 '동독 카드'를 사용하지 말아달라고 부탁했습니다. 그는 우리가 동독에 관해서 이야기하는 것은 국가의 분열을 지지하는 것과 같다고 생각했습니다.…… 당시의 시대정신이 그랬습니다. 어떤 이들은 통일에 너무나도 감격한 나머지 동독과 서독을 구분하면서 통일을 위협하는 일은 절대 일어나서는 안 된다고 말했습니다.…… 서독인은 과거 동독의 사회주의통일당(SED: Sozialistische Einheitspartei Deutschlands)에 대한 비판은 듣고 싶어 했으나, 동독의 현 상황에 대한 비판은 원치 않았습니다. 오늘날 동독 주민은 자신의 이익이 충분히 대변되지 않고, 자신이 제대로 대우받지 못하고 있다고 생각합니다. 우리 세대는 이 문제를 해결하는 데 실패했으며, 이제는 후세대가 이를 어떻게 풀 수 있을지 고민해 봐야 합니다.

즉 이제는 청산의 청산, 그 편협함과 태만에 대한 청산이 필요하다. 동독 지역의 정치 스펙트럼이 우편향되는 불편한 현실의 진짜 원인을 열거하고, 실수에 대해 논의해야 한다. 둘리히는 사고의 방향을 바꿀 수 있도록 힌트를 주었다. 바로 '급진적인 시장 개혁의 기조하에 진행된 체제 변화'이다. 이는 문제의 핵심을 건드린다. 동독이 겪은 명백한 불행을 규명할 수 있는 중요한 열쇠는 1990년대, 특히 그 상반기에 있다.

4. 자본주의를 향한 과감한 시도

구조적 변화 직후의 시기를 분명히 경험한 대다수 동독인은 오늘날까지도 역사적으로 전례 없는 동독지역의 경제적 벌목(伐木)에 관해 이야기한다. 종업원 5000명 이상의 대규모 사업장 150개 중 145개가, 그것도 연관된 사회, 보건 및 문화 시설과 함께 공중분해 되었다. 동독 전역에서 사람들의 삶이 황폐해지고, 사회적 상호작용이 갑자기 모습을 감췄다. 사회적 교류를 위한 아지트가 문을 닫고, 기차는 종종 지나쳐 갔으며, 버스의 배차 간격은 길어졌고, 동독은 그저 지방도시이며 서독에 의존하고 있다는 감정이 만연했다. 1990년대 초반 수백만 명의 동독인이 그랬듯이, 삶에 대한 계획이 있는 사람이라면 더 먼 곳을 보았다. 일자리를 유지하거나 새로운 일을 찾은 사람은 그것을 기쁘게 여겼고, 그 특권으로 인해 임금협약에 저촉된 고용계약도 기꺼이 감수했다. 그렇게 하지 않을 경우 그들을 기다리는 것은 불안정한 고용, 임시직, 시간제 업무, 보조 업무나 실업, 그리고 시민에서 관청의 고객, 즉 국가보조금의 수령자가 되는 것이었으며, 그러한 문제는 오늘날에도 사라지지 않는 거대한 병적 폐단의 총체였다.

몇 년 안에 동독은 개인의 삶에 한층 가혹하게 손을 뻗치는 거친 자본주의의 실험 무대가 되어버렸다. 당시의 구호는 "어떤 일이든 실업보다는 낫다!", "사회는 일자리를 만들어내는 것이며, 일자리의 질은 상관없다!" 등이었다. 동독에서 학습된 역학관계와 행동 방식이 국가 전체 가치사슬의 패러다임 변화, 즉 참여자본주의에서의 탈피와 이를 대체한 시장 친화적 민주주의의 부상을 끌어냈다는 점에서 동독은 '아방가르드'였다. 이처럼 광범위한 경제적 피해와 사회적 배척은 동독인의 경험을 만들었고, 수십만의 사람이 민주주의에 대해 의심하도록 만들었다. 자본주의의 형태와 기능의 변화가 숨이 멎을 만큼 빠른 속도로 일어났다는 특징을 가진 동독과 동일한 경험을 한 수백만 명의 사람들이 있다. 비록 이들은 변화에 노출된 기간이 더 길고 독재를 단 하루도 겪지 않았다는 점이 다르기는 하지만, 미국의 러스트 벨트(Rust Belt)와 영국 및 프랑스의 기존 산업 단지에서도 마찬가지로 경제와 사회의 대변혁이 일어났으며 그 결과 역시 동일했다. 바로 시민들이 민주주의 기관, 절차와 프로세스에 더해 민족주의 및 세속의 민주주의적 흐름과 정당들의 부상으로부터 소외되었다는 것이다. 이 모든 결과의 책임을 동독에 돌리는 것은 이론적으로도, 또 실제로도 말이 안 되는 것이다.

5. 민주주의에 대한 이중적 경험

민주적 기본권, 서방과의 결속, 사회적 시장경제, 바로 이 세 축이 1949년 5월 건국 이래 독일 연방정부를 지탱하고 발전시켜 왔다. 헌법제정의회 (Parlamentarischer Rat)는 서방 승전국의 후견 아래 서독을 받아들인 '민주주의 집(das demokratische Gehäuse)'을 준비하고 완성했다. 마찬가지로 전쟁 시기에 계획하고 구상한 경제적 기반은 그 지속 가능성과 발전 가능성을 인정받았으며, 서독의 물질적 생활을 현저하게, 또 계속해서 개선했다. 기적이 이루어진 것은 아니었지만 상황은 꾸준히 호전되었으며, 경제부흥이 지속할수록 전체적으로 일이 잘 이루어지고 있다는 느낌이 확고해졌고, 그렇게 사람들은 새로운 공동체의 정치적·법적 환경에 서서히 적응해 갔다.

1990년 이후 양 독일의 통합 과정 시나리오는 이와 같은 일련의 사건을 완전히 뒤바꿔 놓았다. 이때 민주주의는 아래에서부터 쟁취되었으며, 통일은 다수의 지지를 받았고, 온갖 이의와 의구심에도 계속 추진되었다. 동독의 궐기가 추구한 주요 목표가 달성되고 누구에게나 기본권과 기본적인 자유가 보장되자마자, 수백만 동독인이 경제적·사회적 기반을 잃었다. 정치·법률적 결정권의 획득은 사회경제적 결정권의 손실과 함께 나타났다. 동독인의 활동 기반이 힘을 잃어갔고, 바로 이 때문에 활동 영역에 대한 정체성이 파괴되었다. 이 근본적인 모순을 인식하지 않는 한, 그 이후의 전반적 전개 과정을 이해하기는 쉽지 않다.

만약 민주주의 친화적인 좌파당 의원들의 실망과 분노가 멈추지 않았더라면 1990년대 전반기의 자기 주장권을 위한 치열한 투쟁을 이해할 수 없으며, 1990년대 후반기에 싹튼 훨씬 더 불쾌한 방식으로 표현되었을 반민주주의 정서를 이해할 수도 없을 것이다. 2015년 난민 위기에 이르러서야 비로소 이 목적 공동체는 피해를 보았으며, 이 피해가 계속될지는 지켜볼 일이다. 그 이후 절망하고 분노한 이들 중 일부는 정치적 극우파에게 항의를 표명했다. 이제 그들은 '체제'와 그 기반 계층에 대한 총체적 청산에 착수했다. 신탁 정책, 하르츠법안(Hartz-Gesetze), 구제금융, 난민에 대한 국경 개방 등 모두 이들의 참여 없이 결정되었고 발효되었다. "그만, 이제 우리가 이야기한다"라는 외침이 나오는 이유이다. 그리고 갑자기 정치인, 기자, 학자들이 동독에서 잘못된 것이 무엇인지 알아내기 위해 그들이 오랫동안 경시해 온 동독으로 몰려가고 있다. 지금까지 소외당하던 이들은 이렇게 말한다.

그렇다면 우리가 제대로 한 것이다. 우리의 급진적 운동의 목표는 바로

우리가 처한 상황, 이곳에 만연한 비참함을 모두가 인식하도록 만드는 것이
었다.

6. 동독을 교훈으로 삼다

변혁의 시기 초반의 대혼란이 낳은 충격의 파장은 오늘날까지 지속하고
있으며, 경제적 벌목(伐木), 이주, 인프라의 황폐화, 고령화, '남아 있는 인구'
의 남성화와 같은 현 상황에 대해 평가를 요구한다. 모든 동독지역이 이에 해
당하는 것은 아니지만, 대부분이 그렇다. 매년 후세대에게는 '남을 것인가,
떠날 것인가?'라는 어려운 질문이 제기된다. 그리고 동독의 주요 지역은 이
질문에 익숙한 방식으로 답한다. 활동가, 야망가, 청년, 우수한 대학의 졸업
장을 받은 이들은 고향을 떠난다. 이들의 이탈은 사회의 중산층, 즉 민주주의
가 이룬 성과 그 자체를 지킬 책임이 있는 이들을 약화한다. 동독의 중산층은
말하자면 '선천적으로' 서독의 중산층보다 취약하고 사회적 몰락 위기에 노
출되어 있으며, 이는 이들의 자원이 현저히 부족하기 때문이다. 더 나아가 이
런 대규모 탈출은 동독인의 정치적 집결을 어렵게 만든다. 종종 동독의 중산
층은 극우주의 세력의 시위에서 패배할 수밖에 없는 위치에 서 있다. 이들 중
일부가 극우주의 시위에 합류하는 경우도 드물지 않다.

이 우파운동의 대변자, 지지자, 참여자는 동독 중산층과 시민사회의 취약
점으로부터 끌어낼 수 있는 그들의 강점에 대해 잘 알게 될수록 더욱 자신 있
게 모습을 드러낸다. 이 세력에 적극적으로 대항하는 사람들이 동독에서 더
많이 이탈할수록, 이들이 동독의 선거구와 지자체에서 차지하는 정치적 무게
는 더 커진다. 이는 더 나아가 우파의 득세를 참을 수 없는 사람들이 '탈출'하
도록 종용하는 마지막 계기가 되며, 그렇게 악순환이 계속된다. 2019년 5월
2일 ≪디 차이트≫의 광범위하고 상세한 동·서독 이주 관련 기사는 이 악순

환에 대해 남아 있는 의심을 해소했다. 이탈 규모가 더 커질수록 정치색은 독일대안당을 지지하게 된다는 것이다. 이 문제에 대해 동독에 이의를 제기하는 것은 상관관계를 명백히 이해하는 데 전혀 도움이 되지 않는다.

이 딜레마로부터 얻은 교훈은 매우 간단하며, 이성적으로 생각한다면 누구나 이해할 수 있다. 동독에서 1990년 이후 진행된 것과 같은 광범위하고 급진적인 사회 재건은 먼저 해당 지역 주민의 자원과 힘을 키워주어야 한다. 빠르게 진행된 동독인의 사회경제적 해체는 일어나지 말았어야 할 불행이며, 이제 어디에서나 볼 수 있는 그 불행의 가지는 국가 전체에 걸쳐 영향을 주고 있다. '실천하는 삶(Vita activa)'은 민주주의의 어머니이다. 바로 이 정신, 가장 선두에서, 고유한 자산으로, 고유의 힘으로 함께 참여하는 태도는 통일의 중심 과업인 민주주의의 자유를 성취하자마자 너무나도 빈번히 힘을 잃었다.

P. S.

이 글에 서술된 내용을 잘 활용할 수 있다면, 큰 도움이 될 것이다. 새로운 우파, 즉 독일대안당의 부상은 현재까지도 계속되는 사회의 재정치화(Repolitisierung)에 영향을 미치고 있다. 투표율이 상승하고, 정당들의 성격이 분명해지고, 현재 여론을 형성하는 점점 더 세분된 채널은 정치적 의견의 양극화를 심화하는 동시에 그것을 강화하고 있다. 직접 견해를 밝혀야 한다는 압박이 커지고 있다. 정치적 사건의 목격자가 행위자가 되고 있다. 이러한 모습은 과거의 억압적인 상황보다는 나은 것이다.

예전부터 극우주의 세력은 사회에 만연한 불쾌감의 진짜 원인을 은폐하는 방법을 알았고, 앞으로도 이를 건드리지 않을 것이다. 극우주의를 선택하는 것은 자본의 지배와 극심한 사회적 불평등의 존립하에 민주적 구조를 전복하는 선택과 같다. 누구나 이것을 알 수 있다. 많은 이들이 이를 알고 있다. 그리고 그들의 정당한 분노를 표현하기 위해 문제가 있다는 것을 알면서도 행동한다. 이것이 그들의 예민한 급소이다. 그들이 품은 불쾌감의 진짜 원인을 건드릴 용기(와 구상)를 가진 사람이라면 그 점을 이용해 문제 해결에 나설 수 있을 것이다.

결속보다 분열?
장벽 붕괴 30주년, 독일통일 현황과 쟁점

베티나 에프너 ‖ 옮긴이: 김은비·조성복

1. 머리말

2019년 11월 9일은 독일이 1989년 베를린장벽이 붕괴한 지 30주년을 맞는 역사적인 날이었다. 이날을 기념해 많은 곳에서 행사가 개최되었다. 수도 베를린에서는 독일 연방총리 앙겔라 메르켈(Angela Merkel)과 연방대통령 프랑크-발터 슈타인마이어(Frank-Walter Steinmeier), 폴란드 대통령 안제이 두다(Andrzej Duda), 슬로바키아 대통령 주자나 차푸토바(Zuzana Čaputová), 체코 대통령 밀로시 제만(Miloš Zeman), 헝가리 대통령 야노시 아데르(János Áder) 등 중부 유럽 4개국(비셰그라드 4개국) 정상이 참석한 가운데 기념식이 개최되었다(SZ, 2019. 11.9). 이렇듯 30주년은 정계 최고위급 인사의 축하 속에 기념되었으며 이미 수개월 전부터 수많은 이들의 화젯거리가 되어, 특히 집중적으로 언론 보도의 대상이 되었다. 이러한 관심은 우선 독일이 장벽 붕괴 25주년을 맞이했던 2014년의 기억을 불러일으킨다. 당시에도 베를린은 강한 상징성과 더불어 각고의 노력을 들여 기획된 축제의 주 무대였다. 과거의 국경선을 따라 수천 개

---

* 이 글은 2019년 11월 8일 저자가 중앙대학교 독일유럽연구센터(ZeDES)의 국제심포지엄에서 발표한 내용을 기반으로 작성했다.

의 풍선이 빛을 내며 하늘로 날아가는 모습은 장벽이 평화롭게 극복됐다는 사실을 상기시켰다. 해당 사실에 대해 클라우스 보베라이트(Klaus Wowereit) 당시 베를린 시장은 독일인이 "여전히 자랑스러워하고 기뻐하고 있다"라고 언급했으며, 메르켈 총리는 장벽의 극복을 "더 나은 방향으로 상황을 전환할 수 있었던" 1989년의 중대한 경험으로 보았다(*FAZ*, 2014.11.9). 하지만 자세히 들여다보면, 특히 기념일의 분위기와 메시지 측면에서 2014년과 2019년 사이에 분명한 차이가 있음을 알 수 있다. 예컨대 통일 30주년의 분위기는 5년 전처럼 긍정적이지 않았고, 오히려 모호하고 비판적인 인상이 주도적이었다.

1989/1990년 베를린장벽 붕괴와 독일통일의 격변을 바라보던 관점 또한 바뀌었다. 과거와 비교해 2019년 통일 기념일의 초점은 지난 결과를 평가하는 데 맞춰졌다. 이에 따라 주 관심 대상은 장벽 개방 사건 자체에 대한 회고가 아닌, 저널리스트 율리아 엥케(Julia Encke)가 표현했듯이 "11월 9일이 우리에게 미친 영향"에 대한 평가였다. 엥케에 따르면 당시 그들이 원했던 바는 무엇이었으며 이를 통해 어떤 결과가 초래되었는지야말로 오늘날 독일인이 걱정 어린 시선으로 보고 있는 문제이다(Encke, 2019.10.13). 문제의 시급성이 대두된 것은 1989년 급작스럽게 달성 가능성을 보인 사항 중 상당수가 현재의 발전 양상으로 인해 좌절되었기 때문이다. 그렇게 장벽 붕괴가 일깨운, 통일독일과 단결된 평화로운 유럽에 대한 희망은 실현되지 않았다. 2019년 10월 말 영국의 유럽연합(이하 EU) 탈퇴, 즉 '브렉시트'를 통해 최근 EU의 취약성이 분명하게 드러났다. 폴란드와 헝가리 정부의 정책에 대해 다른 유럽 국가들은 이미 오래전부터 삼권분립과 표현의 자유와 같은 민주주의의 기본 원칙이 훼손되는 것이 아닌지 우려해 왔다. 독일의 상황 또한 최상은 아닌 것으로 보인다. 예컨대 독일의 주간지 ≪디 차이트(Die Zeit)≫에 따르면, 원래 2019년은 기쁨의 해이다. "그러나 동시에 독일은 그 어느 때보다 분열되어 있으며, 동독인과 서독인은 때때로 더는 서로를 이해하지 못한다는 느낌을 받기도 한다"라고 설명했다.[1] 이 때문에 필자는 이 글의 제목을 '결속보다 분열?'로 정

했고, 이를 통해 베를린장벽이 붕괴한 지 30년이 지나는 이 시점에 독일통일 현황과 관련해 다음과 같은 쟁점을 다루고자 한다(SZ, 2019.11.6). 동독과 서독 간에는 어떤 차이가 관찰되었고, 여기에는 어떤 중요성이 부여되었으며, 어떤 평가가 내려졌는가? 차이에 대한 발견은 1989/1990년 격변의 시기를 포함해 그 이전과 이후 몇 년간의 역사를 바라보는 관점을 어떻게 형성하고 변화시켰는가? 이와 관련해, 이 글에서는 정치, 언론, 학문적 담론에서 언급된 내용을 인용할 것이다.

2. 사회경제적 차이

동·서독 사이에 차이가 확인된 주요 분야는 사회경제 분야로(Eubel et al., 2019.10.3 참고), 임금격차는 여전히 존재했다. 평균적으로 동독 근로자는 동일한 자격을 갖추고 있지만, 서독보다 약 17% 적은 임금을 받았다. 동시에 동독 근로자의 근로시간은 서독 근로자보다 길었다. 부의 분배 또한 동독 거주 가정에 불리하게 시행되어 동·서독 간에 명백한 차이를 보였으며, 특히 서독에 비해 동독 내 부동산 소유주는 현저히 적었다.[2] 반면 연금 부문은 비교적 차이가 크지 않았다. 예컨대 표준연금의 경우, 서독과 동독의 차이는 월 약 50유로에 그쳤다. 그렇지만 동독 고령층의 상황은 좋지 않았다. 이들의 소득은 평균 이하였고, 아직 표준연금 수령 수준에 도달조차 하지 못했으며,

---

[1] ≪디 자이트(Die Zeit)≫는 관찰된 해당 양상을 12편으로 구성된 '에르클레르 미르 덴 오스텐(Erklär mir den Osten: 내게 동독을 설명해 줘)' 시리즈의 출발점으로 삼았으며, 시리즈 각 편에 대한 논평 형식으로 글을 게재했다. 그 사례로 아네 헨니히(Anne Hähnig)의 "Wer ist eigentlich mein Vermieter?"(Die Zeit, 2019.8.29) 참고.

[2] 가구당 순자산의 중간값의 경우 구연방주(서독지역)가 신연방주(동독지역)보다 4배가량 높다.

게다가 기업연금과 같은 추가 소득도 낮았기 때문이다. 실업률의 경우, 2019년 9월 동독과 서독은 각각 6.1%와 4.6%를 기록했다. 당시 경제적 생산성 측면과 관련해 동독은 서독 경제력의 75%를 달성했다(Eckert, 2019.6.13).

이러한 사실은 통일 30주년을 맞아 형성된 공론에서 서로 상이하게 평가되었다. 기민/기사당과 사민당의 대연정은 특히 지속적인 격차 해소와 관련해 긍정적인 발전 양상이 나타나고 있다는 것을 강조했다. 이들이 추구했던 기본 원칙은 동독의 경제 회복이었다. 실업률은 이에 대한 핵심 지표 역할을 했으며, 실제로 2000년대 초반 이래로 동독에서 급격한 하락세를 보였다(Hirte, 2019.9.25; Bundesministerium für Wirtschaft und Energie, 2019: 12). 역사학자 프랑크 뵈슈(Frank Bösch) 같은 정치권 외부의 관측자 역시 동·서독 간의 동화를 강조하고 양측의 차이를 상대화했다. 다른 동유럽 국가들의 경우와 비교해 동독의 상황은 비교적 좋은 편이었다고 뵈슈는 주장했다(Der Tag mit Frank Bösch, 2010.9.27). 이에 대해 역사학자 필리프 테르(Philipp Ther)는 동유럽의 관점에서 비판적인 입장을 취했다. 예컨대 체코는 이른바 '형제국'의 지원 없이 자립해야 했지만, 동독만큼이나 강한 경제력을 획득했다는 것이다. 이를 고려할 때 통일 후 25년간 서독이 동독에 지급한 약 1조 6000억 유로 상당의 이전지출의 결과는 실망스러웠다. 이에 대해 테르는 "이전지출의 규모를 감안할 때 예상했던 것만큼 효과를 거두지 못했다는 점은 명백하다"라고 요약했다. 경제체제가 계획경제에서 시장경제로 빠르고 급진적으로 전환된 까닭에 동독의 많은 도시와 지역이 직면했던 심각한 구조적 단절은 해당 자금으로 완화할 수 없었다. 그리고 이 단절은 오늘날까지도 극복되지 못했다고 테르는 설명한다(Ther, 2019.9.26).

이와 같은 부정적 결과는 오늘날의 관점에서 볼 때 1990년 이후의 상황을 경제정책 결정과 그 주체의 행동이 얼마나 효율적이었는지, 과연 다른 방안은 없었는지 등에 대해 매우 비판적인 시각으로 검토해야 한다는 것을 시사했다. 해당 사항에 대해 테르는 사유화의 급진적 실행이 결코 불가항력적인 것은 아니었다고 주장했다. 반면에 1989/1990년에 연방 내무장관을 지낸 볼프강 쇼이블레(Wolfgang Schäuble) 연방의회의장이 2019년 10월 3일, 독일통일의 날을 맞아 역설한 바는 달랐다. 그는 당시 동·서독 정부가 합의했던 경제통화동맹을 포함해 신속한 통합을 이루기 위해서는 "결국 다른 대안은 없었다"라고 설명했다(Schäuble zum Tag der Deutschen Einheit, 2019.10.3). 나아가 이러한 결과에 대한 현재의 평가는 새로운 연구의 자극제가 되었다. 예를 들어 시카고대학에 재직 중인 우프크 액시깃(Ufuk Akcigit) 경제학 교수는 2019년 9월 말 독일의 가장 중요한 학술상 중 하나를 받았다.[3] 이 교수는 수상을 위해 독일에 머무는 동안 '동독 경제가 오늘날까지도 서독 경제보다 뒤처지는 이유와, 신탁청이 여기에 어떤 역할을 했는지'에 대해 조사할 계획이었다(Spätfolgen der Treuhand, 2019.9.19).[4] 신탁청은 가능한 한 신속하고 광범위하게 동독의 기업들을 계획 경제에서 시장경제로 전환하기 위해 1990년에 설치된 기관이다. 당시 연방 재무장관 테오 바이겔(Theo Waigel)에 따르면, 신탁청이 1994년까지 민영화한 기업의 수는 1만 4500개를 상회한다(Ausgewählte Aspekte zur Treuhandanstalt, 2019.6.17: 문서번호 WD 1-3000-013-19, p.4). 이 수치는 여타의 수치보다 동독 전환 과정의 성패를 명확히 보여주는 지표 역할을 한다.[5]

---

3) 액시깃은 거시경제학 분야에서 뛰어난 업적을 인정받아 '막스 플랑크 훔볼트 연구상'을 수상했다. www.mpg.de/max-planck-humboldt-forschungspreis-2019(검색일: 2021.5.1).

4) 2017년 이미 뮌헨의 독일 현대사연구소(das Münchner Institut für Zeitgeschichte)가 신탁청의 구조와 업무 수행 방식을 조사하기 위해 폭넓은 연구 프로젝트에 착수한 바 있다. www.ifz-muenchen.de/aktuelles/themen/geschichte-der-treuhandanstalt 참조(검색일: 2021.5.1).

5) 신탁청은 2019년에도 거듭 언론 보도의 주제로 다뤄진 바 있다. Adler(2019.9.15); Reuss(2019.10.2); Richter und Ludewig(2019.11.9) 참조.

3. 문화·심리적 및 정치적 차이

앞서 간략히 언급한 사회경제적 차이는 장벽 붕괴 30주년을 기념해 형성된, 동·서독 간의 차이에 대한 공개적 논의에서 다뤄진 측면 중 하나일 뿐이며, 가장 큰 논란을 불러일으킨 것은 아니다. 앞서 인용한 바 있는 포츠담 대학 프랑크 뵈슈 역사학 교수의 주장으로는, 예컨대 임금격차보다 결정적이었던 것은 '정치문화와 인식의 분열'이었다(Der Tag mit Frank Bösch, 2010.9.27). 저널리스트 슈테판 로케(Stefan Locke)와 마르쿠스 베너(Markus Wehner) 또한 "분단된 공화국(Die geteilte Republik)"이라는 제목의 기사를 통해 동독은 서독과 다른 기준을 가지고 선거에 참여한다고 주장했다(Locke und Wehner, 2019.8.30). 이것이 의미하는 바는 무엇일까? 대규모 국민정당으로 자리 잡은 기민당과 사민당의 하락세는 독일 전역에서 관찰되었다. 녹색당과 독일대안당은 이러한 추세에서 이익을 보았다. 물론 이런 양상은 동독과 서독에서 매우 다르게 나타났다. 좌파의 대안으로서 녹색당은 특히 서독지역에서 우세를 보이지만, 극우주의 정당인 독일대안당은 동독지역에서 크게 득표했다. 2019년 9월 1일 브란덴부르크주와 작센주에서 실시된 주 총선에서 독일대안당은 모두 20% 이상의 득표율을 기록했다(Locke und Wehner, 2019.9.6; Timcke, Pätzold, Wendler und Klack, 2019.9.2; Berndt und Imöhl, 2019.9.2).[6]

더욱이 이러한 결과는 현 체제에 대한 회의적 시각을 뚜렷이 나타냈다. 구체적으로 최근 실시한 정부 지지율 설문조사에서 동독 주민의 거의 절반이 민주주의의 작동 방식에 '불만족하는 편'이라는 결과가 나왔다. 응답자 57%는 자신이 '2등 시민'인 것처럼 느낀다고 답했다(Bundesministerium für Wirtschaft und Energie, 2019: 12). 2019년 '독일통합 및 이주연구센터'가 진행한 연구 결과 또

---

6) 동독지역 주 의회 선거에서 거둔 독일대안당의 성공은 이후 언론의 집중적 논의 대상이 되었다. Roßmann(2019.9.6); Neuroth und Tlusty(2019.9.4) 참조.

한 유사한 방향성을 보였다. 연구에 따르면 동독 주민은 독일 내 이슬람인과 비슷한 수준으로 불이익을 받거나 사회적·문화적으로 무시당하고 있다고 느꼈다. 이와 반대로 대다수 서독 주민은 동독 주민이 '2등 시민' 취급을 받고 있다고 생각하지 않았다. 이런 결과에 상응하듯이, 정부의 요청으로 설문조사에 응한 동독 주민의 38%만이 통일이 성공적으로 이루어졌다고 답했다.[7]

　동독지역의 체제 수용성이 낮고 동독 주민 사이에서 '2등 계급'이라는 감정이 확산했다는 것은 새로이 발견된 사실이 아니며, 이에 대한 논의도 이미 10년 전에 이루어진 바 있다(Woyke, 2020.3.8). 하지만 이런 현상이 축소되지 않고, 오히려 굳어져 확장됐다는 점이 문제처럼 보였다. 그러나 이렇게 관찰된 불만족감과 박탈감에 새로운 불을 지핀 것은 무엇보다 독일대안당의 부상이었다. 부분적으로 더 이상 기본법에 근거하지 않는 극우 정당에 대한 찬성표와 이러한 감정은 어느 정도의 연관성을 가질까?[8] 이런 상황을 바탕으로 설명에 대한 압박은 증가했지만 정치학자, 사회학자, 역사학자들은 분석 결과와 관련해 합의점이나 그 어떤 결론도 도출해 내지 못했다. 하지만 이들은 한 가지 공통점을 보였다. 새로운 절박함으로 논의한 접근 방식의 초점을 1990년 이후 수십 년간의 발전 양상에 맞췄다는 점이다. 여전히 동·서독 간의 확인 가능한 사회경제적 차이로 인해 이를 고려하는 데 논의 대상이 된 경제정책의 기조는 하나의 측면에 불과하다. 예를 들어 사회학자 슈테펜 마우(Steffen Mau)는 우익 포퓰리즘에 대한 취약성을 구동독 중년 세대의 '삶의 흉터'와 연결했다. 통일 당시 인생의 중간 지점에 서 있던 세대는 통일 후 자신이 본래

---

7)　통일에 대한 평가에 관해서는 Bundesministerium für Wirtschaft und Energie(2019), 경시에 대한 감정과 관련해서는 Foroutan, Kalter, Coşkun and Mara(2019: 22) 참조.

8)　동독의 네오나치에 뿌리를 둔 국가사회주의지하조직(NSU)의 오랜 미해결 살인 사건과 드레스덴에서 시작된 반이슬람, 반난민 활동인 페기다 운동과 같은 요인들이 해당 양상의 부정적 이미지에 큰 영향을 주었다. Radke(2013.10.16); Pfahl-Traughber(2015.2.2) 참조.

이어나가던 일과 삶의 맥락에서 뜯겨져 나왔다. 이를 통해 이들은 소외감을 느끼며, '물질적 측면뿐만 아니라 문화적 측면에서 소유한 모든 것에 집착'하게 될 가능성이 있다고 마우는 말한다(FAW, 2019.8.30).

마우는 부제 그대로 '전환된 동독 사회에서의 삶'을 분석해 2019년 8월 발간한 그의 저서에 이러한 고찰을 반영했다(Mau, 2019). 그의 연구는 장벽 붕괴 후 30년간 동독 역사에 대한 논쟁을 결정짓는 다양한 트렌드를 잘 보여준다. 그 핵심에는 앞서 언급한 바 있는 1989/1990년 이후 전환기에 대한 근본적인 검토가 필요하다. 이런 필요성은 대표적인 예로 독일대안당과 같은 현상이 혼란을 초래했기 때문에 대두되었지만, 격변 이후 수십 년이 지나 세대 간 격차가 발생하면서 상황을 새로운 시각에서 종합적으로 볼 수 있게 되었기 때문이기도 하다. 이런 혼란은 또한 동독 측의 명료한 입장 결정에도 장애물로 작용하는 것으로 관찰되었다. 그 때문에 마우는 앞서 인용된 인터뷰에서 이러한 발전 양상을 개인 전기적 관점으로도 조사하고 싶다는 의사를 밝혔다. 그 외에도 저널리스트이자 작가 다니엘라 단(Daniela Dahn), 역사학자 일코-사샤 코발추크(Ilko-Sascha Kowalczuk), 문화철학자이자 사회학자인 야나 밀레브(Yana Milev)는 1989/1990년 이후 시대에 대한 동독 관련 지적 연구를 동시에 발표했다. 마우의 연구만큼 명확한 전기적(傳記的) 성격을 띠진 않더라도, 이들 모두 자신만의 경력과 시각을 연구에 반영했다(Dahn, 2019; Kowalczuk, 2019; Milev, 2019).[9]

4. 기억과 관련해 변화된 강조점

마지막으로 필요한 질문은 '통일 이후의 역사 기록에 대한 이러한 논쟁이

---

9) Schlott(2019.10.1) 참조.

어떤 결과를 가져왔느냐이다. 적어도 여기에 언급된 저자들은 통일과 전환 과정을 이전보다 한층 명확히 쟁점화하는 용어와 설명을 자신의 연구를 통해 확립시킨 바 있다. 마우는 동독의 다양한 '사회적 결속의 단절'을 의학 분야에서 차용한 용어인 '골절'로 파악했다. 코발추크는 자신의 책 제목에서 그 과정을 '인수'라는 용어로 표현했으며, 단은 이를 '독일민주공화국(동독)의 편입'으로 이해했다. 밀레브도 해당 과정을 동일한 관점으로 보았고, '동독에서 점거, 사회 개편, 구조적 식민주의의 사회학'을 '연구가 오래 지체된 분야'로 간주했다(Milev, 2019).[10] 저자 중 단과 밀레브는 독일의 양 분단국가가 통합되는 과정을 궁극적으로 실패한 것이라 보았지만, 마우는 통일과 후속 전환이 사회구조 질서의 특정 문제를 해결하기보다는 오히려 심화했다는 한층 유보적인 논제를 제시했다.[11]

이렇듯 상이한 입장이 발표되었던 시점에는 이 중 어떤 설명이 향후 확고한 위치를 차지하게 될지 알 수 없었다. 하지만 이미 미디어와 기억 정책적 담론에서는 변화된 전조가 분명히 나타났다. 토마스 프리케(Thomas Fricke)는 2019년 10월 4일 슈피겔 온라인(Spiegel Online)과의 인터뷰에서 "독일통일은 재앙이 되었다"라고 말한 바 있다(Fricke, 2019.4.10). 당시 앙겔라 메르켈 총리도 "독일인의 '통합'은 아직 이루어지지 않았다"라고 언급했다. '1989년 이후 삶의 확실성을 상실한 모든 경우를 포함해' 서로 다른 삶의 경험은 재고되어야 한다. 총리 또한 이를 통해 기억 정책적 경쟁이 촉발되는 것을 지적했다. 어떻게 해야 "민족의 기억" 속에 "1989년 혁명이 역사적인 행복의 순간으로" 보존되고, 동시에 통일 이후 동독이 직면했던 어려운 경험도 균등하게 보존될 수 있는지 알아내는 것이 해결해야 할 과제라고 총리는 설명했다(Deutsche

---

10) 마우와 관련해(Mau, 2019), 단이 사용한 '편입'이라는 용어는 책 소개문, 밀레브의 인용문은 책 설명문 참조.

11) Mau(2020.8.5)에 대한 야나 비르텔머(Jana Birthelmer)의 서평 참조.

Presse-Agentur, 2019.10.3). 또한 전환 단계에 중점을 둘 경우, 1989/1990년 이전 동독의 독재로 야기된 장기적 결과에 대한 논쟁이 그 중요성을 잃을 위험은 없는지 앞으로도 계속 질문해야 할 것이다. 코로나19 대유행 사태로 인해 관심의 대상에서 멀어지지 않는다면, 2020년 통일 30주년과 2021년 장벽 설치 60주년을 맞이해 어떤 정치적·미디어적 언론과 학문적 담론이 펼쳐질지 귀추가 주목된다.

● **참고문헌**

Adler, Sabine. 2019.9.15. "Der lange Schatten der Treuhand." *Deutschlandfunk Kultur*. www.deutschlandfunkkultur.de/sachsen-anhalt-der-lange-schatten-der-treuhand.1076.de. html?dram:article_id=458685(검색일: 2021.5.1).

Alles wurde entwertet. 2019.8.30. "Ein Gespräch mit dem Soziologen Steffen Mau." *Frankfurter Allgemeine Woche*.

Am IWH, Leibniz-Instituts für Wirtschaftsforschung Halle. 2019.9.19. "Spätfolgen der Treuhand: Preisgekrönter US-Ökonom startet Forschungsprojekt." www.iwh-halle.de/nc/presse/ pressemitteilungen/detail/spaetfolgen-der-treuhand-preisgekroenter-us-oekonom-startet-f orschungsprojekt-am-iwh/(검색일: 2021.5.1).

Berndt, Gero. Sören Imöhl. 2019.9.2. "Ergebnisse, Zahlen und Fakten zur Wahl in Sachen." *Handelsblatt*. www.handelsblatt.com/politik/deutschland/landtagswahl-2019-in- sachsen-ergebnisse-zahlen-und-fakten-zur-wahl-in-sachsen/24902350.html?ticket= ST-120523-gyoaIuAjolo7IwvCwKQg-ap1(검색일: 2021.5.1).

Bundesministerium für Wirtschaft und Energie(ed.). 2019. "Jahresbericht der Bundesregierung zum Stand der Deutschen Einheit 2019".

Christine Richter·Johannes Ludewig. 2019.11.9. "Die Treuhand war der richtige Weg." *Berliner Morgenpost*.

Dahn, Daniela. 2019. *Der Schnee von gestern ist die Sintflut von heute. Die Einheit - eine Abrechnung*. Hamburg: Rowohlt Verlag .

Deutsche Presse-Agentur: Merkel fordert Bekenntnis zur Eigenverantwortungt. *Berliner*

Morgenpost. 2019.10.3, www.morgenpost.de/politik/inland/article227267983/ Festakt-zur-deutschen-Einheit-mit-Steinmeier-und-Merkel.html(검색일: 2021.2.5).

Deutschlandfunk Kultur, 2010.9.27. "Der Tag mit Frank Bösch. Uneins über den Stand der Einheit." www.deutschlandfunkkultur.de/der-tag-mit-frank-boesch-uneins-ueber-den-stand-der-einheit.2950.de.html?dram:article_id=459790(검색일: 2021.5.1).

FAZ(*Frankfurter Allgemeine Zeitung*). 2014.11.9. "Die Mauer steigt in den Himmel." www.faz.net/aktuell/politik/25-jahre-deutsche-einheit/feiern-in-berlin-die-mauer-steigt-in-den-himmel-13257290(검색일: 2021.4.30).

Eckert, Daniel. 2019.6.13. "Auseinanderdriften von Ost und West wird drastisch unterschätzt." *Die Welt*. www.welt.de/wirtschaft/article195175059/Ost-und-Westdeutschland-Auseinanderdriften-wird-drastisch-unterschaetzt.html(검색일: 2021.4.30).

Encke, Julia. 2019.10.13. "Die Zumutung der Freiheit." *FAS* (*Frankfurter Allgemeine Sonntagszeitung*).

Eubel, Cordula, Hans Monate, Georg Ismar und Thorsten Mumme. 2019.10.3. "Wie es um Deutschlands Einheit bestellt ist" *Der Tagesspiegel*. www.tagesspiegel.de/politik/30-jahre-nach-dem-mauerfall-wie-es-um-deutschlands-einheit-bestellt-ist/25075578.html(검색일: 2021.4.30).

Foroutan, Naika·Frank Kalter·Canan Coşkun und Simon Mara. 2019. "Ost-Migrantische-Analogien I. Konkurrenz um Anerkennung." Berlin: DeZIM-Institut(Deutsches Zentrum für Integrations- und Migrationsforschung).

Frankfurter Allgemeine Woche. 2019.8.30. "Alles wurde entwertet." Ein Gespräch mit dem Soziologen Steffen Mau.

Hähnig, Anne. 2019.8.29. "Wer ist eigentlich mein Vermieter?" *Die Zeit*, 36. www.zeit.de/2019/36/ostdeutschland-wohnungen-besitzer-westdeutsche-investition-anreize(검색일: 2021.4.30).

Hirte, Christian. 2019.9.25. "Der Zustand im Osten ist viel besser, als wir uns das alle vorgestellt hätten." *Der Spiegel*. www.spiegel.de/wirtschaft/soziales/deutsche-einheit-bericht-des-ostbeauftragten-lage-in-ostdeutschland-besser-a-1288481.html(검색일: 2021.5.1).

Bundeszentrale für politische Bildung. "Innere Einheit." www.bpb.de/nachschlagen/lexika/handwoerterbuch-politisches-system/202038/innere-einheit?p=all(검색일: 2021.5.1).

Kalbe, Uwe. 2019.9.6. Das Image gilt als Wirklichkeit. Wie sich der Erfolg der AfD erklärt und warum die Linkspartei ihre Funktion als Protestpartei verliert. *ND*(*Neues Deutschland*). www.neues-deutschland.de/artikel/1125460.erfolg-der-afd-das-image-gilt-als-wirklichkeit.html(검색일: 2021.5.1).

Kowalczuk, Ilko-Sascha. 2019. *Die Übernahme. Wie Ostdeutschland Teil der Bundesrepublik wurde.* Munich: Verlag C.H. Beck.

Locke, Stefan und Markus Wehner. 2019.8.30. "Die geteilte Republik." *Frankfurter Allgemeine Woche.*

Mau, Steffen. 2020.8.5. "Lütten Klein: Leben in der ostdeutschen Transformationsgesellschaft. Frankfurt am Mai 2019, H-Soz-Kult." www.hsozkult.de/publicationreview/id/reb-49873(검색일: 2021.5.2).

Milev, Yana. 2019. *Anschluss. Entkoppelte Gesellschaft - Ostdeutschland seit 1989/90*, 1. Berlin: Peter Lang.

Neuroth, Kevon und Ann-Kristin Tlusty. 2019.9.4. "Die AfD befreit Menschen von der Eigenverantwortung." *Die Zeit.* www.zeit.de/politk/2019-09/ostdeutschland-umfrage-afd-erfolg-ddr-nachwendezeit(검색일: 2021.5.1).

Pfahl-Traughber, Armin. 2015.2.2. "Pegida-eine Protestbewegung zwischen Ängsten und Ressentiments." Bundeszentrale für politische Bildung. https://www.bpb.de/politik/extremismus/rechtspopulismus/200901/pegida-eine-protestbewegung-zwischen-aengsten -und-ressentiments(검색일: 2021.5.2).

Radke, Johannes. 2013.10.16. "Der Nationalsozialistische Untergrund(NSU)." Bundeszentrale für politische Bildung. www.bpb.de/politik/extremismus/rechtsextremismus/167684/der-nationalsozialistische-untergrund-nsu(검색일: 2021.5.2).

Reuss, Ernst. 2019.10.2. "Die Mythen der Treuhand." *Der Tagesspiegel.*

Roßmann, Robert. 2019.9.6. "Merkel erklärt den Osten." *SZ.* www.sueddeutsche.de/politik/merkel-afd-cdu-1.4590904(검색일: 2021.5.1).

Schlott, René. 2019.10.1. "Wiederwillen gegen die Einheit." *Der Tagesspiegel.* https://www.swr.de/swr2/leben-und-gesellschaft/schaeuble-zum-tag-der-deutschen-einheit-ehler-er-westdeutschen-war-mangelnder-respekt-100.html(검색일: 2021.5.2).

SWR(Südwestrundfunk) aktuell. 2019.10.3. "Schäuble zum Tag der Deutschen Einheit. Und dann ist es passiert." www.swr.de/swraktuell/Interview-mit-dem-Bundestagspraesidenten-Schaeuble-zum-Tag-der-deutschen-Einheit-Und-dann-ist-es-passiert,schaeuble-einheit-100.html(검색일: 2019.10.7).

SZ(Süddeutsche Zeitung). 2019.11.6. "Umfrage: Noch viel Trennendes zwischen Ost und West." www.sueddeutsche.de/wissen/geschichte-umfrage-noch-viel-trennendes-zwischen-ost-und-west-dpa.urn-newsml-dpa-com-20090101-191106-99-597357.html(검색일: 2021.4.30).

SZ. 2019.11.9. Erinnerung an der Bernauer Straße, Bild 1 von 9. www.sueddeutsche.de/

politik/mauerfall-gedenkfeier-bilder-1.4674955(검색일: 2021.4.29).

Ther, Philipp. 2019.9.26. "Was lief da schief?" *Die Zeit*, 40. www.zeit.de/2019/40/leben-ostdeutschland-mauerfall-lebensqualitaet-polen-tschechien(검색일: 2021.5.1).

Timcke, Marie-Louise. André Pätzold. David Wendler. Moritz Klack. 2019.9.2. "Die Brandenburg-Wahl 2019 in Grafiken und Karten." *Berliner Morgenpost*. www. interaktiv.morgenpost.de/landtagswahl-2019-brandenburg-analyse/(검색일: 2021.5.1).

Wissenschaftliche Dienste des Deutschen Bundestages. 2019.6.17. "Ausgewählte Aspekte zur Treuhandanstalt." 문서번호 WD 1- 3000-013-19.

사라지지 않은 '머릿속의 장벽'

안성찬

1. 통일 30주년을 맞는 독일의 상황

독일의 10월은 1989년 시작된 평화혁명과 장벽 붕괴에서 1990년 통일에 이르는 역동적이고 감동적인 시기를 되돌아보는 다양한 행사들과 더불어 시작된다. 그중 가장 중요한 행사인 10월 3일 '독일통일의 날(Tag der deutschen Einheit)' 기념식에서 행해지는 대통령 연설은 통일 이후 독일이 처한 상황과 당면한 국가적 과제를 일목요연하게 보여준다는 점에서 세계 언론의 주목을 받는다. 독일통일의 날 기념식에서 행해진 대통령 연설문을 돌아보면 해당 시점에서 독일이 직면한 국가적 상황의 추이를 확인할 수 있다. 2015년 10월 3일 독일통일 4반세기를 맞아 개최된 독일통일의 날 기념식은 이 연례행사를 통틀어 가장 축제 분위기에서 거행되었던 것으로 평가된다. 이 기념식에서 당시 독일 대통령 요아힘 가우크(Joachim Gauck)는 이제 독일이 통일 이후 직면했던 수많은 난관과 역경을 딛고 완전한 통일에 이르렀다고 선언했다.

독일인 대다수는 그들의 출신 지역에 상관없이 이 통일된 나라에 안착해 이곳을 집으로 느끼고 있습니다. 차이는 적어졌으며, 특히 젊은 세대들에게는 완전히 사라졌습니다. 독일은 정치적·사회적으로 자유 안에서 통일을 이루었고, 이보다 더디기는 했지만 경제적으로도 통일을 이루었으며, 이해할 만한 이유로 지체되기는 했지만 정신적으로도 통일을 이루어냈습니다.

이러한 평가에 의거해 그는 "함께 속했던 것이 다시 함께 성장했다"라고 선언했다. 베를린장벽이 개방되었을 때 "함께 속했던 것은 이제 함께 성장해야 한다"라고 했던 빌리 브란트(Willy Brandt)의 소망이 통일 4반세기 만에 실현되었다는 것을 대내외에 선포한 것이다. 이어서 그는 "하지만 당시와 달리 이제는 지금까지 함께 속하지 않았던 것도 함께 성장해야 한다"라고 말함으로써 당시 중동 지역에서 쏟아져 들어오는 난민을 포용해 보편적 인류애의 실천에 앞장설 것을 독일 국민에게 호소했다(Gauck, 2015).

그러나 지금의 관점에서 돌아볼 때 가우크의 그러한 선언은 성급한 것이었다. 앙겔라 메르켈(Angela Merkel) 총리의 적극적인 난민 수용 정책 결과로 독일에 들어온 난민 수가 100만 명을 넘어서면서 독일 주민들 사이에서 이에 대한 불만이 고조된 것을 기화로 선동 정치를 편 극우 정당 '독일을 위한 대안당(Alternative fur Deutchsland)'(이하 AfD)이 2016년부터 선거에서 대약진하는 당혹스러운 상황이 전개되었다. 2016년 독일 지방선거에서 AfD는 동·서독 모든 주에서 10% 넘게 득표했으며, 특히 동독지역 작센안할트주에서는 24.4%의 득표율로 독일 양대 정당 중 하나인 사민당을 누르고 2위를 차지했다. 이러한 선거 결과에 놀란 메르켈 총리가 급진적 난민 정책을 완화하고, 우파 포퓰리즘과 극우 정치세력이 독일에서 급속히 세를 확장하는 상황에 대한 국민적 경각심이 높아지면서 AfD는 그 발원지인 서독지역에서 점차 세력을 잃어갔다. 하지만 서독지역에서 세력을 잃은 이상으로 동독지역에서 세력을 확장한 AfD는 2017년 총선에서 12.6%의 득표율로 92석의 의석을 차지함으로써 전통적인 군소 정당 녹색당과 자민당(FDP: Freie Demokratische Partei)을 누르고 단번에 제3당의 지위에 올랐다. 독일연방공화국 역사상 최초로 극우 정당이 연방의회에 입성하는 충격적 사태가 벌어진 것이다. AfD의 이러한 대약진은 무엇보다도 동독지역에서 21%의 득표율을 얻은 데 힘입은 것이었다. 그 후에도 AfD는 동독지역에서 세력을 지속적으로 확장해 2019년 브란덴부르크주, 작센주, 튀링겐주에서 시행된 지방선거에서 공히 20%를 넉넉히 상회하는 득표율로 3개 주 모두에서 독일의 양대 정당 기민당과 사민당 중 하나를 누르고, 2위 정당의 위치에 올랐다. 특히 튀링겐주에서는 극좌 정당인 좌파당(Die Linke)과 극우 정당 AfD가 득표율 1, 2위를 차지하며 기민당과 사민당을 군소 정당으로 밀어내는 경악할 만한 결과를 보였다.

지난 수년간 동독에서 전개된 이러한 일련의 사태는 제2차 세계대전 이후 중도적 양대 정당을 중심으로 안정된 민주주의를 구축해 온 독일 정치 지형에 암운을 드리웠다. 이와 더불어 동독지역에 네오나치(NSU-Komplex)와 페기다(Pegida) 같은 극우 조직이 등장해 테러를 자행하고 과격한 선동 시위를 연이어 벌이면서 동독지역의 극우화 경향이 독일의 가장 중요한 정치적·사회적 현안으로 떠올랐다. 2019년 AfD가 동독지역 지방선거에서 연속으로 괄목할 만한 성과를 거둔 직후 개최된 베를린장벽 붕괴 30주년 기념식은 독일통일 25주년 기념식과 뚜렷이 대조되는 우울한 분위기에서 거행되었다. 이 행사에서 가우크의 후임인 프랑크발터 슈타인마이어(Frank-Walter Steinmeier) 대통령은 "수많은 희생자를 낸 거대한 비인도적인 장벽은 이제 존재하지 않지만", 그 대신에 "이 나라를 가로지르는 새로운 장벽들, 좌절과 분노와 증오의 장벽들, 눈에 보이지 않지만 우리를 갈라놓고 있는 침묵과 소외의 장벽들이 생겨났다"라고 한탄했다(Steinmeier, 2019).

최근 보고된 지표들을 돌아보면 독일이 아직 '정신적 통일'을 이루지 못한 것은 분명해 보인다. '독일통일 30주년 현황'은 '생활수준의 균등화'에도 불구하고 '동·서독의 정체성과 사고방식의 차이'가 여전히 심각한 수준으로 남아있다는 것을 보고하고 있다(Effner, 2020: 4). 이는 1999년 독일통일에 대한 연방정부 연례 보고서가 "동·서독 간의 경제적 격차의 해소에도 불구하고, 동서독일의 '내적 통일'은 여전히 요원하다"(김누리, 2006: 19)라고 평가했던 것에서 그동안 독일이 거의 앞으로 나아가지 못했다는 사실을 보여준다. 최근 조사에서 동독지역의 1인당 GDP는 서독의 85%에 달하는 것으로 나타나고 있다. 이는 독일이 세계 굴지의 경제 부국으로서 동유럽에서 가장 높은 경제 수준을 자랑하는 체코의 거의 두 배, 그리고 폴란드와 헝가리의 세 배에 달한다는 사실을 고려할 때 매우 높은 수준이라 할 수 있다. 2020년 9월 동독지역의 실업률은 서독과 큰 차이가 없으며, 심지어 브레멘, 함부르크, 노르트라인베스트팔렌 등 서독의 주요 연방주들보다도 오히려 낮게 나타나고 있다(Effner, 2020: 4). 이에 반해 동·서독의 사회·문화적 균질화 수준은 우려를 불러일으킬 만한 수준에 머물러 있다. 통일 30주년을 맞아 독일 제1공영방송(ARD)이 보도한 조사 결과에 따르면 서독지역에서 자신을 독일인이라기보다 서독인이라고 생각한다는 주민은 16%에 불과한 데 비해, 동독에서는 자신이 독일인이라기보다 동독인이라고 여기는 주민 비율이 41%에 달했다. 무엇보다 충격적인 것은 독일에 민주주의가 제대로 기능하고 있는가라는 질문에 동독 주민 중 50%만이 그렇다고 응답했다는 사실이다. 동독 주민 절반이 독일의 민주주의 체제를 신뢰하고 있지 않다는 것이다. 또한 과거 동독 시절의 삶과 현재의 삶을 비교하는 설문에서 동독 주민들은 사회적 결속력(71%), 학교 제도(54%), 어린이 보육 제도(51%) 등 여러 측면에서 과거 동독 시절이 더 나았다고 응답했다. 여기에서 더욱 심각한 문제는 조사 결과에 나타난 정신적 통합의 정도가 과거보다 오히려 퇴보한 것으로 나타나고 있다는 것이다.

이러한 지표들은 독일이 통일 30주년을 맞이한 지금까지도 '정신적 통합(mentale Einheit)'을 이루어내지 못했다는 것을 말해준다. 독일이 완전한 통일을 이루었다는 가우크 전임 대통령의 선언이 무효화되고, 처음으로 되돌아가 문제의 근원을 근본적으로 재성찰함으로써 새로운 해결책을 모색해야 하는 과제가 다시금 독일에 주어진 것이다.

2. '머릿속의 장벽' 논쟁

슈타인마이어 대통령이 평화혁명과 장벽 붕괴 30주년 기념식에서 언급한 '새로운 장벽'은 독일이 통일된 지 10년이 지나지 않아 독일 공론장에 등장한 이른바 '머릿속의 장벽(Mauer im Kopf)'의 최신 버전이라고 할 수 있다. 당시 머릿속의 장벽이라는 용어가 등장한 배경 또한 최근 독일의 상황과 매우 유사하다. 통일 이후 통합 과정에 대한 주민들의 불만이 동독지역에 광범위하게 확산되면서, 구동독을 지배한 SED의 후신 민사당(PDS: Partei des Demokratischen Sozialismus)이 동독지역에서 선거 돌풍을 일으키고 극우 정당이 지방의회로 진출하는 사태가 벌어졌다. 이뿐만 아니라 과거 동독 시절의 삶에 대한 향수를 의미하는 이른바 '오스탈기(Ostalgie)' 문화가 유행하는 등 '동독적 정체성'이라는 독특한 현상이 동독 주민들 사이에서 생겨났다. 이러한 상황에 직면해 분단 시대의 상징인 물리적 장벽은 무너졌지만, 동·서독 주민들을 갈라놓고 있는 정신적 장벽은 여전히 남아 있다는 의미로 '머릿속의 장벽'이라는 용어가 등장해 독일 공론장에 논쟁을 불러일으켰다(김누리, 2006: 19~61 참조).

동독 주민 스스로가 사망 선고를 내리고 역사의 묘지에 매장한 동독의 망령이 통일된 독일에서 되살아나 떠돌아다니는 기이한 사회적 현상이 독일 공론장에서 주목을 받으면서, 그 원인과 실체를 둘러싼 일대 논쟁이 벌어졌다. 양극단의 입장으로 나뉜 이 논쟁에서 그 한편의 주장에 따르면 '동독적 정체성'이라는 (서독 주민들의 입장에서 볼 때 이해하기 어려운) 특이한 사회적 현상이 생겨난 것은 동독지역 주민들이 구동독의 억압적인 스탈린주의 체제에 수십 년 동안 길들여져 자유와 민주주의를 제대로 누릴 수 있는 능력을 상실한 데서 비롯되었다고 한다. 이에 대해 다른 한편에서는 '동독적 정체성'은 분단 시대가 아니라 통일 이후에 비로소 생겨난 것으로서 통일 이후 동·서독 통합 과정에서 동독 주민들이 철저하게 소외된 데 대한 반발에서 생겨난 것이라는 반론이 제기되었다. 통일된 독일을 다시 갈라놓은 동서 갈등의 책임이 구동독의 잘못된 과거 유산에 있는가, 아니면 통일 이후 체제 통합 과정에서 빚어진 과오에 있는가를 두고 장기간에 걸쳐 광범위한 논쟁이 벌어졌다. 상처만 남기고 잦아든 것처럼 보였던 이 논쟁이 최근 동독지역에서 우파 포퓰리즘이 득세하고 극우 테러가 벌어지면서 다시 불붙고 있다. 최근의 논쟁도 처음에는 과거와 유사한 방식으로 전개되었는데, 볼프강 엥글러(Wolfgang Engler)는 최근 독일 공론장에서 벌어진 논쟁의 양상을 다음과 같이 그려내고 있다.

> 동독 주민이 다시금 정치와 언론에서 이야깃거리가 되고 있다. 새로이 일깨워진 공론장의 관심에 자양분을 제공하는 원천은 네오나치, 페기다 그리고 무엇보다도 동독지역 지방선거와 연방선거에서 거듭 승리 가도를 달리고 있는 AfD 등 생각하기에 우울한 것들이다. 그 밖에도 2018년 9월 켐니츠에서 공공연히 인종주의적 구호를 외치며 군사 행진을 방불케 하는 사태가 벌어진 것으로 인해 동독지역 주민들에게 악평이 쏟아지고 있다. 동독에 민주적 봉기가 일어난 지 30년이 지난 지금까지도 많은 사람들이 여전히 통일된 동일에 안착하지 못했다는 비난이 나오고 있다. 돈과 선의의 언어로는 신연방 지역에 민주주의, 법치국가, 시민사회의 참여를 뿌리내리게 할 수 없다는 점이 명백해졌다는 것이다. 도대체 이곳에 무슨 일이 일어나고 있는 것일까? 많은 사람들의 머릿속에 아직도 여전히 동독의 유령이 출몰하고 있는 것일까? 독재체제가 자신이 겪은 수치스러운 종말에 대해 이런 방식으로 복수하고 있는 것일까?

엥글러가 여기에서 제기한 "도대체 이곳에 무슨 일이 일어나고 있는 것일까?"라는 물음을 둘러싸고 20여 년 전 한차례 격렬한 논쟁이 벌어진 데 이어 평화혁명과 베를린장벽 붕괴 30주년에 즈음 해 2차 논쟁이 독일 공론장에서 다시 불붙었다. 정치적 진영 싸움의 양상으로 전개되었던 1차 논쟁에서 동독 주민들은 민주주의 체제에 적응하지 못하는 기형적 멘털리티의 소유자들이라는 낙인이 찍히고 "너희들이 원해서 이루어진 통일인데 왜 그리 불만이 많은가?", "그렇다면 너희들은 정치적 억압과 경제적 빈곤이 지배했던 과거 체제로 돌아가기를 원하는가?"라는 모욕적인 질문에 상처받은 채 '침묵과 소외의 보이지 않는 장벽' 뒤로 물러서고 말았다. 이에 비해 최근의 2차 논쟁은 다행스럽게도 동독 주민들이 분단 시대와 통일 시대를 거치면서 체험한 생애사적 굴곡에 관심을 쏟고, 이들이 처한 상황에 귀를 기울임으로써 동·서독 주민 사이에 가로놓인 마음의 장벽을 허무는 일에 노력을 기울이고 있다.

독일 공론장에서 20년의 간격을 두고 두 차례에 걸쳐 벌어진 이 복잡한 논쟁의 전반적 양상을 지금 여기에서 돌아보고 평가하는 것은 이 글의 범위를 넘어선다. 이 글의 근본 취지는 통일 30년을 맞은 시점에 다시 불거진 '머릿속의 장벽' 논쟁에서 제기된 근본적인 질문, 즉 볼프강 엥글러가 제기한 "도대체 이곳에 무슨 일이 일어나고 있는 것일까?"라는 질문에 적실하게 다가갈 수 있는 새로운 시야를 확보하는 데 있다. 이러한 인식하에 다음 절에서는 통일 이후 동독지역이 처한 상황을 동유럽권의 '체제전환' 과정에서 나타난 특수한 사례로서, 다시 말해 1989년 시작된 동유럽의 체제전환 과정을 함께 경험한 폴란드·체코·헝가리 등 다른 동유럽 국가들과 동독의 경우를 비교하는 관점에서 이 물음에 다가가려고 한다.

3. 동유럽과 동독의 체제전환: 이행과 이식

동독에 평화혁명과 베를린장벽 붕괴가 일어난 해인 1989년은 혁명의 물결이 동유럽 전역을 휩쓸었던 해이기도 하다. 티머시 가턴 애시(Timothy Garton Ash)는 1989년에 일어난 동유럽 혁명을 'refolution'이라는 신조어로 명명한 바 있다(Ash, 1992: 295). 개혁(reform)과 혁명(revolution)의 합성어인 이 용어는 미하일 고르바초프(Mikhail Gorbachev)의 '개혁정책(Perestroika)'이 불러온 동유럽 체제 혁명의 성격과 지향을 잘 함축하고 있다. 동유럽 혁명의 목표는 개혁을 통한 '체제전환'에 있었다. 당시 동독뿐만 아니라 동유럽 전역에서 시작된 체제전환의 세부 양상은 각 나라의 역사와 문화적 배경에 따라 다소 편차를 보이지만, 그것이 나아간 전체적인 방향은 권위주의적인 정치체제를 민주주의 정치체제로 전환하고, 사회주의적 계획경제 체제를 자본주의적 시장경제 체제로 전환하는 데 있었다는 점에서 동일하다.

동유럽의 체제전환을 추동한 힘은 소련의 집권자 고르바초프가 가한 위로부터의 압력과 대규모 민중 시위로 표현된 아래로부터의 압력이었다. 이러한 이중의 압력에 직면해 노멘클라투라(Nomenklatura)가 지배하던 동유럽권의 스탈린주의 정치체제는 붕괴 위기를 맞았다. 기존 정치체제가 동유럽 공산권 종주국 소련의 집권자와 국민 대다수의 신뢰를 상실한 상황에서 정치 공백기가 생겨났다. 기존 정치조직을 대체해 체제전환을 추진할 새로운 정치조직이 요구되었으며, 이러한 요구에 부응하기 위해 동독, 폴란드, 체코슬로바키아, 헝가리, 불가리아, 루마니아 등 동유럽 6개국에 원탁회의가 구성되었다. 원탁회의는 기존 집권 세력인 노멘클라투라와 새로운 정치세력으로 부상하고 있는 개혁주의자들이 한자리에 모여 민주적인 헌법을 제정하고 국유기업의 민영화 계획을 입안하는 등 체제전환의 중심 기구로 기능했다. 원탁회의에서의 의결은 다수결이 아니라 합의를 원칙으로 했으며, 이는 이후 동유럽 국가들의 정치에 민주적 토론 문화를 정착하는 데 순기능을 했다. 이에 따라 원탁회의는 이후 '민주주의의 학교'라는 명예로운 이름으로 불렸다. 원탁회의에 참여한 정치세력들이 정당 조직으로 발전하고, 이를 이끈 주요 인사들이 국민의 신망을 얻어 정계 대표로 떠오름으로써 원탁회의는 동유럽 국가들에 민주적 정당정치가 뿌리내리는 토양이 되었다. 폴란드 자유노조를 이끈 레흐 바웬사(Lech Wałęsa)와 체코 벨벳혁명의 주역 바츨라프 하벨(Václav Havel)이 동유럽권 평화혁명의 결과로 대통령의 지위에 오른 것은 그 대표적 예라고 할 수 있다.

고르바초프의 개혁정책에 미온적인 태도를 보이거나 심지어 공공연히 저항했던 에리히 호네커(Erich Honecker) 정권 지배하의 동독에서도 폴란드, 체코, 헝가리 등 다른 동유럽 국가들에 비해 다소 뒤늦기는 했지만, 평화혁명과 체제전환의 물결이 몰려왔다. 1989년 9월의 라이프치히 시위, 10월의 베를린 알렉산더 광장 시위, 11월의 베를린장벽 붕괴 등 평화혁명의 물결이 휩쓸면서 동독에 정치 공백 상황이 빚어지자, 여기에서도 12월에 '노이에스 포룸(Neues Forum)'을 위시한 7개 시민단체가 주도하는 원탁회의가 출범했다. 동유럽의 다른 국가들에서는 중앙원탁회의만 있었던 반면, 동독에서는 지방원탁회의가 지역의 정치조직도 장악해 전 국가적 차원에서 동독의 새로운 권력기구로 등장했다.

그러나 동독에 원탁회의가 가동되던 시기(1989년 12월~1990년 3월)는 동시에 동유럽 국가들과 동독의 체제전환 방식이 궤도를 달리하는 분기점이 되었다. 이 시기에 동독 민중이 시위에서 외치는 구호가 개혁[우리가 인민이다(Wir sind das Volk)]에서 통일[우리는 한 민족이다(Wir sind ein Volk)]로 바뀌고, 1990년 3월 18일 역사적인 동독 인민의회(Volkskammer) 선거가 신속한 통일정책을 내세운 우파 연합의 압승, 그리고 동독이 서독과의 통일보다는 개혁을 통한 '제3의 길'을 가야 한다고 주장한 개혁 세력(녹색당/동맹90)의 참패로 끝남으로써 원탁회의를 통한 자체적인 체제 개혁에서 시작된 동독의 체제전환은 서독과의 체제통합으로 급속히 노선을 변경했다. 그 결과, 동유럽 국가들과 동독의 체제전환 방식에 근본적인 차이가 생겨났는데 이 차이를 '이행(transition)'과 '이식(transplantation)'이라는 용어로 구분할 수 있을 것이다.

다른 동유럽 국가들이 여러 정치세력 사이의 협의를 거쳐 기존의 정치적·경제적·사회적 제도들을 개혁해 나가는 이행 방식으로 체제전환을 추진해 나갔던 데 반해, 동독에서는 기존의 제반 제도가 한순간에 폐기되고, 그 자리에 서독의 제도가 이식되는 방식으로 체제전환이 추진되었다. 동유럽 국가들에 체제전환이 시작된 이후 '동유럽 어디로 갈 것인가(Quo Vadis Osteuropa)'(정흥모, 2001: 213)라는 물음은 이 문제에 관심을 쏟은 사회과학자들뿐만 아니라,

원탁회의에서 체제전환의 역사적 책무를 맡은 이들에게 주어진 화두였다. 동독도 처음에는 이 화두를 공유했으나 통일과 함께 이러한 물음은 무의미해지고, 남은 과제는 서독 체제를 어떻게 동독에 안착시킬 것인가 하는 것뿐이었다. 이와 더불어 이제 동독 주민들에게 주어진 과제도 새로운 체제를 함께 만들어가는 것이 아니라, 서독에서 이식된 체제에 적응하는 것뿐이었다. 그 결과, 동유럽 국가들은 '동유럽 어디로 갈 것인가'라는 질문을 지금까지도 스스로에게 부단히 제기하며 체제전환을 수행해 온 반면, 동독지역의 체제전환은 서독이라는 표준에 얼마나 근접했는지를 점수로 평가받고 있다.

혁명이 초래하는 중요한 결과 중 하나는 엘리트 계층의 교체이다. 동유럽 체제전환 과정에서도 엘리트 교체를 통한 권력 지형의 재편이 이루어졌다. 동유럽 국가들에서 이루어진 엘리트 교체는 각국의 상황에 따라 조금씩 편차를 보이지만, 정치 영역에서는 과거 청산을 통해 구체제의 핵심 지배 세력이었던 정치 관료들이 몰락하고, 경제 영역에서는 국유 자산의 민영화와 시장경제 체제의 도입을 통해 사회적 부가 재편되는 과정을 거쳐 이루어졌다는 점에서 전반적으로 동일한 양상을 보인다. 이 과정에서 구 엘리트 계층인 노멘클라투라 중에서 특히 공산당 정치조직을 장악했던 세력이 엘리트 계층에서 탈락하고, 체제전환이라는 시대적 요구와 과제에 부응하는 개혁주의자들, 그리고 경제·기술 분야 전문가들이 신엘리트 계층으로 부상했다(윤덕희, 1999 참조).

통일 이후 동독지역에서도 과거 청산과 시장경제 체제 도입을 통한 체제전환 과정에서 엘리트 교체가 이루어졌지만, 그 구체적 양상은 다른 동유럽 국가들과 현저히 다르게 나타났다. 이행 방식으로 체제전환이 이루어진 동유럽 국가들에서는 사회의 여러 세력이 갈등하고 타협하면서 새로운 표준을 세워 정치적 과거 청산과 시장경제 체제의 도입을 점진적으로 추진해 나갔다. 이에 반해 서독 체제가 이식되는 방식으로 체제전환이 추진된 동독에서는 서독의 표준에 따라 매우 급진적인 방식으로 정치적 과거 청산과 시장경제 체제 도입이 이루어졌다. 동독과 동유럽 국가들의 과거 청산은 가해자와 피해자 처리, 비밀문서 처리, 재산권 처리라는 세 가지 영역에서 이루어졌다(정흥모, 2001: 280~300). 동독의 과거 청산은 서독의 나치 과거 청산을 표준으로 삼아 다른 동유럽 국가들은 물론이고, 나치 과거 청산보다도 훨씬 철저하게 수행되었다. 이에 따라 통일 이후 독일에서 이루어진 동독의 과거 청산 사례는 과거 청산의 모범이자 모델로 평가되기도 한다. 그러나 이처럼 철저한 과거 청산의 결과, 100만 명에 달하는 구동독 공직자들이 자리에서 물러나야 했다(안성찬, 2006: 35~37). 또한 일반인에게 슈타지(Stasi) 문서 열람을 허용한 조치는 서로를 감시하고 밀고한 과거사를 그대로 노출해 가족, 친구, 직장 동료들이 서로 갈등하고 반목하게 하는 심각한 결과를 초래했다(안성찬, 2006: 37~39). 특히 분단 시기에 동독 정부에 수용된 서독인 재산에 대해 반환청구권을 인정한 조치는 통일 이후 갑자기 나타나 소유권을 주장하는 서독인들과 오랫동안 그 집에 살던 동독인들 사이에 수백만 건에 달하는 소송전이 벌어지게 하는 결과를 초래해 사회적 갈등의 심각한 원인이 되었다(안성찬, 2006: 34~35).

폴란드·체코·헝가리 등 다른 동유럽 국가들의 과거 청산은 공산주의 체제하에서의 비민주적이고 반인권적인 과거사를 단죄하는 한편, 1956년 부다페스트 봉기나 1968년 프라하의 봄으로 대표되는 민주화 운동을 재조명하고 복권하는 두 차원에서 추진되었다. 1958년 소련에 의해 처형된 헝가리 민주화 운동의 상징 임레 너지(Imre Nagy)가 1989년 복권되고, 부다페스트 봉기가 일어난 10월 23일이 1991년 헝가리 국경일로 선포된 것은 그 대표적 예라 할 수 있다. 동유럽 국가들의 과거 청산은 기존 국가가 유지되면서 진행되었다는 점에서 역사의 연속성을 전제로 한다. 이에 반해 기존 국가가 종말을 고한 후 서독의 표준에 따라 수행된 동독의 과거 청산은 동독의 역사를 '불법국가(Unrechtsstaat)'의 역사로 규정함으로써 정통성을 지닌 서독의 역사에서 따로 떼어내는 데서 출발했다. 이는 과거 동독에서 살았던 동독 주민들의 삶 전체가 불법국가 안에서의 불법적인 삶으로 부정당하는 결과를 나타냈다. 이에 반발해 통일 이후 동독에서 나타난 오스탈기 문화는 과거 동독 시절 자신들에게도 사랑하고, 결혼하고, 아이들을 키우고, 친구들과 어울리는 정상적인 삶이 있었다는 것을 시위하는 일종의 퍼포먼스로 생겨난 것이다. 동독의 과거 청산은 다른 동유럽 국가들의 경우와 달리 구동독에서 있었던 민주화 운동의 역사도 함께 청산했다. 1953년 6월 17일 동독 베를린에서는 '노동자와 농민의 국가'에서 노동자와 농민이 봉기해 '자유선거'와 '통일'을 외치는 공산권 최초의 혁명 시위가 있었다. 이후 공산권에서 일어난 모든 봉기와 마찬가지로 소련군 탱크에 의해 진압된 이 봉기는 당시 발터 울브리히트(Walter Ulbricht) 정권에 의해 파시스트의 도발로 규정되었다. 이에 반해 서독 연방의회는 1953년 8월 이날을 '독일통일의 날'로 선포하고 법적 공휴일로 정하는 의안을 가결했다. 그러나 통일 공간에서 독일통일의 날은 10월 3일로 옮겨지고, 6월 17일은 독일인의 역사의식에서 사라졌다(정홍모, 2001: 269~279).

모든 체제 혁명은 패자와 승자, 잃은 자와 얻은 자를 낳는다. 동유럽 혁명에서 잃은 자는 구체제의 정치 엘리트들이었고, 얻은 자는 새로운 체제가 필요로 하는 개혁적 정치인, 기업인, 경제와 과학기술 전문가들이었다. 동유럽의 체제전환은 이 신엘리트 계층들이 새로운 체제의 주역으로 부상해 권력과 부를 획득함으로써 과거 공산주의 체제에 없었던 새로운 계층, 즉 부르주아 계층을 형성해 나가는 이행의 과정이었다. 그러나 기존 체제가 한순간에 붕괴하고 그 자리에 서독 체제가 이식된 동독의 경우에는 이 새로운 체제를 조직하고 운영할 능력과 경험을 지닌 동독인들이 거의 없었다. 이에 따라 통일 이후 동독에서는 정치조직과 언론기관, 행정기관과 사법기관, 대학과 연구소, 금융기관과 기업 등 사회 모든 영역에서 서독에서 건너온 전문가들이 서독 체제를 표준으로 해 동독인들을 지도하고 감독하는 방식으로 체제전환이 이루어졌다. 그 결과 동독지역 체제전환의 승자와 얻은 자는 통일 이후 동독으로 건너와 체제전환 과정을 주도한 서독 전문가들, 그리고 이들에 의해 선택되어 통일된 독일에서 새로운 기회를 얻은 일부 동독인들로 나타났다. 동독인들이 스스로를 '2등 국민'이라고 자조하게 된 이유가 여기에 있다(Effner, 2020: 11 참조).[1]

단기간의 체제 이식이라는 충격요법적 체제전환은, 특히 경제 영역에서 심각한 폐해를 낳았다. 서독마르크를 표준으로 한 화폐통합은 동독 기업의 줄도산과 실업자 양산으로 이어져 동독지역의 경제가 한순간에 붕괴하는 파멸적 결과를 낳았다(안성찬, 2006: 30~32). 이로 인해 기하급수적으로 늘어난 통일 비용과 재정 부담을 덜기 위해 연방정부는 신탁청을 설치해 동독 전체 자산의 85%에 달하는 국유자산을 매각해 민영화하는 조치를 취했는데, 그 결과 동독 국유자산의 95%가 서독 자본가들의 손으로 넘어갔다(안성찬, 2006: 32~34). 경제 영역의 체제전환 과정에서도 승자와 얻은 자는 서독의 금융자본, 신탁청에 의한 동독 자산 매각 과정에 참여할 기회를 얻은 극히 일부의 동독인들뿐이었다.

독일통일을 추동한 내적 동력은 무엇보다도 세계에서 가장 안정된 민주정치와 가장 부강한 경제력을 자랑하는 서독과의 통합을 통해 정치적·경제적 체제전환을 단기간에 이루어내고 그 혜택을 즉시 누릴 수 있으리라는 동독 주민들의 환상에 있었다. 그러나 동독 주민들이 환상에서 깨어나 환멸을 경험하기까지는 그리 오랜 시간이 걸리지 않았다. 서독 체제를 단기간에 동독지역에 이식한 체제전환 방식은 수많은 부작용을 낳아 동독 주민들의 삶을 한순간에 혼란의 도가니로 몰아넣었다.[2] 당시의 상황을 기록한 다큐멘터리 필름 〈모든 것의 시작: 혼란의 해 1990(Alles auf Anfang - Das wildejahr 1990)〉은

---

1) 이러한 상황은 지금까지도 지속되어 독일 사법기구의 경우 헌법재판소에 동독 출신은 0%, 연방판사는 1%에 불과하다. 경제 영역에서 상장주식회사의 동독 출신 이사는 2%, 언론 영역에서 일간지와 주간지의 편집 책임자 중 동독 출신은 0%, 방송사의 국장급은 8%에 불과하다. 군 장성 중 동독 출신은 1%뿐이다. Effner(2020: 11) 참조.
2) 다큐멘터리 필름 〈모든 것의 시작: 혼란의 해 1990〉은 통일 직후 동독 주민들이 겪은 혼란상을 생생하게 보여준다.

통일 직후 동독 주민들이 겪은 혼란상을 생생하게 보여준다. 이러한 혼란을 경험하면서 동독 주민들 사이에는 "이것은 통일이 아니라 점령"이라거나 "통합이 아니라 식민화"라는 불만이 터져 나왔다. 그러나 독일 공론장에서는 서독 체제가 동독에 이식되는 과정에서 동독지역 주민들이 경험한 좌절감과 무력감, 그리고 이로부터 생겨난 반항적 정체성에 대해 진지하게 다가가 이를 치유하려는 노력을 기울이기보다는 오히려 이를 조소하고 비난하는 목소리가 더 높았다. 이로 인해 분단 시대 동·서독을 가로막고 있던 물리적 장벽이 무너진 자리에 보이지 않는 정신적 장벽이 세워졌다.

4. 머릿속의 장벽 논쟁의 어제와 오늘

머릿속의 장벽 논쟁이 처음 불거졌을 때 독일의 공론장은 정부가 동독지역에 쏟아붓는 천문학적 금액의 통일 비용에 대해서만 주로 이야기하고, 동독 주민들의 불만에 찬 외침에는 거의 귀를 기울이지 않았다. 독일의 공론장은 이들의 불만을 과거 "전체주의 체제가 남긴 유산"이라거나 "권위주의적 체제가 그들에게 입힌 두뇌 손상" 때문으로 치부했다. 동독 주민들을 더욱 가슴 아프게 했던 것은 이러한 모욕적 진단을 내린 지식인들이 한때 동독의 비판적 지식인이었다가 독일 연방에 안착한 인사들이라는 데 있다. '머릿속의 장벽' 논쟁이 한참 불붙었던 2005년에 볼프 비어만(Wolf Biermann)이 인터뷰에서 동독지역의 상황에 대해 내렸던 진단은 그 대표적 예다. 이 인터뷰에서 그가 생생하게 묘사한 동독 주민들의 삶의 모습은 상당 부분 오늘날에도 유효하기에, 다소 길지만 여기에 그대로 인용해 보고자 한다. 당시 "통일 이후 동독지역은 다른 동유럽권 국가들과 달리 사회적 활력을 얻지 못하고 있습니다. 그 근본적 원인이 어디에 있다고 생각하십니까?"라는 질문에 그는 다음과 같은 대답을 내놓았다.

독일과 국경을 접하고 있는 폴란드와 체코의 예를 들어봅시다. 그들은 자신들을 도와줄 사람이 아무도 없으며, 따라서 스스로 노력하는 것 외에는 달리 방도가 없다는 것을 매우 잘 알고 있습니다. 그래서 그들은 역동적으로 살아갈 수밖에 없는 것입니다. 하지만 바로 그 덕분에 그들은 과거 권위주의적 체제가 그들에게 입힌 두뇌 손상에서 더 빨리 회복되고 있습니다. 이 국가들은 물질적으로는 동독지역보다 훨씬 열악한 상황에 놓여 있지만, 이곳에 가면 동독지역과는 비교할 수 없을 정도로 커다란 삶의 활력을 느낄 수 있습니다. 독일·폴란드·체코 세 나라의 국경이 만나는 동독지역의 남동쪽 끝자락에 가보면 그러한 사실을 확인할 수 있습니다. …… 체코의 노동자들은 독일 노동자의 5분의 1밖에 되지 않는 임금을 받고 있지만, 이들의 삶에는 활력이 넘칩니다. 이들은 일을 하고, 사랑을 하고, 아이를 낳고, 아이들을 수준 높은 학교에 보내고, 함께 어울려 떠들썩한 만찬을 나누고, 노래를 부르며 살고 있습니다.

반면에 10km 이쪽인 동독지역으로 건너오면 체코 노동자들의 임금보다 훨씬 많은 실업수당을 받으며 무기력하게 살아가는 동독인들을 보게 됩니다. 이들은 일주일 내내 캔 맥주를 마셔대며 텔레비전이라는 바보상자 앞에 앉아 있다가, 주말이면 한국이나 일본에서 만든 소형 자동차를 몰고 체코로 건너가서 레스토랑에서 3유로 남짓한 싼값에 식사를 합니다. 그리고 도로변에 늘어선 젊은 체코 여성과 성관계를 맺고는 더욱 기분이 나빠져 독일로 돌아옵니다. 그리고 선거 때가 되면 구동독의 유물인 민사당이나 극우 정당에 표를 던지지요. 이것이 그들의 삶의 실상이고 고통의 실상입니다. 형편이 너무 좋기 때문에 불만에 가득 차 있는 것입니다(안성찬, 2006: 149~150).

이 인터뷰가 있었던 당시는 물론이고 지금까지도 동독 주민들의 심리적 특성으로 나타나는 '무력감'에 대해 볼프 비어만은 이같이 진단하고 있다. 당시 독일통일 주역들과의 인터뷰에서 후에 독일연방 대통령이 된 요아힘 가우크, 당시 국회의장 볼프강 티르제(Wolfgang Thierse)와 건설교통부장관 만프레드 슈톨페(Manfred Stolpe) 등 과거 원탁회의에 참여했다가 통일 공간에서 독일 정계의 중심에 진입한 인사들은 모두 (표현의 강도는 다르지만) 볼프 비어만과 유사한 견해를 피력하고 있다. 이에 반해 옌스 라이히(Jens Reich), 폴커 브라운(Volker Braun), 크리스티안 퓌러(Christian Führer), 프리드리히 쇼를레머(Friedrich Schorlemmer) 등 동독 주민들의 이웃으로 남아 통일 이후의 일상 경험을 공유한 인사들은 동독 주민들이 처한 처지에 깊은 공감과 연민을 표명했다. 그러나 이들은 자신들의 입장에 대해 당시 독일 공론장에서 쏟아져 나온 모욕적인 반응에 깊은 상처를 입어 공개적인 발언을 삼가고 있었다. 이렇게 하여 당시 동독 주민들은 언어를 박탈당한 자들, 즉 서벌턴(subaltern)으로 전락해 '침묵과 소외의 보이지 않는 장벽'에 갇혔다. 이웃한 폴란드와 체코 국경을 경계로 나타나는 동유럽 주민과 동독지역 주민들 사이의 심리적 차이, 볼프 비어만이 지적한 활력과 무력감 사이의 뚜렷한 대조는 통일 30년이 지난 지금도 여전히 목격된다. '전체주의 체제에서 두뇌 손상'을 입은 세대가 역사의 무대에서 거의 사라지고, 통일 이후 태어난 세대가 성인으로 성장한 지금까지도 여전히 무력감이 동독지역 대부분을 지배하는 상황에 대해 볼프 비어만과 요아힘 가우크는 어떻게 설명할 것인가?

지금의 시점에서 돌아볼 때 그러한 심리적 차이는 체제전환 과정에서 나타난 노선의 차이, 새로운 체제를 만들어가는 능동적 이행과 이식된 체제 내에서의 수동적 적응 사이에서 생겨난 차이, 한마디로 역사와 개인사에 대한 '자율적 규정(Selbstbestimmung)'과 '타율적 규정(Fremdbestimmung)'의 차이에서 비롯된 것으로 보아야 할 것이다. 통일 이후 동·서독 주민을 갈라놓고 있는 '머릿속의 장벽'은 잔해로 남은 베를린장벽처럼 과거 독재 체제의 유산이 아니라 통일 이후 체제전환 과정에서 생겨난 것으로 보아야 할 것이다. 그리고 이렇게 생겨난 '보이지 않는 장벽'을 무너뜨리기 위해서는 평화혁명과 독일통일의 주역인 동독 주민들을 구체제가 만들어낸 기형적 멘털리티의 소유자들이라고 모욕할 것이 아니라, 이들의 목소리에 귀를 기울여 이들이 체제전환의 시작 단계에서 보여준 활력과 자존감을 가지고 미래의 역사를 '자율적으로 함께 규정(Selbst-und Mitbestimmung)' 하는 역사의 동반자로 다시 올라설 수 있도록 해야 할 것이다.

최근 독일 공론장에서 재개된 '머릿속의 장벽' 논쟁이 이러한 방향으로 전개되고 있는 것은 매우 다행스러운 일이다. 슈타인마이어 독일 대통령이, 2019년 베를린장벽 붕괴 30주년 기념식사에서 여전히 남아 있는 '머릿속의 장벽'이 아니라 통일 이후 생겨난 '새로운 장벽'이라고 말하고, 2020년 독일통일 30주년 기념식에서는 이 장벽을 허물기 위해 동독의 역사를 재조명하는 등 일련의 조치가 필요하다고 제안한 것은 이러한 발전을 보여주는 예증이다. 2020년 10월 3일 독일통일의 날 기념식에서 슈타인마이어 대통령은 "우리나라의 수많은 다종다양한 사람들이 평화로이 함께 사는 것이야말로 …… 오늘날 우리가 당면하고 있는 과제"라고 선언하고 "우리의 통일은 자유와 다양성 속에서의 통일"이라고 강조했다(Steinmeier, 2020). 독일통일 30주년을 맞아 슈타인마이어 대통령이 제시한 "자유와 다양성 속에서의 통일"이라는 지향점은 난민 문제, 신자유주의적 세계화가 낳은 경제적 양극화의 문제, 그리고 그로 인해 세계 도처에서 나타나고 있는 우파 포퓰리즘의 확산 등 오늘날 세계가 직면한 난제들의 도전에 대한 적절한 응답이라는 점에서 향후 독일이 이를 어떻게 실천해 나갈 것인지 눈여겨볼 만하다.

5. 맺음말

독일 연방정부는 슈타인마이어 대통령이 독일의 내적 통일을 위한 새로운 지향점으로 제시한 '자유와 다양성 속에서의 통일'을 실현하기 위해 여러 가지 정책과 사업을 추진하고 있다. 그중에서 독일 연방정부가 설립한 '평화혁명과 독일통일 30년(30 Jahre Friedliche Revolution und Deutsche Einheit)' 위원회가

2021년 4월에 시작해 2022년 12월 말에 끝나는 것으로 기획해 추진하는 일련의 행사들은 그 의미와 중요성, 규모와 기간 등 여러 측면에서 주목할 만한 가치가 있다. 이 위원회는 다음 세 단계에 걸쳐 행사들을 진행하고 있다. ① 평화혁명에서 독일통일에 이르기까지 가장 중요한 사건들을 선정해 관련 기록을 재정리하고 그 역사적 의미를 재평가하는 '이정표 세우기(Meilensteine würdigen)', ② 동·서독 자매도시 주민들이 서로 만나 평화혁명과 독일통일 이후의 경험을 서로 나누는 '대화 나누기(Dialoge führen)', ③ 그 결과를 전문가들과 학자들이 분석하고 평가해 정부에 전달하는 '지식 전달하기(Wissen vermitteln)'. 위원회는 이 사업의 표제어로 "독일은 하나이자 다수이다(Deutschland ist eins: vieles)"라는 구호를 내걸었다.3) 이 구호는 난민 문제를 둘러싼 사회적 갈등, 이에 편승한 우파 포퓰리즘의 급속한 부상과 극우 세력의 준동 등 정치적 갈등, 그 연장선상에서 사회적 현안으로 다시금 떠오른 동·서독 지역 갈등 등 복잡하게 얽힌 실타래를 '다양성 속에서의 통일'이라는 방식으로 풀어내려는 독일 정부의 고심과 지향을 함축하고 있다. 향후 독일이 '머릿속의 장벽'을 허물고 '내적 통일'을 이루어낼 것인지는 이러한 새로운 지향과 실천이 어떤 성과를 이루어낼 것인가에 달려 있다는 점에서 중요한 의미가 있다. 그리고 이것은 독일통일을 한반도 통일의 모범이나 모델 혹은 타산지석의 교훈으로 삼고 있는 우리에게도 많은 시사점을 제공한다는 점에서 주목해야 한다.

---

3) https://www.bmi.bund.de/DE/themen/heimat-integration/gesellschaftlicher-zusammenhalt/30-jahre-deutsche-einheit/30-jahre-deutsche-einheit-node.html.

● 참고문헌

김누리 편저. 2006.『머릿속의 장벽: 통일 이후 동·서독 사회문화적 갈등』. 한울엠플러스.

안성찬 외. 2006.『변화를 통한 접근: 통일주역이 돌아본 독일통일 15년』. 한울엠플러스.

윤덕희. 1999.『동유럽 체제 전환과 구노멘클라투라의 적응 전략』. 세종연구소.

정흥모. 2001.『체제 전환기의 동유럽 국가 연구: 1989년 혁명에서 체제 전환으로』. 도서출판 오름.

Effner, H. 2020. "Zum Stand der deutschen Einheit 30 Jahre nach der Wiedervereinigung." 독일유럽연구센터 국제심포지엄 독일통일 30주년과 한반도 발표자료집, S.3~12.

Engler, W. 2019. "Die Ostdeutschen und die Demokratie." 독일유럽연구센터 평화혁명과 장벽붕괴 30주년 기념 국제학술대회 발표자료집.

Ash, Timothy Garton. 1992. *Ein Jahthundert wird abgewählt. Aus den Zentren Mitteleuropa 19891990*. München.

Gauck, J. "Festakt zum 25. Jahrestag der Deutschen Einheit." http://www.bundespraesident. de/SharedDocs/Reden/DE/Joachim-Gauck/Reden/2015/10/151003-2015-Deutsche-Einheit.html. 2015.

Steinmeier, F-W., Feierlichkeiten am Brandenburger Tor zu 30 Jahren Friedlicher Revolution und Mauerfall 2019. https://www.bundespraesident.de/SharedDocs/Reden/DE/Frank- Walter-Steinmeier/Reden/2019/11/191109-Brandenburger-Tor-9-Nov.html.

_____. Festakt zum Tag der Deutschen Einheit 2020. https://www.bundespraesident.de/ SharedDocs/Reden/DE/Frank-Walter-Steinmeier/Reden/2020/10/201003-TdDE-Potsdam. html;jsessionid=06EDE02D2BA49F368437527921DFB20C.2_cid392.

https://www.bmi.bund.de/DE/themen/heimat-integration/gesellschaftlicher-zusammenhalt/ 30-jahre-deutsche-einheit/30-jahre-deutsche-einheit-node.html

동독인의 관점에서 본 독일통일

이동기

1. 머리말: '미완의 혁명', '미완의 통일'?

2019년 가을 독일의 동부 지역에서는 "우리가 인민이다(Wir sind das Volk)"가 다시 울렸다. 그것은 1989년 가을 동독 공산주의 체제에 맞선 저항과 혁명을 기념하기 위해서가 아니라 독일의 현 체제에 맞서 투쟁을 조직하고 결집하기 위한 것이었다. '독일을 위한 대안(AfD: Alternative für Deutschland)'(이하 AfD)은 30년 전의 체제 비판 구호를 자신의 것으로 만들며 현존 독일 민주주의 체제에 맞서 "전환 2.0", "혁명 2.0"이 필요하다며 극우 정치 선동에 나섰다. 2013년에 창립된 우파 포퓰리즘 정당 AfD는 이미 2017년 연방의회 선거에서 12.6%의 지지를 얻어 제3당이자 제1야당의 지위를 차지했다. 당시 선거에서 동독 지역은 서독지역에 비해 AfD 지지율이 두 배나 높았다. 동독 네 개 주에서 AfD는 각기 18.6%에서 22.7%의 지지율을 기록하며 제2당으로 발돋움했고, 작센주에서는 27%를 얻어 제1당이 되었다. 2019년 9월 1일 주 의회 선거에서 브란덴부르크 AfD는 23.5%, 작센주의 AfD는 27.5%, 10월 27일 주 의회 선거에서 튀링겐주의 AfD는 23.4를 각각 확보했다. 통일 직후의 '통일 위기(Jürgen Kocka)'가 통일 30주년을 맞아 '민주주의 위기'로 전화하고 있다.

"우리 국가를 되찾자! 전환을 종결짓자!"라는 AfD의 선동과 결집 구호는

1989년 혁명에 대한 인습적인 평가를 흔들었다. 물론, 30년 전 동독 체제 비판을 주도했던 인물 상당수가 AfD의 1989년 혁명 탈취에 맞서 그들의 혁명과 AfD는 어떤 연관도 없으며 둘은 목표와 지향에서 오히려 정반대 흐름이라는 것을 강조했다. 30년 전의 민주주의 혁명이 극우 포퓰리즘 세력에 악용 내지 심지어 전유되는 일에 대다수 옛 운동가들이 어깨를 나란히 했던 것이다. 하지만 그것으로 상황이 종료되지는 않았다. 1989년 혁명을 기억하고 계승하는 일이 무엇인지에 대해서는 여전히 의견이 분분하다. 1989년 가을과 겨울의 '전환', '평화혁명' 내지 '민주혁명'은 동독인들에게 정치 개혁, 즉 자유선거, 인권과 기본권 보장 및 법치주의를 제공했지만, 애초 동독 주민들이나 체제 비판가들의 불만을 충분히 해결하지는 못했다(이동기, 2020: 135~137).

1990년 10월 3일 독일통일의 환희가 동독 민주혁명의 찬연한 성취였다는 것을 부정할 수 없다. 독일통일로 동독의 민주혁명이 요구하던 시민적 자유와 민주적 권리가 보장되었다. 기본법은 의회제로 동독지역 주민들에게 정치적 주권 행사와 참여 기회를 확립했고, 사회보장제도를 통해 빈곤으로의 추락을 방지해 주었다. 아울러 자유로운 결사와 조직 활동은 동독 주민들에게 사회경제적 이익의 주장과 관철을 보장했다. 그런 점에서 서독 기본법의 수용을 통한 독일통일은 동독 민주혁명의 상승적 발전이자 계승으로 간주될 수 있다.

더구나 민주혁명도 그렇거니와 민주혁명이 통일로 귀결되는 과정이 평화적으로 진행된 점은 독일 근현대사의 맥락에서 보면 매우 특별한 성취로 간주되기에 아깝지 않다. 그것을 단순히 소련이나 동독 지배 엘리트들이 무력진압과 폭력 억압을 포기했기 때문으로만 볼 수는 없다. 그것은 서독 정치 지도부의 신중하면서도 단호한 정책 결정의 성과이자 서독 정치문화의 오랜 민주적 성취의 영향이기도 하다. 물론, 그 근저에는 동독 체제 비판 단체들과 주민들의 견결한 민주화에 대한 희망과 헌신 및 인내가 놓여 있다는 것도 새삼 강조할 필요가 있다.

그러나 통일 과정에서 동독 체제 비판 단체들이 요구했던 것은 단순히 서독 체제의 이식만은 아니었다는 데도 유의해야 한다. 비록 그들이 내세운 '제3의 길'이나 '민주적 사회주의' 등이 강령상 모호했고 결국 대중의 지지를 얻는 데 실패했지만, 그들은 바로 그 모호한 강령을 통해 독자적인 힘으로 정치적 사회화를 이루어냈고 공산주의 억압 체제를 붕괴시키는 정치적 동원을 성공적으로 이끌었다(이동기, 2020: 150~170 참조). 냉전 이데올로기 관점에서 '자유민주주의'(또는 자본주의)와 '공산주의'의 대결 및 선택의 관점만으로는 당시 동유럽 체제 비판 운동을 충분히 가늠할 수 없다(주트, 2008: 1039). 특히 냉전기 공산주의 분단국인 동독에서 어쩌면 '민주적 사회주의'류의 이념적 대안 구상과 독자적 방식의 저항은 민주혁명의 가장 효과적인 동력이거나 심지어 유일한 평화혁명의 매개일 수도 있다.

다른 한편, 그들이 지켜내려 했던 동독의 일정한 제도적 성취(교육과 의료와 탁아 시설 및 문화 영역에서) 및 노동과 연대의 가치는 통일 후 점차 다시 주목을 받았다(Engler, 2002). 게다가 서독의 일방적 체제 이식이 낳은 부정적 결과와 동·서독의 여전히 불균등한 사회경제적 현실 문제도 비켜 갈 수 없다. 그것은 모두 급속한 흡수 통일 국면에서 동독 반체제 운동가들이 미리 강조하고 환기한 내용이었다.

게다가 희망과 기대의 좌절은 반체제 운동가들만의 것이 아니다. 통일 과정에서 동독 주민들이 품었던 기대와 희망은 단지 부분적으로만 채워졌고 통일 직후부터 동독 주민 상당수가 통일 결과에 냉정한 태도를 취하기 시작했다는 것에도 주목해야 한다. 결국, 동독의 체제 변화 과정과 독일통일이 1990년은 말할 것도 없고 30년이 지난 현재에도 결코 종결된 것이 아니라는 점에 유의해야 한다. 통일 후 동독지역의 발전 지체 및 불균등과 차별, 집단 자의식과 정체성 현상에 대해서는 이미 다양한 논의가 이어졌다(이동기, 2016: 29~61; 이동기, 2018: 303~314).

앞으로도 동독지역과 주민들은 상당한 격동을 겪을 것으로 보인다. 동독 주민의 관점에서 독일통일을 보는 것은 사회적 소수자의 관점으로 독일통일을 복합적으로 평가하는 방식의 첫 출발이다. 사회적 소수자의 관점에서는 독일통일에 대해 찬가를 따라 부를 수 없다. 이주민의 관점에서 독일통일이 얼마나 광포한 민족주의 극우 선동을 초래했는지에 주목하는 것도 향후 연구에서 더욱 중요하다(이동기, 2020: 298~302).[1] 다만 이 글에서는 먼저 동독 주민의 관점에서 독일통일을 평가하고, 동·서독 주민들 사이의 차별과 소외를 극복할 수 있는 관점을 찾고자 한다. 그것은 한국에서 남·북한의 평화적 협력 관계와 남·북한 주민들의 상호 이해에도 중요한 함의를 지닐 것이다.

2. '흡수통일'과 통일 평가

독일통일은 '흡수'통일이었다. 독일과 한국에서는 그것이 흡수통일이 아니라고 말하는 이들이 적지 않다. 독일통일은 서독이 동독을 강제 '병합'하는 방식으로 이루어진 것이 아니다. 민주적 선거를 통해 동독 주민의 지지를 받은 대표자들이 서독 정치가들과 정치 협상을 통해 통일을 이루었다. 동독이 서독의 정치와 행정 제도에 맞추어 서독에 '가입'했다. 폭력이나 물리적 충돌, 사회 혼란이나 주민 이탈이 없었다는 점에서 통일 과정은 '민주'적이었고 '평화'적이었다. 그 점에서 독일통일은 정치적 의미가 크고 역사적 의의도 깊다.

하지만 한 사건에 대한 역사 평가나 규정은 형식적이고 외면적인 차원을 넘어야 한다. 그 사건이 외면상 합법적이고 평화적이며 다수 주민의 동의를 얻었다고 해서 사건의 성격이 그것으로 곧장 규정될 수는 없다. 사건은 과정과 영향을 낳고 그 속에서 사건의 의미는 더 복합적으로 해석될 수밖에 없다. 형식적으로는 동등한 자격으로 자유로운 의사를 표명하여 이루어진 협상의

---

1) 이하 글도 이동기(2020: 298~302)에서 일부 인용했다.

결과도 실질적으로는 심각한 힘의 불균형과 자원 향유의 불평등, 사회적 차별과 배제를 낳는 경우가 적지 않다. 독일통일도 그랬다. 독일통일은 한 체제와 사회가 해체되고 급변하면서 이루어진 '체제 이식'의 형식을 띠었다. 두체제와 사회, 그리고 그 해당 주민들이 '화합'하거나 '통합'된 것이 아니라, 한체제와 사회에 다른 체제와 사회가 '편입'되었다. 그런 점에서 그것은 주류사회와 비주류 소수자 사회의 관계와 유사하다. 통일로 이질적인 두 사회가서로 근접하고 소통하며 통합한 것이 아니라 모든 면에서 압도적인 힘을 가진 기성의 주류 사회와 체제에 상대적으로 힘이 약하고 작은 지역의 사회가그들의 오랜 체제와 질서, 가치와 삶의 방식을 버리고 '흡수'되었다. 동독과서독의 사회문화 통합은 바로 그런 '흡수통일'의 맥락과 특성에서 봐야 이해가 가능하다.

1990년 3월 18일 자유선거를 통해 구성된 동독 정부와 서독 정부는 1990년 5월 18일 통화·경제·사회 통합에 관한 동·서독 조약을 체결해 경제와 화폐등의 문제에 합의했다. 그 결과로 전문가들의 우려와 야당의 반대에도 불구하고 1990년 7월 1일 동·서독의 1 대 1 화폐통합이 이루어졌다. 동독인들은서독의 화폐로 일시적으로나마 소비 욕구를 충족시켰다. 동독은 준비도 부족한 채 서독의 정치체제와 행정 제도의 이식을 받아들여야 했다. 1990년 8월 31일 동·서독 정부는 협상 8주 만에 '통일조약'을 체결했다. 서독 기본법 23조에 의거해 동독이 독일연방공화국(서독)에 '가입'하는 절차를 통해 동·서독이통일하기로 결정했다. 9조 6항의 1000페이지 분량의 통일조약은 동독의 독일연방공화국 가입 규정과 기본법 개정, 동독지역의 행정조직 개편 등을 담았다. 서독 행정제도에 맞게 동독의 14개 군은 5개 주로 재편되었고, 신탁청을통한 동독 자산의 대규모 사유화로 대부분의 동독 국영 기업과 공장들은 서독자본에 귀속되었다. 그 외 사회의 모든 부문에서 서독의 기준과 요구에 따라동독 사회는 전면 개편되었다.[2]

화폐통합과 체제 이식은 동독 경제를 부흥시키거나 생활수준을 끌어올리지 못했다. 오히려 동독지역은 경제가 침체되고 실업이 증대했다. 사회 긴장과 불만이 증대했다. 1990년 10월 3일 통일 선언 이후 오히려 동·서독 지역의 차이와 균열은 '통일 위기'라고 불릴 정도로 심각한 문제가 되었고, 쉽사리 해결되지 못했다. 동독지역 주민들은 박탈감과 실질적 격차를 경험하며 급속한 통일 후유증에 대한 대가를 한 세대에 걸쳐 계속 치러야 했다. 동독과 서독은 정치·경제 통합과는 달리 사회문화 통합은 더뎠고, 사실상 이루어지지 못했다. 심각한 물리적 충돌이 발생하지 않았고 통일에 대한 불만이 조직화된 적대적 갈등으로 발현되지 않은 것이 그나마 다행이었다. 그런데 최근 독일통일 30주년을 맞아 동독의 상황은 다시 불안하며 동·서독의 사회적 거리감은 더욱 커졌다.

물론, 독일 정부의 노력으로 통일 30년이 지난 현시점에 동·서독 간 경제력 격차는 상당히 줄어들었다. 동독 주민의 소득은 이제 서독 주민의 85% 수준에 도달했으며, 노동생산성 역시 꾸준히 향상되어 서독 노동자 평균의 85% 수준에 이르렀다. 동독의 산업구조 역시 서독과 유사한 형태로 바뀌었으며, 동독 주민의 1인당 GDP는 서독지역의 가장 낮은 슐레스비히홀슈타인(Schleswig-Holstein)과 거의 비슷해졌다(정현곤, 2021).[3]

하지만 동·서독 간의 경제 불균형은 동독 주민들에게 여전히 심각한 문제로 인지되고 있다. 최근 몇 년간의 선거 결과는 사회통합에 강력한 정책이 강구되어야 할 필요성을 보여준다. 특히 극단주의적인 정당은 인구 유출이 뚜렷하고 경제적 전망이 비관적인 지역에서 강력한 지지를 받고 있다. 문제는 이런 차이를 "좀 나아졌다"라고 인지하는 외부자의 시선과 "여전히 심각한

---

2) 독일통일의 문제와 결함에 대한 가장 균형 잡힌 글은 Kleßmann(2009: 85~104)을 참조.

3) 독일통일 30주년을 맞아 동·서독 간 경제 격차 상황의 원인과 변화 과정을 정밀히 분석한 연구는 정현곤(2021) 참조.

차이와 불평등이 존재한다"라고 인지하는 동독 주민들의 관점이 충돌한다는 것이다. 동독 주민들의 관점에서 보면 경제지표상 개선은 믿을 수 없거나 일시적인 것으로밖에 보이지 않는다.

경제와 삶의 수준과 관련한 객관적인 지표 외에도 주민들의 주관적인 태도와 인지에도 동·서독 간에서는 차이가 존재한다. 동독 주민들의 주관적 박탈감은 매우 높다. 그들 중 상당수는 여전히 '2등 시민'으로 간주된다고 느끼고 있다. 2019년 1월 22일 독일 일간지 ≪프랑크푸르트 알게마이네 차이퉁 (Frankfurter Allgemeine Zeitung)≫이 알렌스바흐(Allensbach)라는 권위 있는 여론 조사 기관에 의뢰해 조사한 발표에 따르면, 동·서독 주민들 사이에서 민주주의와 시장경제에 대한 신뢰도에 차이가 분명하다. 그 조사에 따르면 동독 주민들의 42%가 독일의 현 민주주의가 가장 좋은 국가 정치체제라고 인정했고, 서독 주민의 경우는 77%가 그렇다고 인정했다. 또 사회적 시장경제에 대해서도 서독 주민들의 48%는 그것보다 더 나은 경제제도는 없다고 인정했지만, 같은 대답을 한 동독 주민의 비율은 30%에 그쳤다. 흡수통일 과정에서 서독 출신 지배 엘리트들이 저질러놓은 동독 경제 재생력의 근본적 파괴와 사회·문화적 배제 및 차별이 하루아침에 해결되지는 않는다. 특히 주관적 인지와 해석은 객관적 지표보다 더 큰 차이를 보여준다.

불평등이나 차별도 문제지만 사회 주류 내지 기성 집단이 현실을 무시하고 문제를 주변화하면 불만은 더욱 높아지고 이반은 커진다. 특히 스스로를 사회 소수자로 보는 동독 주민들은 또 다른 사회 소수자들, 특히 인종적 소수자인 아랍 지역에서 온 난민들을 경쟁자로 의식하며 자신들을 그들보다 못한 신세라고 이해하는 경향을 보이기도 했다. 이런 경쟁의식과 차별의식은 곧장 난민들에 대한 반감으로도 발전했지만, 그와 동시에 부분적으로는 난민을 수용하고 배려하는 서독 출신 중심의 주류 정치권에 대한 거부로도 전환되고 있다. 그것은 바로 2015년 이후 동독지역 주민들 일부의 급격한 극우화 배경이자 요인이었다. 동독 주들은 아랍계 난민이나 이주민 비율이 서독 주들에 비해 현격히 낮지만 난민 수용에 대한 거부와 외국인 혐오는 동독 주에서 가파르게 상승했고, 극우 세력의 정치 동원과 결집의 사회적 기반이 되었다.

3. 통일 경험의 차이와 '이행사회' 동독

사회문화 통합은 정치경제 제도 통합의 결과이거나 동반 과정이 전혀 아니다. 사회문화는 사회적 실천과 집단적 상호작용, 경험 세계와 일상 문화, 재사회화와 기억 전승의 부분이다. 그것은 정치 행정제도와 경제체제의 영향을 받지만, 유사하거나 동일한 체제와 제도에 통합을 거부하며 문화적 자존과 고집을 유지하는 일이 허다하다.

통일 후 동·서독 사회문화 통합은 성공적이지 못했다. 상황이 그렇게 된 것은 독일통일 후 동·서독 사회문화 통합의 전제가 애초부터 잘못되었기 때문이다. 서독 출신 정치 엘리트들은 통일 후 정치제도와 경제체제의 통합처럼 사회문화 영역의 동·서독 통합도 제도와 법이 토대를 닦고 교육과 언론이 보조하면 금방 달성될 것이라고 보았다. 동독지역에 학교교육이나 시민교육을 통해 동독에 민주주의 가치를 도입하고 다원주의 사회문화가 자리를 잡으면 통합이 순조로울 것이라고 보았다. 설사 통일 후 동독지역의 탈산업화와 실업으로 동·서독 간의 경제 격차가 일정 기간 지속되어도 사회문화 통합은 동일한 민주주의 가치 및 규범과 유사한 삶의 방식에 따라 수월하게 달성될 수 있으리라고 보았다.

또 동·서독의 통합 문제와 결함을 인지하는 방식도 상당 기간 잘못된 채 지속되었다. 통일 후 동·서독 사회가 평화롭게 잘 '통합'되었지만, '약간의 문제가 있었다'는 식으로 이해된 것이다. 그것은 동독과 서독 사회 및 주민이 유사한 정도로 '통일 충격'과 영향을 받았음을 전제한다. 그런데 그렇지가 않았다. 아울러 통일 후 동독 사회가 경험한 충격과 동·서독의 사회·문화적 격리를 통일의 '후유증'이라고 말하는 것도 적절하지 못하다.

독일통일은 처음부터 동·서독 사회에 비대칭적이고 불균형한 변화를 줄곧 발생시켰다. 통일 후 서독 사회와 주민이 겪은 변화는 약했다. 대다수 서독지역 주민들은 통일 자체에 무심했고, 동독 주민들의 고통이나 열패감을 이해할 수 없었다. 서독인들은 원래 살던 대로 살면서 가끔 동독지역에 출장을 가거나 여행을 하면 되었다. 통일로 인해 서독인들이 감당해야 하는 구조의 변화나 일상의 충격은 거의 없었다. 서독인들은 동독지역의 낙후성을 직접 보고 동독 주민들과 거리를 두는 삶을 유지했다. 자신의 삶이 크게 변하지 않았는데 타인의 삶의 충격을 온전히 느끼기란 쉽지 않다. 통일은 대다수의 서독지역 주민에게 삶의 단절이거나 도전이 아니었다. 그들의 삶은 연속되었고 큰 변화가 없었다. 동독지역은 서독의 일부 주민들에게 직장이나 문화 지향 내지 가족 관계와 관련해 새로운 기회와 경험의 공간이었지만, 대다수 서독인들에게 동독과 동독인들은 여전히 낯설거나 못사는 먼 이웃 같았다.

반면, 통일 후 동독 사회는 '이행사회'였다. 동독의 정치제도와 경제체제만이 아니라 40년 동안 학습하고 공유하던 삶의 방식이 근본적으로 무너졌고, 새로운 가치와 규범을 배워야 했다. 20대와 30대 주민도 쉽지 않았지만, 40대이상의 장년층은 그 학습 과정을 따라가기가 버거웠다. 동독인들은 서독 체제에 기초한 '통일 사회'를 스스로 만들어야 했는데 하중은 너무 무거웠고, 혼란은 감당하기 어려웠다. '이행'은 동독 주민들에게는 근본적인 변화를 의미했다. 속도는 빨랐고, 심도는 가팔랐으며, 차원은 전체적이었다. 동독 주민들은 한편으로 그 변화에 조응하고 그것을 수용하기도 했다. 하지만 동독 주민들이 도저히 감내할 수 없거나 거부할 수밖에 없는 변화도 상당했다. 1990년대 전반기 동독 주민들이 겪은 사회 변화와 일상 문화의 충격에 대한 연구가현재 한창 진행 중이다. 2015년 베를린 소재 독일역사박물관에서는 독일통일 25주년을 기념하며 처음으로 이 주제를 세상에 끌어올렸다(이동기, 2016: 63~91). 그때 독일역사박물관과 협력해 그 기획 전시를 개최한 포츠담 현대사

연구소는 통일 후 동독을 '이행사회'로 규정하며 몇 개의 핵심 주제를 소개했다. 첫째, 언어의 변화다. 서독인들과 달리 동독인들은 언어에서도 심각한 변화를 경험했다. 동독의 공식 용어뿐 아니라 많은 일상 언어가 사라졌다. 또 통일 과정에서 새로운 용어와 개념이 등장했고, 동독인들은 그것을 습득해야 했다. 서독의 용어와 표현이 동독 사회에 유입되어 동독 언어와 경쟁했다. 서독 언어가 이기는 경우도 있고, 동독 언어가 이기거나 두 언어가 공존하는 경우도 있다. 중요한 것은 서독인들과는 달리 동독인들만이 그런 언어의 변화에 노출되었다는 사실이다.

둘째, 언론매체 환경의 변화였다. 동독지역에서는 통일 후 새로운 신문 및 잡지 발간과 방송 창립 붐이 일었다. 동독인들은 다원주의 여론 사회와 다양한 정보의 홍수를 처음으로 경험했다. 서독인들에게는 이미 익숙하고 당연했지만, 공산주의 기관지만 접하던 동독인들에게는 가장 신선한 자유의 경험이었다. 한편, 서독의 신문과 방송은 동독인들의 삶의 위기와 차별에 관심이 전혀 없었다. 서독 언론의 오만하고 일방적인 태도는 서독의 주류 언론에 대항할 '동독 언론'에 대한 관심을 높였다. 지금도 여전히 동독에서는 주로 '동독 신문'이 읽힌다.

셋째, 서독마르크 유입에 따른 소비 열풍과 소유권 인식이다. 동독 주민들은 통일 후 신형 슈퍼마켓에 비치된 온갖 상품들의 풍요로움에 놀랐다. 서독 자본주의의 물질적 풍요는 백화점의 고가 물품만이 아니라 작은 슈퍼마켓에서도 확인되었다. 잠시의 소비 열풍 후 동독 주민 상당수는 그 풍요를 충분히 누릴 수 없었다. 마찬가지로 흥미로운 것은 통일 후 동독에서는 열쇠와 잠금 기구 및 진입 금지 장치를 생산하는 붐이 일었다는 사실이다. 소유권에 대한 인식이 달라졌다는 것을 보여주는 예다. 또 동독에 재산을 남기고 서독으로 떠난 사람들이 다시 돌아와 소유권을 청구하는 데 대한 공포도 크게 일었다. 서독인들이 부동산 소유권을 제기하는 경우에 맞서 자신들의 재산을 보호하려는 거대한 시민운동이 동독에서 일어났다. 그들에게 통일은 재산 강탈의 위험이었을 뿐이다.

넷째, 동독지역의 노동계가 급변했다. 동독지역은 급격한 탈산업화로 실업 위기가 만연했다. 처음으로 겪는 경쟁과 생존 투쟁도 힘겨웠지만, 서독 경영인들과 관리인들이 주도한 노동 규율의 변화도 감당하기 어려웠다.

마지막으로 동독인들 중 일부 주민들은 동독 공산주의 독재의 추악한 과거사에 직면해야 했다. 동독의 정보기관 슈타지는 정직원이 9만 명에 달했고, 직원은 아니지만 이웃이나 직장 동료 심지어 가족을 관찰해 정기적으로 보고서를 작성하여 동독의 감시 체제를 도운 비밀 정보원들도 18만 명에 달했다. 슈타지의 감시체제가 적나라하게 밝혀지면서 친교 관계의 근간인 믿음과 신뢰, 의존과 유대가 산산조각 났다. 주로 감시 대상자와 피해자들의 충격이 컸지만, 가해자의 가족과 친구들도 믿었던 가족과 동료가 자신의 생각과 삶을 밀고한 사실에 충격을 받았으며, 회복하기까지 상당한 시간과 노력이 필요했다.

통일 후 동독의 '이행사회'가 겪은 변화와 충격, 유산과 대응은 서독 사회에서는 존재할 필요가 없었다. 이와 같은 불균등과 인식 및 경험의 차이가 통일 후 동·서독의 통합을 불가능하게 만들었다. 인습적으로 생각하는 것보다, 통일은 동독 주민들에게 훨씬 큰 삶의 변화와 도전을 안겼다. 서독 사회와 주민들은 그 자체로 큰 변화를 겪지는 않았지만, 엄청난 충격과 혼란을 겪는 주민들을 이웃으로 맞이했다. 다만 서독인들 다수가 그것에 전혀 관심을 두지 않았다. 그런 상황에서 동·서독의 사회문화 통합이 성공할 가능성은 없었다.

4. 차별과 할당제

동·서독 통합을 어렵게 만든 또 하나의 요인은 동독 출신들에 대한 사회적 차별이다. 경제적·구조적 불평등 못지않게 사회·문화적 지위와 위신의 차별과 불평등은 통합의 걸림돌이 되었다. 먼저 통일독일의 지도적 지위에 동독 출신 인물들은 현격히 부족했다. 서독 출신 엘리트들이 정치와 경제, 사회와 교육, 미디어와 문화 등 모든 부문에서 압도적이었다. 지도적 지위에 오른 동독 출신은 소수였다. 동독의 인구 비율(17%)에 비해서도 현격히 적었다. 2005년부터 독일 총리를 지낸 앙겔라 메르켈은 그 불균형을 가리는 착시 현상을 불러일으킨다. 이를테면 독일 대기업 500개 중 서독에 본사를 두고 있는 것이 478개에 달하고, 나머지 22개만 동독지역에 있다. 또 현재 독일 최고 법원인 연방헌법재판소는 재판관이 16명인데, 56%에 달하는 여성 중 동독 출신은 한 명뿐이다. 동독 출신 여성 이네스 헤르텔(Ines Härtel)이 헌법재판소 재판관이 된 것도 2020년 7월이었다. 늦어도 너무 늦었다. 1972년 동독에서 태어난 헤르텔은 통일 후 서독의 대표적 대학도시 괴팅겐에서 법학을 공부하고 계속 그곳에서 활약했다. 그렇지만 통일 전 동독에서 태어나고 자란 사람으로서 최고 법관의 지위에 처음으로 오른 것은 큰 의미로 받아들여졌다. 그것 자체가 여전히 큰 뉴스거리다. 독일 전역의 국립대학 총장 중 동독 출신은 한 명도 없다. 이와 같은 동독인 차별은 부기지수다. 심지어 텔레비전 토크쇼에 초대받는 인물에 대한 통계조사에 따르면, 그들 중 동독 출신은 8.3%에 불과했다. 독일의 신문과 방송 책임자가 동독 출신인 경우도 매우 드물다.

1990년대부터 줄곧 동독 출신을 위한 할당제 도입을 둘러싸고 논의가 진행되었다. 동독인 할당제는 여성 할당제처럼 동독과 서독 출신의 균등한 권리 향유를 통해 동·서독의 사회문화 통합을 촉진하려는 제안이었다. 특히 독일통일 25년이 지나고 30년이 다가오는 데도 상황이 개선되지 않자 동독인 할당제를 둘러싸고 2018년과 2019년에는 학자들과 정치가들 사이에서 격렬한 논쟁이 오갔다. 이를테면 대표적인 동독 출신 지식인이자 교육철학자 프라우케 힐데브란트(Frauke Hildebrant)는 2019년 동독 주민의 비율이 독일 전체의 17%이니 정치와 행정, 기업과 문화 등의 사회 전 부문에서 17%는 동독인들이 차지해야 한다고 주장했다. 그는 독일통일 30주년이 되었지만, 현재

주요 지위에서 동독인들은 대략 1.7%에 불과하다고 평가했다. 2019년에 열린 연방의회에서 동독지역에서 1당이나 2당의 지위를 누리는 좌파당(Die Linke)은 연방정부의 기구도 할당해서 동독지역으로 옮기는 것을 제안했지만 모두 기각되었다. 물론, 2019년과 2020년 최근에는 연방정부나 다수의 정치가들이 서독인의 과잉 대표와 동독인의 과소 대표 문제를 인정했지만, 동독인 할당제는 받아들여지지 않았다. 이유는 통일 후에 태어난 젊은 세대의 경우, 동독 출신이라 해도 지도적 지위나 상층 직장으로의 진입에 더 수월해졌기 때문이다. 이 문제가 시간과 세대를 지나면서 과연 나아질지는 더 지켜봐야 한다.

5. '통합' 실패

통일독일의 사회문화 통합 전망은 여전히 밝지 않다. 비관적 전망에 대한 과잉 해석을 잠시 유보하면 다음 세 가지 사실에 주목할 수 있다. 첫째, 이제 독일의 정치 지도자들과 다수의 주민들은 "경제적"·"내적"·"사회적" 통일의 "완성"은 1990년의 대다수 행위자들이나 관찰자들이 생각했던 것보다, 그리고 2000년에 많은 사람들이 생각했던 것보다 훨씬 더 오래 걸릴 것이라고 보고 있다. 2008년 연방총리 메르켈도 "많은 영역에서 동·서독 간 기회의 평등이 이루어지기까지는 아마도 40년이 걸릴 것"이라고 말했다. 사회문화 통합은 정치와 경제 제도의 통합과는 전혀 다른 시계가 필요하다. 오히려 조급하게 매달리면 정치 선동에 이용되기 십상이다.

둘째, 사회문화 통합의 그 내용이 무엇일지 더 정밀히 따져봐야 한다. 독일에서도 "통일의 완성"의 내용이 무엇이 될 것이고 되어야 하는지가 새롭게 논의되고 있다. 사회문화 통합은 삶의 획일화나 균질화가 아니다. 아울러 동·서독 간 생활 상태의 '균일화' 내지 '평등'도 유토피아에 불과하다고 간주되어야 한다. 사회통합과 불평등 극복 및 공정사회 달성을 혼동할 수는 없다. 독일의 헌법인 「기본법」 72조 2항에 규정된 "대등한 생활 상태의 달성(Herstellung gleichwertiger Lebensverhältnisse)"에서 그 '대등함(Gleichwertigkeit)'이 곧 지역들 사이의 균등 분배, 조정(Angleichung)이나 평준화(Ausgleich)를 의미할 수는 없다. 여기서 말하는 '대등함'이 획일화나 균질화가 아니라면 도대체 무엇을 의미하는 것인지에 대해 더 논의가 필요하다. 요체는 사회적 삶의 상태의 대등함이라기보다는 삶의 기회와 접근의 자유에 장애나 배제가 없는 데 초점을 맞추는 것이다. 그런 관점에서 사회문화 통합의 실제적 의미를 살펴봐야 한다. 마지막으로 동·서독 간 차이 못지않게 동독과 서독의 내부 차이도 중요하다. 이를테면 인구밀도, 경제력, 취업률, 수입, 공공 설비 등에서 동독지역 내부, 즉 예나나 드레스덴, 바우첸이나 슈텐달 같은 지역의 구조적 차이와 삶의 수준의 차이도 분명하다. 아울러 서독의 경우도 잘란트나 브레머하펜의 '빈촌'들의 존재를 무시할 수 없다. 무차별적으로 '서독과 서독인' 또는 '동독과 동독인' 간의 통합 여부를 말하기도 어렵다. 더구나 그것이 세대나 젠더와 연관되면 사회문화 통합 상황은 더욱 복잡하다. 그런데 이 새로운 변수와 요인으로 인한 복합성을 근거로 이제 더는 동독과 서독 간 사회통합이 아무 문제가 아니라고 말하는 것은 위험하다. 동·서독 간의 엄연한 격차와 거리감, 동·서독 간 사회문화 통합의 한계를 상대화하는 논의는 정치적으로 공정하지 못하고 학문적으로 진지하지 못하다.

6. 맺음말: '통다'와 '화합'의 관점

통일은 그 자체로 '대박'도 아니지만 곧장 '번영'을 열지도 못한다. 헬무트 콜(Helmut Kohl) 총리도 통일 전에는 동독 주민들에게 '화려한 풍경'을 약속했지만 통일 후 동독의 현실은 그렇지 못했다. 특히 경제적 격차야 구조적 문제이므로 단기간에 해결할 수는 없으니 참고 기다려 본다고 해도 사회문화와 일상의 경험에서 접하는 차별과 무시는 동독인들이 감당하기 어려웠다. '통합'의 의미를 다시 논의해야 한다. '통합이냐 갈등이냐'라고 양자택일로 물으면 통합을 선택하는 것이 일반적이지만, '획일화와 억압이냐, 공생과 다원성의 존중이냐'라고 물으면 누구나 후자를 택한다.

동·서독 사회가 통일 후 한 국가나 사회로 공존하려면 정치와 행정 및 사회 제도를 어느 정도 일치시키고 조정하며 차이를 줄일 필요가 있었다. 하지만 제도와 법, 가치와 규범을 넘어 지향과 풍속, 경험과 기억을 '통합'할 수는 없다. 심지어 제도 운용과 법 적용, 가치 이해와 규범 인지 과정에도 오랜 삶의 방식이 영향을 미친다. 동·서독 사이의 서로 다른 삶의 오랜 근거를 부정할 수 없다. 서로 다른 사회들은 적대와 배제를 줄이기 위해 획일화가 아니라 병행과 공존하며 지낼 수도 있다. 서로 다른 삶의 방식, 가치, 지향을 갖더라도 서로 존중하며 산다면, 양 사회의 주민들이 만나 함께 일하고 소통하고 협력할 수 있다. 이때 중요한 것은 서로 다름 자체가 아니라 그 다름이 삶의 기회와 더 나은 복리의 가능성을 박탈하지 않는 구체적 현실, 그리고 그 기회와 가능성이 구조적으로 정당하게 열려 있다고 인정되고 수용되는 인지 문화다. 또는 그 기회와 가능성이 충분하지 않다면 최소한 그런 현실에 대한 비판과 토론, 아울러 그것의 개선 가능성이 존재해야 한다. 불평등이나 차별 자체보다 그것을 문제 삼지 않고 무시하는 정치문화가 가장 심각한 결함이다.

사회문화 통합이 경제와 정치 제도 통합과 다른 것은 그것이 구조나 관계에서 끝나지 않고 일상 문화 및 경험 세계와 인지 방식에 결부된다는 점이다. 통합의 주체인 여러 사회 집단에 속한 다수의 개인들이 삶의 기회가 박탈되거나 제한된다고 느끼며 정의롭지 못하고 공정하지 못하다고 생각한다면, 그 사회는 집단적 결속과 연대를 이루기 어렵다. 탈북자와 한국 사회의 관계든 한국과 북한 주민의 접촉과 교류에서든 섣불리 '통합'을 말할 수 없다.

특히 통일 후 동·서독 사회는 단순히 서로 이질적인 두 사회의 균등한 통합 과정이 아니었다. 한쪽은 다른 한쪽에 편입해 모든 것을 뒤집고 새로 출발하며 도전과 실험에 직면했고, 다른 한쪽은 전혀 그럴 필요가 없었다. 심지어 대다수 서독 사람들은 경험 세계와 일상 문화에서 특별한 변화를 겪지 않았다. 통일독일의 동·서독 통합은 기본적으로 주류의 다수 사회와 소수자 집단의 관계 문제로 보는 것이 더 적절하다. 그런데 문제를 그렇게 보면, 또 다른 소수자 집단들, 이를테면 인종과 문화가 다른 이주민 출신 사회 구성원들, 특히 여성 이주자들의 특수한 통일 경험 또한 특별한 의미가 있다. 양복 입은 중·노년 남성들이 '통일'과 '번영'을 말할 때 어딘가에는 항상 폭력과 배제의 기억과 경험을 지닌 사회적 소수자들이 뒤돌아서 있다.

그런데 이주민과 난민 이력이 있는 공동체 구성원들이 고유한 통일 경험과 주체적 인지를 드러내면, 스스로를 차별받는 사회적 소수자로 생각하는 동독 주민 다수와 인정 경합 투쟁을 할 수밖에 없다. 2019년, 독일 정부는 평화혁명과 독일통일 30주년 위원회를 구성해 독일통일에 대한 학문적·정치적 결산을 시도했다. 이 위원회가 내건 슬로건은 "독일은 하나이면서 여럿이다 (Deutschland ist eins: vieles)"였다(Enders and Kollmorgen, 2021).

이것은 동서 독일이 제도를 일치시켜 (물론 그것은 서독 체제로의 동독 '흡수' 방식이었지만) 통합 국가를 만들었지만, 통일이 동·서독 주민들에게 균질적이거나 평등하지 못했음을 직시하는 성찰을 표현한 것이다. 이 위원회는 통일이 "아직 완성되지 못했"음을 지적하며 서독 주민들과 비교할 수 없을 정도로 굴곡이 넘치고 고통스러웠던 동독 주민들의 통일 경험과 현재의 불평등 및 차별에 주목했다. 위원회 보고서는 동독 주민들 사이에서도 젠더와 지역, 세대에 따라 통일의 충격과 영향이 상당히 이질적이었음을 밝혔다. 이 위원회는 통일이 사실 통다(統多)였다는 것을 뒤늦게 발견했다. 독일은 통일을 통해 삶의 근간인 제도를 '하나'로 만들었지만, 통일 후 삶의 조건과 양상, 통일 경험과 일상 및 정체성과 지향은 '여럿'이다. 오랫동안 통일을 이상화하고 예찬하던 관행에서 벗어나 독일통일 과정에서 드러난 다양한 주민들의 이질적인 경험과 지향에 뒤늦게나마 눈을 돌린 것은 다행이다. 하지만 사실 너무 늦었다.

독일의 경험을 염두에 둔다면, 한반도에서 우리는 지향과 관점의 이질성과 차이에 더욱 민감할 필요가 있다. 우리가 추구해야 할 남북의 평화적 관계 발전과 더 나은 통일의 가능성은 남북 주민들 사이의 차이와 갈등에 이성적이고 비적대적으로 대응하는 문화적 능력에 달려 있다고 볼 수 있다. 독일인들이 독일통일 30주년이 되어서야 포착했던 '하나이면서 여럿'의 관점을 우리는 서둘러 숙고할 필요가 있다. 즉, 통일은 적대와 대결을 극복하며 '하나로 연결'되면서 동시에 억눌리고 막혔던 공동체 주민들의 삶의 가능성과 기회들의 다양성이 자유롭게 발현되는 통다(統多)여야 한다. 사실 평화도 차이나 다름이 사라진 이상적인 정적 상태가 아니다. 오히려 정반대다. 다양함을 억압하는 것이 아니라 다양함이 낳는 풍요로움을 살리는 것이 평화다. 평화는 심지어 차이가 갈등을 낳아도 그것을 감당하는 것이다. 서로 다른 생각과 지향과 삶의 방식은 더러 갈등을 유발하지만, 평화는 갈등 자체를 억압해서 확보되는 균등화가 아니기 때문이다. 오히려 평화는 갈등을 정상적인 삶의 일부이자 관계의 한 형식으로 보고 그것을 이성적이고 문명적이며 비폭력적으로 다루는 과정을 뜻한다. 사회·문화적 평화 노력은 물리적 충돌이나 폭력의 부재만이 아니라 적대적 갈등을 극복하고 차이와 이질성을 평화적으로 인지하고 대하는 태도와 행위들에서 시작한다.

한국과 북한의 주민이 만나는 관계도 서로 다른 이질적인 사회의 관계인 동시에 그것이 반드시 균등한 양자 사이의 접촉이나 교류가 아니라는 데 유의해야 할 것이다. 개방적인 다원주의 사회의 주민과 폐쇄적이고 경직된 사회의 주민 교류와 접촉은 그 자체로 이미 매우 불균형하고 비대칭적이다. 한국 주민들의 개방적이고 포용적인 태도가 그 모든 접촉과 교류를 지속 가능하도록 만들 것이다. 다원주의 사회의 역량은 바로 그런 유연성과 포용성에 있기 때문이다.

남북 간 평화의 사회·문화적 노력은 남북 주민들이 직접 만나는 공통의 경험 공간에서 시작된다. 서로 다른 사회들은 통화나 동질성 강화로도 통합할 수 있지만, 상호 공존하는 병행 사회로 발전할 수 있다. 북한과 북한 주민들의 경직된 태도를 과장되게 인지하기가 정치화된 해석으로 귀착하지 않고 더 유연하고 개방적인 태도로 견제하되 존중하는 방식을 찾아야 한다.

남·북한 주민들이 협력하고 공존하기 위해서는 정치관이나 가치관뿐만 아니라 감정과 정서, 사고방식과 취향 등에서의 차이와 격리를 내버려 둘 수 없다. 이때 인습적으로 그 문제를 다루는 방식은 '통합'이었다. 그것은 서로의 차이를 인위적으로 없애거나 '바람직하다'고 생각되는 방향으로 정해서 단일하고 평평하게 만드는 것을 전제했다. 그것은 결국 한 집단이 다른 집단에 제 집단의 삶의 방식에 맞추도록 일방적 적용을 강요하는 것이었다. 그런 방식의 '통합'은 사실상 동화(assimilation)이기에 억압이나 배제 또는 소외를 수반한다.

하지만 그런 인습적인 '통합' 관점을 비판하며 새로운 관점의 '통합' 논의가 다양하게 등장했다(김학재, 2020: 364~418). 중심 통합적인 근대적 시각을 버리면 통합을 통제와 효율에 기초한 동화의 강제나 획일성 증대가 아니라, 서로의 차이를 인정하고 존중하면서도 최소한의 공동 가치와 상호 결속 내지 연대를 형성하는 과정으로 이해할 수 있다. 그것은 '화합(accommodation)'이라고 불린다. 화합은 다양한 집단 정체성을 존중하며 하나의 단일한 정체성으로 억압하지 않는 것이다. 그것은 다중적 정체성을 존중하고 집단 간의 차이를 감당해 유연한 방식의 소통과 공존을 창출하며 분리나 적대를 극복하는 길이다. 남·북한 주민들은 동화가 아니라 화합의 관점에서 통합을 지향해야 한다. 그런 관점에서 보면 '동질성 회복'보다 더 중요한 것은 차이를 이질성으로 인지해 배제할 것이 아니라, 소통과 공생의 조건으로 수용하고 적대로 귀결되지 않도록 조정하고 관리하는 일이다.

민족 동질성 신화에 갇히지 않는다면 그 방식과 길은 다양하게 존재한다. 통일로 가는 하나의 길이 아니라 평화로 가는 여러 길들을 찾아야 한다. 그 평화로(路)들에서 통일은 교차로이자 더 많은 '평화들(peaces)'을 위한 경험 공간이어야 한다. 평화의 관점에서는 접촉 지대의 유지와 확산 자체가 결정적이다. 서로 다르기 때문에 더 많이 만나야 하고 접촉면을 더 넓혀 다름에 익숙해지도록 해야 한다. 이질성의 화합이 낳는 차이의 풍성함을 극대화해야 한다. 그 '화합'의 길이 곧 평화이고, 그 평화 프로세스가 비로소 '더 나은 통일'을 만들 수 있다.

● **참고문헌**

김학재. 2020. "통합". 김성철·이찬수 엮음. 『평화의 여러 가지 얼굴』. 서울대학교출판문화원.
이동기. 2016. 「독일통일 후 동독정체성: 오스탈기는 통합의 걸림돌인가?」. ≪역사와 세계≫, 50.
_____. 2016. 「통일 기억과 일상. 독일역사박물관의 독일통일 전시」. ≪통일인문학≫, 68.
_____. 2018. 『현대사 몽타주. 발견과 전복의 역사』. 돌베개.
_____. 2020. 『비밀과 역설: 10개의 키워드로 읽는 독일통일과 평화』. 아카넷.
정현곤. 2021. 『독일통일 30년: 경제통합의 평가와 시사점』. 대외경제정책연구원.
주트, 토니(Tony Judt). 2008. 『포스트워 1945~2005』 2. 조행복 옮김. 플래닛.

Enders, Judith C. and Raj Kollmorgen(eds.). 2021. *Deutschland ist eins: vieles: Bilanz und Perspektiven von Transformation und Vereinigung.* Frankfurt am Main: Campus.
Engler, Wolfgang. 2002. *Die Ostdeutschen als Avangard.* Berlin: Aufbau-Verlag.
Kleßmann, Christoph. 2009. "'Deutschland einig Vaterland'? Politische und gesellschaftliche Verwerfungen im Prozess der deutschen Vereinigung." *Zeithistorische Forschungen/ Studies in Contemporary History*, 8.

2부

정치·경제적 통합의 상처

구동독지역 정치 지형의 변화

김면회

1. 머리말 [1]

이 글의 목적은 분단과 냉전의 상징인 베를린장벽이 붕괴된 이후 전개된 구동독지역 정치 지형의 변화 추이를 정당체제 중심으로 추적하고, 그 영향과 아울러 앞으로 전개될 상황을 예견해 보는 데 있다. 1961년 이후 28여 년간 동·서 베를린을 갈라놓았던 콘크리트 장벽이 붕괴된 지 30여 년이 지났다. 히틀러가 전쟁을 통해 달성할 수 없었던 것을 통일을 통해 평화롭게 얻게될 것이라는 전 영국 총리 마거릿 대처(Margaret Thatcher)의 '통일될 독일'에 대한 우려 섞인 경고에도 불구하고, 독일은 "독일화된 유럽'이 아니라 '유럽화된 독일'을 전면에 내세우며 한 세대 전에 재통일을 이뤘다.[2] 이후 통일된

---

1) 이 절은 김면회(2020: 97~128)를 이 책의 취지에 맞게 수정·보완했다.

2) 이는 유럽통합과 독일통일의 관계에 대한 정치학자 헬가 하프텐도른(Helga Haftendorn)의 표현이다(앨리슨, 2018: 293~295). 메르켈 총리는 2019년 11월 9일 베를린장벽 붕괴 30주년 기념식에서 유럽의 가치를 다시 세울 때라고 강조하면서 "자유, 민주주의, 평등, 법의 지배, 인권 등 유럽을 만든 가치는 자연히 얻어지는 것이 아니다. 다시 활력을 불어넣어야 한다. 우리는 자유와 민주주의를 위해 할 일을 해야 하고, 변명을 하지 말아야 한다"라고 말했다(정인지, 2019).

독일 사회는 여러 분야에서 급격한 변화를 맞이했다. 통일 직후 구동독 사회의 변화를 둘러싼 논쟁은 서독지역의 도움으로 동독지역의 빠른 성장을 확신한 동질화론과 우월한 서독에 동독이 구조적으로 예속될 것이라는 신식민지론으로 대별되었고, 정치 지형에 대한 전망 또한 통일된 독일 사회 미래에 대한 상이한 견해에 따라 다르게 전개되었다. 유럽화된 독일 이후 30년이 지난 시점에 어떤 예측이 사실에 좀 더 부합하는지를 밝혀보는 작업은 통일을 지향하는 분단 한반도에 남다른 의미를 준다.

독일민주공화국(Deutsche Demokratische Republik, 이하 동독)은 제2차 세계대전을 일으킨 전범국 독일제국에 대한 응징의 결과 탄생한 분단국가로 남한만한 넓이의 나라였다. 1980년대 중반 이후 가속화된 냉전 질서의 해체에 따라 동독 역시 체제전환의 소용돌이에 휩싸였지만, 체제전환 방식과 내용은 인근 중동부 유럽 사회주의 국가군들과 사뭇 달랐다. 이는 동독의 체제전환 과정이 분단의 극복 과정과 동시에 진행되었고, 경제 부국이었던 '맏형' 서독에 의존한 독특한 과정이었기 때문이다. 베를린장벽 붕괴 이후 통일독일의 사회통합에 대한 평가와 구동독지역 주민들의 정치적 선택은 이와 같은 특이한 상황과 밀접한 관련 속에서 진행되었다. 장벽이 붕괴되고 30년이 흐르는 동안 진행된 구동독지역 정치 지형의 변화 과정과 그 특징을 구서독지역과의 관계 속에서 파악해야만 하는 이유가 바로 여기에 있다. 요컨대 베를린장벽 붕괴 이후 30년 동안 조성된 구동독지역의 정치 지형은 일면 구동·서독 지역 간에 진행된 사회통합 과정의 반영물인 셈이기도 하다.

베를린장벽이 붕괴된 지 30년이 흐르는 동안 통일독일의 사회통합 동향과 구동독지역 정치 지형 및 통일독일 정당체제의 변화와 관련해 각각의 주제를 개별적으로 다룬 연구 작업은 그간 국내외에 많이 축적되었다. 하지만 베를린장벽이 붕괴된 뒤 30년 동안 진행되어 온 통일독일의 사회통합 흐름과 그와 관련된 구동독지역의 정치 지형 및 통일독일 전체의 정당체제 변화 간의 상관관계를 종합적으로 다룬 글은 의외로 많지 않다. 1949년 이후 전개된 독일 현대 정당체제의 변화 흐름을 추적하고, 새로운 유형을 개념화한 에버하르트 홀트만(Everhard Holtmann)의 단행본이 이와 관련된 대표적인 연구 결과물이지만(Holtmann, 2017), 베를린장벽 붕괴와 독일통일 이후 현실 정치의 주요 단위로 부각되고 있는 구동독지역의 문제를 집중적으로 다루지는 않았다. 이 글은 이러한 불충분한 연구의 공백을 메우려는 목적에서 출발한다.

주요 내용은 1990년 통일 이후 현재까지 구동독지역 전 분야의 변화 과정을 추적해 온 구나르 빙클러(Gunnar Winkler)의 방대한 연구 성과(Winkler, 2017)와 지난 30여 년간 진행된 주요 선거 결과를 담아놓은 독일연방선거관리위원회 (Bundeswahlleiter)의 공식 자료에 의존한다. 물론 선거 결과와 투표 행태만으로 구동독지역의 정치 지형 전체를 파악할 수는 없겠지만, 안정된 정당정치를 운영하는 국가로 평가받는 독일의 정치 지형 변화를 추적하는 데는 연방하원 선거 결과와 제도권 내 주요 정당들 간의 세력관계를 밝혀주는 자료를 분석하는 것이 가장 적절하다고 판단하기 때문이다. 구동독지역에서 펼쳐진 지난 30여 년간의 주 의회 선거 역시 연방제 국가 독일의 정치 지형 연구를 위해 필요한 핵심 자료이다.[3]

이 글은 먼저 제2차 세계대전 이후부터 현재까지 진행된 독일의 정치 지형 변화를 정당체제 흐름을 중심으로 정리하면서 구동독지역의 정치적 위상과 정치적 선택의 의미를 파악한 후, 유럽화된 독일 이후 조성된 구동독지역의 정치 지형 추이와 현황을 집중적으로 추적·분석한다. 이를 통해 분단 시기와

---

3) 유럽의회 선거 결과 역시 구동독지역의 정치 지형과 그 흐름을 파악하는 데 무시할 수 없는 부분이지만, 베를린장벽 붕괴 이후 통일독일에서 진행된 정치 지형의 변화 추이를 구명하려는 이 글은 연방하원과 주 의회 선거 결과 분석에 집중한다. 이 두 가지 선거의 투표 행태와 선거 결과 분석만으로도 구동독지역에서 전개된 정치 지형의 변화 내용과 그 추이를 밝히는 데 충분하다고 판단하기 때문이다. 통합유럽의 상징물인 유럽의회 선거 결과는 통일독일 사회의 정치적 의사결정에 결정적인 영향을 끼치지 못한다는 판단도 이 두 가지 선거에만 집중하는 또 하나의 이유이다.

장벽 붕괴 이후에 진행된 내용의 연속성과 비연속성, 유사성과 차이점을 좀 더 분명하게 밝힐 수 있다고 보기 때문이다. 결론 부분에서는 지난 30여 년에 걸쳐 조성된 구동독지역의 정치 지형이 앞으로 어떻게 진행될지를 전망해 본다.

2. 구동독지역 정치 지형과 통일독일의 정당체제 변화[4]

정당체제(party system)는 의회 내에서 정당 간에 상호작용 하면서 영향을 미치는 관계망으로, 제도권 내 정치세력 간의 상대적 위상과 영향력 관계를 반영한다. 이 때문에 특정 국가와 지역의 정치 지형은 정당체제의 변화 추이와 밀접하게 연계되어 나타난다. 1949년 이후 전개된 독일 현대 정치에서 정당체제의 변천 과정은 정치 및 사회경제적 변화와 맞물리면서 진행되었고, 정당체제 변화의 결정적 요인은 크게 환경 문제와 베를린장벽 붕괴 이후 구체화된 통일 문제, 그리고 그리스 경제 위기 및 시리아 내전과 관련된 유럽 통합과 난민 문제로 집약된다. 각 요인은 시간 축을 따라 순차로 대체되어 소멸되는 형태가 아니라 앞선 요인에 더해 누적되는 방식으로 진행되었다. 요컨대 독일의 정당체제 변천 과정은 기존 체제와 새로운 체제 사이에서 전개되는 연속과 비연속의 통일 과정이었고, 그 결과 최종적으로는 복합적인 요인들이 중층적으로 작동하는 체제로 귀결되었다. 베를린장벽 붕괴 이후 30년 동안의 구동독지역의 정치 지형의 이해를 위해 1949년 이후부터 전개된 현대 독일 정당체제와 변화 과정에 대한 체계적인 추적이 전제되어야 하는 이유가 바로 여기에 있다.

제2차 세계대전 이후 서독에서 본격화된 현대 독일 정당정치의 특징은 높

---

4) 이 절은 김면회(2018: 177~181)를 토대로 이 책의 발간 취지에 맞게 재구성했음을 밝힌다.

은 수준의 안정성과 양대(大) 정당, 즉 기민/기사연(CDU/CSU)과 사민당(SPD)을 기본 축으로 하는 집중화된 정당체제로 요약된다(김영태, 2004: 58~66). 안정성과 집중성을 특징으로 하는 이 체제에서 양대 정당은 40% 선의 지지율을, 제3당인 자민당(FDP)은 10% 선의 지지율을 변함없이 유지했다. 양대 정당 중 하나와 군소 정당인 자민당이 연합하는 소(小)연정은 이 시기의 전형적인 연합정부 구성 방식이었고, 이는 일명 2.5당 체제로 일컬어졌다. 2.5당 체제는 1949년부터 1980년대 초반까지 대략 35년여 동안 분단 서독의 현대 정치를 주도했다.

2.5정당체제는 녹색당이 연방하원(Bundestag)에 진입하면서부터 변화하기 시작했다. 탈물질주의와 신사회운동을 배경으로 원내 진입에 성공한 녹색당은 기존의 2.5당 체제를 허문 주역이 되었다. 〈표 5-1〉에서 알 수 있듯이 1983년 이후부터 녹색당을 제외하고 독일 정당체제를 논의할 수는 없다. 이시기가 바로 분단 서독 정당체제가 변화한 첫 번째 지점이다. 녹색당 이후 새롭게 조성된 독일의 정당체제는 10년 후인 1990년, 즉 독일통일 이후 또 한번의 변화를 맞는다. 1989년 베를린장벽 해체 이후 구동독이라는 지역적 요인이 누적되고, 이에 더해 냉전 해체 이후 가속화된 세계화와 신자유주의적인 재편 작업에 의해 독일 사회는 급격한 변화를 겪는다. 이는 정당체제의 변화에도 그대로 반영되어 나타났다. 30여 년 이상 현대 독일 정치를 주도했던 2.5당 체제가 흔들린 이후 10여 년이 지나 정당체제가 또다시 요동친 것이다. 1989년 베를린장벽 붕괴 이후 독일 정치 지형의 변화와 관련해 주목해야 할 사항 중 핵심은 구동독지역을 중심으로 정치세력화에 성공한 좌파당[5]이다. 마찬가지로 〈표 5-1〉은 1990년 이후 좌파당의 존재를 간과하고서는 독

5) 좌파당은 동독 사회주의통일당(SED)이 전신인 민사당(PDS)과 사회민주당의 실용주의 노선에 반기를 들고 구서독지역에 결성된 '노동과 사회정의를 위한 선거대안(WASG: Arbeit & soziale Gerechtigkeit - Die Wahlalternative)'이 2007년에 통합한 정당이다.

표 5-1 | 정당별 총선 득표율과 의석 분포 변화 추이(1980~2017)

정당 \ 연도	2017	2013	2009	2005	2002	1998	1994	1990	1987	1983	1980
기민/기사연	33(%)	41.5	33.8	35.2	38.5	35.1	41.5	43.8	44.3	48.8	44.5
	246(석)	311	239	226	248	245	294	319	234	255	237
사민당	20.5(%)	25.7	23.0	34.3	38.5	40.9	36.4	35.5	37	38.2	42.9
	153(석)	193	146	222	251	298	252	239	193	202	228
자민당	10.7(%)	4.8	14.6	9.8	7.4	6.2	6.9	11.0	9.1	7.0	10.6
	80(석)	0	93	61	47	43	47	79	48	35	54
좌파당 (민사당)	9.2(%)	8.6	11.9	8.7	4.0 (PDS)	5.1	4.4	2.4	×		
	69(석)	64	76	54	2	36	30	17			
녹색당	8.9(%)	8.4	10.9	8.1	8.6	6.7	7.3	3.8	8.3	5.6	1.5
	67(석)	63	68	51	55	47	49	8	42	27	0
독일대안당 (AfD)	12.6(%)	×									
	94(석)										
기타 정당	4.7(%)	10.9	6.0	3.9	3.0	5.9	3.6	B'90/ 1.2	AL 2석 1.4	AL 1석 0.5	0.5
총의석수	709(석)	631	622	613	603	669	672	662	519	520	519
투표율(%)	76.2	71.5	70.8	77.7	79.1	82.2	79.0	77.8	84.3	89.1	88.6

자료: http://www.bundeswahlleiter.de/de/bundestagswahlen/downloads/bundestagswahlergebnisse/btw _ab49_ergebnisse.pdf; http://www.bundeswahlleiter.de/de/bundestagswahlen/BTW_BUND_13/ergeb nisse bundesergebnisse/index.html; https://www.bundeswahlleiter.de/de/bundestagswahlen/2017/ergebn isse/bund-99.html(검색일: 2020.7.5).

일 정당체제를 이해할 수 없다는 것을 보여준다. 현대 독일 정당체제가 두 번째로 변화한 시기가 바로 이때부터다.

녹색당 및 좌파당의 등장과 새로운 정당체제의 등장은 기존의 2.5당 체제가 흔들리기 시작했음을 알리는 동시에 독일 정당체제의 안정성과 집중성이 더는 지속할 수 없다는 것을 의미한다. 복수의 군소 정당들이 경쟁하는 체제가 본격화된 이후 총선에서 거대 정당은 40% 이상의 지지율을 확보하기가 어려워졌다. 반면 10% 선의 지지율을 오르내리는 군소 정당들, 즉 자민당과 녹색당, 좌파당 간의 경쟁은 치열해졌다. 이 시점부터 독일 정당체제는 2.5당

체제를 대체해 5당 체제[6]로 전환되었다는 주장이 힘을 얻는다. 2009년 9월 제17대 연방하원 선거 결과도 보수 정치세력의 집권과 사회민주당의 급격한 추락, 그리고 양대 정당의 상대적 약화와 군소 정당의 다극화로 나타났다. 기민/기사연의 득표율은 33.8%에 머물렀고, 사민당은 2005년(34.3%)에 비해 11.3%나 급격히 추락하며 현대 정치에서 최악의 지지율(23%)을 기록했다. 반면 자민당, 좌파당, 녹색당은 직전 총선에 비해 각각 4.8%, 3.2%, 2.6%의 지지율 상승을 보여 양대 정당과 확연히 다른 모습을 보였다. 제17대 총선은 독일 정당정치의 전통적 특징인 안정성과 집중성이 무너진 것을 확인시켜 주었다. 2013년 제18대 총선 결과는 기존의 정당체제가 다시 재현되는 듯한 모습을 보였으나, 이는 일시적인 것에 불과했다. 양대 정당의 지지율이 추락하는 흐름은 제19대 총선(2017)에서도 지속되었고, 불안정성이 강화된 5당 체제에 독일대안당(AfD)이 추가됨으로써 독일 정당정치는 이제 '유동적(fluides) 6당 체제'로 접어들었다는 것이 중론이 되었다. 독일의 현대 정당체제가 변화한 세 번째 시기이다.

앞서 언급했듯, 현대 독일 정당체제의 변화를 견인한 요인들은 순차적으로, 그리고 단절적인 형태가 아니라 누적적인 방식으로 영향을 미치고 있다. 환경문제를 중심으로 대중의 지지를 확보해 1980년대 초반 연방의회에 진입한 녹색당이 1990년대를 지나 여전히 정치적 영향력을 유지·확대하고 있듯이, 베를린장벽 붕괴와 통일 이후 구동독지역을 배경으로 성장해 온 좌파당의 정치적 영향력 또한 최근 극우주의 정치세력(AfD)이 득세한다고 하여 소

---

6) 정당학자 오스카 니더마이어(Oskar Niedermayer)는 다섯 가지의 특징, 즉 상대적으로 약화된 분화와 양극화, 기민련에 유리한 구도 해체 이후 양대 정당 간의 심화된 경쟁, 입지가 취약한 세 군소 정당 간의 치열한 경쟁, 구동독지역에서 녹색당과 자민당이 그리고 구서독지역에서 민사당(PDS)이 주변화하는 데 따른 구동·서독의 불균형, 당내 갈등 봉합으로 군소 정당의 분열 가능성이 줄어든 현상을 언급하며 이 체제를 설명한다 (Holtmann, 2017: 130).

멸되는 것이 아니다. 베를린장벽 붕괴 후 30여 년 동안 진행된 구동독지역 주민의 정치적 선택과 이를 기반으로 한 정치세력의 부침 과정을 추적하면 그 사실이 입증된다. 무엇보다도 이는 선거 공간에서 나타난 구동독 주민의 투표 행태에서 분명하게 드러난다.

3. 베를린장벽 붕괴 이후 구동독지역 주민의 정치적 선택 추이

1989년 말 베를린장벽 붕괴 이후 빠르게 변화하는 국제 환경 속에서 이루어진 통일 과정은 평화적이었으며 또한 주민들, 특히 구동독지역 주민들의 뜻이 반영되는 민주적인 과정이었다. 구동·서독 간에 체결된 통일조약은 통일을 이루기 위한 전제로 서독의 기본법을 준용하기로 했고, 「기본법」 제23조에 의거해 동독지역 주들이 서독 연방에 가입함으로써 통일 과정은 빠르게 진행될 수 있었다.[7] 통일 과정에서 간과해서는 안 되는 것은 구동독 내의 자생적인 움직임이 독일통일의 방향과 속도를 결정지은 가장 중요한 요인이었다는 점이다. 동독인들의 선택에 의한 정치적 통합 과정은 구동독지역의 질서를 재설계하는 작업이었고, 그 과정은 강압적이고 일방적이 아닌 동독인들의 뜻을 충분히 반영하면서 추진되었다.

하지만 정치적 통합이 사회통합을 자동으로 보장한 것은 아니었다. 통일된 지 30년이 지난 현재도 구동독 지역과 구서독 지역에서의 사회통합은 여

---

7) 서독 「기본법」에는 통일 방식과 관련해 두 개 조항이 있었다. 제23조는 "기본법은 당분간 바덴, 바이에른, 브레멘 등 서독지역의 주에만 적용되고 독일 기타 지역에 대해서는 그들이 가입한 후에 효력을 발생한다"라고 규정했다. 이와 달리 제146조는 "기본법은 독일 국민의 자유로운 결정에 따라 의결된 헌법이 효력이 발생하는 날에 그 효력을 상실한다"라고 규정했다. 제23조는 '가입(Beitritt)'의 방법으로, 제146조는 새로운 헌법의 제정에 의해 통일을 달성할 수 있도록 명시하고 있었던 것이다(양창석, 2015: 152).

전히 진행 중이다. 구동독지역의 정치 지형 변화 추이는 정치통합 이후 전개된 불완전한 사회통합 과정과 밀접한 관련이 있다(김면회, 2019: 11~34). 통일 사회에 대한 불만족이 구동독 주민의 정치적 정체성을 촉발 및 강화하는 계기로 작동한 것이다.[8] 이러한 상황은 자연스럽게 구동독지역의 이해를 대변하는 정치세력이 하나로 결집되어야 한다는 분위기로 이어졌고, 베를린장벽 붕괴 이후 지난 30여 년간 구동독지역에서 급성장한, 그리고 여전히 영향력을 유지하고 있는 좌파당(Die Linke)에 대한 설명은 이러한 흐름과의 관련성 속에서 이루어져야 한다. 1990년도와 2020년 사이에 이루어진 전국 또는 주 단위 선거에서 구서독지역과 확연히 다른 구동독지역 주민들의 정치적 선호와 투표 행태 역시 이러한 맥락에서 이해할 수 있는 것이다.

1) 베를린장벽 붕괴 이후 구동독지역 주민의 투표 성향: 연방하원 선거

베를린장벽 붕괴 이후 추진된, 통일 당시 주로 서독 정치인에 의해 그려진 장밋빛 통일 국가의 모습은 속도와 내용 면에서 구서독 정치인들이 공언한 대로 실행되지 않았고, 불완전한 사회통합에서 불거진 구동독지역 주민의 불만족은 기존 정치권에 대한 불만으로 표출되었다. 이는 곧 구서독지역에 대한 구동독지역만의 강한 응집력으로 귀결되었고, 같은 기간에 나타난 구동독지역의 투표 행태는 이런 상황의 산물이다.

1989년 11월 9일 베를린장벽 붕괴 이후 조성된 새로운 정치 질서에 대한 구동독지역 주민의 평가와 정치적 선호 및 변화 추이는 선거 공간에서 나타난 투표 행태 분석을 통해 확인할 수 있다. 지난 30년 동안 진행된 구동독지

---

8) 구나르 빙클러의 2017년도 연구 결과물 *Friedliche Revolution und deutsche Vereinigung: 1989 bis 2016: noch immer gespalten - ökonomisch - sozial - politisch?!*(Berlin, 2017)가 이와 관련한 가장 방대한 자료 모음집이자 분석서이다.

역의 정치 지형 변화와 관련해 주목해야 할 점은 구동독 주민의 높은 지지를 기반으로 전국 정당화에 성공한 좌파당(Die Linke)의 급속한 성장과 높아진 정치적 위상에 있다. 좌파당은 1998년 이후 당시 집권 사민당 소속 총리 게르하르트 슈뢰더(Gerhard Schröder) 주도의 친시장주의적 정책으로 더욱 어려움에 빠진 사회적 약자 층을 대변하기 위해, 분산되어 있던 동·서독 지역의 '좌파' 정치세력들이 통합해 탄생한 전국 정당이다. 구동독 집권 정당인 사회주의통일당(SED)의 후예로 등장한 민사당(PDS)이 통일 이후 처음 치른 1990년 연방하원 선거와 20여 년이 지나 2009년에 치른 총선에서 좌파당이 얻은 지지율을 비교해 보면, 그 성장세를 확연히 발견할 수 있다. 1990년 민사당이 연방 전체에서 2.4%, 구동독지역에서 11.1%의 득표율을 각각 보인 반면, 좌파당으로 세력을 확장한 후 치른 2009년 총선에서는 전 독일에서 11.9%, 구동독지역에서 무려 28.5%를 획득했다. 베를린장벽 붕괴 후부터 20년 사이에 전 독일 득표율은 다섯 배, 구동독지역에서의 득표율은 약 세 배 끌어올린 셈이다.

구동독지역에서 좌파당이 승승장구할 수 있었던 요인은 통일 이후 전개된 구동독지역의 특수한 상황과 관련된다. 〈표 5-2〉에서 볼 수 있듯이, 민사당은 통일 후 치른 1990년 총선에서 정치적 아성으로 여겨온 구동독지역에서 41%를 얻은 기민련, 24.3%를 얻는 사민당뿐 아니라 12.9%를 얻은 군소 정당 자민당에도 뒤진 11.1%에 불과했다. 하지만 민사당은 구동독지역에서 1994년과 1998년에 급격한 득표율 상승을 보여 자민당을 큰 격차로 따돌리고 제3의 정치세력으로 부상했다. 1990년 선거와 달리 1994년과 1998년 선거에서 이런 결과가 나온 것은 동·서독 지역의 격차 문제와 통일 당시 약속된 사항이 제대로 이행되지 않은 데 대한 구동독지역민들의 실망감이 투표에 반영된 결과로 풀이된다. 통일의 후유증이 통일독일의 주요한 정치 및 경제적 현안으로 부상하고, 경쟁력 상실로 야기된 구동독지역의 산업 시설 해체로 확산된 고실업률 문제 등이 부각된 시기가 바로 이 시점이다.[9] 연방경제에너지부의 자료에 따르면 1994년 당시 구동독지역의 실업률이 14.8%였던 데 비해, 구서독지역은 평균 8.1%였다. 두 지역 간에는 약 7%의 간극이 있었다. 문제는 이후에 구동·서독 지역 간의 실업률 격차가 점점 더 심해졌다는 데 있다. 2002년도의 경우 구동독지역의 실업률이 17.7%였던 반면, 구서독지역은 7.6%였다(Bundesministerium für Wirtschaft und Energie, 2017: 99). 두 지역 간의 간극이 뚜렷이 커졌다는 것을 알 수 있다.

민사당은 1993년 강령을 통해 구동독지역을 대변할 정치세력임을 공식화했다. 물론 이는 통일 당시에 약속했던 것과 달리 지체되던 사회경제적 통합 과정이 구동독 주민에게 가장 큰 현안으로 등장했기 때문이다. 그 결과는 자연스럽게 민사당을 구동독 주민의 이해를 대변하는 정치세력으로 자리매김하게 했고, 구동독 주민들의 정치적 이해는 민사당을 중심으로 응집되는 경향을 보였다. 〈표 5-2〉에서 볼 수 있듯이 2002년 총선에서 민사당은 통일독일 전체에서 5%의 장벽을 넘지 못해 연방하원에 진입하지 못하는 어려움을 겪기도 했지만, 2005년과 2009년 총선에서는 괄목할 만한 성과를 올렸다. 두 총선에서 좌파당은 제3의 정당으로 자리매김하던 녹색당을 앞지르는 성장세를 보였다. 이러한 흐름은 2013년 총선에서도 바뀌지 않았다. 구서독지역과 서베를린 지역에서의 낮은 지지율에 비해 구동독지역과 동베를린 지역에서 나타나는 민사당과 좌파당에 대한 높은 지지율은 민사당 및 좌파당과 구동독지역의 정치적 정향이 밀접한 관계에 놓여 있다는 것을 증명한다. 정도의 차이는 감지되지만, 제19대 총선이 진행된 2017년에서도 이러한 흐름과 상이한 변화의 흔적을 찾을 수는 없다.

구동독지역 주민의 높은 지지를 기반으로 출발한 좌파당은 정책 노선을 둘러싸고 사민당에서 이탈한 일부 세력과 연합해 구동독지역을 넘어 전국

---

9) 구동·서독 지역 근로자 간의 임금 동일화 수준과 구동독지역 주민들의 통일독일 사회에 대한 만족도 추이에 관한 구체적인 내용은 빙클러(2017: 144, 575~585) 참조.

표 5-2 | 독일 연방의회 정당별 지지율 추이

(단위: %)

	기민/ 기사연	사민당	자민당	동맹90/ 녹색당	민사당/ 좌파당	기타
1990	43.8	33.5	11.0	5.1	2.4	4.2
1994	41.5	36.4	6.9	7.3	4.4	3.5
1998	35.1	40.9	6.2	6.7	5.1	6.0
2002	38.5	38.5	7.4	8.6	4.3	2.7
2005	35.2	34.2	9.8	8.1	8.7	4.0
2009	33.8	23.0	14.6	10.9	11.9	5.8
2013	41.5	25.7	4.8	8.4	8.6	10.9
2017	33.0	20.5	10.7	8.9	9.2	5.0
구서독지역과 서베를린						
1990	44.3	35.7	10.6	4.8	0.3	4.3
1994	42.1	37.5	7.7	7.9	1.0	3.8
1998	37.1	42.3	7.0	7.3	1.2	5.1
2002	40.8	38.3	7.6	9.4	1.1	2.8
2005	37.5	35.1	10.2	8.8	4.9	3.5
2009	34.6	24.1	15.4	11.5	8.3	6.1
2013	42.2	27.4	5.2	9.2	5.6	10.5
2017	34.1	21.9	11.5	9.8	7.4	4.7
구동독지역과 동베를린						
1990	41.8	24.3	12.9	6.2	11.1	3.7
1994	38.5	31.5	3.5	4.3	19.8	2.4
1998	27.3	35.1	3.3	4.1	21.6	8.6
2002	28.3	39.7	6.4	4.7	16.9	4.0
2005	25.3	30.4	8.0	5.2	25.3	5.8
2009	29.8	17.9	10.6	6.8	28.5	6.4
2013	38.5	17.9	2.7	5.1	22.7	13.1
2017	27.6	13.9	7.5	5.0	17.8	6.4

자료: https://www.bundeswahlleiter.de/dam/jcr/397735e3-0585-46f6-a0b5-2c60c5b83de6/btw_ab49_
gesamt.pdf(검색일: 2020.7.5).

적인 조직으로 세력을 확장해 나갔다. 좌파당의 지지율이 2005년을 전후해
전국적으로 고른 상승을 보인 것은 바로 이 때문이다. 하지만 1990년 이래
치러진 연방하원 선거 결과를 정리한 〈표 5-3〉에서 알 수 있듯 좌파당의 정

표 5-3 | 구동독지역 주별 민사당 및 좌파당 지지율 추이(연방하원 선거)

(단위: %)

	베를린	브란덴부르크	메클렌부르크 포어포메른	작센	작센안할트	튀링겐
1990	9.7	11.0	14.2	9.0	9.4	8.3
1994	14.8	19.3	23.6	16.7	18.0	17.2
1998	13.4	20.3	23.6	20.0	20.7	21.2
2002	11.4	17.2	16.3	16.2	14.4	17.0
2005	16.4	26.6	23.7	22.8	26.6	26.1
2009	20.2	28.5	29.0	24.5	32.4	28.8
2013	18.5	22.4	21.5	20.0	23.9	23.4
2017	18.8	17.2	17.8	16.1	17.7	16.9

자료: https://www.bundeswahlleiter.de/dam/jcr/397735e3-0585-46f6-a0b5-2c60c5b83de6/btw_ab49_gesamt.
pdf(검색일: 2020.7.5).

치적 아성은 여전히 구동독지역임을 부인할 수 없다. 2009년 총선의 경우 구서독지역 중 브레멘과 함부르크를 제외하고 나머지 지역에서 좌파당의 지지율은 한 자리 숫자를 보였지만(Berg, Deggerrich and Hornig, 2009: 23), 구동 독지역에서의 지지율은 작센안할트의 경우 32.4%까지 치솟았다. 베를린을 포함한 나머지 다섯 개 주에서의 지지율 추이도 이와 유사한 경향을 보였다. 〈표 5-2〉와 〈표 5-3〉을 종합해 보면, 독일 전체에서 좌파당이 얻는 지지율에 비해 구동독지역이 확연히 높다는 점을 쉽게 발견할 수 있다. 베를린 장벽이 붕괴한 지 25년을 앞둔 2013년에 실시된 총선에서 좌파당은 구동독 지역에서 22.7%를 획득해 기민련에 이어 두 번째 정당을 차지할 정도로 지지를 받기에 이르렀다. 17.8%의 지지율을 확보한 2017년 총선에서도 구동 독지역에서 좌파당 지위는 구동독 주민의 지지율에 힘입어 큰 변동이 없는 상태이다.

2) 베를린장벽 붕괴 이후 구동독지역 주민의 투표 성향: 주 의회 선거[10]

1989년 11월 베를린장벽 붕괴 이후 구동독지역에 새로 조성된 정치 지형과 유권자의 정치적 선호도 변화는 연방 차원의 선거 결과에만 한정해 설명할 수 없다. 권력 분산과 균형 및 각 주의 독립성을 도모하는 연방제를 채택한 독일 정치에서 주 의회 선거 결과 분석 역시 구동독지역의 정치 지형 이해를 위해서는 필수적이기 때문이다. 각 주의 헌법에 따라 진행되는 주 의회 선거 결과는 그 영향이 해당 지역에만 머무는 것이 아니라 연방헌법기관의 구성과 운영에까지 미친다는 점에서 정치적 의미가 크다. 통일독일의 정치 지형 변화에 대한 종합적인 이해를 위해서는 통일 직후 조성되어 있던 구동독지역의 주 차원의 정치 지형과 베를린장벽 붕괴 이후 30년이 지난 상황을 추적해 상호 비교해야 한다.

동독과 서독의 접경으로 통일독일의 수도가 된 베를린시의 경우, 베를린장벽 붕괴 당시와 30년이 지난 지금의 모습에서 확연히 변화된 정치 지형을 읽을 수 있다. 분단 시절부터 통일 이후까지 베를린시의 정치적 위상은 독특했다. 동과 서로 나뉘어 적대적인 이데올로기로 대립하던 분단 시기, 최전선에 위치했던 베를린시는 통일 이후에는 동독지역의 요소와 서독지역의 요소가 인위적으로 배합되어 구획된 유일한 행정단위체였다. 이 때문에 통합 베를린은 구서독지역에 비해 구동독적인 흔적이 도드라지게 잔존했던 지역인 동시에 동독의 타 지역에 비해 서독적인 요소가 짙게 밴 공간이기도 했다. 통일 직후의 총선에서 40.4%로 제1당의 위상을 차지한 기민련의 지지율은 2016년 주 의회 선거에서 절반 이하로 떨어졌고, 사민당의 지지율 역시 10% 정도 축소되어 뚜렷한 하향 곡선을 그렸다.

반면 통일 직후 실시된 시의회 선거에서 좌파당의 전신인 민사당(PDS)이

---

10) 이 부분은 김면회(2017) III장 2절의 내용을 수정·보완했다.

표 5-4 ㅣ 베를린 시의회 선거 결과

투표일	투표율/총의석수	정당	득표율	의석수
1990.12.2	80.8%, 241석	기민련	40.4	101
		사민당	30.4	76
		민사당	9.2	23
		자민당	5.2	18
		녹색당/AL	7.1	12
		연맹90/녹색당/UFV	4.4	11
2006.9.17	58.0%, 149석	사민당	30.8	53
		기민련	21.3	37
		좌파당	13.4	23
		녹색당	13.1	23
		자민당	7.6	13
		WASG	2.9	0
2016.9.18	66.9%, 160석	사민당	21.6	38
		기민련	17.6	31
		좌파당	15.6	27
		녹색당	15.2	27
		독일을 위한 대안당	14.2	25
		자민당	6.7	12

자료: http://www.bundeswahlleiter.de/de/bundestagswahlen/BTW_BUND_09/veroeffen-tlichungen/BTW09_Heft1_Gesamt_Internet.pdf(검색일: 2020.7.5); https://www.bundeswahlleiter.de/dam/jcr/a333e523-0717-42ad-a772-d5ad7e97cc/ltw_erge-bnisse_gesamt.pdf(검색일: 2020.7.5).

9.2%의 지지율을 보인 데 반해 2016년 시의회 선거에서 좌파당은 15.5%의 지지율을 확보하여 전통적인 양대 정당 사민당 및 기민련 세력과 별 차이 없는 지지율로 제3당의 지위를 차지하고 있다. 2016년 주 의회 선거에서 획득한 지지율은 2017년 연방하원 선거에서 좌파당이 베를린시에서 얻은 지지율(18.8%)을 크게 벗어나지 않는 수준이다. 2016년 시의회 선거에서 눈여겨볼 대목은 극우 성향을 견지하며 새롭게 등장한 독일을 위한 대안당(AfD)의 급격한 세력 확장이다. 독일을 위한 대안당은 2016년에 14.2%의 지지율을 획

득해 단번에 시의회에 입성했다. 이렇게 해서 주 의회에 진입한 정당은 여섯 개로 늘어났다. 좌파당은 2016년 시의회 선거 이후 사민당 및 녹색당과 연합 정부 구성의 일원으로 참가하고 있으며, 브란덴브르크주와 튀링겐주처럼 시 정부를 대표해 연방상원(Bundesrat)에 자당 소속 주 장관을 보내고 있다. 좌파 당은 주 정부에 참여하는 정당이 됨으로써 연방 차원의 의사결정 과정에도 영향력을 발휘하게 된 것이다. 2021년 9월에 치른 시의회 선거 이후에도 좌 파당은 사민당 및 녹생당과 함께 연합정부를 구성하고 있다.

수도 베를린에 인접한 브란덴부르크주의 경우에도 통일 당시와 베를린장벽 이 붕괴된 후 30년이 지난 시점의 정치 지형을 비교해 보았을 때 확연히 변화 된 모습을 읽어낼 수 있다. 브란덴부르크주에서는 제1당을 차지한 사민당의 영향력이 여전히 월등하다는 점이 특이하다. 하지만 사민당의 지지율은 베를 린장벽 붕괴 이후 시간이 지날수록 뚜렷하게 하향 곡선을 그리고 있다. 통일 직후 실시된 1990년 선거에서 38%를 넘어선 지지율은 베를린장벽 붕괴 30주 년인 2019년 9월 실시된 주 의회 선거에서 26%로 추락했다.

브란덴부르크주에서 좌파당의 지지율은 변화하는 정치 환경에 따라 민감 하게 반응하며 출렁인 것을 발견할 수 있다. 통일 당시 브란덴부르크주 의회 에서 제3의 정치세력이던 민사당(PDS)은 좌파당으로 조직을 확대·개편한 후 치른 2009년 주 의회 선거에서 27.2%의 지지율로 기민련을 제치고 2위를 차 지하며 부상했다. 2014년 선거에서도 좌파당은 23.0%를 차지한 기민련에 별 로 뒤지지 않는 18.6%를 확보했다. 이러한 여세를 몰아 좌파당은 2009년 선 거 이후 현재까지 사회민주당과 함께 브란덴부르크 주 정부 운영에 참여하고 있다. 그 결과 베를린시에서와 마찬가지로 연방상원에서도 의석을 확보해 의 사결정에 영향력을 행사하고 있다. 베를린장벽이 붕괴된 지 30여 년이 지난 지금, 구동독지역에서 좌파당의 위상이 얼마나 높아졌는지 볼 수 있는 대목 이다.

하지만 눈여겨볼 부분은 2019년 9월에 치른 주 의회 선거에서 좌파당의

표 5-5 | 브란덴부르크주 의회 선거 결과

	투표율/총의석수	정당	득표율	의석수
1990.10.14	67.1%, 88석	사민당	38.2	36
		기민련	29.4	27
		민사당-LL	13.4	13
		자민당	6.6	6
		연맹 90	6.4	6
		녹색당	2.8	0
2009.9.27	67.0%, 88석	사민당	33.0	31
		좌파당	27.2	26
		기민련	19.8	19
		녹색당/연맹 90	5.7	5
		자민당	7.2	7
		DKP	0.2	0
2014.9.14	47.9%, 88석	사민당	31.9	30
		기민련	23.0	21
		좌파당	18.6	17
		독일을 위한 대안당	12.2	11
		녹색당	6.2	6
		브란덴부르크선거운동연합/ 자유투표자[1]	2.7	3
2019.9.1	61.3%, 88석	사민당	26.2	25
		기민련	15.6	15
		좌파당	10.7	10
		독일을 위한 대안당	23.5	23
		녹색당	10.8	10
		브란덴부르크선거운동연합/ 자유투표자	5.0	5

주: 1) 이 정당은 2008년 시민운동 세력의 연합체로 창립되었고, 브란덴부르크주에서만 활동하는 정치 조직이다.
자료: http://www.bundeswahlleiter.de/de/bundestagswahlen/BTW_BUND_09/veroeffentlichungen/
BTW09_Heft1_Gesamt_Internet.pdf; http://www.bundeswahlleiter.de/de/landtagswahlen/
ergebnisse/downloads/wbrandenburg2009.pdf; https://www.bundeswahlleiter.de/dam/jcr/
a333e523-0717-42ad-a772-d5ad7e7e97cc/ltw_ergebnisse_gesamt.pdf); https://www.wahlergebnisse.
brandenburg.de/wahlen/LT2019/diagram- Uberblick.html(검색일: 2020.7.5).

득표율이 눈에 띄게 추락했다는 점이다. 이는 2017년 연방하원 선거에서 좌
파당이 브란덴부르크주에서 얻은 지지율 17.2%보다도 현격히 낮은 수준이
다. 이전 선거에 비해 8% 정도 낮은 득표율을 보인 좌파당과 달리 새로 등장

표 5-6 | 메클렌부르크포어포메른주 의회 선거 결과

	투표율/총의석수	정당	득표율	의석수
1990.10.14	64.7%, 66석	기민련	38.3	29
		사민당	27.0	21
		민사당/LL	15.7	12
		자민당	5.5	4
		녹색당	4.2	0
2006.9.17	59.1%, 71석	사민당	30.2	23
		기민련	28.8	22
		좌파당	16.8	13
		자민당	9.6	7
		민족민주당(NPD)	7.3	6
		녹색당	3.4	0
2016.9.4	61.9%, 71석	사민당	30.5	26
		독일을 위한 대안당	20.8	18
		기민련	19.0	16
		좌파당	13.2	11
		녹색당	4.8	0

자료: http://www.bundeswahlleiter.de/de/bundestagswahlen/BTW_BUND_09/veroe-ffentlichungen/ BTW09_Heft1_Gesamt_Internet.pdf; https://www.bundeswahlleiter.de/dam/jcr/a333e523-0717-42ad-a772-d5ad7e 7e97cc/ltw_ergebnisse_gesamt.pdf(검색일: 2020.7.5).

한 극우 성향의 독일을 위한 대안당은 무려 23.5%를 득표해 2위를 차지했다. 베를린장벽 붕괴 30주년을 맞아 변화하는 구동독지역 정치 지형의 한 단면을 읽을 수 있는 대목이다.

폴란드와 국경을 접하는, 전 연방 총리 메르켈의 정치적 고향 메클렌부르크포어포메른주 의회 선거 결과에서도 베를린장벽 붕괴 이후 30년 동안 구동독지역을 기반으로 발전해 온 좌파당의 지지율 변화가 큰 관심사였다. 통일 직후인 1990년 10월 실시된 메클렌부르크포어포메른주 의회 선거에서는 양대 정당인 기민련과 사민당이 우월한 조직력을 앞세워 합계 65%를 상회하는 지지율을 얻었다. 1990년 주 의회 선거에서 15.7%를 획득해 제3세력의 입지를 구축한 민사당은 통일 후 25년이 지나는 2006년 9월에 치러진 주 의회 선거에서 16.8%를 얻어, 지지율에서 통일 초기와 큰 차이를 보이지 않았다. 당시 연방하원에서 제3 정당과 제4 정당을 차지한 녹색당과 자민당에 비해 구동독지역 다른 주와 마찬가지로 메클렌부르크포어포메른주에서도 확연히 앞선 위상을 차지한 셈이다. 작센주와 마찬가지로 극우 성향의 민족민주당(NPD)이 7.3%의 지지율을 획득하면서 강세를 보였던 2006년 주 의회 선거와 유럽 전역에 걸쳐 난민 문제가 이슈화된 가운데 진행된 2016년 주 의회 선거에서 좌파당에 대한 지지율은 약간 하향하는 모습을 보이기 시작했고, 주 의회 내에서도 극우 성향의 독일을 위한 대안당과 기민련에 이어 제4의 정당으로 밀려난 상태다.

약화된 양대 정당 지지율과 강화된 군소 정당 지지율이라는 양상을 보인 2016년 주 의회 선거 이후 메클렌부르크포어포메른주 역시 주 정부는 기민련과 사민당의 대연정으로 운영되고 있다. 앞서 말한 베를린시나 브란덴부르크주에 비해 좌파당에 대한 주민들의 호감도가 높은 편은 아니지만, 베를린 장벽 붕괴 이후 지금까지 다른 군소 정당에 대한 지지도에 비해서는 훨씬 높은 것을 메클렌부르크포어포메른주에서도 찾아볼 수 있다.

체코와의 접경 지역에 위치한 작센주의 경우는 특이하게도 하향 추세이기는 하지만, 기민련의 영향력이 지속적이라는 점이다. 1990년 53.8%의 득표율로 독보적인 위상을 차지한 기민련은 2019년 9월의 주의회 선거에서 32.1%를 획득해 여전히 제1위 정당의 지위를 유지하고 있지만, 통일 직후에 비해 지지율은 무려 20% 정도 급락한 상황이다. 좌파당의 경우, 통일 당시 작센주에서 10.2%의 득표율로 제3의 세력이었으나, 이후 사민당을 제치며 기민련에 이어 두 번째로 영향력 있는 정치세력으로 성장했다. 2009년 주 의회 선거에서 좌파당의 지지율은 사민당에 비해 두 배 가까이 높았다. 압도적인 지지율을 보였던 기민련이 완연한 하향 추세를 보이는 것과 달리, 좌파당의 지지율은 1990년 선거에서 10%를 확보한 이후 2009년에는 20% 선까지 지속적으로 상승했고, 이후 10여 년 동안 큰 변동이 없는 상태를 유지해 왔

표 5-7 | 작센주 의회 선거 결과

	투표율/총의석수	정당	득표율	의석수
1990.10.14	72.8%, 160석	기민련	53.8	92
		사민당	19.1	32
		민사당/LL	10.2	17
		FORUM	5.6	10
		자민당	5.3	9
		DSU	3.6	0
2009.8.30	52.2%, 132석	기민련	40.2	58
		좌파당	20.6	29
		사민당	10.4	14
		자민당	10.0	14
		녹색당	6.4	9
		NPD	5.6	8
2014.8.31	49.1%, 126석	기민련	39.4	59
		좌파당	18.9	27
		사민당	12.4	18
		독일을 위한 대안당	9.7	14
		녹색당	5.7	8
2019.9.1	66.5%, 119석	기민련	32.1	45
		좌파당	10.4	14
		사민당	7.7	10
		독일을 위한 대안당	27.5	38
		녹색당	8.6	12
		자민당	4.5	0

자료: http://www.bundeswahlleiter.de/de/bundestagswahlen/BTW_BUND_09/veroe-ffentlichungen/BTW09_Heft1_Gesamt_Internet.pdf; http://www.bundeswahlleiter.de/de/landtagswahlen/ergebnisse/downloads/lwsachsen2009.pdf; https://www.bundeswahlleiter.de/dam/jcr/a333e523-0717-42ad-a772-d5ad7e7e97cc/ltw_ergebnisse_gesamt.pdf; https://wahlen.sachsen.de/LW_19.php; https://www.wahlen.sachsen.de/download/Landtag/2019_LTW_Mandate_endgueltig.pdf(검색일: 2020.7.5).

다. 양대 정당의 지지율 합계는 하락했고 군소정당의 지지율 합계는 확연히 상승한 2014년 주 의회 선거 이후 작센주는 기민련과 사민당의 대연정으로 주 정부가 구성되었다.

다른 주에 비해 상대적으로 극우적인 성향이 강한 작센주에서는 이미

2009년 선거에서 우파 정당인 민족민주당(NPD)이 5.6%를 획득해 주 의회에 진입했고, 5년 후에 치러진 2014년 주 의회 선거에서도 극우적 성향의 독일을 위한 독일을 위한 대안당이 9.7%의 지지율을 보여 녹색당을 앞서기 시작했다. 2019년 9월의 주의회 선거에서 대안당의 지지율은 무려 27.5%에 이르러, 기민련에 이어 두 번째 정당이 된 상태이다. 반면, 좌파당의 지지율은 18.9%에서 10.4%로 급락한 상태로 기민련과 독일을 위한 대안당에 이어 제3의 지위로 내려앉았다. 하지만 사민당이나 녹색당에 비해서는 우월한 지지율과 의석률을 점한 상태다.

구서독지역과 광범위하게 접경을 이루고 있는 작센안할트주 주 의회 선거에서 나타난 정치 지형 변화 역시 구동독지역 전체가 일반적으로 보여주는 정치 지형의 변화 흐름과 흡사하다. 1990년의 주 의회 선거에서 양대 정당이 압도적인 지지(65%)를 받았고, 자민당과 민사당 및 녹색당 계열의 정파가 군소 정당으로 주 의회에 진입했던 작센안할트주에서도 통일 후 15년이 지난 시점에 실시된 2006년 주 의회 선거에서 구동독지역에 정치적 기반을 둔 좌파당이 사민당을 제치고 제2의 정치세력으로 등극했다.

이 시기 기민련이 상대적으로 안정세를 보인 것과 달리 사민당의 위상은 작센안할트주에서 눈에 띄게 추락하는 모습을 보였다. 2006년 주 의회 선거에서 21.4%였던 사민당의 지지율은 10년이 지난 시점인 2016년 선거에서는 10%로 급락했다. 군소 정당 중 자민당과 녹색당의 위세 역시 급격히 하강 곡선을 그린 반면, 좌파당은 1990년 12%에서 2006년에는 두 배 이상으로 지지율이 상승해 구동독지역에서 유력한 정치세력임을 분명히 했다. 작센안할트주에서 특이한 점은 자민당(FDP)이 통일 초기 13.5%의 지지율로 군소 정당치고 높은 지지율을 보였으나, 2006년 주 의회 선거에서 6.7%로 지지율이 반감되어 의석수 비중이 현격히 낮아졌다는 점이다. 난민 문제가 전 독일을 휩쓸면서 극우 정당들이 주 의회에 연달아 진입하던 시기에 실시된 2016년 3월의 주 의회 선거에서 좌파당은 이전 선거에 비해 8% 정도 지지율이 감

표 5-8 | 작센안할트주 의회 선거 결과

구분	투표율/ 총의석수	정당	득표율	의석수
1990.10.14	65.1%, 106석	기민련	39.0	48
		사민당	26.0	27
		자민당	13.5	14
		민사당	12.0	12
		녹색당-NF	5.3	5
2006.3.26	44.4%, 97석	기민련	36.2	40
		좌파당	24.1	26
		사민당	21.4	24
		자민당	6.7	7
		녹색당	3.6	0
		DVU	3.0	0
2016.3.13	61.1%, 87석	기민련	29.8	30
		독일을 위한 대안당	24.3	25
		좌파당	16.3	16
		사민당	10.6	11
		녹색당	5.2	5

자료: http://www.bundeswahlleiter.de/de/bundestagswahlen/BTW_BUND_09/veroeffentlichungen/
BTW09_Heft1_Gesamt_Internet.pdf; http://www.statistik.sachsen-anhalt.de/wahlen/lt16/
index.html(검색일: 2020.7.5).

소했으나 여전히 사민당보다는 높은 지지율을 유지하고 있다. 2016년 주 의회 선거 이후 작센안할트주에서는 세 개의 정당, 즉 기민련, 사민당, 녹색당이 연합정부를 구성해 운영하고 있다.

베를린장벽 붕괴 이후 구동독지역의 주의회 선거에서 좌파당이 가장 눈에 띄게 성장한 모습을 보인 곳은 튀링겐주이다. 〈표 5-9〉를 통해 알 수 있듯이 좌파당은 1990년(9.7%)에 비해 통일 20년이 지난 시점에 실시된 2009년 주 의회 선거(27.4%)에서 약 세 배 정도 득표율이 상승했고, 그 결과 주 의회에서는 기민련에 이어 두 번째 지위로 부상할 만큼 성장했다. 의석수에서도 통일 이후 20년 사이에 양대 정당인 기민련과 사민당의 비중은 줄어든 반면, 좌파당은 통일 초기(9명)에 비해 세 배(27명)나 늘어났다. 2014년에 실시된 주 의

표 5-9 | 튀링겐주 의회 선거 결과

구분	투표율/ 총의석수	정당	득표율	의석수
1990.10.14	71.7%, 89석	기민련	45.4	44
		사민당	22.8	21
		LL-민사당	9.7	9
		자민당	9.3	9
		NFGRDJ	6.5	6
2009.8.30	56.2%, 88석	기민련	31.2	30
		좌파당	27.4	27
		사민당	18.5	18
		자민당	7.6	7
		녹색당	6.2	6
		NPD	4.3	0
2014.9.14	52.7%, 91석	기민련	33.5	34
		좌파당	28.2	28
		사민당	12.4	12
		독일을 위한 대안당	10.6	11
		녹색당	5.7	6
2019.10.27	65%, 90석	기민련	21.7	21
		좌파당	31.0	29
		사민당	8.2	8
		독일을 위한 대안당	23.4	22
		녹색당	5.2	5
		자민당	5	5

자료: http://www.bundeswahlleiter.de/de/bundestagswahlen/BTW_BUND_09/veroeffentlichungen/BTW09_
Heft1_Gesamt_Internet.pdf; http://www.bundeswahlleiter.de/de/landtagswahlen/ergebnisse/
downloads/lw-thueringen2009.pdf; https://www.bundeswahlleiter.de/dam/jcr/a333e523-
0717-42ad-a772-d5ad7e7e97cc/ltw_ergebnisse_gesamt.pdf; https://www.spiegel.de/politik/
deutschland/landtagswahl-thueringen-2019-alle-ergebnisse-im-ueberblick-a-1282214.html(검색일:
2020.7.5).

회 선거에서 좌파당에 대한 지지율(28.2%)은 더 상승했고, 원내 제2 정당의
지위도 지속되었다. 이후 좌파당은 사민당 및 녹색당과 함께 연합정부를 구
축해 튀링겐주를 이끌어왔다. 2019년 10월에 실시된 주 의회 선거에서 최근
구동독지역 다른 주 의회 선거에서 좌파당의 지지율이 하향 추세를 보이는

것과 달리, 튀링겐주에서는 득표율이 2.8% 상승해 제1당으로 등극했다.

하지만 튀링겐주에서 근래 들어 가장 높은 성장세를 보이는 정치세력은 극우 성향의 독일을 위한 대안당이다. 이 당은 2014년 선거에 비해 무려 12.8%의 높은 성장세를 보여주었다. 좌파당은 튀링겐주에서 2014년 이래로 사민당 및 녹색당과 함께 연합정부를 구성하고 있다. 주지사는 좌파당 소속의 보도 라멜로(Bodo Ramelow)가 맡고 있으며, 그는 좌파당 소속의 유일한 주지사다. 이렇듯 좌파당은 구동독지역에서 주 정부를 주도하는 위상에까지 이르렀다.

주 의회 차원에서의 정치 지형 변화는 곧바로 연방상원에서의 세력 분포 재편에 반영된다. 〈표 5-10〉은 표 배분 현황을 통해 정당별 영향력을 보여준다. 통일 이후 주 의회의 세력 변화에 따라 연방상원의 구성원이 변화했음을 읽을 수 있다. 정당체제의 변천에 따라 이제 통일독일, 특히 구동독지역의 각 주에서는 연방정부와는 달리 다양한 형태의 주 정부가 출현하고 있고, 이는 연방상원의 구성과 운영에서 이전과는 다른 모습이 강화되는 현상으로 이어지고 있다.

현재 사민당은 구동독지역 여섯 개 주 정부 모두에 참여하고 있다. 연방 차원에서의 최대 정파인 기민련은 동독지역 주 가운데 작센주와 작센안할트주에서만 연합정부를 주도하고 있고, 메클렌부르크포어포메른주에서는 주 정부 주도권을 사민당에 빼앗겨 연합정부 참여 정당으로 만족하는 상태이다. 좌파당은 베를린시, 브란덴부르크주와 튀링겐주 주 정부에 참여하고 있다. 특히 튀링겐주는 주지사를 좌파당의 라멜로가 맡고 있을 정도로 좌파당이 주 정치를 주도하고 있다. 녹색당은 베를린시, 작센안할트주와 튀링겐주에서 주 정부 구성에 참여하고 있다. 특이한 점은 작센안할트주에서는 양대 정당인 기민련 및 사민당과 함께 연합정부를 구성하고 있다는 점이다. 결과적으로 구동독지역의 변화하는 정치 지형은 연방 차원의 정치 지형 변화를 매개 및 촉진하는 역할을 톡톡히 하고 있는 셈이다.

표 5-10 | **구동독지역의 주 정부 참여 정당과 연방상원 표 배분 현황**

(단위: 표)

구분	연도	주지사명	연방상원 표	주 정부 참여 정당
베를린시	2009	클라우스 보베라이트 (Klaus Wowereit)	4	사민당/좌파당
	2019	미하엘 뮐러 (Michael Müller)		사민당/좌파당/녹색당
브란덴부르크주	2009	마티아스 플라체크 (Matthias Platzeck)	4	사민당/좌파당
	2019	디에트마르 보이드케 (Dietmar Woidke)		사민당/좌파당
메클렌부르크 포어포메른주	2009	슈텔러링 어윈 (Stellering Erwin)	3	사민당/기민련
	2019	마누엘라 슈베지크 (Manuela Schwesig)		사민당/기민련
작센주	2009	슈타니슬라 틸리히 (Stanislaw Tillich)	4	기민련/자민당
	2019	미하엘 크레츠머 (Michael Kretschmer)		기민련/사민당
작센안할트주	2009	볼프강 뵈머 (Wolfgang Böhmer)	4	기민련/사민당
	2019	라이너 하젤로프 (Reiner Haseloff)		기민련/사민당/녹색당
튀링겐주	2009	크리슈티네 리베르크네히트 (Christine Lieberknecht)	4	기민련/사민당
	2019	보도 라멜로 (Bodo Ramelow)		좌파당/사민당/녹색당

자료: https://www.bundesrat.de/DE/bundesrat/laender/laender-node.html(검색일: 2020.7.5).

4. 맺음말

1989년 말 베를린장벽 붕괴와 1990년 10월 통일 이후, 구동독지역 주민들의 정치적 선호에 따라 조성된 독일 정치 지형의 특징은 세 가지로 정리할 수 있다. 첫째, 통일 이후 진행된 사회통합 속도와 그에 대한 구동독지역 주민의 만족도에 따라 구동독지역의 정치 지형은 변화해 왔다. 통일 초기에는 구동독지역이라는 특이성이 정치적으로 응집하는 역할을 한 흔적을 찾기 어려웠지만, 통일 이후 불거진 통일 후유증 문제와 지체되는 사회통합에 구동독 주민들의 불만이 쌓이면서 1990년대 중반부터는 구동독지역만의 정치적 정체성이 뚜렷이 부각되기 시작했다. 그 결과 구동독지역에서는 좌파당이 득세했고, 이는 곧 통일독일 정당체제의 변화로 이어졌다. 5당 체제로의 완연한 전환이 바로 그것이다. 1994년 이후 급속히 상승한 좌파당 지지율의 진앙지와 정치적 아성은 여전히 구동독지역이다. 베를린장벽 붕괴 이후 진행된 사회통합 수준과 속도에 따라 변화해 온 구동독지역의 정치 지형은 주 의회 선거에서도 그대로 나타났다. 각 주의 상황에 따라 부분적인 차이가 나타나기는 하지만, 이 장 3절 2항에서 추적했듯이 대체적인 흐름은 사회통합의 불완전성에 대한 구동독 주민의 불만족이 고조될 경우에 좌파당에 대한 지지율이 가장 높았다는 것을 알 수 있다.

둘째, 베를린장벽 붕괴 이후 30년의 과정을 복기해 볼 때 구동독지역 주민의 정치적 정체성을 기반으로 급성장한 좌파당에 대한 구동독지역 주민들의 정치적 선호도는 점차 낮아지고 있어, 하향 추세임이 분명하다. 통일 후유증 논의가 부각되는 데 비례해 구동독지역에서 급성장한 좌파당에 대한 지지율은 최고점을 보인 2005년과 2009년 총선 이후 내리막길에 접어든 상태다. 이는 비단 연방 차원의 총선에서만 나타나는 현상이 아니다. 각 주 의회 선거에서도 좌파당에 대한 지지율은 하향 추세가 완연하다. 특히 2019년 9월 브란덴부르크주와 작센주의 주 의회 선거에서 이러한 흐름은 분명히 드러났다. 좌파당의 지지율 하락은 베를린장벽 붕괴 30년을 맞아 새로운 정치 지형 형성의 배경 요인으로 설명되기도 한다. 독일을 위한 대안당이 구서독지역에 비해 구동독지역에서 급성장하는 요인을 좌파당의 위세가 점차 추락하는 데서 찾는 설명이 이에 해당한다.

셋째, 베를린장벽 붕괴 이후 조성된 구동독지역의 정치 지형이 구서독지역에 비해 정당체제의 측면에서 좀 더 복잡하게 전개되고 있다는 점이다. 이는 무엇보다도 구서독지역에 비해 구동독지역에서 신생 정당의 제도권 내로의 침투가 상대적으로 빠르게 확산되었던 것과 연관된다. 구동독지역의 특수성에 기인한 좌파당의 득세와 아울러 좌파당의 지지율 하락이라는 틈새 속에서 급성장해 온 극우 성향의 독일을 위한 대안당이 구동독지역을 중심으로 확산되고 있다. 이는 구서독에 비해 좀 더 복잡한 정당체제가 구동독지역에 형성되고 있다는 것을 의미한다. 구동독지역의 모든 주 의회에서 좌파당의 존재를 간과하고 주 차원의 정치를 논의하기는 어려운 상황이다. 구동독지역에서는 양대 정당 및 군소 정당 간에 다양하게 연합하는 새로운 연합정부 구성 방식들이 실행·구상되고 있다. 베를린시, 브란덴부르크주와 튀링겐주에는 현재 좌파당이 연합정부의 일원으로 참여하고 있고, 지지율 면에서 각 정파별로 뚜렷한 차이를 보이지 않는 다른 주 의회에서도 이전과는 색다른 연합정부가 탄생하고 있다. 이는 통일 이후 복잡해진 구동독지역 정치 지형의 반영물이다. 2019년 말에 진행된 튀링겐주의 주 의회 선거 이후 주 정부 구성 과정에서 보인 혼돈도 이러한 흐름과 긴밀히 연관된 것이다. 아울러 이러한 흐름은 본론에서 언급했듯이 연방상원 의사결정 과정을 포함한 연방 차원의 정치 지형의 변화에도 영향을 미친다. 독일 현대 정치에서 전개된 정당체제 변천 과정에서 베를린장벽 붕괴 이후가 중요한 이유를 여기에서 찾을 수 있다.

앞으로의 관심은 구동독지역 주민들의 독특한 정치 선호에 따른 현 정치 지형이 지속될 것인가에 있다. 이는 구동독지역 주민의 통일독일 사회에 대한 만족도 추이와 관련해 판단해 볼 수 있을 것이다. 베를린장벽 붕괴 이후 구동독지역의 변화상을 끈질기게 추적하고 있는 빙클러의 분석(2017)을 통해 알 수 있듯이, 통일독일 사회에 대한 만족도가 구동독지역 주민 사이에서 점점 높아지고 있고,11) 구서독지역 주민과의 이질감 또한 점차 감소하는 상

---

11) 2000년 당시 빙클러가 조사한 경제 상황에 대한 구동독지역 주민의 만족도에 따르면, 주민 중 52%만이 부분 만족 이상의 긍정적인 의견을 피력했다. 2014년에는 그 비율이

황12)에서 구동독지역만의 동질성과 정체성으로 결집되는 정치적 선택과 그에 따른 정치 지형은 앞으로 다르게 변화할 가능성이 높다고 판단된다.13) 통일독일 사회 전체와 동질적인 요소가 강화되는 가운데 전체 독일과 상이한 구동독지역만의 독특한 특성은 점점 약화될 것이기 때문이다.

베를린인구개발연구소에서 발행한 최근 자료는 이러한 전망이 타당하다는 점을 뒷받침한다(Das Berlin-Institut für Bevölkerung und Entwicklung, 2020). 베를린장벽 붕괴 이후 30년을 맞은 독일 사회의 변동과 관련 자료의 핵심 내용은 인구 이동 및 경제성장 분야에서 구동독과 구서독으로 균열되었던 구도가 점점 통일독일 사회의 남쪽과 북쪽의 균열 구도로 중심이 이동하고 있다는 점이다. 독일 사회 갈등의 중심선이 구서독과 구동독의 균열선에서 이제는

69%로 눈에 띄게 증가했다. 베를린장벽 붕괴 이후 변화한 구동독 주민의 만족도 추이에 대해서는 빙클러(2017: 144) 참조.

12) EU 통계국(EUROSTAT)이 2019년 2월 26일 발표한 EU 평균 1인당 GDP(2017)는 약 3만 유로이고, 독일은 3만 9000유로다. 주별로는 함부르크(6만 4700유로), 브레멘(4만 9700유로), 바이에른(4만 6100유로), 바덴뷔르템베르크(4만 5200유로), 헤센(4만 5000유로)이 4만 유로 이상으로 상위권을, 반면 옛 동독지역인 메클렌부르크포어포메른(2만 6700유로), 작센안할트(2만 7400유로), 브란덴부르크(2만 7800유로), 튀링겐(2만 8900유로), 작센(2만 9900유로)은 2만 유로대를 유지하고 있다. 구동·서독의 지역별 경제 격차가 여전함을 보여주는 수치이다. 하지만 구동독지역을 유럽의 타 국가와 비교하면 다른 분석이 가능하다. 구동독지역의 1인당 GDP 수준은 이탈리아(2만 8500유로) 및 스페인(2만 5100유로)과 비슷하고, 체제전환국인 체코(1만 8100유로)와 헝가리(1만 2700유로), 폴란드(1만 2200유로)에 비해 월등히 높다. 2019년 9월 25일 독일의 연방경제에너지부가 발표한 「독일통일 현황 연례보고서」에 따르면 2018년 구동독지역의 1인당 GDP는 구서독지역의 75%, 평균임금은 84% 수준이다. 구서독지역 대비 구동독지역의 1인당 GDP는 통일 직후인 1991년 42.9% 수준에서 2000년에는 67.2%, 2008년에는 70.9% 수준에 다다름으로써 구서독 지역과의 격차를 꾸준히 좁혀왔다(채인택, 2019).

13) 이러한 흐름은 2021년 9월 26일에 치른 제20대 연방하원 선거 결과에서도 부분적으로 나타났다고 판단한다. 선거 결과 자료는 https://www.bundeswahlleiter.de/bundestagswahlen/2021/ergebnisse.html(검색일: 2022.1.21) 참고.

통일독일의 남쪽 지역과 북쪽 지역의 균열선으로 교체되는 중이라는 설명이다. 베를린장벽 붕괴 이후 동쪽에서 서쪽 방향으로 편중되었던 구동·서독 간의 인구 이동 양상은 2012년부터 양방 간에 유사한 규모로 진행되었고, 2006년부터는 출생률도 구동·서독이 동일해졌다. 반면 경제적인 면을 보면 통일독일의 남북 간 간극이 확연해지고 있다. 고용률, 가계소득, 실업률 및 사회부조자 등의 지표를 통해 지역별 경제 상태를 종합한 결과, 동서 대립 대신에 오히려 남북 간의 균열이 뚜렷해지고 있다. 구동독지역인 튀링겐주·작센주·브란덴부르크주의 경우 바이에른주나 바덴뷔템베르크주와 같이 경제 성장과 일자리 창출에서 모범적인 모습을 보이는 반면, 구서독의 북서쪽에 위치한 루르와 자를란트 지역은 석탄과 철강 산업의 쇠퇴로 고전하고 있다. 이러한 흐름에 따라 구동독지역의 정치 지형 또한 영향을 받을 것으로 보인다. 통일 당시 공언한 시간표대로 진행되지 않은 사회통합에서 야기된 독특한 정치 지형이 베를린장벽 붕괴 30주년이 지나는 시점까지 구동독지역을 주도해 왔지만, 장기적으로 구동독지역의 정치 지형은 구서독지역의 정치 지형에 수렴하는 방향으로 점점 움직일 것으로 전망된다.

● 참고문헌

김면회. 2017. 「통일 25년, 구동독 지역 정치지형 변화 연구」. ≪한독사회과학논총≫, 27(2).
_____. 2018. 「독일 제19대 총선과 정당체제의 변화: 해적당의 실패와 독일대안당의 성공」. ≪EU연구≫, 48.
_____. 2019. 「베를린장벽 붕괴 30년, 통일 독일 사회통합의 현주소: 후발주자 분단 한반도의 선택」. ≪접경지역통일연구≫, 3(1).
_____. 2020. 「베를린장벽 붕괴 30년, 구동독 지역 정치지형 변화 연구」. ≪유럽연구≫, 38(3).
_____. 2004. 「독일의 정치제도와 정치과정」. 유럽정치연구회 엮음. 『유럽정치』. 백산서당.
양창석. 2015. 『브란덴부르크 비망록』. 늘품 플러스.

앨리슨, 그레이엄(Allison Graham). 2018. 『예정된 전쟁』. 정혜윤 옮김. 세종서적.

정인지. 2019.11.10. "베를린장벽 허문지 30년. 독일의 그늘". ≪머니투데이≫. https://news. mt.co.kr/mtview.php?no=2019111010363618434(검색일: 2020.7.5).

채인택. 2019.11.10. "베를린장벽 붕괴 30년 감동도 끝 ······ 통일 대박은 없었다". ≪중앙일보≫. https://news.joins.com/article/23628303(검색일: 2020.7.5).

Berg, Stefan, Markus Deggerrich and Frank Hornig. 2009. "Das Vergiftete Erbe." *Der Spiegel*, 43.

Bundesministerium für Wirtschaft und Energie. 2017. *Jahresbericht der Bundesregierung zum Stand der Deutschen Einheit.* Berlin.

Das Berlin-Institut für Bevölkerung und Entwicklung. "30 Jahre Mauerfall: Deutschland einig Vaterland?". https://www.berlin-institut.org/newsletter/anzeige.html?tx_news_pi1%5B news%5D=696&tx_news_pi1%5Bcontroller%5D=News&tx_news_pi1%5Baction%5D=deta il&cHash=725c78ad02e1f238e10305481f84db10(검색일: 2020.7.5).

Holtmann, Everhard. 2017. *Der Parteienstaat in Deutschland: Erklärungen, Entwickelungen, Erscheinungsbilder.* Bonn: Bundeszentrale für politische Bildung.

Winkler, Gunnar. 2017. *Friedliche Revolution und deutsche Vereinigung 1989 bis 2016: Noch immer gespalten: ökonomisch-sozial-politisch?!.* Bernau bei Berlin.

http://www.bundeswahlleiter.de/de/bundestagswahlen/BTW_BUND_13/ergebnisse bundesergebnisse/index.html(검색일: 2020.7.5).

http://www.bundeswahlleiter.de/de/bundestagswahlen/BTW_BUND_09/veroeffentlichungen/B TW09_ Heft1_Gesamt_Internet.pdf(검색일: 2020.7.5).

http://www.bundeswahlleiter.de/de/bundestagswahlen/downloads/bundestagswahlergebnisse/ btw_ab49_ergebnisse.pdf(검색일: 2020.7.5).

http://www.bundeswahlleiter.de/de/landtagswahlen/ergebnisse/downloads/ wbrandenburg2009.pdf(검색일: 2020.7.5).

http://www.bundeswahlleiter.de/de/landtagswahlen/ergebnisse/downloads/lw- thueringen2009.pdf(검색일: 2020.7.5).

http://www.bundeswahlleiter.de/de/landtagswahlen/ergebnisse/downloads/lwsachsen2009.pdf (검색일: 2020.7.5).

http://www.statistik.sachsen-anhalt.de/wahlen/lt16/index.html(검색일: 2020.7.5).

https://www.bundeswahlleiter.de/bundestagswahlen/2017/ergebnisse/bund-99.html(검색일: 2020.7.5).

https://www.bundeswahlleiter.de/bundestagswahlen/2021/ergebnisse.html(검색일: 2022.1.22).

https://www.bundeswahlleiter.de/dam/jcr/397735e3-0585-46f6-a0b5-2c60c5b83de6/btw_ab49_g

esamt. pdf(검색일: 2020.7.5).

https://www.bundeswahlleiter.de/dam/jcr/a333e523-0717-42ad-a772-
d5ad7e7e97cc/ltw_ergebnisse_gesamt.pdf(검색일: 2020.7.5).

https://www.bundeswahlleiter.de/dam/jcr/a333e523-0717-42ad-a772-d5ad7e7e97cc/ltw_erge-
bnisse_gesamt.pdf(검색일: 2020.7.5).

https://www.bundesrat.de/DE/bundesrat/laender/laender-node.html(검색일: 2020.7.5).

https://wahlen.sachsen.de/LW_19.php(검색일: 2020.7.5).

https://www.spiegel.de/politik/deutschland/landtagswahl-thueringen-2019-alle-
ergebnisse-im-ueberblick-a-1282214.html(검색일: 2020.7.5).

https://www.wahlen.sachsen.de/download/Landtag/2019_LTW_Mandate_endgueltig.pdf(검색
일: 2020.7.5).

https://www.wahlergebnisse.brandenburg.de/wahlen/LT2019/diagram-Uberblick.html(검색일:
2020.7.5).

독일통일의 경험과 한국의 통일전략

통일·외교 정책을 중심으로

조성복

1. 머리말

제2차 세계대전 후 분단되었던 동서독이 1990년 하나로 통일된 이래 독일통일은 남·북한 통일의 모델이 되고 있다. 그래서 해당 분야 전문가뿐만 아니라 일반 시민을 포함하여 한반도에 살고 있는 누구든 통일에 관심이 있다 하면 자연스럽게 독일통일을 떠올린다. 하지만 이러한 현상은 독일의 사례를 잘 이해하고 엄격하게 분석하여 나온 결과에 따른 것이 아니라, 피상적으로 그렇다고 생각하는 경우가 대부분이다. 세계사에서 한 국가가 분단된 경우도 많지 않고, 또 분단된 국가가 다시 합쳐진 경우도 흔하지 않다. 더구나 제2차 세계대전 이후 시점에서는 베트남(1975.4), 예멘(1990.4), 독일(1990.10)의 사례에서 보듯이 더더욱 드문 경우이기 때문이다(김학성, 2021: 128; 최창옥, 2018: 122~128).

독일이 통일된 지 30년이 지났지만, 정치적·경제적 통합과 달리 사회적·정신적 통합은 아직도 제대로 이루어지지 않고 있다. 독일통일을 재조명하는 일은 여전히 독일뿐만 아니라 우리에게도 중요한 관심의 대상이다(미테, 2020; 김면회, 2019; 정병기, 2019; 서정일, 2017). 이런 상황에서 한국에서도 독일통일이 우리의 모델이 될 것이라는 그동안의 막연한 추측이나 희망에서 이제는 조금씩 벗어나고 있는 모습이 보이기도 한다. 그런데도 독일통일이 우리에게 중요한 모델이라는 생각에는 여전히 큰 변화가 없는 상황이다.

먼저 이 글에서는 독일통일이 그 자체로는 한반도의 모델이 되기 어려울 수 있다는 점을 분단 상황의 차이, 통일정책의 차이, 대외환경의 차이 등을 통해 밝히고, 그런 가운데에서도 독일 사례가 우리에게 주는 시사점이 무엇인지 알아보고자 한다.

독일과 한반도의 분단이 냉전의 시작과 함께 이념을 달리하는 거대 진영 간 대립에 따른 국가의 분할이었지만, 동서독과 남·북한 사이에는 몇 가지 차이점이 존재했다. 또한 독일과 한반도를 둘러싼 주변국의 이해관계가 서로 달라서 같은 기준으로 통일을 모색하기도 어려운 일이다. 좀 더 구체적으로 어떤 이유에서 독일통일이 우리의 모델이 되기 어려운지 알아보기 위해 독일과 한반도에서 분단 상황의 차이를 살펴보고, 이어서 독일의 방대한 통일 과정을 우리에게 시사하는 바가 큰 요인들을 중심으로 살펴보겠다. 또 동서독의 통일정책이나 외교 정책을 남·북한의 정책과 비교하여 분석해 보겠다. 이런 과정을 통해 독일통일이 여러 측면에서 한반도의 상황과 많은 차이가 있음을 확인할 것이다. 결국 독일통일의 경로를 한반도에서 그대로 따라 하기는 쉽지 않아 보인다. 하지만 독일과 한반도의 상황이 비록 다르다고 하더라도, 독일통일이 통일을 염원하는 한국인에게 중요한 시사점을 주고 있다는 사실은 변함이 없다. 이에 독일의 통일 과정이 한반도에 주는 시사점이 무엇인지 알아보겠다.

2. 분단 상황의 차이

제2차 세계대전 후 독일과 한반도의 분단은 하나의 국가로 존속하던 나라가 갑자기 두 개로 나누어진 것이라는 점에서는 똑같은 분단이었지만, 양국의 분단에는 여러 가지 차이점이 존재했고, 그런 차이점은 현재도 지속되고 있다. 이 절에서는 양국 분단의 공통점과 차이점에 대해 자세히 살펴보겠다.

독일과 한반도에서의 분단은 전후 자본주의와 사회주의 진영 간 동서냉전의 산물이라는 공통점이 있다. 동서독은 제2차 세계대전에서 승리한 전승 4대국에 의해 분할되었다. 전승 4대국은 미국, 영국, 프랑스로 구성된 연합국 감독위원회와 소련으로 나뉘어 각각 서독과 동독, 서베를린과 동베를린을 관리했다. 마찬가지로 한반도도 제2차 세계대전 후 일본군의 무장해제와 철수를 관리하기 위해 미국과 소련에 의해 분할되었다. 이후 동서독은 냉전이 종식되고 소련이 해체되면서 1990년 통일을 맞이했지만, 한반도는 여전히 분단된 상황을 극복하지 못하고 있다. 이처럼 독일과 한반도는 외양으로는 같은 분단 상황이었지만, 근본적으로 몇 가지 차이점이 있었다.

첫째, 분단 당시 독일과 한반도는 국제법상 지위와 위상이 서로 달랐다. 독일은 제2차 세계대전을 유발했던 유럽 지역의 패권국으로, 분단되었을 때는 패전국이었다. 분단 당시 패전국인 동시에 불완전주권국이었으므로 분단 초기에는 국제법적 제약을 감수해야 했다. 독일의 분할은 1945년 2월 얄타회담에서 미국, 영국, 소련이 합의한 결과이다. 이는 독일이 다시 전쟁을 도발할 수 없도록 하는 방안인 동시에 미국과 영국이 전후 소련의 패권 확장을 제한하려는 조처였다. 반면에 대한민국은 제2차 세계대전 당시 일본의 식민지이자 약소국이었고, 분단 시에는 이제 막 식민지에서 벗어난 독립국이자 주권국이었다(임혁백, 2010: 15~18; 김학성, 2002: 60~61).

둘째, 분단된 동서독 관계는 상호 적대적이지 않았다. 동서독은 자기 의사가 아니라 외세에 의해 분할되었기 때문에 분단 초기와 그 이후에도 서로 적대적일 이유가 없었다. 물론 체제경쟁이나 통일을 둘러싼 정책을 놓고 동서독 정부 간 갈등이나 대립이 일부 존재했지만, 같은 민족으로서 동서독 주민은 정서적으로 서로를 싫어할 이유가 없었다(양현모, 2019: 27). 반면에 남·북한 관계는 매우 적대적으로 변모했으며, 현재도 그러한 관계가 지속되고 있다. 한반도의 상황도 1940년대 후반, 곧 분단 초기에는 서로 크게 적대적일 이유가 없었다. 하지만 분단 이후 얼마 지나지 않아 일어난 1950년 6·25 전쟁으로 동족상잔의 비극과 그에 따른 막대한 인명 희생 및 물적 피해가 남·북한 관계를 극적으로 바꾸어놓았다. 이후 체제경쟁이 심해지고, 상호 접촉이나 교류가 중단되면서, 또 1990년대 들어 북한의 핵무기 개발이 본격화되면서 그러한 적대관계는 점점 더 심해졌다(정병기, 2019: 14~16).

셋째, 동서독과 남·북한은 인구 및 면적 등과 같은 물리적 조건과 그에 따른 외국군의 주둔에서 서로 차이가 있었다. 동독의 면적은 약 11만 km²로 독일 전체(36만 km²)의 약 30%이고, 인구는 약 1667만 명(1988년 기준)(Statistisches Jahrbuch der DDR, 1989: 8, 17)으로 서독의 4분의 1에 불과해 물리적인 측면에서 서독이 동독을 압도했다. 동독은 1956년부터 1990년까지 약 16만 명의 동독군(Nationale Volksarmee)을 유지했고, 군 복무 기간은 처음에는 18개월이었으나 나중에는 12개월로 단축되었다. 이와 동시에 동독군의 두 배가 넘는 소련군 약 34만 명이 동독지역에 주둔했다고 하며(통일부, 2016b: 78), 38만 5000명이 주둔했다는 주장도 있다(최창옥, 2018: 125).

이는 동독 정권의 정통성을 훼손했다. 물론 서독지역에도 미군이 주둔했으나, 그 규모는 소련군만큼 크지 않았다. 반면에 북한은 인구 면에서는 남한의 절반 정도이나, 면적은 조금 더 넓다. 또한 독일과 달리 사회주의 진영인 북한 지역에는 소련군과 같은 한국전쟁 이후 외국군이 전혀 주둔하지 않았고, 반대로 자본주의 진영인 남한 지역에는 미군이 계속 주둔해 오늘에 이르고 있다.

이상에서 살펴본 바와 같이 독일과 한반도는 같은 분단 상황이었지만 여러 가지 면에서 차이점이 존재했고, 지금까지 여전히 존재하고 있음을 알 수 있다. 패전국인 독일은 통일 과정에서 4대 전승국의 동의 여부가 중요했으나, 한반도에서는 비록 주변 강대국의 이해관계가 중요하지만 이론상 남·북한의 합의로 통일에 이를 수 있다. 동서독은 지속적인 교류가 가능했고 적대적이지 않았던 반면, 남·북한 관계는 교류가 단절된 채 대단히 적대적인 관계가 지속되고 있다. 독일과 달리 한반도는 이 적대관계를 극복하는 것이 향후 통일을 위한 최우선 과제이다. 서독은 인구와 면적에서 동독을 압도했고, 동독이 서독의 연방제 체제로 편입됨으로써 통일에 이를 수 있었다. 반면에 남·북한의 물리적 조건은 경제적·군사적 조건을 감안할 때 어느 한쪽이 상대방을 압도할 만한 상황은 아니다. 따라서 독일통일의 과정과 경험을 그대로 한반도 통일의 모델로 적용하기에는 많은 제약이 따를 수 있다. 이런 점에 유의하면서 독일의 통일 과정을 살펴보겠다.

3. 독일의 통일 과정

독일의 통일 과정을 한반도의 통일 노력과 비교하는 차원에서 서독 정당들의 대외정책, 냉전시대 국제관계의 변화와 신동방정책, 동서독 관계의 진전과 통일 과정(서독의 통일정책, 정상회담, 2+4 외교장관 회담 등)을 살펴보겠다. 특히 이 과정에서 사민당과 기민/기사당의 동방정책, 독일통일에 대한 소련과 미국의 태도 변화 등은 중요한 시사점을 제공한다.

1) 서독 정당들이 전개한 대외정책의 주요 방향

독일은 흔히 '정당민주주의(Parteiendemokratie)' 국가라고 할 정도로 대부분의 정치 활동이 정당을 중심으로 돌아가고 있다. 바로 이러한 까닭에 각 정당의 입장이나 정책은 정치적 결정이나 정부의 의사결정에 중요한 역할을 한다.
과거 서독의 여러 정당은 동서독 관계와 대외정책을 놓고 초기에는 서로 다른 견해를 보였으나, 이후 정반합의 변화를 거듭해 정권이 바뀌더라도 비교적 일관된 입장을 견지했다. 이와 같은 정당의 태도 변화는 일정 부분 각 정당 지도부의 리더십과 유권자의 의사 및 지지가 상호작용 한 결과로 볼 수 있다. 이는 결과적으로 서독의 통일정책과 관련해 정치지도자와 국민의 판단이 현명했음을 보여준다.

(1) 기민/기사당

기민/기사당(CDU/CSU)[1]은 전후 소련을 중심으로 동유럽으로 확산되고 있는 공산주의를 거부하며 친서방주의 뜻을 분명히 밝혔다. 기민당 출신의 콘라드 아데나워(Konrad Adenauer) 초대 연방총리(1949~1963년 재임)는 일시적으로 외교부 장관을 겸직하면서(1951~1955년 재임) 주권 회복을 목표로 서독을 서유럽 진영에 편입하고자 하는 '서방통합정책(Politik der Westintegration)'을 강력히 추진했다(서준원, 1998: 246~248). 1954년에 열린 런던회의와 파리회의를 거쳐 서독은 1955년 5월 나토(NATO) 회원국이 되었다. 1955년 6월에는 국방부를 신설했고, 7월에는 사민당의 반대를 무릅쓰고 '군사지원병법(Freiwilligengesetz)'을 제정해 서독의 재무장을 추진해 나갔다. 이와 동시에 연방정부는 동서냉전으로 고착화된 진영 간 대치 상황을 타파하기 위해 이른바 '힘의 우위 정책(Politik der Stärke)'을 추구했다. 이러한 맥락에서 CDU/CSU는 서독이 비확산체제[핵확산금지조약(NPT)]에 가입하는 것을 반대했다. 비확산체제는 핵무기 개발을 방지하기 위한 국제기구이다. 또한 동독을 하나의 국가로 인정하기를 거부하고, 동독을 봉쇄하는 정책을 구사했다. 이를 위해 당시 외교부 차관 발터 할슈타인(Walter Hallstein)의 이름을 딴 '할슈타인 독트린'을 선포했다. 소련 이외에 동독과 외교관계를 수립하는 국가에 대해서는 서독에 비우호적인 것으로 간주해

---

1) CDU(Christlich Demokratische Union Deutschlands: 기독교민주당)와 CSU(Christlich-Soziale Union in Bayern: 기독교사회당)는 서로 다른 두 개 정당이지만, 연방의회에서 하나의 원내교섭단체를 구성하고 있다. 흔히 기민/기사당을 '기민/기사연합' 또는 '연합당(Union)'이라고도 한다.

경제제재를 가하거나 외교관계를 중단하겠다고 경고했다. 서독은 실제로 1957년에는 유고슬라비아, 1963년에는 쿠바와 외교관계를 단절했다. 이 독트린은 동독을 외교적으로 고립시키려는 정책으로, 1955년부터 1969년까지 지속되었다(Eschenhagen and Judt, 2008: 21, 65, 66; Lehmamn, 2002: 83~85, 91, 132; 이동기, 2020; 송태수, 2006: 253~254).

이와 같은 서방 중시 정책은 국제환경이 달라지면서 1960년대 초반부터 점차 변화하기 시작했다. 아데나워를 이은 같은 당의 루트비히 에르하르트(Ludwig Erhard) 제2대 연방총리(1963~1966년 재임)는 폴란드, 루마니아, 헝가리, 불가리아 등 동유럽에 무역대표부를 설치할 정도로 그동안 서방만을 중시하던 입장을 다소 완화했다. 이러한 변화는 연정 상대인 자민당(FDP)의 요구 등으로 좀 더 유연한 동유럽 정책을 추진하게 되었기 때문이다. 이후 자민당과의 불화로 연정이 깨지고, 기민/기사당은 사민당과 대연정을 구성했다. 기민당 출신의 커트 키징어(Kurt Kiesinger) 제3대 연방총리(1966~1969년 재임)는 대외정책에서 사민당 출신의 부총리 겸 외교부 장관 빌리 브란트(Willy Brandt)와 갈등을 빚다가 물러났다. 서독은 1967년 루마니아와 외교관계를 수립했는데, 이는 사실상 할슈타인 독트린의 종료를 의미했다(Eschenhagen and Judt, 2008: 124, 141, 146; Lehmamn, 2002: 179~181). 기민/기사당은 1950~1960년대에는 동독과 동유럽 국가들에 비해 서방을 중시하는 정책을 고수하다가 1969년 사민-자민당에 정권을 넘겨주었다.

1980년대 초반 기민당 대표였던 헬무트 콜(Helmut Kohl)은 심각한 경제위기 국면을 맞아 사민-자민당 연립정부에서 경제 및 복지 정책에 대한 견해차로 사민당과 틈이 생긴 자민당을 설득해, 1982년 10월 사민당의 헬무트 슈미트(Helmut Schmidt) 연방총리(1974~1982년 재임)를 불신임으로 물러나게 하고 정권을 차지했다. 정권을 되찾은 헬무트 콜 연방총리(1982~1998년 재임)는 사민당의 동방정책 대부분을 그대로 계승해 대동독과 대동유럽 정책의 일관성을 유지했다. 이러한 서독의 일관된 통일정책과 국제환경의 변화, 동독 사회의 개혁 요구 등에 힘입어 기민/기사당은 자민당과 함께 1990년 독일통일을 달성하는 주역이 되었다(Eschenhagen & Judt, 2008: 264~265).

(2) 사민당

사민당(SPD: Sozialdemokratische Partei Deutschlands, 사회민주당)은 원래 서독의 서방화 추진보다 동서독의 통일문제를 우선시했다. 또 기민/기사당의 서방통합정책과 할슈타인 독트린에 반대했고, 서독의 나토 가입이나 재무장 등에 대해서도 비판적 태도를 견지했다. 하지만 사회주의 사상을 기반으로 한 그러한 입장은 1950년대 후반에 들어서면서 점차 변화했다. 그와 같은 견해를 계속 고집해서는 선거에서 이길 수 없어 정권을 잡을 수 없었기 때문이다.

실제로 사민당은 1949년 연방총선에 처음 참여하여 29.2%를 득표해 31.0%를 얻은 기민/기사당에 아깝게 패배했다. 이후 1953년에는 28.8%(기민/기사당 45.2%), 1957년에는 31.8%(기민/기사당 50.2%)를 득표하며 연이어 고배를 마셨다. 그래서 기존 정책을 바꿀 필요성을 느꼈고, 그 시작이 1959년 '고데스베르크 강령(Godesberger Programm)'의 채택이었다. 이 강령은 1960년 하노버 전당대회에서 최종 승인되었다. 이후 사민당은 기존의 '사회주의 노동자정당'에서 '사회민주적 대중정당'으로 변모해, 대외정책에서도 나토 가입이나 재무장 등 기민당의 정책을 일부 수용하게 되었다(Eschenhagen & Judt, 2008: 95; Lehmamn, 2002: 63, 68, 115~117; 김진호, 2017: 191~196).

기민/기사-자민당의 연정이 깨진 후 사민당은 1966년부터 1969년까지 기민/기사당과의 대연정에 참여했다. 사민당은 평화 상태를 유지하기 위해서는 냉전 상황을 타파하는 것보다 현상을 유지하는 것이 더 중요하다고 보았다. 이를 위해 '작은 걸음의 정책(Politik der kleinen Schritte)'을 추진했다. 또 동독과의 관계 개선을 위해 통일헌법을 만들기도 했다. 이와 동시에 동유럽 국가들과 외교관계를 복원하기 위해 노력했다. 하지만 연방총리 키징어와 외교장관 브란트는 외교정책에서 불협화음을 보였다(김면회, 2010: 160~161).

대연정에 이어 1969년 연방총선 후 사민당은 자민당과 함께 연립정부를 구성해 1982년까지 집권했다. 사민-자민당 연정은 1969년 비확산체제에 서명하여 서독의 평화 의지를 천명했다. 연방총리 브란트(1969~1974년 재임)는 동유럽과의 긴장을 완화하고 화해와 협력을 추구하는 신동방정책을 추진함으로써 관계를 개선하고 외교관계를 회복했다. 브란트의 뒤를 이은 슈미트 연방총리도 같은 정책 기조를 유지했다(Lehmamn, 2002: 214, 218, 223, 226). 사민당은 정권을 넘겨준 후에도 교류를 지속해 1987년에는 동독의 사회주의통일당과 「이념논쟁과 공동안보」라는 합의서를 체결하기도 했다. 정당 간의 계속된 교류는 동서독 관계의 안정화에 도움을 주었다(이동기, 2020; 송태수, 2006: 264).

(3) 자민당

자민당(FDP: Freie Demokratische Partei, 자유민주당)은 독일 문제의 평화적 해결에 관심이 많았다. 기민/기사당과 연정에 참여하고 있었음에도 할슈타인 독트린을 반대했다. 그 이유는 자민당의 중요한 후원 세력인 기업들이 동유럽으로 시장을 확대하기를 원했기 때문이다. 할슈타인 독트린은 그와 같은 열망에 걸림돌이었으므로 기민/기사당과 대립하는 요인이 되었다. 구체적으로 1962년 연방정부가 동유럽에 파이프 수출을 제한한다는 조치를 내놓았을 때 자민당이 이에 반발했고, 이 때문에 연정 내에 갈등이 발생하기도 했다. 이 사안을 놓고 자민당은 사민당과 협력하기도 했다. 자민당과 사민당은 기업인단체와 함께 동유럽 국가와의 관계를 개선하기 위해 정치와 경제를 분리하는 노선을 취했다. 이러한 이해관계는 기민/기사당과 사민당 간의 대연정이 끝난 뒤 사민당과 자민당이 1969년 연정을 구성하는 실마리가 되었다(김면회, 2010: 163~170; 송태수, 2006: 261). 또한 사민-자민당 연정(1969~1982)에서 자민당은 1969~1974년까지는 발터 셸(Walter Scheel)이, 1974~1982년까지는 한스-디트리히 겐셔(Hans-Dietrich Genscher)가 외교부를 맡았다. 이후 1980년대에 다시 구성된 기민/기사-자민당 연정에서도 자민당은 1982~1992년까지 겐셔가 외교부를 맡아 사민당 동방정책의 기조를 새 연정에서 일관되게 계승하는 데 이바지했다.

(4) 녹색당

녹색당(Bündnis 90/Die Grünen)은 다른 정당에 비해 늦은 시기인 1983년에 처음 연방의회에 진출했으므로 통일정책에 관여한 시간은 길지 않다. 녹색당은 동독을 하나의 국가로 인정한 상태에서 서독과 동독이 하나의 국가연합을 구성하는 통일 방안을 지지했다. 국가연합이란 주권을 가진 다수의 국가가 국제조약 등을 통해 동맹을 맺거나 결합하는 것을 의미한다(송태수, 2006: 268~269).

* * *

앞서 살펴보았듯이 기민/기사당과 사민당의 통일 및 외교 정책은 국내외 여건에 따라 또 서독 국민의 여론에 따라 변화했음을 알 수 있다. 이들은 서로 다른 입장과 정책을 수용하면서 대외정책에서 진전을 이루었다.

사민당은 국민 정서를 수용해 원래 반대했던 기민/기사당의 외교정책(나토 가입, 서독의 재무장 등)을 일부 받아들였고, 정권을 잡은 다음에는 자신들이 주창한 신동방정책을 적극적으로 추진했다. 기민/기사당도 마찬가지로 1960년대 후반 사민당과 자민당에 정권을 내주면서 서방 중심의 외교정책에 변화를 모색했다. 특히 동방정책에 대해서는 당내에서 치열한 논의와 갈등을 거쳐 기존의 견해를 수정했고, 이를 기반으로 1980년대 초반 자민당과의 협력을 회복하면서 다시 정권을 되찾아오게 되었다. 이후 기민/기사당은 사민당과 자민당이 추진했던 동방정책을 대부분 그대로 계승했다.

2) 냉전시대 국제관계의 변화와 신동방정책

제2차 세계대전 후, 미국의 자본주의와 소련의 사회주의 진영으로 나뉘어 대립하는 동서냉전이 시작되었다. 미국은 서유럽 국가들의 재건을 지원하기 위해 1948년부터 1952년까지 131억 달러를 지원하는 마셜 플랜(Marshall Plan, 공식명칭은 European Recovery Program이다)을 시행하고, 1949년에는 군사동맹인 나토를 설립했다. 이에 맞서 소련은 1949년 코메콘(COMECON: Council for Mutual Economic Assistance)이라 불리는 동유럽 국가들의 경제상호원조회의를 결성하고, 1955년에는 군사동맹인 바르샤바 조약기구(Warsaw Pact)를 창설한다 (Lehmann, 2002: 85~87). 이뿐 아니라 소련도 미국에 이어 핵무기를 개발하고 핵 역량을 강화하면서 그와 같은 대결 양상이 점점 더 격화되며 한동안 대결 국면이 지속되었다(이동기, 2020).

냉전시대의 대결 국면은 1958년 미국과 소련이 제네바에서 '핵실험금지회의'를 개최하면서 조금씩 변화하기 시작했다. 1961년 8월 동독은 동베를린에서 서베를린으로 넘어가는 동독 주민이 증가하자, 이를 방지하기 위해 동·서 베를린 경계에 장벽을 쌓았다. 이 '베를린장벽(Berliner Mauer)'에 대해 아데나워 연방총리와 프랑스의 드골 대통령은 강경한 견해를 밝혔다. 하지만 미국의 견해는 다소 달랐다. 미국의 존 케네디(John F. Kennedy) 대통령과 케네스 맥밀란(Kenneth McMillan) 국무장관은 공산주의 체제의 변화를 위해서는 협상을 통한 핵 균형과 평화공존 정책이 필요하다고 보았다. 이와 같이 강대국들이 긴장 완화를 추구하는 움직임은 상호 공존을 위한 국제적 '데탕트(화해)' 분위기를 조성했다. 이에 따라 자유 진영과 공산 진영은 그동안 냉전이 고조되면서 격화된 대결 국면에서 벗어나게 되었다(송태수, 2006: 254~255).

이와 같은 국제관계의 변화에 맞춰 서독의 사민당은 집권당인 기민/기사당과 달리 빌리 브란트를 중심으로 동유럽을 중시하며 교류를 확대하는 동방정책을 추구했다. 1963년 7월 당시 베를린 시장 브란트의 대변인인 에곤 바

(Egon Bahr)가 바이에른주 투칭(Tutzing)에서 행한 연설에서, 사민당의 동방정책과 관련해 처음으로 '접근을 통한 변화(Wandel durch Annäherung)'라는 용어가 사용되었다. 브란트와 에곤 바는 미국의 전략이 공산주의 제거가 아니라 변화에 있다고 보고, 동독의 변화를 모색하는 그와 같은 정책을 추구했다(통일부, 2016a: 68). 이 개념은 사민당 동방정책의 주요 기조가 되었으며, 이를 흔히 '신동방정책'이라 부른다. 그 이유는 '동방정책'이라는 용어를 처음 사용한 기민당 키징어 연방총리의 동방정책과 구분하기 위해서이다(최영태, 2017: 161).

기민/기사-사민당의 대연정 이후 최초로 정권을 잡은 사민당은 자민당과 연정을 꾸리고, 브란트 연방총리를 중심으로 동유럽과 동독과의 관계를 개선하고자 신동방정책을 차례로 추진했다. 신동방정책의 주요 내용은 다음과 같다. 얄타 협정에 따라 국제체제를 현상 유지하고, 동독의 존재를 인정한다. 이를 통해 동유럽 체제의 안정을 도모하고, 그러한 바탕 위에 동유럽 국가가 점진적으로 변화하도록 유도한다. 또한 공산권과의 협상에서 안보 문제와 경제협력을 동시에 추진한다 등이었다.

이와 같은 노력의 결과, 1970년 8월에는 상호 무력 사용을 금지한다는 내용의 '모스크바 조약'을 소련과 맺었고, 12월에는 폴란드와 오데르나이세경계선(Oder-Neiße-Grenze)을 국경선으로 확정한다는 '바르샤바 조약'을 체결했다. 1971년 9월에는 베를린 지역 내에서의 4대 전승국 지위 지속, 서베를린 지역의 안전보장, 자유로운 통행 보장, 서베를린 주민의 편의 보장하는 '베를린 협정(Berlin-Abkommen)'을 4대 전승국과 체결했다(최영태, 2017: 175; 박정진, 2013: 110~112).

이와 같은 변화는 동서독의 관계에서도 확인할 수 있다. 1966년 30억 마르크이던 교역량이 점차 늘어나 1989년에는 153억 마르크를 기록해 다섯 배 이상 증가했다. 1961년 베를린장벽 설치를 전후해 서독인의 동독 방문은 연평균 70만 명이었으나, 1972년 교류협정 후에는 연평균 300만 명으로 늘어낳으며, 1980년대에도 연평균 200만 명을 유지했다. 1965년 동독인의 서독 방문은 연평균 100만 명이었으나 1972년 이후에는 연평균 150만 명으로 증가했고, 서독 정부의 차관 제공 후에는 1986년 200만 명, 1987년 500만 명, 1988년에는 675만 명으로 급격히 늘어났다(김면회, 2010: 154~161).

서독의 신동방정책은 당시 서독 국민의 지지와 국제관계의 데탕트 분위기와 맞물려 동서독 서로를 견인하면서 비교적 성공적으로 작동했다. 이와 같은 성공에는 대결에서 화해 국면으로 전환된 국제관계가 중요한 역할을 했다. 국제관계의 한 축인 소련은 1969년 이후 대서방정책에서 변화된 행보를 보였다. 유럽의 평화와 동유럽 진영의 현상 유지를 위해 1973년 7월 헬싱키에서 열린 '유럽공동안보회의(Konferenz über Sicherheit und Zusammenarbeit in Europa, KSZE)'에 참석해 회의에서 결의한 무력 위협이나 무력 사용 중단 등 사항을 수용했다. 이 회의에는 총 35개국이 참석했는데, 미국과 캐나다를 비롯해 유럽 국가 대다수가 포함되었다. 미국도 기존의 대결 정책에서 긴장완화 정책으로 기조를 바꿨다. 공산주의 자체를 제거하는 것 어렵다고 보아 변화를 유도하는 것이 바람직하다고 판단한 것이다. 또한 경제제재를 통해 동독을 붕괴하는 것은 환상이라고 보았다. 이러한 맥락에서 신동방정책은 환영받았고, 일정 정도 성공을 거둘 수 있었다(최영태, 2017: 177~187).

3) 동서독 관계의 진전과 통일 과정

과거 서독에서는 동독과 관련한 정책을 통일정책이라 칭하지 않고, 보통 '독일정책(Deutschlandpolitik)'으로 불렀다. 주변국들을 의식해 통일을 내세우지 않았던 것이다. 독일정책은 서독의 국내정책과 대외정책 사이의 현실정치 어딘가에 자리했고, 이와 동시에 동서냉전 및 양대 진영의 동맹정책과도 매번 연관되었다. 독일정책(통일정책)의 시기 구분은 블렉(Bleek)와 글랩(Glaab)의 자료를 참조했다(Bleek, 2009; Glaab, 1999).

(1) 서독의 통일정책

① 동서독 건국(1945~1949)

제2차 세계대전에서 패한 독일은 4대 전승국 즉 미국, 영국, 프랑스로 구성된 연합국 위원회와 소련에 의해 동·서독으로 나뉘었고, 수도였던 베를린도 동·서 베를린으로 분할되었다. 분단 후 서독이 화폐개혁을 실시하자 소련은 서독의 서베를린 육로 출입을 차단하는 '베를린 봉쇄(Berlin-Blockade)'를 단행했다. 이 봉쇄는 1948년 6월 24일부터 1949년 5월 12일까지 지속되었다. 이에 맞서 서독과 연합국 측은 필요한 물자를 서독지역에서 비행기로 서베를린에 수송했다. 이를 흔히 '공중보급(Luftbrücke)'(단어의 원래 뜻은 '하늘의 다리'이다)이라고 한다. 서독은 1949년 5월 23일 연방제 형태의 독일연방공화국(BRD: Bundesrepublik Deutschland)을 선포했고, 동독은 1949년 10월 11일 독일민주공화국(DDR: Deutsche Demokratische Republik)을 선포함으로써 각각 분단국가를 수립했다(Bleek, 2009).

② 통일에 대한 기대(1949~1960)

서독에서는 1952년 5월에 독일의 주권을 회복하고, 독일의 국제법상 지위를 정상화한다는 내용의 '독일조약(Deutschlandvertrag)'을 미국, 영국, 프랑스와 체결했다. 이 조약은 분단 초기인 1949년 4월에 체결한, 서독의 주권을 일부 제한하는 '점령조례(Besatzungsstatut)'를 대체하는 것이었다. 이 독일조약을 체결한 배경에는 미국의 이해관계가 작용했다. 1950년에 발발한 한국전쟁으로 동서냉전이 격화되자, 미국은 '유럽방위공동체(EVG: Europäische Verteidigungsgemeinschaft)' 내에서 서독의 역할을 강화하고자 했다. 사민당은 독일의 분단이 고착화되고, 서독이 재무장해야 하며, 외국군의 영구 주둔을 우려하여 독일조약에 반대했다. 실제로 서독은 1955년 나토에 가입해 할슈타인 독트린을 시행했다.

동독에서는 1953년 6월 17일 동독의 자유선거 실시와 동서독 통일을 요구하는 '대중봉기(Volksaufstand)'가 일어났다. 이를 '노동자 봉기(Arbeiteraufstand)'라고도 한다. 소련을 모델로 한 동독의 소비에트화와 동독 사회주의통일당의 사회주의 건설 계획에 반발한 이 봉기는 소련군에 의해 무력으로 진압되어 34명의 사망자가 발생했다. 서독에서는 1954년부터 1990년 독일이 통일될 때까지 이날을 '독일통일의 날'로 명명하고 국경일로 지정했다. 이 사건은 동유럽 국가들의 민주화를 자극하는 하나의 중요한 정치적 신호로 작용했다.

③ 긴장 완화 노력/정책 전환의 시기(1961~1969)

1950년대까지는 매년 70~80만 명의 동독 주민이 서독을 방문했다. 그런데 1961년 8월 베를린장벽 설치와 동서독의 경계선 강화로 방문이 어려워졌다. 이와 같은 통제정책은 동독 체제를 정치적·경제적으로 안정시켰으나, 동서독 간의 긴장은 고조되었다. 이에 사민당은 1963년 '접근을 위한 변화'를 정책으로 내세웠고, 1966년에는 대연정에 참여해 '작은 걸음의 정책'을 추진함으로써 분단에 따른 국민의 고통을 완화하고자 노력했다. 그 결과 1963년 '통과사증협정(Passierscheinabkommen)'을 체결해 동·서 베를린 주민의 상호 방문을 재개했다. 또한 서독 정부가 동독 정부에 공식·비공식으로 경제적 대가를 지불하고 동독의 정치범을 서독으로 데려오는 '정치범 석방거래(Häftlingsfreikauf)'가 있었다. 1964년부터 1989년까지 3만 3755명을 약 34억 마르크를 주고 데려왔다 (Schroeder, 1998: 191; 김학성, 2021: 133; 이동기, 2020: 114).

④ 새로운 동방정책/독일정책(1969~1982)

1969년 브란트를 연방총리로 하는 사민-자민당 연정이 구성되어 신동방정책을 추진하면서 동서독 간의 긴장은 점차 완화되기 시작했다. 동서독은 1972년 5월 상호 방문과 여행을 위한 교류 협정을 체결했다. 같은 해 11월 서독의 연방총선에서 사민-자민당은 54.2%를 득표해 재집권에 성공했다. 정치권뿐 아니라 국민들도 신동방정책의 지속 여부를 놓고 다양하게 논쟁했다. 이런 가운데 사민당이 재집권에 성공함으로써 신동방정책은 나름의 정당성을 확보했다. 이에 힘입어 사민-자민당 정부는 12월에 동서독 '기본조약(Grundvertrag)'을 체결했고, 1973년 9월에는 동서독이 동시에 UN에 가입했으며, 1974년 5월에는 서로 상주대표부를 설치했다. 기본조약은 UN 동시 가입과 상주대표부 설치 외에도 통행 규제를 완화하고, 이산가족의 상봉이나 재결합을 추진하며, 우편물 교환을 확대한다는 등의 내용을 담고 있었다. 바이에른주의 보수적인 기사당(CSU) 주 정부는 이 조약을 연방헌법재판소에 제소했으나, 연방헌재는 기본조약의 이중적 성격, 즉 국제법적 협약과 내적 관계 규정이라는 점을 인정해 제소를 기각했다.

하지만 사민당의 신동방정책도 나름대로 한계가 있었다. 서독의 우호 정책에 따라 동독이 호응하여 동서독은 1970년 3월 에르푸르트(Erfurt), 5월에는 카셀(Kassel), 1981년 12월에는 동독 메클렌부르크포어포메른주의 소도시 귀스트로(Güstrow)에서 세 차례에 걸쳐 정상회담을 개최했으나, 큰 성과를 내거나 동독의 변화를 끌어내지 못했다. 이런 점이 사민당의 딜레마였다(양현모, 2019: 15~16).

⑤ 독일정책의 연속성/동서독 관계의 강화(1982~1989)

1982년 이후 헬무트 콜 연방총리를 중심으로 한 기민/기사-자민당 연립정부는 앞선 사민-자민당의 동방정책을 계승하고, 동독과의 관계를 지속적으로 개선해 나갔다. 그 결과 1987년 9월 콜 총리는 내방한 동독 서기장 에리히 호네커(Erich Honecker)와 본(Bonn)에서 회담했다. 1989년 5월 헝가리가 오스트리아와의 국경을 개방하면서 동독을 탈출하려는 동독인 수가 크게 증가했다. 9월 말까지 약 3만 명이 동독을 탈출했다. 이어 11월 9일 베를린장벽이 무너지면서 동서독 통일의 열기가 점차 달아올랐다(Rödder, 2010: 72~75).

이러한 분위기에 힘입어 콜 총리는 1989년 11월 28일 연방의회에서 동서독 문제와 관련해 '10개 항목의 프로그램(Zehn-Punkte-Programm)'을 전격 발표했다. 이 프로그램은 호르스트 텔치크(Horst Teltschik)를 중심으로 한 몇몇 핵심 측근들과 며칠 만에 비밀리에 작성되었다. 그 주요 내용은 인도적 차원의 동독 왕래 긴급 허용, 종합적 경제 지원, 동서독의 공동사업 확대, 상호 협력을 위한 제도적 기반 구축, 국가연합 구조 마련, 유럽통합 발전에 맞춘 독일통합 추진, 개혁적 동유럽 국가의 유럽공동체(EC) 가입, 헬싱키 '유럽공동안보회의(KSZE)' 프로세스 준수, 유럽과 독일의 분할을 극복하기 위한 군축 및 군비통제, 독일통일은 유럽 평화 차원에서 독일 민족의 자유로운 의사결정에 따라 추진 등이다(Plato, 2003: 119~121). 이 발표에 대해 녹색당을 제외한 기민/기사당과 자민당은 물론이고 사민당까지도 대체로 긍정적인 태도를 보였다. 국외에서는 미국을 제외하고 소련, 영국과 프랑스가 반대했다. 미국도 통합된 독일이 나토와 유럽공동체의 일원이 된다는 것을 전제로 찬성했다(Rödder, 2010: 150~152).

베를린장벽 붕괴와 함께 동독 주민의 탈출 행렬이 계속되자, 이를 막기 위해 새로운 대책을 시급히 마련해야 했다. 주민의 이탈이 증가한 것은 무엇보다 동독의 경제 상황이 나빠졌기 때문이다. 1989년 11월에만 약 13만 명의 동독인이 서독으로 떠났다(Plato, 2003: 173). 1990년 1월에는 약 5만 8000명이 동독을 탈출했다. 이를 잠재우기 위해 동서독 당국은 서둘러 5월 18일에 '화폐경제사회연합체(Staatsvertrag zur Währungs-, Wirtschafts- und Sozialunion)'를 출범시켰고, 이 기구는 7월 1일부터 효력을 발효했다(Plato, 2003: 443).

(2) 통일을 위한 서독의 정상회담

베를린장벽이 사라지면서 동서독 관계는 급박한 국면을 맞았다. 이런 상황에서 헬무트 콜 연방총리는 대외적으로 독일 문제를 협상하기 위해 주변국과의 정상회담을 추진했다.

1990년 2월 10일과 11일에는 모스크바에서 고르바초프와 회담했다. 그동안 독일통일에 반대하던 소련은 이 회담에서 독일 국민이 결정할 문제라고 한 발 물러섰다. 3월 29일과 30일에는 영국의 대처 총리와 회담했다. 영국은 독일이 통일되면 개혁과 개방을 주창하고 있는 고르바초프의 입지가 약화되어 동유럽의 민주화 추세가 좌초될 것을 우려해 독일통일에 반대했다. 다만 통일된 독일이 나토에 잔류하고, 독일 지역에 핵무기 배치가 가능하며, 영국

군과 미군의 주둔이 지속될 수 있다면 통일에 찬성할 수 있다고 조건을 밝혔다. 4월 25일에는 프랑스의 미테랑 대통령과 회담했다. 프랑스도 독일통일에 반대하는 입장이었다. 서독의 관심이 동유럽으로 이동하여 당시 한창 진행 중이던 EU 통합과정이 좌초될 것을 걱정했기 때문이다. 5월 17일에는 미국의 조지 부시(George Bush) 대통령과 회담했다. 사실 서독은 미국과의 관계에 엄청 공을 들이고 있었다. 이미 정상회담만 네 차례, 외무장관 회담을 열두 차례 했기 때문이다. 7월 15일과 16일에는 모스크바와 코카서스에서 다시 고르바초프와 회담했다. 이 자리에서 서독은 통일독일의 나토 잔류를 요구했고, 통일 시점에 소련군의 철군 비용과 그들의 주택 건설 비용을 부담하기로 했다. 소련은 나토 병력의 동독지역 주둔 반대, 독일지역의 비핵화, 독일군 규모 37만 명 미만 유지 등을 요구했다. 이와 같이 이 회담에서 소련의 입장이 변화하면서 독일통일은 좀 더 가시화되기 시작했다(Plato, 2003: 252; 안상욱, 2010: 134~139).

(3) 2+4 외교장관회담

독일이 통일되는 과정에서 기민당 출신의 헬무트 콜 총리의 정상회담과 더불어 자민당 출신의 겐셔 외무장관의 활약도 컸다. 특히 베를린장벽의 붕괴 이후 1990년 다섯 차례에 걸친 동서독과 주변 4대국(미국, 영국, 프랑스, 소련)의 외교장관 회담은 독일통일과 관련해 실질적이고 구체적인 합의안을 도출하는 데 중요한 역할을 했다. 이 회담은 미국과 서독이 주도해 1990년 2월 11~13일 캐나다 오타와에서 2+4 회담기구를 구성한 데서 시작되었다. 5월 5일에는 서독의 본에서 통일독일의 나토 잔류 문제를 의논했다. 6월 12일에는 베를린에서 정치·군사적 문제를 논의했고, 7월 17일에는 파리에서 독일과 폴란드의 국경선 문제를 의논했다. 9월 12일에는 모스크바에서 최종적으로 2+4 조약을 체결했다(통일부, 2016b: 106~146).

조약의 주요 내용은 다음과 같다. 통일독일은 동서독과 베를린을 합친 것으로, 동쪽 국경선은 오데르강과 나이세강을 기준으로 폴란드와 구분한다. 또 독일통일은 자체적으로 대량살상무기를 보유하지 않고, 독일군의 규모를 3~4년 내에 37만 명 이내로 축소하기로 합의한다. 소련군은 1994년까지 동독에서 철수하고, 구동독지역에는 군사력을 배치하지 않기로 한다. 그 밖에 4대 전승국은 자신들의 권한을 종료하고, 독일이 완전한 주권을 회복하는 데 동의한다(Plato, 2003: 394~403).

(4) 독일통일에 대한 소련과 미국의 태도 변화

소련은 독일통일에 대해 계속 반대하는 태도를 보였으나, 나중에는 결국 찬성으로 바뀌었다. 소련은 분단 상황의 현상 유지를 고집했으며, 만약 독일이 통일을 원한다면 통일독일은 나토를 탈퇴하고 중립국화이 될 것을 요구했다. 하지만 베를린장벽 붕괴 이후 서먹해진 관계가 1990년 1월 서독의 대규모 식량 지원으로 개선되었으며, 경제지원 협상과 2+4 외무장관 회담 등을 통해 기존 태도에 변화가 생겼다. 9월에 서독과 소련이 밀고 당기는 협상을 통해 소련에 총 150억 마르크를 지급한다는 데 합의했다. 이는 동독지역 소련군의 주둔(1990~1994) 비용과 이후 철수 비용, 귀환한 소련군의 주택 건설 비용(유치원, 상점, 약국 등 인프라 시설 포함), 동독지역의 소련 부동산 반환에 따른 보상 등을 위한 금액이다. 이에 소련은 그와 같은 경제적 보상과 더불어 독일군을 37만 명으로 축소한다는 등의 조건을 충족한다면 독일통일에 찬성할 수 있다는 견해로 돌아섰다(Plato, 2003: 395~397).

이 같은 소련의 태도 변화에는 국내외적 요인이 작용했다. 먼저 대외적으로 1989년 3월 헝가리가 자유선거를 실시하고 오스트리아에 국경을 개방했으며, 6월에는 폴란드가 자유선거를 시행했고, 12월 25일에는 루마니아에서 독재자 니콜라에 차우셰스쿠(Nicolae Ceausescu)가 처형되는 등 변화가 일어났다. 1990년 3월에는 리투아니아가 독립을 선언했고, 6월에는 체코슬로바키아와 불가리아가 자유선거를 실시하는 등 소련의 해체가 진행되었다. 내부적으로는 고르바초프의 개혁(페레스트로이카)과 개방(글라스노스트) 정책이 난관에 부딪혀 경제적·사회적 위기에 처했다. 그래서 소련은 서방의 지원을 원했고, EU에서 1987년부터 시행하기로 한 유럽단일시장(Single European Act)에 기대를 걸고 있었다. 동서독이 통일되면 그 시장이 그만큼 확대되어 소련에 유리하다고 보았다. 그 밖에 1987년 12월 미국과 '중거리 미사일 협정(Intermediate-Range Nuclear Forces Treaty)'을 체결해 군비 축소에 들어간 것과 1990년 3월 고르바초프 대통령이 재선에 성공한 것도 태도 변화의 주요 요인이었다(통일부, 2016b: 117~119).

미국 역시 독일통일에 반대하는 입장이었다. 미국은 1955년 이후 독일 문제의 현상 유지를 원했고, 혹시 통일을 하더라도 점진적으로 진행해야 한다고 생각했다. 그러나 미국은 통일을 전후한 시점에 지지 입장으로 돌아섰다. 다만 통일독일은 계속해서 나토에 잔류해야 하고, 유럽공동체의 회원국 신분을 유지해야 하며, 현행 동서독의 국경선을 그대로 인정해야 한다는 조건을 제시했다.

미국의 입장이 이렇게 변화한 것은 서독과 소련의 관계가 변화한 탓이었다. 고르바초프가 헬무트 콜의 제안을 수용해 서독과 소련의 관계가 밀착될 조짐을 보이자, 미국은 서둘러 독일통일에 찬성한다는 견해를 밝혔다. 여기에는 독일통일이 소련의 동의 없이도 가능할 것이라는 전망이 일조했다. 당시 조지 부시(George H. W. Bush) 대통령과 제임스 베이커(James Baker) 국무장관은 미국과 독일은 특별한 관계를 유지하고 있다고 강조했다. 미국은 통일독일이 소련의 팽창을 저지하는 데 유리하다고 판단한 것이다. 1980년대 후반 미국이 내세운 국가 이익은 동유럽 국가들이 정치적으로 민주화되고, 경제적으로는 시장경제로 전환하는 것이었다(Plato, 2003: 411~415).

4. 독일과 한반도의 통일·외교 정책 비교

1) 한반도에서의 통일정책

해방과 분단, 한국전쟁 이후 남·북한의 역사는 주로 체제경쟁과 대립으로 점철되었다. 그러한 과정에서 양 진영 모두 남북통일에 관한 생각이나 목표가 없지는 않았으나, 현실에서 그것을 실현하기는 어려웠다. 이 절에서는 먼저 남한의 통일정책을 중심으로 살펴보겠다.

1948년 분단과 1950년부터 벌어진 3년간의 전쟁, 이후 동서 대립이 지속되면서 한반도는 냉전의 최전선이 되었다. 남한은 보수 정권이 지배하면서 체제경쟁에 매진하는 형국이었다. 1972년 7·4 남북공동성명은 이 시기 남·북한 관계를 보여주는 주요 이정표였다. 남·북한은 이를 근거로 서로 자신의 체제를 공고히 할 수 있었다. 크고 작은 접촉이나 사건이 있었지만, 남북 국회회담 등 남·북한 사이에 의미 있는 교류나 관계 개선은 없었다(양현모, 2019).

소련이 해체되고 동서냉전이 종식되면서 한반도에도 약간의 변화 바람이 불었으나, 유럽과 달리 한반도의 냉전 상황은 제대로 극복되지 못했다. 노태우 정부가 남북 동포 간 상호 교류, 이산가족 문제 해결, 우방국의 북한 교역 허용 등을 담은 1988년 7·7 특별선언을 시작으로 북방정책(Nordpolitik)을 시행하면서 남한은 과거 사회주의권 국가들과의 관계를 개선하기 시작했다. 그 결과 1990년 9월에는 소련, 1992년 8월에는 중국과 수교했다. 하지만 북한은 미국이나 일본과 관계를 개선하지 못하고 여전히 대립 관계에 놓여 있다. 즉, 교차승인이 안 된 것이다. 또한 남·북한 관계는 다소 개선되어 1991년 9월에는 남·북한이 동시에 UN에 가입했으며, 12월에는 남북기본합의서를 체결했다. 하지만 1993년 북한의 핵무기 개발 문제를 둘러싸고 한반도에 전쟁 위기가 닥쳤다. 김영삼 대통령과 김일성 주석 간에 남북 정상회의가 계획되었으나, 1994년 7월 김일성의 갑작스러운 사망으로 무산되었다(박정진, 2013:

113~116; 조성복, 2011: 167~170).

　1997년 말 처음으로 정권을 잡은 진보 진영의 김대중 정부는 이른바 '햇볕 정책'을 통해 한반도의 냉전 구조를 해체하기 위해 노력했다. 그 결과, 2000 년 6월 최초로 남북정상회담을 평양에서 개최하고 김정일 위원장과 함께 '6·15 남북공동선언'을 발표했다(조성복, 2011: 156~158). 뒤를 이은 노무현 정 부도 이를 계승하는 포용정책을 통해 2007년 10월 제2차 남북정상회담을 평 양에서 개최하고 공동선언문을 작성했다. 하지만 이러한 남·북한 간 관계 개 선 노력은 정권이 보수 진영으로 넘어가면서 결실을 얻지 못했다.

　보수 진영의 이명박 정부는 상생공영의 대북정책을 주창하며, 북한이 비 핵화하고 개방하면 1인당 국민소득 3000달러가 가능하도록 지원한다는 이른 바 '비핵·개방 3000' 전략을 추진했다. 하지만 2008년 금강산 관광객 피격사 건, 2010년의 천안함 사건 등으로 남북관계는 오히려 경색되었다. 북미 관계 나 남북 관계의 진전과 무관하게 일방적으로 북한의 비핵화만을 먼저 요구했 기 때문이다. 뒤이은 박근혜 정부도 '한반도 신뢰프로세스 구축'을 대북정책 의 핵심 과제로 내걸고 '통일대박론'을 주창했으나, 2016년 개성공단 가동 중 단 등의 조치에 따라 남북 관계는 전혀 나아지지 않았다(고유환, 2014: 34~44).

　2017년 보수 진영에 이어 집권한 진보 진영의 문재인 정부는 다시 햇볕정 책을 계승하면서 남북 관계를 개선해 나갔다. 그 결과로 2018년 4월 휴전선 남측 평화의 집에서 김정은 국방위원장과 제1차 남북정상회담을 했고, 이어 서 5월에는 역시 휴전선 북측 통일각에서 제2차 정상회담을 진행했으며, 9월 에는 문재인 대통령이 평양을 방문해 제3차 정상회담을 개최했다. 3차 회담 에서는 '9·19 공동선언'을 발표했는데, 비무장지대의 긴장 완화, 남·북한 철 도와 도로 연결 추진, 개성공단과 금강산 관광의 재개, 이산가족의 상봉 추 진, 상응 조치에 따른 비핵화 추진 등이 주요 내용이었다. 이를 위해 북한 개 성에 남북공동연락사무소 건물을 신축하기도 했다.

　2018년 6월 북한과 미국은 싱가포르에서 최초로 정상회담을 개최했으나,

트럼프 대통령과 김정은 위원장이 처음 만난 것 외에 별다른 성과가 없었다. 2019년 2월에는 베트남 하노이에서 이틀에 걸쳐 제2차 정상회담이 열렸다. 여기서 뭔가 의미 있는 합의가 도출될 것으로 예상했지만, 북한에 대한 미국의 제재 완화에 대한 이견으로 합의가 결렬되었다. 제3차 정상회담은 2019년 6월 휴전선 남측 평화의 집에서 열려 양국 간 실무회담을 재개하기로 하고, 10월에 스웨덴 스톡홀름에서 실무회담을 열었으나 역시 합의에 이르지 못했다.

북한은 남북 및 북미 간의 여러 차례 정상회담에도 불구하고 북미 관계에 변화가 없고, 또 남북 관계에서도 별다른 진전이 없자 그동안 보여준 화해와 대화 자세를 중단했다. 구체적으로 2020년 6월 16일 남북 관계 진전의 상징인 개성의 남북공동연락사무소 신축 건물을 폭파하고, 17일에는 남북 간 군사합의를 파기한다고 선언했다. 이후 남북관계는 다시 경색 국면으로 돌아섰다(≪매일신문≫, 2020.6.17).

2) 독일과 한국의 정책 비교

(1) 서독과 남한의 통일·외교정책 비교

서독과 남한의 외교 및 통일정책에는 공통점과 차이점이 있다. 먼저 두 나라 정책의 공통점을 살펴보면 다음과 같다. 양국은 모두 시기상으로 먼저 친서방 또는 친미 정책을 시행했고, 이를 바탕으로 동독과 동유럽 국가를 중시하는 친동방 또는 북한을 포용하는 햇볕정책을 추진했다.

중도우파라고 할 수 있는 기민/기사당을 중심으로 한 서독의 연립정부가 친서방정책을 펼친 것과 유사하게 남한의 모든 정부도 기본적으로 친미정책을 고수했다. 또한 중도좌파라고 할 수 있는 사민당을 중심으로 한 서독의 연립정부는 동독 및 동유럽 국가들과의 화해와 협력을 추구한 신동방정책을 추진했다. 이와 마찬가지로 한국에서도 기존의 보수 정권과 달리 처음으로 정권교체에 성공한 김대중 정부는 동방정책과 유사한 이른바 햇볕정책을 추진했고, 그 뒤를 이은 노무현 정부도 햇볕정책을 계승해 대북포용정책을 펼쳤다. 서독의 동방정책과 남한의 햇볕정책은 물론 일정 부분 차이는 있지만, 두 정책 모두 분단의 상대편인 동독과 북한과의 관계를 개선하는 효과가 있었다.

반면에 서독과 남한의 외교정책은 친서방과 친미, 친동방과 햇볕정책으로 유사성을 띠는 공통점이 있었지만, 그 이면에는 몇 가지 차이점이 존재했다. 서독에서는 서로 다른 정당과 정권이 상대방의 정책을 받아들였고, 결국 동서독 통일까지 달성했다. 사민당은 기민당의 친서방정책을 수용했고, 기민당의 헬무트 콜 정부는 사민당의 신동방정책을 계승했다. 이와 같은 정책의 계승에는 서독의 '의회중심제' 정치 시스템이 중요한 역할을 했다. 서로 다른 정당이라 하더라도 연정을 통해 정권이 구성되면서 주요 정책은 일관성을 유지할 수 있었기 때문이다. 예를 들어 자민당은 사민-자민당 연립정부(1969~1982)와 뒤를 이은 기민/기사-자민당 연립정부(1982~1998)에 모두 참여해 외교부를 계속 담당함으로써 외교정책의 영속성을 보장할 수 있었다.

이에 비해 남한에서는 친미 정책에 별다른 이견이 없었으나, 대북정책에 대해서는 서독과 달리 보수와 진보로 나뉘어 진영 간 대립과 대결이 극심했다. 그래서 보수에서 진보로 또는 진보에서 보수로 정권이 바뀔 때마다 대북정책은 크게 출렁거렸다. 보수 진영은 북한 정권을 극복해야 할 대상으로 보고 매번 강경한 태도를 취했지만, 진보 진영은 북한 정권을 민족 문제를 해결할 대화 상대로 보아 화해와 협력을 추구했다. 바로 이 부분이 서독의 대동독 정책과 결정적으로 다른 점이다. 서독에서는 보수와 진보 진영 모두 어떤 상황에서도 동독 정권을 대화 상대로 인정하는 일관된 태도를 유지했지만, 남한에서는 보수와 진보가 북한 정권에 대해 완전히 상반된 태도를 보이고 있다. 여기에는 승자독식의 '대통령제'도 영향을 미쳤다. 정권이 교체될 때마다 통일정책이 단절된 것이다.

서독의 경험에서 도출할 수 있는 시사점은 남한에서 보수와 진보 진영이 갈등을 극복하고 대북정책에 일관된 자세를 취할 수 있어야 한다는 것이다. 예를 들어 보수 진영이 진보 진영의 햇볕정책을 반대하는 까닭은 무엇보다도 북한 정권의 현실적 실체를 부정해 대화 상대로 인정하지 않기 때문이라고 할 수 있다. 남·북한이 관계를 개선하고자 한다면 그러한 보수의 인식에 변화가 필요하다. 서독의 보수 진영도 원래 신동방정책(대동독 포용정책)에 반대했다. 하지만 그 이유는 동독 정권을 대화 상대로 보지 않아서가 아니라 동독을 인정함으로써 독일이 두 개 국가로 고착화되는 것을 우려했기 때문이다.

(2) 동독과 북한의 대외정책 비교

동독과 북한은 사회주의를 추구했고, 이를 위해 분단 상황에서 자본주의를 도입한 상대를 차단하는 정책을 추진했다. 최근에 공개된 당시 독일 외교 문서에 따르면, 실제로 동독과 북한의 관계는 매우 가까웠던 것으로 보인다. 특히 북한의 김일성과 동독의 에리히 호네커(Erich Honecker)는 서로를 '형제'와 '최고의 친구'로 불렀다. 김일성은 1956년과 1984년에 동독을 방문했고, 호네커는 1977년과 1984년에 북한을 방문했다. 1984년 호네커는 방북 당시에 친선조약을 체결하기도 했다. 하지만 통일 문제에 대한 인식에는 다소 차이가 있었다. 김일성은 북한을 한반도의 유일한 합법국가로 생각하고 통일을 가장 중요한 목표 가운데 하나로 보았다. 반면에 호네커는 동독이 하나의 자주적 독립국가로 인정받는 것을 중시했다. 이러한 입장 차이는 정책의 방향에서도 다르게 나타났는데, 북한은 제국주의와의 투쟁을 최우선 정책 목표로 삼았다. 반면에 동독은 세계 평화와 안보가 최우선 관심사였고, 폭력 중단이 핵심 목표였다(Seong, 2018: 153~154). 양국은 한편으로 이런 공통점이 있으나, 다른 한편으로는 차이점을 보이기도 했다.

동독은 정치·경제적으로 소련에 의존했으며, 그에 따라 모스크바에 종속되었다. 또한 동독군의 두 배가 넘는 소련군이 동독에 주둔하면서 군사적으로도 종속관계를 벗어나기 어려웠다. 이와 상반되게 북한은 경제적인 어려움에도 철저히 독립 국가의 면모를 유지하고 있다. 북한 땅에는 외국 군대가 주둔하지 않았으며, 북한은 체제 유지나 군사적 필요에서 핵무기와 장거리미사일을 개발했다.

3) 독일과 한국의 대외환경 차이

(1) 독일통일이 신속하게 추진된 이유

1980년대 후반부터 1990년에 이르기까지 동서독이 신속하게 통일을 추진할 수 있었던 이유는 크게 국내적 요인과 국제적 요인으로 나누어 살펴볼 수 있다.

국내적으로는 동독의 정치적·경제적 상황이 급속히 악화되었기 때문이다. 이에 따라 동독을 탈출하는 동독 주민의 수가 시간이 갈수록 늘어났다. 더불어 동독 체제를 개혁해야 한다는 주민혁명이 일어났다. 이러한 동독 사회의 변화는 동독 정권의 약화를 초래했고, 서독의 동방정책을 받아들이도록 종용했다.

국제적으로는 소련이 경제적 어려움에 직면해 개혁과 개방을 추진하면서 주변국을 관리하고 통제하기 어려운 상황에 부딪혔다. 이는 소련 의존도가 높았던 동독 정권에 혼란을 일으켰고, 동독 주민에게는 변화를 위한 기회를 제공했다. 또한 미국의 태도 변화도 유리하게 작용했다. 독일통일이 소련의 팽창을 저지하는 데 유리하다고 판단한 미국은 독일통일에 유보적인 태도에서 벗어나 독일의 변화를 적극 지원했다. 이에 따라 동서독의 통일 과정은 가속화될 수 있었다(Plato, 2003).

(2) 한반도 통일이 신속히 추진될 수 없는 이유

독일과 달리 한반도는 분단 상황이 훨씬 더 오래 지속되고 있다. 그 까닭은 북한 체제가 현재와 같은 상태로 지속될 가능성이 높고, 대내외적으로 남·북한의 통합보다는 현재의 분단 상황을 유지하길 바라는 욕구가 더 크기 때문이다.

국내적으로는 과거 동독의 상황과 달리 북한 정권이 안정적이고 강력해 북한 주민에 의한 혁명 가능성이 희박하고, 북한 주민의 북한 탈출 현상도 많지 않다(정병기, 2019: 14~15). 따라서 북한의 변화 가능성은 그다지 높지 않고, 북한이 남한에 흡수되어 통일될 가능성도 현재로서는 거의 없다. 또 남한에서는 북한 문제와 관련해 남남갈등 현상이 심각하다. 즉, 북한 정권을 어떻게 볼 것이냐를 둘러싸고 보수와 진보 진영이 상반된 태도를 보이고 있기 때문이다. 보수 진영은 북한 정권을 타도의 대상으로, 진보 진영에서는 협상을 해야 할 대화 상대로 보고 있다. 남한에서의 남남갈등 상황은 북한과의 관계 개선 도모를 어렵게 하고 있다. 바로 이런 점이 남한이 서독과 달리 남·북한 통일을 적극적으로 추진할 수 없는 이유이다.

대외적인 여건도 한반도 통일에 유리하지 않은 상황이다. 동독은 소련에 대한 의존과 종속이 심했기 때문에 소련이 동독에 대한 지원을 중단하고 변화를 요구했을 때, 동독 입장에서는 그것을 받아들이는 방법 이외에 별다른 선택지가 없었다. 하지만 북한과 중국의 관계는 그렇지 않다. 물론 북한이 중국과의 경제 교류나 지원에 상당 부분 의존하고 있지만, 그렇다고 중국의 지시나 요구를 따라야 할 정도는 아니다. 상호 의존관계로 보는 것이 더 적합할 것이다.

남한의 대외 상황도 냉전이 끝나가는 시기의 서독과는 차이가 있다. 동서독 통합 당시 미국은 통일을 추진하는 서독의 입장에 적극 동조했다. 독일통일이 소련의 영향력 확대를 제어하는 데 유리하다고 보았기 때문이다. 하지만 동북아시아에서 한반도를 둘러싼 미국의 이해관계는 남·북한이 통일되거나 남한이 통일을 추진하는 데 있지 않다. 오히려 미국은 점점 더 강해지는 중국의 부상을 견제하기 위해, 중국의 주변 국가에 미군이 주둔하는 것이 주요 관심사이다. 이를 위해 미국은 한반도에서 남·북한이 대치하는 현재 상황의 유지를 더 선호하는 것으로 보인다(조성복, 2014).

5. 독일통일이 한반도에 주는 시사점

1) 통일 관련 쟁점

동서독과 남·북한의 주요 쟁점은 통일의 속도, 통일의 조건, 주변국의 이해관계, 국경선 문제 등이다.

1989년 베를린장벽 붕괴와 1990년 독일통일은 당시 동서독 주민이나 주변국의 일반적인 예상과 달리 급작스럽게 이루어졌다. 통일을 위한 서독 정부의 신동방정책은 그와 같은 통일의 밑바탕이 되었다. 하지만 독일통일은 동독 주민의 탈출 행렬이 쇄도한 것에서 볼 수 있듯이 동서독 정부나 주변국이 그 과정을 조절하거나 통제하기 어려운 상황이었다. 반면에 한반도의 통일은 독일과 달리 상대적으로 더디게 점진적으로 진행되고 있다고 볼 수도 있고, 한편으로는 어쩌면 통일 대신 분단 상황이 점점 더 굳어지고 있다고 할 수 있다.

독일이 통일을 이루는 데는 4대 전승국의 동의가 필수적이었다. 이는 패전국인 독일이 체결한 전승국과의 국제조약 때문이다. 따라서 주변국의 동의 없이 독일의 통일은 불가능한 상황이었다. 독일통일은 독일이 국제법상 주권을 완전히 회복하는 것을 의미했다. 반면, 남·북한의 통일은 형식상 주변국의 동의가 필요하지 않다. 이론상으로는 남·북한 주민의 지지를 받는 양국 정부의 의지만 있다면, 남·북한은 언제든지 통일의 길에 들어설 수 있다. 하지만 실질적으로 통일을 위해서는 주변국을 비롯해 무엇보다도 미국의 동의와 지원이 필수적이다.

독일이 통일을 이루는 과정에서 주변국의 이해관계는 중요한 역할을 했다. 미국과 영국은 통일된 독일이 반드시 나토에 잔류할 것을 요구했고, 프랑스는 통일독일이 EU의 통합 과정에 계속 동참해야 한다고 요구했다. 서독은 통일독일의 나토 잔류에 반대하는 소련과의 협상에서 그들을 설득해 통일에 성공했다. 반면 한반도에서는 남한이 미국과 한미동맹을 계속 유지하는 것이, 또 중국과 한중 관계를 새로이 긴밀하게 구축하는 것이 중요한 과제로 떠오르고 있다. 마찬가지로 북한은 미국 및 일본과 외교관계를 수립해 관계를 정상화해야 하는 과제를 안고 있다.

독일통일과 관련해 독일과 폴란드 사이의 국경선을 확정하는 문제가 당사국과 주변국의 주요 관심사였다. 과거 독일의 영토는 폴란드 지역을 다수 포함하고 있었다. 그러나 제2차 세계대전 이후 독일은 폴란드 지역의 영토를 많이 상실한 채 오데르강과 나이세강을 경계로 국경선을 정했다. 이 국경선이 그대로 확정될 것인지가 독일과 폴란드 그리고 주변국의 관심과 논의 대상이었는데, 독일이 이를 그대로 수용함으로써 현재의 국경선이 확정되었고 통일에 도달했다. 반면 한반도에서는 남·북한의 통일과 관련해 독일처럼 주변국과 국경선을 놓고 다툴 문제는 없다.

2) 독일통일이 한반도에 던지는 시사점

동서독과 남·북한은 제2차 세계대전 후 시작된 냉전과 함께 강대국의 이해관계에 따라 분단되었다는 공통점이 있는 반면, 여러 가지 점에서 차이점이 있다. 독일은 패전국이었고, 한국은 식민지에서 독립한 주권국이었다. 동서독의 관계는 상대적으로 비적대적이었지만, 분단 직후 한국전쟁을 겪은 남·북한 관계는 매우 적대적이다. 또한 동독의 인구와 면적이 서독의 1/4에 불과했던 반면, 북한의 인구는 남한의 절반이고 면적은 오히려 조금 더 크다. 동서독은 소련의 해체와 냉전 종식에 따라 1990년에 통일을 이루었지만, 남·북한은 독일이 통일된 지 30년이 지났는데도 여전히 분단 상황을 극복하지 못하고 있다.

이처럼 독일과 한반도의 분단 사이에는 여러 가지 차이점이 있으므로 통일을 달성하는 데도 서로 다른 조건과 상황이 놓여 있다. 하지만 독일의 통일 경험은 다음과 같은 시사점을 준다.

(1) 국내정치적 관점에서

첫째, 남한은 국내적으로 남남갈등을 극복하는 것이 급선무이다. 이를 위해서는 보수 진영에서 대북 인식을 바꿔야 한다. 특히 북한 정권을 하나의 협상 상대로 인정해야 한다. 서독의 기민/기사당 사례는 많은 시사점을 준다. 중도 우파 진영인 기민/기사당은 1969년 사민-자민당에 정권을 넘겨준 후 야당으로 활동하면서 통일 및 외교 정책을 놓고 심각한 당내 대립과 갈등을 겪었다. 당내 의원들은 근본주의자(보수파)와 개혁주의자(진보파), 그리고 이를 통합하고자 하는 중립적 조정주의자(중도파)로 나뉘어 있었다. 보수파는 사민-자민당 정부의 신동방정책에 반대하면서 아데나워 정부의 서방화 정책을 계속하여 계승하고자 했다. 반면에 진보파는 국민적 지지를 받는 신동방정책의 필요성을 인식하고 당내 대외정책의 전환을 위해 보수파 의원들과 대립했다. 헬무트 콜을 중심으로 한 중도파는 그와 같은 보수파와 진보파의 의견을 조정하고 갈등을 봉합하여 당내 대립을 완화하기 위해 노력했다. 중도파는 심각한 경우 당이 깨질 수도 있다는 우려를 불식하면서 당내 결속을 다졌다. 실제로 지독한 근본주의자를 자임하는 만프레드 아벨라인(Manfred Abelein) 연방의원조차도 "동독 공산당 서기장 호네커를 타도하는 것이 우리의 과제는 아니다"(클레멘스, 2010: 280)라고 언급할 정도로 최소한의 당내 합의를 유지할 수 있었던 것은 기민/기사당에 다행한 일이었다. 실제로 서독 정부에 동독 정권의 존재 자체를 부정하거나 동독 체제의 붕괴를 겨냥하는 사람은 아무도 없었다(클레멘스, 2010: 3부; 이동기, 2020: 105).

바로 서독의 이런 대목이 남한의 남남갈등과는 차이가 있는 부분이다. 남한의 극단적 보수 진영은 북한 정권과의 협상을 꺼리면서 북한 지도부를 타도 대상 중 하나로 보고 있다. 하지만 서독의 강경 보수파는 최소한 거기까지는 이르지 않았기 때문에 동서독 간 관계 개선과 합의에 따른 통일이 가능했다고 볼 수 있다. 이 과정에서 1973년부터 1998년까지 기민당 대표를 지내며 인내심을 가지고 갈등을 조정한 헬무트 콜의 리더십과 정치력은 높이 평가할 수 있다. 남한의 보수 진영에 이러한 정치인이 없는 것은 안타까운 일이다.

둘째, 남한이 남남갈등을 극복하고, 대내외적으로 강력한 정치력을 행사할 수 있는 정치인을 가지려면 정부 형태나 권력구조를 변경해야 한다. 1969년 브란트가 연방총리에 오르면서 그의 측근 에곤 바가 당시 미국 대통령 리처드 닉슨(Richard Nixon)의 안보보좌관 헨리 키신저(Herry Kissinger)의 초대로 백악관을 방문했다. 신동방정책에 대한 키신저의 질문이 이어지자, 에곤 바는 "나는 서독의 외교정책에 대해 당신에게 조언을 구하러 온 것이 아니라 통보를 하러 온 것이다"라고 한 것은 힘 있는 정치인의 좋은 사례이다(에곤 바, 2014: 86; 이동기, 2020). 빌리 브란트나 에곤 바가 미국에 강력히 신동방정책을 내세울 수 있던 것이나 헬무트 콜이 국내외적으로 뛰어난 정치력을 발휘할 수 있었던 것은 물론 개인의 자질과 역량 때문이기도 하지만, 동시에 독일의 정치제도와 정치문화가 그러한 개인의 역량 발휘를 뒷받침했기 때문이다. 독일에서는 정권의 임기를 제한하지 않는 의회중심제를 채택한다는 점과 밀접히 연관된다. 훈련되고 검증된 최적의 인물이 정치권의 주요 자리에 선출되고, 선출된 정치인이 업무 수행에 문제가 없을 시 계속 그 자리를 유지할 수 있기 때문이다. 당대표나 원내대표를 비롯해 연방총리, 연방장관, 연방의회 의장(우리의 국회의장), 상임위원장 등 정치적으로 중요한 대부분의 직위에 임기 제한이 없다(조성복, 2018). 예를 들어 기민당의 헬무트 콜이 1982년부터 1998년까지 16년간 연방총리직을 수행한 것이나, 자민당의 한스-디트리히 겐셔가 1974년부터 1992년까지 18년간 외무장관직을 수행한 것은 서독의 통일정책이 일관성을 유지하는 데 결정적인 역할을 했다고 볼 수 있다(정병기, 2019: 2; 송태수, 2006: 279).

반면에 한국은 임기가 있는 대통령제일 뿐만 아니라 정치적으로 중요한 자리 대부분이 매번 교체되도록 설계되어 있다. 대통령은 5년 단임이고, 외무장관은 그보다 훨씬 더 단명하며, 국회의장과 상임위원장, 당대표의 임기는 2년, 원내대표는 1년 단위로 바뀐다. 그래서 주요 정치인이 자신의 전문성과 경험을 갖추기 어려울 뿐만 아니라 정치인으로서 자신의 구상과 비전을 펼치기에는 구조적으로 어려운 조건이다. 따라서 특정 정책의 지속성을 담보하기 어렵고, 그 정책에 힘이 실리기도 어려운 형편이다. 이는 대외정책에서도 마찬가지로 상대국과의 협상에서 주도적으로 상대방을 선도하거나 교섭력을 확보하기 어려운 점이 있다.

(2) 대외정책적 관점에서

첫째, 동서독 정권이 체제경쟁 차원에서 대립하는 측면이 없지 않았으나, 비적대적 관계를 유지하는 동시에 인적·경제적 교류를 중단하지 않고 지속했다는 점이다. 이는 남·북한이 어떤 형태로든 기존의 적대관계를 청산해야 한다는 의미이다. 이를 위해서는 먼저 교류를 시작하고 확대해 현재의 단절된 상황을 극복해야 한다. 교류 확대와 적대 관계 개선은 동전의 양면이라 할 수 있다.

둘째, 동서독의 통일은 갑작스럽게 비교적 단시간에 진행되었다. 하지만 그에 따른 부작용이 많았다. 따라서 한반도에서의 통일 과정은 독일통일보다 EU의 통합 방식을 따르는 것이 부작용이나 시행착오를 줄이는 데 유용할 것이다. 시간을 두고 국가연합 단계를 거친 후 하나의 연방국가로 나가는 것이 바람직하다. 독일통일 과정에서 국가연합 방안이 실현되지 못한 이유는 동서독 간의 격차 또는 불균형 때문이었다(이동기, 2020: 329).

셋째, 동독은 정치적·군사적으로, 또 경제적으로 소련에 전적으로 의존하는 종속관계를 유지했다. 그러므로 서독은 소련 및 동독 주변국과의 관계 개선이 중요했다. 그런 점에서 모스크바 조약과 바르샤바 조약은 중요한 의미가 있다. 반면 한반도에서는 남한의 미국에 대한 정치적·군사적 의존관계(전시작전권, 휴전협정 등)가 지속되고 있다. 그래서 한반도의 대결 상황을 극복하기 위해서는 북한이 미국 및 일본과 관계를 개선할 필요가 있다. 이를 위해 남한이 냉전 종식 후 한소조약(1990)과 한중조약(1992)을 체결했던 것과 같이 북미조약이나 북일조약이 체결되어야 한다. 즉, 한반도 내에서 교차승인이 이루어져야 한다. 한반도의 변화를 모색하기 위해서는 기존의 의존적 한미관계도 개선해야 한다. 이를 위해서는 빌리 브란트나 에곤 바처럼 통일에 대한 비전을 세우고 실행할 능력이 있는 정치인이 등장해야 한다.

● 참고문헌

고유환. 2014. 「민족공동체 통일방안의 평가와 계승 발전방안」. 한국국제정치학회 기획학술회의 발표문.

김면회. 2010. 「독일 신동방정책 결정요인과 지속성 연구」. ≪유럽연구≫, 28(2).

김진호. 2017. 「1950년대 SPD의 독일정책(Deutschlandpolitik)의 변화」. ≪서양사론≫, 132.

김학성. 2002. 「독일의 통일문제와 국제정치」. ≪통일정책연구≫, 11(1).

_____. 2021. 「분단독일에서 상호주의 실천과 남북관계에 주는 시사점」. ≪사회과학연구≫, 32(1).

박정진. 2013. 「남북기본합의서와 동서독 기본조약 비교: '분단국 갈등관리론' 적용」. ≪국제정치논총≫, 52(2).

서정일. 2017. 「동서독의 경험을 통해 본 분단상황의 인식과 상호이해 과정」. ≪문화와 융합≫, 39(4).

서준원. 1998. 「독일 통일정책에 대한 재조명: 콘라드 아데나워의 통일정책을 중심으로」. ≪국제정치논총≫, 38(1).

송태수. 2006. 「독일통일에서 정당의 역할」. ≪사회과학연구≫, 14(1).

안상욱. 2010. 「유럽통합의 관점에서 본 독일통일: 유럽통합 진전에 따른 통일의 진전과 통합과정에서의 동유럽 통합절차와 차별성」. ≪국제정치논총≫, 50(5).

양현모. 2019. 「동서독 의회 간 교류 사례가 남북 국회회담에 주는 시사점」. ≪통일정책연구≫, 28(2).

이동기. 2020. 『비밀과 역설: 10개의 키워드로 읽는 독일통일과 평화』. 아카넷.

임혁백. 2010. 「한반도는 또 다른 통일 독일이 될 수 있을까?」. 임혁백·이은정 옮김. 『한반도는 통일 독일이 될 수 있을까?: 베를린 장벽 붕괴 20년이 한반도 통일에 주는 교훈』, 13(48). 송정문화사.

미테, 잉그리트(Ingrid Miethe). 2020. 「동서독의 차이와 지배문화: 독일통일 30주년의 재평가를 위한 제언」. ≪경제와 사회≫, 125.

정병기. 2019. 「동독 개혁과 독일 통일: 위로부터의 개혁과 아래로부터의 개혁이 한반도 통일에 주는
시사점」. ≪대한정치학회보≫, 27(2).

조성복. 2011. 『탈냉전기 미국의 외교·안보정책과 북한의 핵정책』. 도서출판 오름.

_____. 2014. 「현실주의 시각에서 본 미 동북아정책의 딜레마: 북핵해결과 중국견제」. ≪국제정
치논총≫, 54(2).

_____. 2018. 『독일 정치, 우리의 대안』. 지식의 날개.

최영태. 2017. 「W. 브란트의 동방정책에서 평화의 문제」. ≪독일연구≫, 34.

최창옥. 2018. 「최근 통일사례가 한반도 통일방안에 주는 함의: 독일, 베트남, 예멘 통일사례를 중심
으로". ≪한국군사학논총≫, 7(1).

클레멘스, 클레이(Clay Clemens). 2010. 『서독 기민/기사당의 동방정책: 고뇌하는 현실주의자』. 권
영세 옮김. 나남.

통일부. 2016a. 『독일통일 총서 18: 외교 분야 I: 관련 정책문서』.

_____. 2016b. 『독일통일 총서 19: 외교 분야 II: 관련 정책문서』.

≪매일신문≫. "북, 군사합의 파기… 곤혹스러운 여권도 공세로 태세 전환"(2020.6.17). https://
news.imaeil.com/Politics/2020061714392508586(검색일: 2021.3.3).

Bahr, Egon. 2013. *Das musst du erzählen: Erinnerungen an Willy Brandt.* Ullstein Buchverlage
GmbH.

Bleek, Wilhelm. 2009. "Deutschlandpolitik der BRD." Bonn: Bundeszentrale für politische
Bildung. https://www.bpb.de/geschichte/deutsche-einheit/deutsche-teilung-deutsche-
einheit/43646/deutschlandpolitik-der-brd(검색일: 2021.3.20).

Eschenhagen, Wieland/Judt, Matthias. 2008. *Chronik Deutschland 1949~2009.* Fischer
Taschenbuch Verlag.

Glaab, Manuela. 1999. "Deutschlandpolitik der Bundesrepublik Deutschland." in Werner
Weidenfeld & Karl-Rudolf Korte (Hrsg.) *Handbuch zur deutschen Einheit 1949-
1989-1999.* Bonn: Bundeszentrale für politische Bildung.

Görtemaker, Manfred. 2004. *Kleine Geschichte der Bundesrepublik Deutschland.* Bonn:
Bundeszentrale für politische Bildung.

Lehmann, Hans Georg. 2002. *Deutschland-Chronik 1945 bis 2000.* Bonn: Bundeszentrale für
politische Bildung.

Plato, Alexander von. 2003. *Die Vereinigung Deutschlands – ein weltpolitisches Machtspiel.* Bonn:
Bundeszentrale für politische Bildung.

Rödder, Andreas. 2010. *Deutschland einig Vaterland – Die Geschichte der Wiedervereinigung.*

Bonn: Bundeszentrale für politische Bildung.

Schroeder, Klaus. 1998. *Der SED-Staat: Partei, Staat und Gesellschaft 1949–1990*. München/ Wien: Haner Verlag.

Seong, Sang-Hwan. "Korean-German Relations from the 1950s to 1980s: Archive-Based Approach to Cold War-Era History." in Joanne Miyang Cho and Lee M. Roberts(ed.). *Transnational Encounters between Germany and Korea - Affinity in Culture and Politics Since the 1980s, palgrave macmillan 2018.*

Statistisches Jahrbuch der DDR. 1989. Staatsverlag der DDR.

사회주의 경제 청산과 통화통합

김호균

독일통일은 특히 한반도 통일을 염두에 둘 때 많은 교훈과 시사점을 제공한다. 널리 알려져 있듯이 독일통일은 준비되지 않은 통일이었고 시간적 여유를 두고 진행된 과정이라기보다 사실상 하나의 사건처럼 이루어진 세계사적 대변혁이었기 때문에 오류와 미진함이 없을 수 없었다. 가령 경제학자 대부분은 지금도 동·서독 통화의 교환 비율은 결과적으로 동독 경제가 결코 감당할 수 없는 평가절상을 초래했으므로 서독이 동독 경제 붕괴에 결정적인 책임이 있다는 주장을 펴고 있다.

이 글에서는 동독 '사회주의' 경제가 사회적 시장경제로 체제를 전환하는 과정에서 불가피했던 소유권 '개혁'에서 연방정부가 보인 이데올로기적 경직성이 초래한 막대한 통일 비용을 살펴보고, 아울러 정치적 결정에 따른 통화통합이 초래한 다양한 경제 비용을 분석한다.

---

* 이 장은 2019년 11월 25일 중앙대학교 독일유럽센터 주최로 한겨레신문사에서 개최된 열린토론회 발제문 「독일 통일에서 따라 하지 말 것」을 수정·보완한 것이다.

1. 이념적 경직성: 동독 '사회주의'의 청산

동·서독 통일 국면에서 통일 과정을 주도했던 서독 연방정부의 이데올로기적 경직성은 동독 국영기업의 사유화와 농업생산협동조합(Landwirtschaftliche Produktionsgenossenschaften, LPG)의 해체 시도에서 극명히 나타났다. 동독 사회주의의 흔적을 지우려는 의도에서 단행된 국영기업의 사유화는 '사유화를 위한 사유화'의 성격을 띠었다. 그런 까닭에 한편으로는 보상보다 반환 우선 원칙(Rückgabe vor der Entschädigung)으로, 다른 한편으로는 기업 회생보다 사유화 우선 원칙(Privatisierung vor Sanierung)의 형태로 관철되었다. 농업생산협동조합은 가족농 형태로 해체하려는 시도가 끈질기게 이루어졌지만 실패했다.

1) 동독 국영기업의 '사유화를 위한 사유화'

동독 국영기업(VEB: Volkseigene Betriebe)의 사유화는 신탁(관리)청(Treuhandanstalt)에 의해 실행되었다. 당초 통일 이전 동독 인민의회에 의해 설치된 이 기구는 동독 국영기업의 '지분권(Anteilsrechte)'을 동독 주민에게 배분하는 방식으로 이루어지는 국영기업 개혁을 의결했지만, 이 의결은 통일조약 제25조 1항에 의해 "경쟁적 구조를 가지며 사유화하는(wettbewerblich zu strukturieren und zu privatisieren)"이라는 문구로 대체되었다.

초대 청장으로는 유럽매니저상을 두 차례나 수상해 구조조정 전문가로 정평이 나 있던 데틀레프-카르스텐 로베더(Detlev-Karsten Rohwedder)가 야당인 사회민주당 당원임에도 임명되었다. 그는 매각 원칙으로 "신속한 사유화, 단호한 회생, 신중한 폐쇄(Schnell privatisieren, entschlossen sanieren, behutsam stilllegen)"를 제시했다. 그가 1991년 4월 적군파에게 암살당하자 기독교민주당의 비르기트 브로이엘(Birgit Breuel)이 2대 청장으로 취임했다.

1990년 7월 1일 신탁청은 약 8500개 기업과 약 400만 명의 종업원을 거느렸다. 구조조정을 촉진하기 위해 기업을 분할한 결과 기업 수는 1만 2000개 이상으로 증가했다. 1990년 초에 이미 동독 한스 모드로(Hans Modrow) 정부의 전문가들은 동독 기업 중 40%만이 수익성이 있다는 사실을 인정했다. 30%는 구조조정이 필요하고, 나머지는 회생 불가능한 것으로 평가되었다. 통화동맹(Die Wirtschafts-, Währungs- und Sozialunion)은 전에는 수익성이 있던 기업마저 존립을 위태롭게 할 정도로 경쟁력을 약화시켰다. 1990년 가을까지만 해도 동독 기업의 가치가 총 6000억 마르크에 달할 것으로 예상되었다. 신탁청의 운영비도 매각 수입으로 조달될 수 있을 것이라는 기대감이 있었다. 그러나 이러한 예상은 사후 동독 제품에 대한 수요가 급감하거나 사라질 수 있다는 점, 동독 기업의 생산수단 품질이 제품을 개선하거나 새로운 시장을 개척하기에 미흡하다는 점을 예상하지 못한 과대평가였음이 사후에 드러났다. 게다가 동독 공산품의 최대 시장이던 소련 시장의 상실 또한 예견하지 못했다. 신탁청 산하 기업들은 이미 1991년 초에 대부분 이익을 실현할 수 있다는 전망을 상실했다.

사유화는 기업 전체 또는 일부를 매각하는 방식으로 이루어졌다. 매각 조건으로는 인수 가격뿐만 아니라 회생 구상의 적절성과 고용 승계도 고려되었다. 사회보험 의무와 채무 및 환경폐기물은 매입 가격에 포함됨으로써 매입 가격이 매우 낮아졌다. 매각 수입이 가까스로 적자를 면하게 하는 경우도 많았다. 동·서독 분단 이전의 구소유주의 원상회복청구권(Restitutionsansprüche)도 사유화에 커다란 걸림돌이었다. 따라서 신탁청은 1990년 10월부터 통일조약에 수용된 '미결재산권문제규율법(Gesetz zur Regelung offener Vermögensfragen)'의 수정을 요구했다. 동법 제3조 2항에는 신탁청이 원상회복을 요구하는 구소유주의의 동의 없이는 기업의 전부 또는 일부를 매각할 수 없도록 규정하고 있었기 때문이다. 마침내 1991년 3월 22일의 '기업사유화장애제거 및 투자촉진법(Gesetz zur Beseitigung von Hemmnissen bei der Privatisierung von Unternehmen und zur Förderung von Investitionen)'[이른바 장애제거법(Hemmnisbeseitigungsgesetz)]이 통과되면서 원상회복청구권은 제한되었다. 신탁청은 원상회복청구권이 없을지라도 실제 소유주보다 더 많은 일자리를 창출하고 더 많은 투자를 약속하는 제안을 할 경우 원상회복청구권을 무시하고 소유주에게 보상할 수 있는 권한을 획득했다. 1992년 7월 14일의 「제2차 재산권변경법」은 투자 우선권을 강화해 원상회복청구권에 의한 사유화를 더욱 제한할 수 있게 되었다.

신탁청 산하 거의 모든 기업에서는 사유화에 앞서 급격한 축소 과정이 불가피했다. 특히 종업원 수를 크게 줄여야 했고 적지 않은 사업장이 가동을 중단해야 했다. 이러한 '수동적 구조조정(passive Sanierung)'에 신탁청은 막대한 재정을 투입했다. 가령 1991년에만 약 99억 마르크를 투입했는데, 이 중 절반이 '후생계획(Sozialpläne)'에 지출되었다. 동시에 신탁청은 경상비, 은행대출 보증, 자기자본 증액 보조금 등 다양한 지원을 제공했고, 구채무(Altschulden)와 환경 폐기물의 일부를 부담했다. 특정 지역의 경제구조를 위해 각별히 중요한 것으로 평가된 기업은 '산업 핵심의 부흥(Erneuerung industrieller Kerne)'을 명분으로 특히 높은 보조금이 지급되었다. 회생 능력이 없는 것으로 분류된 기업들은 신탁청이 청산하려고 했다. 그러나 특히 대기업의 경우 정치적 저항 때문에 수월하게 진행되지는 않았다.

1994년 12월 31일 신탁청이 해산되었다. 1만 2000개가 넘는 기업 중에서 7853개가 완전히 사유화되거나 공영화되었다. 완전히 사유화된 기업 중에서 약 1600개는 구소유주에게 반환되었고 2700개는 해당 기업에서 종사하던 매니저에게 특별히 유리한 조건으로 양도되었다("Management Buy Outs"). 3713개 기업은 신탁청 해산 당시 청산되거나 청산 중이었다. 1990년 7월 1일 현재 신탁청 산하 기업에 존재하던 일자리 410만 개 중에서 1994년 말에는 사유화되거나 아직 신탁청 산하 기업에, 투자자가 승계를 약속한 고용을 포함해 150만 개만이 남았다. 1 대 1의 통화교환 비율은 사실상 해고에 따라 사회보장 대가로 일자리 상실을 수용하는 것과 같은 효과를 가져온 셈이다. 사유화수입(Privatisierungserlöse)은 1994년 말까지 계약으로 합의는 되었지만, 당시에 아직 납입되지 않는 금액을 포함해서 약 600억 마르크에 달했다. 반면에 지출은 3000억 마르크를 크게 넘었다. 그리하여 1994년 말 신탁청의 총부채는 2400억 마르크로 추정되었다.

동독 국영기업을 비롯한 국유재산의 사유화가 완료되지 않았기 때문에 1995년 1월 1일 신탁청 후속 기관으로 네 개 기관이 설립되었다. 연방통일관련특수과업청(Bundesanstalt für vereinigungsbedingte Sonderaufgaben)은 계약 관리, 재사유화, 정산을 담당한다. 아직 사유화되지 않은 기업과 광산관리회사의 경영은 베를린참여관리회사(Beteiligungs-Management-Gesellschaft Berlin)에 위탁되었다. 토지활용관리유한회사(Bodenverwertungs-und Verwaltungsgesellschaft mbH)에는 광범위한 농지 및 임야 임대와 매각 업무를 맡겼다. 신탁부동산유한회사(Treuhand-Liegenschaftsgesellschaft mbH)는 여타 부동산을 관리하고 있다.

신탁청의 활동에 대해서는 많은 비판이 제기되고 있다. 일단 사유화 정책의 최종 책임자라 할 수 있는 연방재무장관 테오 바이겔(Theo Waigel, 기독교사회당)은 그러한 엄청난 프로젝트에서는 실수가 있을 수 있으며 "전체적으로 신탁청은 신연방주에서 경쟁력 있는 국민경제를 건설하기 위한 불가결한 기여를 했다"라고 평가했다. 반면에 지나치게 졸속으로 사유화되었고, 회생된 기업이 너무 적으며 너무 많은 일자리가 상실되었다는 것이 비판의 핵심 내용이다. 가령 연방정부 동독담당관(Ost-Beauftragte) 이리스 글라이케(Iris Gleicke, 사회민주당)에게 신탁청은 "잔인하고 방종한 자본주의의 상징"이었다. 동독 출신 연방대통령 볼프강 티르제(Wolfgang Thierse)도 "가격을 묻지 않고 투매 가격으로라도 가능한 한 신속하게 사유화하려는 자세는 실수를 초래했다"라고 비판했다. 아울러 서독 투자자가 동독인에서 비해 우대받았다는 비난도 있다. 국영기업에 대한 동독인의 지분 참여가 「신탁청법」에도 규정되어 있지만 실현되지 않았다는 비판도 있다. 그 밖에 신탁청에 대한 감독과 통제 부족으로 인해 많은 오류가 있었다는 점도 지적되고 있다. 반면에 연방정부와 신탁청은 신속한 사유화 이외에 다른 대안은 없었고, 도산 위험에 처했던 기업에서 일자리의 3분의 1을 지킨 것이 성공이라고 자평했다.

신탁청의 활동에 대한 객관적인 평가를 위해서는 신탁청의 모든 중요한 결정은 연방재무부 및 연방경제부와의 밀접한 협의를 거쳐 내려졌다는 사실을 감안해야 한다. 그러므로 신탁청은 세부적인 부분에서만 의사결정권을 확보하고 있었고, 원칙적인 문제에서는 권한이 약했다. 나아가 신탁청 관리위원회에는 노조와 신연방주의 대표도 참여했고 때로는 만장일치로 결정되었다는 점도 고려해야 한다. 신탁청의 조치로 불이익을 받은 동독인들은 이러한 사실을 의식하지 못했다. 그래서 연방정부나 주 정부로 향하는 비판을 신탁청이 감수하는 경우도 있었다. 정치적 책임자들은 이처럼 신탁청을 방패막이로 활용했다.

돌이켜 보면 신탁청이 추진한 정책에 대한 근본적인 대안을 찾기는 어렵다는 냉정한 현실도 신탁청을 방어하는 논리로 사용되기도 한다. 극소수의 예외를 제외한다면 신연방주에서 경쟁력을 확보하는 것은 현대적인 생산설비를 갖춘 기업만 가능했던 것이다. 또한 신탁청이 수천 개의 기업에 경제적으로 합당한 투자를 계획한다는 것은 처음부터 불가능했을 것이다. 이 기업들이 판매 시장을 개척하도록 지원하는 데도 한계가 있었을 것이다. 서독 기업에의 매각을 통한 사유화가 대부분 동독 기업들이 새로운 설비를 갖추고 서구 시장에 접근할 수 있게 하는 가장 효율적이고 신속한 방안이었다. 이는 급격한 임금인상으로 인해 동독 기업의 경쟁력이 크게 약화된 현실에서 더욱 그러했다. 다른 한편으로 신속한 사유화가 매각 수입을 감소시킨 것은 사실이지만, 투자자뿐만 아니라 신탁청 직원을 충분히 통제하고 나아가 범죄 행각을 차단하기에는 계약 건수가 너무 많았다는 변명도 있다. 하지만 사유화 과정에서 속도를 조절했을 경우 국민경제적 손실이 컸을 거라고 단정하기는 어렵다. 또한 동독 주민에 대한 자산 배분은 통일조약에 명시하는 것이 더 바람직했을 것이다. 그것은 신탁청의 권한 밖이었다. 또한 동독 기업의 설비 성능에 비추어볼 때 과연 동독 주민을 위한 자산 배분이 설득력이 있는지도 의문이다.

2) 동독 국영기업의 파산: 연방정부의 '미필적 고의'?

동독 국영기업이 사유화되지 못하고 결국 파산한 데는 연방정부의 책임이 크다는 비판이 제기되고 있다. 연방감사원의 보고서와 이에 기초해 연방의회에서 이루어진 질의응답 내용에 비추어볼 때 동독 은행 시스템이 보유한 구채무청구권(Altschuldenforderungen)을 정의하고 이를 청산하는 과정에서 연방정부가 취한 행동에 대해서는 다음과 같은 비판적 평가가 가능할 것이다.

첫째, 계획경제의 기업 채무를 시장경제에서의 기업 부채로 정의하고 원금 상환과 이자 지급 의무를 기업들에 부과한 것은 사회주의 방식의 기업회계의 특수성을 간과해, 사실상 기업들의 파산을 촉진한 잘못된 선택이었다.

둘째, 연방재무부가 구채무청구권을 서독 은행들에 이전하고, 연방정부가 상속부채상환기금(Erblastentilgungsfonds)을 통해 배상을 보증한 것은 동독 경제에 부담을 주면서 서독 은행들에 보조금을 지급한 것과 같다. 법률 전문가들이나 경제연구소들의 공통된 결론은 동독 기업들의 이른바 '구채무'는 실제로 재정 지원이며 시장경제적 의미의 신용(대출)과는 그것의 전제, 기능, 책임 소재 면에서 전혀 상관이 없다는 것이다. 이는 연방헌법재판소도 인정했다. 그러나 헌법재판소는 통일조약에서 '구채무' 조항의 수정을 거부했다. 그렇게 하여 동독 기업, 협동조합, 지자체에 부과된 가공의 '구채무'를 상환 의무가 있는 실제 채무로 자의적 판단을 함으로써 이들에게 높은 이자 부담을 지우는 한편, '구채무'에 대한 청구권을 서독 은행들에 이전함으로써 동독 기업들을 '극단적인 착취와 종속 상태'로 몰아넣었다. 동독 기업들에 대해서는 재정 지원을 삭감했을 뿐만 아니라 오히려 이를 상환 의무가 있는 부채로 상정해 기업들에 부과했던 것이다. 이는 계획경제의 운용 현실을 도외시한 정책적 선택이었다. 사회주의 계획경제에서는 '강제 납입'이 일상적이었기 때문에 사내유보금을 둘 수 없었던 기업들은 자력으로 원금 상환과 이자 지급에 필요한 이윤을 남길 수 없었다. 이로써 현대적 장비를 갖춘 기업이 하룻밤 사이에 과도한 부채를 떠안으면서 사유화에 실패한 사례도 나타났다. 독일경제연구소(DIW)가 이미 1990년 봄에 경고했듯이 채무 부담으로 기업들은 도산 위험에 처했다. 이는 결국 동독 경제의 전면적인 붕괴로 귀결되었다.

셋째, 신탁청은 이 기업들을 자산가치가 있는 기업이 아니라 부실기업으로 매각했다. 수많은 기업이 '조각조각' 매각되었고 1마르크짜리 부동산으로 투매되기도 했다. 그마저도 되지 않은 기업은 가동이 중단되었다. 서독 기업이 경쟁을 피하기 위해 동독 기업을 매입한 다음 폐쇄하는 경우도 적지 않았다. 수많은 일자리가 사라졌다. 결국 신탁청이 원금 상환과 이자 지급을 떠안았지만 너무 늦었다. 정작 혜택을 본 것은 동독 기업들이 아니라 이를 인수한 서독 기업들이었다. 신탁청이 관리했던 기업의 94%가 서독 기업에 매각되었고, 6%만 동독 인수자들이 매입했다.

넷째, 구채무의 처리와 관련해 서독 기업과 동독 기업을 차별 대우 했다는 의혹이 있다. 연방감사원에 따르면 동독 기업이 떠안았던 '구채무'의 거의 100%를 신탁청이 떠안았다. 신탁청이 떠안지 않은 '구채무'는 동독 매입자들에게 남아 있었다는 의혹이 있는데, 이에 대한 설득력 있는 이유가 있다.

통화통합 이후 신탁청이 관리하지 않고 동독인들의 소유로 남아 있던 농업생산협동조합들에 '구채무'가 전액 강요되었다는 사실을 감안한다면 동독 기업에 대한 차별적인 대우가 얼마나 두드러졌는지 확인할 수 있다. 서독 매입자들에게는 '구채무'가 면제되었던 데 반해, 동독 농업생산협동조합 소유주들에게는 전혀 면제되지 않았거나 제한적으로만 면제되었다는 사실은 불평등한 대우라는 말로밖에 설명할 수 없다. 서독 기업들의 무분별한 행태는 아무런 대가도 지불하지 않으면서 정부의 지원을 받아 동독 경제를 지배하는 결과를 초래했다.

구동독 농업생산협동조합의 '구채무'를 탕감하지 않는다는 연방헌법재판소의 판결에 따라 동독인의 수중에 남아 있던 이 경제 부문마저, 현대적 장비를 갖췄다는 EU 전문가들의 평가에도 불구하고 우회적으로 파괴되고 있다. 동독의 주택 경제는 파괴되지 않았는데, 그 이유는 보수 여당인 기민당의 장관 출신 정치인 루퍼트 숄츠(Rupert Scholz)가 작성한 평가 보고서 덕분이라고 한다. 그렇지만 이 부문도 보유 주택의 15%를 사유화하고 그 수익을 '상속부채상환기금'에 납입하도록 의무화했다. 사유화는 대부분 실수요자가 아니라 은행이나 부동산회사를 대상으로 이루어졌으며, 호화 정비를 통해 투기 대상이 되었다. 이로써 세입자들의 자율 관리와 공동 결정을 통해 임대료를 가능한 한 낮춘다는 협동조합의 이상은 파괴되었다.

다섯째, 연방정부에 의한 '구채무'의 자의적인 부과는 동독 지자체에서 더욱 극명하게 드러났다. 기업이나 협동조합과는 반대로 동독 시절에는 전혀 존재하지 않았지만, 그들에게도 사후에 '구채무'가 부과되었다. 존재하지 않았기 때문에 스스로 서명하지도 않은 채무 계약에 대해 원금 상환과 이자 납부 의무를 부가한 것은 횡포였을 뿐만 아니라 명백한 통일조약 위반이었다. 통일조약에는 계획경제에서 체결된 신용 관계는 지속되지 않는다는 것이 원칙이었다. 통화통합을 조속히 실현하기 위해 서독 은행들의 협조가 필요했다고 할지라도 수십억 마르크에 달하는 '구채무청구권'을 무상으로 양도하고 '차액보전청구권'마저 인정한 것은 과도한 보상이라고 연방감사원은 지적했다.

여섯째, 연방정부의 구채무 정책은 서독 은행들에 엄청난 특혜를 준 것이었을 뿐만 아니라 통일 후 동·서독 내부의 사회통합에도 부정적인 영향을 미쳤다. 이 정책은 서독 납세자들에게 '구채무'와 신탁청의 채무를 통일에 따른 실제 채무로 주장하도록 했고, 납세자들을 상속부채상환기금 상환에 동원함으로써 사실상 '통일 비용'을 부풀렸다. 반면에 동독 주민은 신탁청의 사유화 정책으로 생존 기반을 상실했다. 동독에 경쟁자를 만들지 않으려는 서독 기업들이 동독 기업을 인수한 다음 바로 폐업해 일자리를 없앴기 때문이다. 이는 동·서독 주민들이 서로에게 반감을 가지게 되는 결과를 초래했다.

일곱째, 이러한 재앙적 결과를 초래한 연방정부의 구채무 정책에 대해 비판적 대안이 여러 형태로 제안되었다. 일단의 경제연구소들은 동독의 구채무를 한 국가기관의 다른 국가기관에 대한 청구권으로 평가하고, 서로 상쇄해 결과적으로 구채무를 사실상 삭제하는 방안을 제안했다. 또는 법학자 볼프강 하름스(Wolfgang Harms)와 카를 샤히트슈나이더(Karl Schachtschneider)는 '구채무'가 시장경제체제로 이전되지 않도록 통일조약을 실행에 옮기는 방안도 제안했다. '구채무' 상환과 관련해 지금까지 유효했던 법이 신연방주들에 적용되었더라면 동독 기업, 협동조합의 채무 부담은 크게 줄었을 것이고 동독 지자체들은 아무런 '구채무'도 부담하지 않았을 것이다. 주택 경제와 농업 부문의 협동조합들은 이자는 납입하지 않아도 되고 원금만 매년 1%씩 상환하면 되었을 것이다. 제조업 부문의 국영기업과 콤비나트는 채무 상환과 이자 납입 의무를 져야 했겠지만 금리는 10%가 넘는 시장 금리가 아니라 1.8%였을 것이다.

'구채무청구권'을 민간 은행에 양도하지 않고 연방이 소유하게 된 구동독 중앙은행에 이전했더라도 '구채무' 이전에 따른 피해를 줄일 수 있었을 것이다. 연방감사원이 선호했던 이 방안은, 비록 '구채무'를 재정 지원이 아니라 실제 채무로 해석하는 부당함을 없애지는 못했을지라도 '구채무'의 정산을 조정하는 데는 유리했을 것이다.

연방정부는 결코 '구채무'를 실제 채무로 전환해야 할 불가피성에 직면한 적이 없다. 앞서 설명한 대안들은 연방 정부도 충분히 알고 있었다. 그런데도 연방정부는 자신과 은행, 서독 자본에만 유리한 선택을 했다. 이로 인해 동독 경제는 복구할 수 없는 피해를 입었다. 어떤 정치적 결정이든 당사자가 사회적으로 감당할 수 있는 것인지 고려해야 한다는 민주주의의 원칙이 완전히 무시되었다.

3) 서독 은행의 부당 이익

동독 국영기업들의 구채무를 실제 채무로 전환하는 부당한 결정이 연방정부의 통일비용을 줄여준 것도 아니었다. 그것은 고스란히 서독 은행들의 이익으로 이어져, 오히려 연방정부의 부담을 가중시켰다. 통화통합을 둘러싸고 발생한 최대 스캔들은 바로 서독 은행들이 동독 은행들을 인수하는 과정에서 취한 대규모 부당 이익일 것이다. 이에 관한 연방감사원의 「구동독의 구채무 청산과 동독 금융기관의 업무 인수에 관한 보고서」는 '극비'로 분류되어 연방의회 예산위원회에 제출되었다. 동독 은행 매각 가격 공개는 「주식법」 제395조와 「신용제도법」 제9조 침묵 의무에 위배되기 때문이었다. 보고서를 '극비'로 분류했다는 것은 예산위원회 위원들이 보고서를 제3자에게 넘겨주어서는 안 된다는 것을 의미했다. 그런데도 보고서의 내용은 주간지 ≪슈피겔≫의 보도를 통해 여론에 공개되었다. 일부 위원들에게는 이 스캔들을 밝혀내는 것이 서독 은행들의 모호한 영업 비밀을 지키는 것보다 더 중요했기 때문이다. 예산위원회 한 위원의 용기 덕분에 이 보고서가 학위논문을 작성하는 데 제공될 수 있었다. 이 내용을 일로나 비젠얀(Ilona Wiesenjahn)이 「동독 은행 체제의 인수: 서독 대형 은행을 위한 수십억 거래」라는 제목의 석사논문으로 정리했고, 학술지에 발표했다.

통화통합 직전 동독에는 서독과 마찬가지로 2단계 은행 체제가 도입되었다. 동독중앙은행은 서독연방은행과 마찬가지로 발권 기능만 부여받았다. 통일조약이 실행되고 동독 은행들이 청산되면 연방은행이 동·서독 전체의 중앙은행으로서 업무를 수행할 예정이었다. 통화통합 이후 이른바 '구청구권'은 총 1775억 서독마르크로 산정되었다. 연방감사원이 1995년 9월 27일 제출한 보고서에 따르면 서독 은행들이 동독 은행들을 인수하는 과정에서 일방적이고 불평등한 계약이 체결되어 동독 기업들에 과도한 부담을 안겨 파산에 이르게 했고, 연방정부 재정에도 커다란 부담을 주면서 자신들은 엄청난 이득을 거두었다.

통화통합을 계기로 서독 은행들이 동독 기업이나 경제, 나아가 통일 정부의 재정을 상대로 부당 이익을 취한 방법은 다음과 같이 다양했다.

① 가장 큰 규모의 부당 이익은 구동독 은행들이 매각되는 과정에서 이들이 보유한 구채무청구권이 매각 가격에 포함되지 않은 채 고스란히 인수 은행의 이익으로 전환되면서 발생했다. 동독 은행을 인수한 서독 은행들은 채권자 자격으로 동독 기업에 대출 원금 상환과 이자 지불을 요구했다. 베를린시립은행주식회사(Berliner Stadtbank AG), 베를린협동조합은행(Genossenschaftsbank Berlin), 독일대외무역은행주식회사(Deutsche Aussen-handelsbank AG), 독일상업은행주식회사(Deutsche Handelsbank AG)는 서독은행들에 지나치게 저렴한 금액에 매각되었다. 무엇보다도 동독 은행들이 보유한 수십억 마르크의 구채무청구권이 매매가격에 포함되지 않았기 때문이다. 가령 베를린은행주식회사는 동독중앙은행에서 전환된 베를린시립은행주식회사를 4900만 마르크에 매입함으로써 115억 마르크의 구채무청구권을 인수했다. 매각에 실패할 경우에는 베를린시립은행주식회사가 1억 1500만 마르크의 손해배상금을 받기로 계약했기 때문에 다른 은행들은 사실상 협상 대상에서 제외되었다.

베를린협동조합은행은 1990년 4월 1일 동독농업식량경제은행의 후신으로 설립되었다. 프랑크푸르트에 소재한 독일협동조합은행이 이 은행을 1억 2000만 마르크에 매입함으로써 동독 은행의 구채무청구권 155억 마르크도 같이 넘겨받았다. 이 청구권에 대한 이자만도 매매가격의 몇 배에 이르렀다. 연방감사원의 일로나 비외젠얀(Illona Wioesenjahn)은 다음과 같이 비판했다.

막대한 구채무청구권 인수가 매입 가격에 포함되었어야 했다. 연방감사원의 견해에 따르면 매입 은행들은 이러한 방식으로 소유권 이전 없이 위험을 떠안지 않으면서 신용 사업을 인수할 수 있었고 고객에 대한 접근을 확보할 수 있었다.

독일대외무역은행주식회사(DABA)는 통화통합조약 체결 이전인 1990년 5월에 서독주립은행대체센터(WestLB)와 합작투자연구소 '독일상공은행'을 설립하기로 합의했다. 1991년 1월 9일 연방재무부, 독일대외무역은행주식회사, 서독주립은행대체센터는 사업 처리 계약을 체결해 서독주립은행대체센터가 '구채권' 청산을 담당하도록 했다. 그 밖에 사업 처리 계약에는 서독주립은행대체센터가 독일대외무역은행주식회사 주식을 인수할 수 있는 옵션이 포함되어 있었다. 서독주립은행대체센터는 1994년 12월에 독일대외무역은행주식회사를 4억 3000만 마르크에 인수했다. 이와 함께 구채무청구권 70억 마르크가 매입 가격에 포함되지 않은 채 서독주립은행대체센터에 넘어갔다. 연방감사원은 연방재무부가 독일대외무역은행주식회사 매각 이전에 서독주립은행대체센터의 주식 매입 옵션 행사를 승인함으로써 다른 제안을 사전에 차단해 좀 더 높은 가격을 받을 수 있는 가능성을 없앴다고 비판했다.

독일상업은행주식회사(DHB)는 여러 단계를 거쳐 매각되었다. 그 이유는 소유주가 여러 명이었기 때문이다. 구동독중앙은행이 64%, 신탁청 소유로 넘어간 옛 국영기업이 30%, 독일보험주식회사와 독일해외재보험주식회사가 6%의 지분을 보유하고 있었다. 이 중 먼저 구동독중앙은행의 지분이 공익경제은행(BfG: Bank für Gemeinwirtschaft)에 2억 2528만 마르크에 매각되었다. 아울러 65억 마르크에 달하는 구채무청구권도 공익경제은행에 양도되었다. 이처럼 동독 은행들이 약 9억 마르크에 양도한 구채무청구권의 가치는 약 430억 마르크에 달했다는 것이 연방감사원의 조사 결과이다.

② 서독의 인수 은행들은 구채무청구권에 대한 이자 지불에서 이중, 삼중으로

혜택을 받았다. 연방감사원은 서독 은행들이 구채무청구권을 무상으로 취득했을 뿐만 아니라 연방정부가 더 이상 회수할 수 없는 부채에 대해서는 연방정부가 보증했기 때문에 아무런 위험 부담 없이 청구권을 취득했다는 점을 비판했다. 이렇듯 서독 은행들은 연방정부에서 원금뿐만 아니라 이자까지도 상속부채상환기금을 통해 받을 수 있었다.

나아가 연방감사원은 서독 은행들이 구채무청구권을 차액보전청구권으로 전환된 다음 한 번은 신탁청에서, 또 한 번은 채권정산기금(Kreditab-wicklungsfonds, 훗날의 상속부채상환기금)에서 이자를 받았다는 사실을 발견했다. 원채무자도 이자를 지불했다면 삼중의 이자 지불이 발생했을 가능성도 배제할 수 없다. 해당 법규에 따르면 이와 같은 부당 이익은 반환되지 않는다. 더욱이 연방감사원은 다음과 같은 결론에 도달했다.

> 연방감사원이 확인한 바에 따르면 은행들에는 신탁청을 통해 수십억 마르크에 달하는 이자가 이중으로 지급되었다. 아울러 연방감사원은 은행들이 신탁청에서 받은 이자가 어떤 구채무청구권에 대한 것인지 특정하지 못하는 경우도 확인했다.

연방감사원은 서독의 인수 은행들이 상속부채상환기금에 부당하게 청구해 손해배상을 받으려는 마지막 순간, 이를 저지한 경우도 있었다. 연방정부 또는 연방재무부의 비호를 받으며 자행된 '조세셀프서비스(Stuerselbstbe-dienung)' 사례 중 회계사가 부당하다고 분류한 120억 마르크의 차액보전청구권(Ausgleichsforderungen)에 대해 상속부채상환기금을 지불하지 않았다.

③ 서독의 인수 은행들은 동독 은행들에 업무 지원을 제공하면서 과도한 수수료를 챙겼으며, 합작연구소 매매 협상에서는 협상 상대에게 압력을 행사했다. 가령 동독의 독일신용은행주식회사(DKB: Deutsche Kreditbank AG)는 1990년 6월 20일 드레스덴은행주식회사와 공동으로 신용연구소를 설

립하기로 합의했다. 1990년 7월 1일부터 드레스덴은행신용은행주식회사(Dresdner Bank Kreditbank AG)라는 상호로 드레스덴은행에서 영업 지도를 받으면서 독일신용은행주식회사 지점들에서 활동하기로 예정되었다. 도이치은행과도 도이치은행신용은행주식회사(Deutsche Bank Kreditbank AG)라는 상호로 합작 연구소를 설립했다. 독일신용은행주식회사가 체결한 계약에 따르면 구채무청구권은 신설된 신용연구소들로 이전되지 않고 업무 지원계약에 의거해 합작투자연구소에서 정산되었다. 그에 따라 도이치은행신용은행주식회사가 890억 마르크의 구채무청구권을, 드레스덴은행신용은행주식회사가 약 360억 마르크의 구채무청구권을 맡았다. 독일신용은행주식회사는 이러한 업무 지원에 대해 도이치은행에 2억 9700만 마르크, 드레스덴은행에 1억 2500만 마르크의 수수료를 지불했다. 연방감사원의 의견에 따르면 이 수수료는 너무 높았다. 독일신용은행주식회사는 1991년 11월 4일 이 업무 지원 계약을 해지했다.

독일신용은행주식회사가 가지고 있던 합작투자연구소 지분은 드레스덴은행(1991.3)에 3억 1000만 마르크, 도이치은행(1990.12)에 1억 1300만 마르크에 양도되었다. 그러나 독일신용은행주식회사가 구채무청구권의 관리와 정산을 위해 지불한 수수료를 이 매각 가격에 합산하면 서독 은행들은 독일신용은행주식회사를 거저 취득한 셈이다. 연방감사원은 독일신용은행주식회사가 도이치은행주식회사 및 드레스덴은행주식회사와 체결한 업무 계약과 관련해 여러 부정행위를 확인했다. 연방감사원에 따르면 두 서독 은행이 설립한 합작기업 도이치은행신용은행과 드레스덴은행신용은행은 매매 협상에서 협박까지 한 것으로 확인되었다. 연방재무부 메모에 확인된 바에 따르면 독일신용은행주식회사 협상 대표는 매각이 이루어지지 않으면 1만 2000명의 일자리가 없어질 것이라고 위협했다.

④ 새로운 채권자들은 아무런 위험도 감수하지 않으면서 구채무청구권을 획득했다. 그 이유는 그들은 어떤 경우에도 통화통합 이후에는 가치가 없어

야 하는 청구권을 아무런 위험 부담 없이 통화통합에서 차액보전청구권으로 유지할 수 있었기 때문이다. '통일조약' 제1 부속서 4조 ×항 6호에 의거해 신탁청과 연방정부가 차액보전청구권에 대한 이자를 절반씩 지불해야 했을 뿐 아니라, 새로운 채권자들에게는 신탁청이 인수한 '구채무'의 상환에 이자를 붙여 상속부채상환기금에서 지불할 것을 보장했기 때문이다. 서독 금융회사들의 청구권은 1995년을 기준으로 980억 마르크였는데, 이 중 267억 마르크가 이자였다. 따라서 원금 상환을 시작하기도 전인 1900년부터 1994년까지 청구권은 이자 발생으로 인해 지속적으로 증가했다.

연방감사원은 연방정부의 이러한 처리 방식을 평가 보고서를 통해 비판했다. 감사원은 만약에 연방정부가 구채무청구권을 직접 인수해 경상예산에서 상환했다면 납세자의 부담을 수십억 마르크 절약할 수 있었을 것이라고 평가했다. 이 금액은 은행이 받을 수 있는 일반적인 대출 금리를 적용했는데, 연방정부가 인수했다면 이보다 훨씬 저렴하게 재원을 조달할 수 있었을 것이다. 그러나 연방정부는 그렇게 하지 않고 상속부채상환기금을 마련하기 위해 보충 예산을 편성했고, 구신용청구권과 동독 은행 제도를 청산하기 위한 비용과 신탁청의 적자를 실제 통일 비용으로 발표했다.

⑤ 서독 은행들은 동독 은행들이 보유한 부동산을 지나치게 낮은 가격에 매입해 부당한 이익을 취했다. 연방감사원에 따르면 독일신용은행주식회사가 소유한 토지가 지나치게 낮은 가격으로 양도되었다.

최종 구매 가격을 측정하기 위한 데이터와 추가 평가를 위한 일정을 확정하면서 구매자에게 부당한 이익이 제공되었다. 신탁부동산회사와 관련하여 확정된 절차는 토지 매매에 관한 규정에 부합되지 않는다. 규정에 따르면 토지 가격 상승은 사후적인 추가 평가를 통해 추가 지불을 수반해야 한다.

이 대목에서 왜 독일신용은행주식회사를 매각할 때 구채무청구권이 구매

은행인 바이에른주립은행(Bayerische Landesbank)으로 이전되지 않았는가 라는 의문이 제기된다. 연방재무부가 이를 통해 동독 기업들을 보호하려 한 듯한 인상도 주지만 사실은 그렇지 않다. 구채무청구권을 매입 은행에 이전하지 않은 이유는 다음과 같다. 통화통합 이후 독일신용은행주식회 사는 신탁청이 관리를 맡은 구동독 기업들의 주채권자가 되었다. 독일신 용은행주식회사도 신탁청이 관리하게 되었다. 결국 모기업인 신탁청이 자회사인 독일신용은행주식회사의 주 채무자가 된 것이다. 신탁청은 일 단 자신이 관리하는 기업의 채무를 독일신용은행주식회사에 상환해야 했 다. 이런 까닭에 신탁청은 서독 은행들을 중간에 개입시켜 채무를 상환해 야 했다. 신탁청은 구채무청구권을 이자 부담을 초과해서, 즉 서독 은행들 이 부과하는 수수료를 포함해서 상환해야 했던 것이다.

⑥ 동독 시절 부과된 이자율은 시장경제적 의미의 이자율과는 무관한 것이었 고 동독 정부의 예산에 의해 할인되거나 인수되었지만, 통화통합 후 시장 경제 수준으로 조정되면서 10% 이상으로 상승했다. 이로써 구채무 규모 가 1992년에만 최소한 100억 마르크 증가했다. 이뿐만 아니라 금리가 10%를 상회한 이자 수입만 해도 매입 가격의 다섯 배 가까이 되었다.

⑦ 연방정부가 역할을 충실히 이행하지 않고 구동독 은행의 구채무청구권을 서독의 민간 은행들에 양도함으로써, 결과적으로 연방정부는 더 큰 재정적 부담을 떠안게 되었다. 가령 독일신용은행주식회사는 유동성을 유지하기 위해(가령 업무지원협약에 대한 수수료를 지불하기 위해) 중앙은행에서 리파이낸 싱해야 했다. 이렇게 하여 사유화되었기 때문에 신탁청에 채무가 없는 기 업과 관련된 구채무청구권은 1991년 말 구동독중앙은행으로 재이전되었 고 필요한 자본으로 정산되었다. 구동독중앙은행의 구채무청구권은 1994 년에 연방정부 소유의 재건신용은행(KfW: Kreditanstalt für Wiederaufbau)으 로 다시 이전되었다. 이로써 신탁청이 수행하는 구채무청구권의 상환이 민간 은행의 개입을 통하는 것보다 더 저렴하게 이루어질 수도 있었다. 그

러나 '구채무구제법(Altschuldenhilfegesetz)'에 의거해 구채무청구권 부분 탕 감과 상환에 책임질 의무가 있던 지자체들이 독일신용은행주식회사를 매 각하는 시점에 구채무청구권을 시장경제에서와 같은 실질적인 채권으로 인정하기를 단호히 거부했기 때문에 연방정부가 이 청구권에 대해서도 책 임을 져야 했다. 그에 따라 독일신용은행주식회사를 매각하기 이전에 구 채권청구권을 분리한다고 결정했기 때문에 연방정부는 서독은행의 중간 개입을 통한 상환이라는 비싼 길을 택한 셈이 되었다. 특히 농업 부문의 동독 기업들에는 이 방법이 전적으로 강제되었다.

⑧ 연방감사원은 연방정부의 동독 은행 제도 정리 방식에 대해 다음과 같은 극히 비판적인 종합 평가를 제시했다.

> 연방감사원의 견해에 따르면 화폐동맹이 시작되면서부터 독일연방은행이
> 발권은행 기능을 구동독지역에 대해서도 수행해야 한다는 사실이 분명해
> 진 이후에는 구신용청구권을 이미 연방 자산으로 전환된 동독중앙은행에
> 가능한 한 조속히 다시 통합했어야 한다. 서독 은행들의 개입이 없었더라
> 면 구채무청구권의 규모는 그다지 증가하지 않았을 것이다. 그 밖에 동독
> 중앙은행에 통합했더라면 구채무청구권을 통일적으로 취합하고 결제할
> 수 있는 가능성이 훨씬 커졌을 것이다. …… 연방감사원의 견해에 따르면
> 은행 제도의 개혁과 구채무청구권을 시장경제적 은행 제도로 전환한 결과
> 발생한 최종 대출자의 엄청난 채무 증대는 적어도 부분적으로나마 피할 수
> 있었을 것이다. 그로 인해 발생한 최종 대출자의 재정적 부담은 신연방주
> 의 경제 회복 과정을 저해하는 결과를 나타냈고, 오늘날에도 그럴 가능성
> 을 배제할 수 없다. 나아가 공공 부문에 대한 추가적인 부담이 발생했다.

⑨ 여기에서 당연히 제기되는 의문은 왜 연방정부가 동독 경제는 물론이고 연방 재정과 납세자에게 명백히 불리한 그러한 행위들을 했느냐는 것이

다. 연방감사원의 보고서가 연방의회에 제출되자 야당은 이에 대해 집중적으로 질문했다. 법학자 볼프강 하름스(Wolfgang Harms)는 연방정부가 그처럼 값비싼 행동을 한 이유가 동독 재정의 실상에 대한 오판을 적시에 인정하기를 꺼렸기 때문이라고 보았다. 신탁청이나 그 후속 기관들이 구동독 국영기업들에 대해 '구채무청구권'을 행사하는 동안에는 그것을 연방정부의 채무로 기재할 필요가 없었기 때문이다. 이를 통해 국가부채율의 증가를 늦추는 것이 연방정부에는 이자를 지급할 만한 가치가 있는 것처럼 보였다는 것이다. 이에 따라 연방정부는 상속부채상환기금을 마련하기 위해 부속 예산을 편성했다. 연방정부가 구채무청구권을 경상예산으로 상환했더라면 EU 재정 적자 기준을 충족시킬 수 없었을 것이고, 그 때문에 구채무청구권을 구동독 국영기업에 부담시켰을 것이다.

그러나 연방정부가 이처럼 행동한 데는 다른 이유도 있었다. 의회 질의에 대한 답변을 통해 밝혀진 바에 따르면 연방정부는 통화통합을 가능한 한 조속히 실현해 동독 유권자의 표를 얻으려 했다. 그래서 연방정부는 급속한 통화통합의 결과와 구채무청구권이 실제 채무로 전환된 사실을 은폐하려는 의도도 있었다.

또한 연방정부는 조속한 통화통합을 위해 서독 은행들에 구채무청구권을 '선물'로 주면서 이들의 협력을 구하려 했다는 해석도 있다. 이와 관련해 위르겐 슈타르크(Jürgen Stark) 연방재무차관은 의회 질의에 대한 답변에서 통일 이전에 서독 금융회사들과 동독 은행들 사이에 협상과 사전 계약이 있었음을 인정했다. 이 협상에는 연방정부, 서독 은행들, 신탁청 대표와 함께 동독 지도부 대표도 참석했다. 협상 주제는 1990년 7월 1일로 예정된 통화통합 준비였다. 나아가 동독 은행을 청산할 때 모든 이익이 인수 은행에 돌아가지 않았느냐는 질문에 대해 슈타르크는 다음과 같이 답변했다. "우리는 7월 1일 자로 동독마르크를 서독마르크로 전환하기 위해 잘 돌아가는 은행 시스템이 필요하다. …… 신연방주들에 진출한 은행들에는 대규모 인프라스트럭처가 필요하다." 그렇지만 이 답변은 타당하지 않다. 연방감사원 보고서에 따르면 인수 은행들이 들어간 지점들은 투자가 아니라 연방정부에 의한 지원이라고 말해야 할 정도로 염가에 매각되었다. 결국 연방정부가 서독 은행들에 구채무청구권의 이전과 상속부채상환기금의 설치를 통해서 수십억 마르크의 선물을 주면서 조속한 통화통합을 위해 협조를 얻어냈다는 의혹을 뒷받침하는 정황들이 나타났다.

또한 서독 산업계와 은행들이 연방정부의 도움을 받아 예상되는 동독의 경쟁 기업을 매입한 정황도 포착되었다. 야당은 조사위원회를 설치하고 연방감사원 보고서를 증거로 채택할 것을 요구했지만, 연방의회 표결에서 패해 뜻을 이루지 못했다.

⑩ 독일경제연구소(DIW)는 이미 1990년 8월에 동독 기업의 구채무를 실제 채무로 전환하는 것은 동독 기업들과 경제에 (이 전환이 없었더라면 피할 수도 있을) '도산과 실업'을 안겨줄 것으로 평가하면서 이 구채무를 동독 기업들에 부담시켜서는 안 된다고 경고했다.

> 회생 가능한 기업들도 과도한 채무 부담 때문에 붕괴될 수 있다. …… 회생 가능한 기업들의 붕괴는 국민경제적 관점에서나 사회적 관점에서 손실을 의미한다.

막스-플랑크 경제체제연구소도 "계획경제의 재정 지원을 시장경제의 신용으로 전환하는 것은 사유화된 기업이 운신할 수 있는 폭을 제한했다"라는 결론에 이르렀다.

4) 동독 '농업생산협동조합'의 해체 시도

통일 전 동독에서 농업은 사회주의경제의 일부로서, 공업과 유사하면서도 상이한 변화 경로를 거쳤다. 일단 '나치 잔재 청산'의 일환으로 전범 재산 몰수가 단행되었다. 농업에서는 이 조치가 소련군 점령하에서 100헥타르 이상 토지의 일률적인 무상몰수로 나타났다. 당시에는 나치 전쟁범죄와의 구체적인 연관성이 아니라 대토지 소유주는 곧 나치와 공범이라는 단정에서 출발한 몰수였기 때문에 정당성을 둘러싸고 통일 후까지 논란이 일었고, 농업구조 개혁에 큰 혼란을 초래했다.

통일 전 동독 시절 농업구조 개혁에 미친 이데올로기의 영향은 실로 끈질기고 반생산적이었다. 사회주의는 집단화이자 대형화라는 고정관념에서 벗어나지 못해 농민의 반발에도 개혁이 추진되었고, 이는 결국 실패한 농업정책으로 낙인찍히고 말았다. 제2차 세계대전 직후 동독의 농업은 전쟁으로 인한 피해와 더불어 1945년 이후 난민과 추방민 등의 유입으로 수백만 명 이상 증가한 주민들의 생계를 책임져야 했다. 1950년대 초부터는 사회주의 건설을 지원해야 했고, 그 뒤에는 주요 생필품과 소비재의 1인당 소비에서 서독을 단시일에 추월한다는 야심 찬 시도에도 기여해야 했다. 그리고 끝으로 1970/1980년대에는 동독 정부가 추구한 '경제정책과 사회정책의 통일'에도 재정적으로 폭넓게 기여해야 했다. 이렇듯 농업에는 거의 매 시점에 역량을 훨씬 뛰어넘는 과업이 부여되었다. 이데올로기와 현실의 괴리는 이데올로기 쪽으로 통일되면서 현실의 왜곡을 오히려 심화시켰다. 개혁 노선을 수정해야 한다는 제안도 있었고 부분적인 개혁 시도도 없지는 않았지만, 이데올로기에 의한 정책의 구속을 완전히 떨쳐버리지는 못했다. 생산자인 농민들의 상식에는 맞지 않았기 때문에 중앙의 계획 목표를 겉으로는 수용하는 척하면서 가능한 한 지역 여건에 맞춘 것이 현상 유지에 도움이 되었다는 평가가 적절할 것이다. 이러한 '이중 도덕(Doppelmoral)'이 농업 생산의 정체는 물론이고 결국 서독과의 체제경쟁에서 패배하는 결과로 이어진다.

그런데 이러한 이데올로기적 경직성이 통일 후 독일 연방정부의 농업 구조 개혁에서도 (방향은 정반대였지만) 반복되었다. 보수적인 통일 정부는 '사회주의 잔재의 청산'이라는 이데올로기적 목표에 집착했기 때문에 농업의 개혁과 구조 개혁에서 유연성을 발휘하지 못했다. 소련이 독일통일조약에 동의하는 조건으로 전후 소련 점령군이 완수했던 100헥타르 이상 농지 몰수를 통일정부에서 취소하지 않겠다고 약속했지만, 결국 독일통일 정부는 이를 우회해 몰수된 토지를 구소유주에게 반환하는 것을 농업 개혁의 우선적인 목표로 설정했던 것이다. 이로 인해 정치적 차원에서 연방정부, 신연방 주 정부, 정당, 구소유주의 이익단체, 농민연맹, 개별 농민 사이에 '토지를 둘러싼 투쟁(Kampf um den Boden)'이 전개되었다. 구소유주에 대한 직접적인 반환은 소련과의 약속도 있고, 동독 시절 토지 개혁된 농지에서 생산활동을 하던 농민들에 대한 배려도 있어야 했기 때문에 불가능했다. 그렇지만 재정적인 이유로 보상이 아니라 반환 우선 원칙을 관철시키고자 우회적인 방식으로 구소유주를 우대하는 사유화 전략을 추진했던 것이다. 그러나 신탁청은 1994년 해체될 때까지 이해 당사자들 사이의 갈등으로 정책 지침을 일관되거나 명확하게 적용하지 못했다. 특히 매각이나 임대를 하면서 목표 집단이나 우선순위를 분명히 정한다거나 일관된 원칙을 제시하지 못했다. 입찰 공고를 한 다음, 이어서 선정절차를 진행한 사례가 오히려 예외적이었을 뿐이다. 사유화에 관한 구상이나 우선순위, 진행 속도에서도 오락가락했다. 결국 소련 점령군의 토지개혁으로 몰수된 토지에 대한 원소유주의 우선매입권을 무리하게 인정했을 뿐 아니라 가격에서도 우대 정책을 실시한 것이 EU의 반발을 초래해 결국 정책을 수정할 수밖에 없었다.

이데올로기적 경직성은 신연방주 농업생산협동조합(LPG) 개혁에서도 나타났다. 농업생산협동조합을 해체하고 통일 전 서독식의 소농, 가족농을 중심으로 전환하려는 전략은 동독의 농업과 농촌에서의 농업생산협동조합의 역할과 기능에 대한 몰이해와 겹치면서 결국 실패하게 된다. '불행 중 다행'으로 동독 시절 농업생산협동조합 집단화와 대형화를 추진하면서도 개별 구성원의 사유재산권을 유지했기 때문에 통일독일에서도 특별히 농업생산협동조합을 대상으로 사유화를 추진할 필요는 없었다.

당초 통일 직후의 농업정책에서 대규모 영농 기업의 생존 전망은 그리 밝지 않았다. 그러나 동독 시절에는 사용권에 강력한 제한이 있었고 농업생산협동조합을 탈퇴할 경우에는 소유권을 박탈하기까지 했지만, 통일 후에는 이용권 제한이 해제되었기 때문에 당사자들은 통일 정부의 농업정책 방향과 다른 결정을 내릴 수 있었다. 그래서 통일 후 농지이용권을 회복한 소유주 대다수가 법적 형태를 달리하면서 농업생산협동조합을 유지하기로 결정했다. 경제적 격변기였기 때문에 '재설립자'로서 소농의 지위를 선택하는 모험을 감행하기 어려웠다. 또한 구서독에서 수십 년 동안 '농가 사망'이라는 개념으로 표현되면서 명맥을 이어온 가족농, 소농의 문제점들은 익히 알려진 상태였다. 아울러 신연방 주민들에게 농업생산협동조합은 단순한 일자리를 넘어 삶의 공간이었기 때문에 농업생산협동조합을 해체하는 것은 30년 이상 유지해온 삶의 방식을 해체하는 것이나 다름없었다. 결과적으로 생산단위로서 농업생산협동조합은 구서독 정치인이나 농업 전문가들의 예상과는 반대로 '규모의 경제'를 실현함으로써 구서독의 영농 기업보다 평균적으로 훨씬 수익성 좋은 '때늦은 성공'을 거두고 있다. 통일 직후 독일 정부는 농업생산협동조합 후계 기업들을 차별하려는 시도도 했지만, 신연방주 농업의 붕괴를 막기 위해 1991/1992년에 정책적 사고를 전환했다.

통일 후 구소유주의 재산권을 우회적으로나마 회복시켜 급속한 사유화를 추진하던 통일독일 정부의 신연방주 농업정책이 초래한 결과는 이데올로기적 경직성이 초래하는 위험에 대한 경고인 셈이다. 사회적 대화를 국정 운영과 사회통합의 기본 원칙으로 하는 독일의 사회적 시장경제가 정작 통일의 완성이라는 대과업 앞에서는 작동하지 않았던 것이다.

2. 통화통합의 교훈

동·서독 통화통합은 독일통일의 결정적인 지렛대였다. 그것의 세계사적
인 의의는 결코 과소평가될 수 없다. 유럽 화폐 동맹은 이미 1950년대부터
논의된 주제였던 데 반해 동·서독 통화통합은 갑작스럽게 등장한 정치적 의
제였다. 또한 유럽 통화통합은 동종의 경제체제를 구축한 나라들을 공동의
화폐로 결합하는 작업인 데 반해 동·서독 통화통합은 계획경제를 시장경제
로 전환시키는 작업이었다. 체제전환과 통화통합을 동시에 추진하는 것은 역
사적으로 전례 없는 과업이었다. 더욱이 경제발전 또는 생산성의 격차가 큰
두 나라를 한 나라로 통합하는 것은 예측할 수 없는 부작용을 수반할 수밖에
없는 도전이었다. 그것은 경제발전 과정에서 나타난 지역 격차를 해소하는
차원의 문제가 아니라 낙후된 지역을 경제적으로 새롭게 재건하는 문제였다.
게다가 서독 정치권은 노동력의 대량 이주를 단기간에 차단해야 한다는 압력
을 받았다. 인적 자원이 계속 유출된다면 동독지역의 경제적 재건이 불가능
해졌을 뿐만 아니라 서독지역이 감당할 수 없을 것이기 때문이다. 모든 전문
가들이 권고했던 단계적인 방안은 1990년 3월의 인민의회 선거를 통해 거부
되었고, 급속한 통화통합이 선택되었다. 또한 서독의 콜 정부는 독일통일에
대한 소련의 동의를 확신하지 못했을 뿐만 아니라 선거에서 승리하기 위한
전략으로서 급속한 통화통합을 부추겼다.

이처럼 독일의 통화통합이 역사적 전례가 없었고 정치적으로는 '외적 강
제'에 의해 추동되었다는 점을 모두 감안한다고 할지라도, 그것이 남기는 교
훈과 정책적 시사점은 매우 다양하다.

통일 비용의 관점에서 본다면 회피 불가능 비용(unavoidable costs)과 회피
가능 비용(avoidable costs)으로 구분할 때, 적지 않은 회피 가능 비용을 식별할
필요가 있다. 이 경우 회피 가능 비용은 주로 통일을 정치 프로젝트, 선거 프
로젝트로 추진하면서 발생한 비용이다. 그리고 독일 경제학자들이 평가하듯

이 이 비용은 너무 컸다. 그래서 당시 통화통합을 주도했던 정치인들은 "불가피했다"라고 주장하는 반면, 경제학자들은 교환 비율이 "잘못되었다"라고 비판하는 것이다. 생산성에 부합되는 교환 비율이 결정되어야 생산성에 맞는 소득이 결정되고, 자력에 의한 동독 경제의 발전이 가능해질 것이라는 대다수 경제학자들의 주장은 타당하다. 이를 위한 중요한 중간 단계가 바로 비용 절감, 특히 임금 인하이다. 동독주민의 이주는 통화통합 후 임금 인상과 무관하게 이루어졌다. 말하자면 이주 행렬은 통화통합에 관한 조약이 체결된 5월과 6월에 잠시 주춤했을 뿐, 통화통합이 발효되고 동독 기업이 줄도산해 불완전고용과 실업이 급증하자 7월부터 이주가 다시 증가했다. 1991년 3만 명, 1992년 2만 명, 1993년부터는 1만 7000명 수준에서 이주 행렬이 계속되었다. 동독의 이주민 행렬을 멈추기 위한 선택인 통화통합이 이주민 행렬을 구조화하는 결과를 초래한 셈이다.

물론 과도한 임금 인상이 동독 기업의 경쟁력을 약화한 유일한 원인은 아니지만, 저임금이었더라면 동독 기업의 회생 가능성은 한결 높아졌겠지만, 통일 국가 내에서 임금격차를 유지하는 것은 불가능했을 것이다. 그리하여 기업 회생을 위해 임금이 급등했다. 근로자 대표에게 단체협상은 어렵지 않은 일이었다. 통화통합 이전에 협상 상대였던 콤비나트 대표는 과거의 정치적인 이력 때문에 근로자들에게 강하게 맞설 수 없었을 뿐만 아니라 그 자신도 근로자였으므로 임금 인상을 굳이 마다할 이유가 없었다. 그들을 대신해 사용자단체를 대표했던 협상 상대 또한 서독 경제계의 영향을 받아 저임금을 기반으로 한 강력한 경쟁자가 동독지역에 탄생하는 것을 원치 않았으므로 급속한 임금 인상에 관대했다. 정치적으로도 자율적인 노사협상권은 기본권에 속했기 때문에 개입이 불가능했다. 노사의 자발적인 자제에만 의존할 수밖에 없었지만, 동·서독 생활수준의 조속한 균등화라는 환상을 품고 있던 동독인들에게 자발적인 자제를 기대하기는 불가능했다.

결국 동독 기업의 줄도산은 오늘날까지도 엄청난 재정 부담을 연방정부에 안기고 있다. 오히려 저임금을 보전해 주는 사회정책을 도입했다면 재정 부담 총액은 줄일 수 있었을 것이다. 살아남는 동독 기업이 있었더라면 경제성장에도 유리했을 것이고, 저임금 일자리나마 유지할 수 있었을 것이다. 결국 동독 주민에게는 충분한 가처분소득을 보장하는 것이 핵심이었으므로, 생계비를 보전해 줄 수 있는 사회보장급여가 제공되었더라면 동독인들은 나름대로 노동하면서 생활할 수 있었을 것이다.

동·서독 통화통합이 주는 정책적 시사점은 다음과 같이 명확하면서도, 종합적인 원칙을 수립해야 한다는 사실로 요약될 수 있을 것이다.

먼저 북한 주민을 비롯한 한반도 전체 주민의 생활수준이 적어도 하락해서는 안 된다는 원칙이다. 그것도 일시적이 아니라 지속 가능해야 한다. 여기에는 당연히 통일에 따른 생활수준 향상이라는 기대적 측면이 포함된다. 이를 위해서는 무엇보다 동독 주민들처럼 북한 주민들이 통일에 대해 과도한 기대를 품지 않게 하는 것이 중요하다. 이를 위해서는 동·서독 정치인들의 역할이 반면교사가 될 수 있을 것이다. 이렇게 해야 통일에 대한 남한 주민의 실질적·심리적 부담도 줄일 수 있을 것이다.

둘째, 북한의 경제가 아무리 낙후되었다고 할지라도 가능한 한 회생시켜 통일 경제에 편입하는 것이 바람직하다. '파괴 후 재건'이 아니라 '보존하면서 발전'시키는 것이 효율적이고 효과적이다. 그것은 비단 경제적인 문제에만 국한되는 것이 아니며 북한 주민에게 미치는 심리적인 영향을 고려할 때도 그러하다. 그들이 통일 한국에서 단지 남한 주민이나 정부에 의존하는 것이 아니라 스스로 새로운 국가 건설에 동참하고 기여할 기회를 얻는다는 것은 그들이 통일을 통해 기대한 생활수준 향상에 충분히 만족하지 못한다 해도 이런 활동이 부분적으로나마 부족함을 메워줄 수 있을 것이다. 아울러 개인의 참여 기회 확대는 통일 한국에서 남·북한 주민 사이의 사회통합을 촉진할 수 있는 중요한 요소가 될 수 있다. 일방적인 이전이 아니라 자구적인 노력을 지원하는 성격을 띨 것이기 때문이다. 이는 통일독일이 아쉬워하는 부분이기도 하다. 동독인의 물질적 욕구를 부추겨 정치적으로 이용할 것이 아니라 새로운 국가를 건설하겠다는 동독 주민의 열망을 통일 과정과 동독 재건 과정에 동원할 수 있었더라면 통일비용을 절감할 수 있었을 뿐만 아니라 동독인의 자긍심도 높일 수 있었을 것이다. 동독인 스스로 활발히 경제활동을 할 기회를 주었다면 이들의 의존 의식 또한 줄었을 것이며, 좀 더 당당하고 대등하게 통일독일에서 살아갈 수 있었을 것이다. 통일 사반세기가 지난 지금도 남아 있는 동·서독인들 사이의 '이쪽저쪽' 차별 의식이 일찍 완화될 수도 있었을 것이다.

셋째, 화폐교환 비율을 결정할 때 반드시 종합적으로 고려해야 한다는 점이다. 독일은 동독 주민의 소득 보장, 기업 경쟁력, 물가 안정, 재정 부담 최소화라는 목표를 세웠지만, 어느 하나 제대로 달성한 것이 없다고 할 수 있다. 그나마 물가는 그다지 위협받지 않았다는 점에서 목표를 달성했다고 볼 수 있지만 그마저도 연방정부의 기준금리 인상, 그에 따른 동독 기업의 줄도산이라는 부작용을 수반했기 때문에 긍정적인 평가를 받기 어렵다. 나머지 세 가지 목표는 모두 실패했다. 독일통일의 승자는 콜 총리와 그의 정부가 지원한 독일 은행과 경제계라는 평가는 결코 야박하지 않아 보인다.

넷째, 통화통합을 통화통합으로서만 접근하기보다는 다양한 통일정책 가운데 하나로 설정하고 다른 정책, 특히 사회정책과 조화를 이루면서 추진할 필요가 있다. 가령 교환 비율을 결정할 때 기업의 경쟁력을 감안해 평가절상하지 않도록 하고 그에 따라 낮아진 주민들의 소득은 사회정책적 부조로 접근하는 방안을 고려해 볼 필요가 있을 것이다.

다섯째, 통화통합 과정에서 중앙은행의 역할이 좀 더 종합적이고 경제정책적인 고려를 통해 결정될 필요가 있다. 통화가치 안정이라는 일차적인 목표가 있지만, 새로운 나라를 건설하는 국면에 이 목표에만 집착해서는 오히려 장기적으로 역효과를 초래할 수 있을 것이다.

여섯째, 통화통합도 이데올로기적이고 정파적인 관점이 아니라 국민적인 관점에 입각해 실시해야 한다. 이는 통일 과정에서 발생하는 비용과 편익이 골고루 배분되어야 한다는 의미이다. 이를 위해서는 통화통합 국면에 거국적인 협의 기구가 설치되는 것이 바람직하다. 서독이 통화통합을 실행하는 과정에서 동독 국영기업이나 협동조합에 보인 거부감은 이 기업들의 몰락을 부추김으로써 통일 비용, 재정 부담을 가중시켰을 뿐만 아니라 동독인들이 자력으로 재기할 기회를 박탈하여 경제성장과 사회통합에도 부정적인 영향을 미쳤다. 경제적 통일을 위해서는 매우 실용적인 접근이 필요할 것이다.

일곱째, 국가가 주도적이고 중심적인 역할을 과감히 담당해야 한다. 통일 과정에서 민간의 협력이 필수적인 것은 사실이지만 독일에서처럼 민간의 협력을 얻기 위해 과도한 특혜를 제공하는 것은 국민경제적 관점에서 결코 바람직하지 않을 뿐만 아니라 통일 후 사회통합에도 부정적인 영향을 미칠 것이다.

여덟째, 통화통합이라는 과도기적 국면에서 나타날 수 있는 각종 편법이나 불법행위를 차단해야 할 뿐만 아니라 그에 의거한 부당 이익은 철저히 환수하는 조치를 취해야 한다. 특히 투기를 방지할 수 있도록 교환 대상이 되는 화폐 자산을 정확히 특정할 필요가 있을 것이다.

'전철복 후철계(前轍復 後轍戒)'라고 했다. 한국은 통화통합에 관한 한 동·서독을 충실한 반면교사로 삼아야 한다.

3. 경제 범죄

통화통합 과정과 통합이 발효된 이후 다양한 범죄가 발생했다.

1) '뱅크런'

1990년 7월 1일 통화통합이 발효되자 동독인들은 서독마르크를 손에 넣기 위해 은행 문이 열리기 전부터 길게 줄을 서서 기다리고 있었다. 은행 문이 열리자 서로 밀치고 들어서는 통에 사람들이 부상당하는 사고까지 발생했다. 교환되는 동독마르크 금액이 제한되자 불공정한 행위가 자행되었다. 동독마르크 예금을 보유하지 않았거나 예금 액수가 적은 사람이 제한된 금액을 초과하는 예금을 가진 사람과 담합해 계좌 개설에 필요한 동독마르크를 건네받아 계좌를 개설한 뒤 통화통합 후 서독마르크로 환전해 건네주거나 반분하는 사례가 다수 발생했다. 또한 서독 암시장에서 동독마르크를 매입해 계좌에 입금하는 사례도 많았다. 1990년 7월 1일부터 발효되는 조약이 1990년 5월 14일에 체결되었기 때문에 수백만 명의 동독 주민들은 조약이 발효되는 7월 1일까지 새로운 계좌를 개설해 예금을 분산시킬 수 있었다. 말하자면 통화통합 이전에 이미 동독인들은 1 대 1 교환 비율이 적용되는 금액을 계좌에 맞춰 넣기 위해 '뱅크런'을 했다. 은행 창구마다 새로운 계좌를 개설하고 입금하려는 사람들로 붐볐다.

모든 동독 주민은 계좌를 전환하면서 예금이 불법적인 거래를 통해 얻은 이익이 아니라는 점을 확인받아야 했지만, 구체적인 점검은 거의 없었다. 서독을 방문해 동독마르크를 암시장에서 저렴하게 매입해 동독으로 불법 밀반입한 사람들은 7월 1일 이후 막대한 차익을 거둘 수 있었다. 이 불법 밀반입에 적지 않은 서독인이 가담했다.

2) 외환 스캔들

한 사회질서가 다른 사회질서로 대체될 때면 언제나 사기꾼, 노름꾼, 횡령꾼, 투기꾼들이 날뛴다. 특히 통화통합 이행과 국가 통일이 단기간에 이루어진 독일의 경우에는 말할 것도 없다. 동·서독이 통합되면서 경제범죄의 공간이 넓어진 셈이다. 1990년 10월 구동독 및 코메콘 회원국과의 무역에서 슈테른 푸블리크(Stern Publik)가 벌인 사기 행각은 단적인 사례이다. 사기꾼들이 동독에서 코메콘 회원국들로 불법 수출한 금액은 1990년 10월에 검찰이 밝혀낸 것만도 3억 7500만 마르크에 달한다. 그중 2억 4900만 마르크는 은행 계좌와 현금으로 압수되었다. 총사기 금액은 이보다 훨씬 많은 수십억 마르크로 추정되었다. 가담자 수도 그 당시 체포된 네 명보다 많을 것으로 베를린 경찰은 추정했다.

연방 검찰과 경찰은 이러한 사기꾼들을 수사하면서 소련과 폴란드 당국의 협조에 의존했다. 동·서독 사기꾼들의 많은 불법 거래가 이 두 나라에서 정산되고 공범들도 두 나라에 몰려 있었기 때문이다. 동독의 체제전환으로 이 범죄자들에게는 새로운 여건이 조성되었다. 동독을 포함한 코메콘 회원국들 간의 무역은 각국의 통화가 자유롭게 태환되지 않았기 때문에 청산루블이라는 가상 통화로 일단 결제했다. 각국의 수출 기업은 수출을 통해 얻은 청산루블 표시 금액을 고정환율로 환산해 자국 통화로 지급받았다. 통화통합이 이루어진 7월 1일까지 동독에서도 그러했다. 수출을 통해 얻은 1청산루블에 대해 동독 수출업자는 4.67동독마르크를 받았는데 통화통합과 더불어 2.34서독마르크로 환산되었다. 이 환율은 당시 모스크바 암시장에서 거래되던 청산루블의 교환 비율보다 훨씬 높은 것이었다. 여기에서는 1청산루블이 0.2~0.3서독마르크로 거래되고 있었다. 사기꾼들은 2마르크가 넘는 이 차액에 착안했다. 그들은 대외무역 은행에 있는 계좌로 청산루블을 이체받기만 하면 되었다. 합법적으로는 6월 30일까지만 국가가 승인한 수출 대금만 이체받을 수 있었다.

구동독 체제하에서는 청산루블에 대해 동독마르크만 지불되었기 때문에 수출이 그다지 매력적인 사업이 아니었고, 따라서 통제가 느슨했다. 사기꾼들은 통화통합 이후 잠시 통제가 느슨한 틈을 이용해, 있지도 않은 수출을 6월 30일 이전에 허가된 것처럼 허위로 서류를 작성해 제출하거나 공범들에게 수출 선수금을 지불하도록 했다. 당시 동독 대외무역은행 부행장 욘 프리드마르(John Friedmar)는 "이미 6월에 새로운 상황을 이용하려는 시도들이 있었다는 것을 우리는 눈치챘다"라고 주장했다. 그리고 대외무역은행은 공급 증명이 없는 청산루블이 중앙은행 계좌로 이체되고 있다고 이미 6월에 보고했다고 한다. 중앙은행은 다시 동독 경제부에 이러한 의혹을 보고했다. 당시 중앙은행 이사 볼프-디터 베링(Wolf-Dieter Behring)은 "경제부는 이 업무에 전혀 준비가 되어 있지 않았다. 경제부에는 수출 업무를 통제하기 위해 대외무역국이 있다"라고 말했다.

10월 16일이 되어서야 연방경제부 산하 연방경제국에서 ≪연방관보≫에 "코메콘 회원국과의 수출 거래 및 그와 관련된 서류 교환 및 지불 거래의 결제에 관한 공고"가 게재되었다. 사기꾼들은 석 달 반 동안 큰 공을 들이지 않고 느슨한 통제와 모호한 관할을 악용했던 것이다. 통화통합으로 동독이 코메콘 회원국들과 하던 무역이 혼란에 빠졌다. 1990년 말까지는 상호 상품 공급에 관한 의정서가 유효했지만, 적지 않은 동독 기업들이 이미 합의된 수입 계약을 지키지 않았다. 코메콘 회원국에서 수입한 기계, 차량, 중간재는 품질이나 가격으로는 세계시장에서 경쟁하기 어려웠기 때문이다. 이로써 동독 기업들의 대코메콘 수입이 격감했다. 동독의 가장 중요한 무역 상대국 소련에서의 수입만 해도 1990년 전반기에만 전년 동기 대비 27% 이상 감소했다. 이는 그해 동독의 겨울이 따뜻하기도 했지만, 소련 측의 기술적인 문제로 인해 천연가스 수입이 급감했기 때문이다.

반면, 동독 기업들은 코메콘 회원국들에 계획대로 수출했다. 청산루블 교환 비율 덕분에 수익성이 매우 높았다. 그렇지만 코메콘 회원국들의 대동독 무역수지는 이 불균형 때문에 편향되어 있었다. 동독은 소련과의 무역에서 1990년 초부터 통화통합 때까지 97억 동독마르크 흑자를 기록하고 있었다. 그리고 7월 1일부터 이 흑자는 다시 57억 마르크 증가했다. 다른 코메콘 회원국들과의 무역에서도 비슷한 양상을 보였다. 10월 중순에 폴란드는 동독과의 무역에서 12억 마르크, 체코슬로바키아는 10억 마르크, 루마니아는 8억 마르크, 헝가리·불가리아·쿠바는 각각 6억 마르크 적자를 기록하고 있었다.

이 적자의 가치가 얼마나 되는지는 청산루블로 산정되어 있었기 때문에 곧바로 측정할 수 없었다. 그런데도 서독 정부는 1루블당 2.34마르크라는 비율을 그대로 수용했다. 통일조약에 동독의 파트너와의 경제 관계에서 '신뢰 보호'를 약속했기 때문이다. 이뿐만 아니라 코메콘 회원국들과의 무역에 의존하는 동독 기업들에게는 이 교환 비율이 생존을 보장해 주었기 때문이기도 하다. 역으로 코메콘 회원국들도 동독의 거래선에서 계속 공급받을 수 있었다. 아울러 코메콘 회원국들은 소련이 독일통일의 조건으로 제시한 '이전조약'을 서독 재무장관 테오 바이겔(Theo Waigel)과 협상해, 통화통합 후 5년 동안은 "과도한 추가적인 재정적·경제적 부담"을 주지 않기로 한 약속이 자신들에게도 적용할 것이라 믿고 있었다. 이는 통일독일에 통화통합에 따른 부담으로 작용했다.

3) 사기

동독 은행들에서는 범죄자들이 은행원들의 경험 부족을 악용하는 사례가 발생했다. 수표 사기는 정상적인 계좌를 개설하면서 시작된 대표적인 범죄 사례였다. 처음 몇 주 동안은 계좌를 정상적으로 운영하고 수표도 입금했다가 일주일 후 출금하기를 몇 차례 반복하면서 은행 직원들과 안면을 익히고 나면 입금한 수표를 현금으로 미리 출금하는 경우도 있었는데, 지불해 준 뒤 부도난 수표도 있었다고 한다.

서독마르크가 도입되면서 불투명한 거래가 시도되기도 했다. 동독인들을 상대로 바가지 상혼을 발휘하는 경우도 있었다. 또는 아무런 가치도 없는 청산루블로 표시된 수표를 마르크 표시 수표처럼 입금에 성공한 사례도 적지 않았다. 실제로 확인된 것은 없지만 이에 따른 손실이 수십억 마르크에 달했을 것으로 추산된다.

4) 절도

통화통합으로 폐기 처분해야 할, 액면가로 약 1000억 동독마르크인 약 6200만 장의 동독마르크 지폐가 지하 갱도에 묻혔다. 하지만 보안이 철저하지 않아 도난당하는 사례도 발생했다. 한 번도 실제로 유통된 적이 없는 200마르크, 500마르크 지폐를 포함해 인터넷에서 골동품처럼 거래되는 동독 화폐 일부는 이때 도난당한 화폐일 가능성이 있다.

'말라히트'라고 불리는 이 갱도는 1944년 8월부터 수용소 수감자와 노동자들이 비인간적인 조건 속에 강제 노역을 하던 장소이다. 나치는 이곳에서 공습을 피하면서 비행기 등 전쟁 무기를 생산했다. 이곳은 종전과 함께 4000명의 사망자를 남기고 폐쇄되었다.

독일연방군이 갱도 경비를 담당했을 때는 별다른 문제가 없었으나, 1999년 한 변호사에게 갱도가 매각되면서 상황은 달라졌다. 그해부터 화폐 수집가들 사이에서 신권인 동독 화폐 거래가 급격히 증가하면서 가격이 폭락했다. 지하갱도에 큰 구멍이 나 있어 절도범들이 드나들었던 것이다. 이 사실은 두 청년이 지폐를 두 개 자루에 가득히 들고 나오다가 현장에서 체포되면서 밝혀졌다. 2011년에는 할버슈테트에 있는 한 주택에서 10만 동독마르크를 경찰이 우연히 발견하기도 했다. 이 지폐는 부식되지 않고, 공기가 통하지 않는 밀폐된 장소에 보존되어 있었다. 재건신용은행(KfW)은 동독 중앙은행을 인수한 후 니더작센주에 있는 쓰레기 소각장에서 지폐를 소각했다. 그러나 이 조치를 너무 늦게 취해, 대량의 동독 지폐가 이베이 등 온라인에서 거래되고 있다.

● 참고문헌

Brenke, Karl. 2015. *Die deutsch-deutsche Währungsunion. Ein kritischer Rückblick.* DIW:
    Wochenbericht. Nr. 27

Brünneck, A. von. 1996. "Altschulden der LPG-Nachfolgebetriebe." *Neue Justiz,* 4/1996.

Busse, Tanja. 2001. *Melken und gemelkt werden: die ostdeutsche Landwirtschaft nach der*
    Wende. Berlin: Links Verlag.

Gerke, Jörg. 2017. *Ostdeutsche Bodenpolitik. de,* Beitrag vom 11. 3.

Küster, Katrin. 2002. *Die ostdeutschen Landwirte und die Wende.* Kassel.

Martens, Bernd. 2010. *Landwirtschaft in Ostdeutschland: der späte Erfolg der DDR.*
    Bundeszentrale für politische Bildung.

Mummert, Uwe. 1998. "Ordnunswechsel und politisch-ökonomische Prozesse – Das Beispiel der
    monetären Transformation Ostdeutschlands"(미발표 논문). Max-Planck-Institut zur
    Erforschung von Wirtschaftssystemen Jena(Hg.). *ORDO,* 49.

Pohl, Reinhard. 1990. "Alt-Schulden der DDR-Betriebe: Streichung unumgänglichlich." *Deutsches*
    Institut für Wirtschaftsforschung. Wochenbericht, H. 36.

Wioesenjahn, Ilona. 1998. "Die Übernahme des ostdeutschen Bankensystems – Ein
    Miliardengeschäft für westdeutsche Grosßbanken." *ICARUS, Zeitschrift für soziale*
    Theorie und Menschenrechte, Jg. 4, 1998/3.

통일독일의 경제통합 전략
한반도에 주는 함의

8

김호균

1. 머리말

2020년은 독일이 통일된 지 30주년이 되는 해였다. 분단 상태인 한국 사회에서는 독일통일에 대한 관심은 식을 줄 모른다. 최근에는 4차 산업혁명의 도전에 직면하면서 독일 사회경제에 대한 관심은 더욱 높아졌고, 2019년 일본이 도발한 '경제전쟁'을 치르면서 대안으로 독일과의 협력 강화가 떠오르고 있다.

통일의 해인 1989년에 20만 명의 동독인이 서독으로 순 이주했고, 21세기에 들어서도 10만 명에 이르렀던 동독인의 순 이주 행렬은 최근 쌍방향 이주가 거의 균형을 이루거나 오히려 신연방주로의 유입 인구가 유출 인구를 약간 상회하는 상황으로 반전되었다.

이렇게 균형을 맞추기까지 지난 30년 동안 어떠한 경제정책적 노력이 있었는지 분석해 그것이 한반도에 주는 함의를 살펴보려 한다.

2. 통일 비용 조달 형태

1) 상속부채상환기금

신탁청에 의한 국영기업 매각, 통화통합에 따른 기업부채, 동독 정부의 신용결제기금 상환을 위해 '상속부채상환기금(Erblastentilgungsfond)'이 연방정부의 특별 자산으로 1995년 1월부터 2015년 12월까지 운영되었다. 이 기금의 최고액은 1840억 유로에 이르렀다.

2) 독일통일기금(1990~1994)

서독에서 연방과 주 사이에 작동하던 재정 조정 메커니즘에 신연방주들을 즉각 편입시킬 경우, 신연방주와 구연방주 사이의 엄청난 재정 능력 격차 때문에 구연방주들은 예측 불가능한 재정 위험과 부담을 떠안아야 했다. 이에 통일조약에 경과 규정을 두어 1990년부터 1994년까지 전국적인 재정 조정 대신 '독일통일기금'을 연방의 특별 자산으로 별도의 기금을 설치했다. 이 기간에 총 822억 유로가 '독일통일기금'에서 지출되었고, 이 중 40%가 신연방주 지원에 사용되었다.

3) 연대협약 I (1995~2004)

새로운 재정조정 제도 내에서 신연방주와 베를린은 1995년부터 동등한 자격으로 전국적인 재정 조정에 참여하게 되었다. 재정 조정 차원에서 이루어지는 통상적인 이전 이외에 신연방주와 베를린은 분단의 후유증을 극복하기 위한 특별 급여를 연방정부에서 별도로 받았다. 「재정조정법」에 따라 2004년까지 연대협약 I 내에서 820억 유로를 연방특별용도보충할당(Sonderbedarfs-

Bundesergänzungszuweisungen, 이하 SoBEZ)으로 받았다. 1998년부터 2001년까지 연방정부는 경제력 격차를 완화하고 경제성장을 촉진하기 위해 주요 투자에 필요한 재정 지원을 신연방주에 제공했고, 지자체(Kommunen)에는 '동독재건투자촉진법(Investitionsförderungsgesetz Aufbau Ost)'에 따라 약 240억 유로를 공여했다. 재정 지원을 통해 인프라스트럭처 개선, 주택 건설, 도시계획 지원, 직업훈련 교육 지원, 과학 및 연구 개발 지원, 복지시설 정비를 위한 지자체 투자 촉진 조치 등을 지원했다.

2002년부터 2004년까지는 지원 정책의 지역화를 목표로, 연방정부의 지원이 「동독재건투자촉진법」에 의거해 신연방주의 낙후된 인프라스트럭처를 개선하기 위한 연방특별보충할당(Sonderbedarfs- Bundesergänzungszuweisungen, 이하 SoBEZ)으로 전환되었다.

4) 연대협약 II (2005~2019)

연대협약 I이 종료되자 곧바로 연대협약 II가 뒤를 이었다. 연대협약에 관

그림 8-1 **연대협약 II의 SoBEZ(2005~ 2019)**

(단위: 10억 유로)

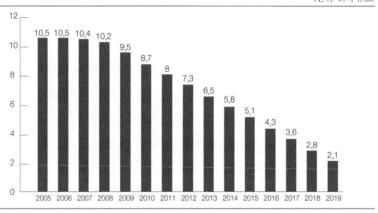

자료: Bundesregierung(2020: 94).

한 합의에 기초해 신연방주와 베를린은 2005년부터 2019년까지 총 1560억 유로를 받았는데, 금액은 매년 감소하는 추세이다(〈그림 8-1〉). 이는 '연대'를 구현하면서도 '자기 책임'을 강조하는 독일 사회적 시장경제 원칙이 반영된 결과로 보인다.

(1) 제I 바구니

이른바 제I 바구니(Korb I)에서는 연방이 인프라스트럭처 보강과 취약한 재정 능력의 조정 때문에 분단에 따른 특수 부담을 감당할 수 있도록 신연방주들에 SoBEZ 1050억 유로를 배정했다. 2019년까지 주별 할당이 「재정조정법」에 규정되었다.

「연대협약연속법(SFG: Solidarpaktfortführungsgesetz)」에 따라 신연방주들은 '동독 재건'의 성과 보고 차원에서 매년 인프라스트럭처 격차 해소의 진전, SoBEZ 자금 사용, 지자체 재정 상황(신규 채무 제한 포함)에 관해 안정위원회 (Stabilitätsrat)에 보고한다.

(2) 제II 바구니

연대협약 II의 이른바 제II 바구니에서 신연방주와 베를린은 2005년부터 2019년까지 경제적 회복 과정(Aufholprozess)을 촉진하기 위해 약 510억 유로의 이른바 '비례 이상의 지원'을 받았다. 재원의 배분은 제I 바구니와는 반대로 전 기간에 걸쳐 고정되지는 않았지만, 연방과 신연방주, 베를린에서 약 50억 유로에서 약 17억 유로까지 점차 줄이기로 합의했다. 이로써 제II 바구니는 처음부터 재원 배분뿐만 아니라 내용적으로도 유연한 수단으로 구성되었다. 그럼으로써 경제 분야에서 필요한 변화와 발전에 적절히 대응할 수 있었다. 이 바구니의 핵심 아이디어는 신연방주의 재건에 기여하는 투자에만 사용된다는 것이다. 경제, 연구개발과 교육, 교통, 주택 건설, 환경 정화 등 정책 영역에서 신연방주에 해당되는 사업, 신연방주에 중점을 둔 전국적인 지원 사업이 이 바구니에 포함되었다. 신연방주에 배정된 재원이 약 38%였으므로, 인구 비중 19%에 비해 두 배에 달했다.

5) EU의 구조 정책

유럽연합(이하 EU)의 구조 정책은 지역 간 개발 격차를 축소함으로써 EU의 경제적·사회적·영토적 결속력(Kohäsion)을 강화하는 것이다. 신연방주와 구연방주 사이의 경제적 불균형을 제거하고 임금 수준을 좁히는 것이 지난 30년 동안 독일에 대한 구조 정책의 중심이었다. 그래서 EU 재원도 상당 부분이 신연방주로 흘러들어 갔다. 이 중에서 특히 EU구조기금(EU-Strukturfonds)이 고용과 성장에 크게 기여했다.

유럽지역개발기금(Europäische Fonds für regionale Entwicklung, 이하 EFRE)은 EU의 지역경제구조를 개선하기 위한 중심적인 경제정책 수단이다. 신연방주의 모든 지역에도 경제정책상 중요한 의미가 있다. 2014~2020년 기간에 독일에 할당된 EFRE 재원의 60%가 신연방주에 배정되었다. EFRE 재원은 지역의 국제경쟁력을 강화할 잠재력이 있는 요소를 개선하는 투자를 지원한다. 그래서 연구개발(34%, 22억 유로), 중소기업 경쟁력 개선(24%, 16억 유로), 저탄소경제(23%, 15억 유로) 등에 투입되었다.

2020년 7월 유럽평의회(Europäische Rat)는 특별 회담에서 EU 재정계획에 관한 총량 합의에 도달했다. 독일 신연방주는 2021년부터 2027년까지 EU구조기금의 지원을 대폭 받을 예정이다. 폴란드와 체코 접경 지역의 주에는 각국 간 협력 사업에 대한 지원을 더 강화했다. 탈갈탄 전략으로 심각하게 타격을 입은 신연방주 지역에 대한 지원이 포함되었다. 이 지역들은 기후 중립적 경제로의 이행에 따른 경제적·사회적·생태적 영향에 대처하도록 공정이행기금(Just Transition Fund)에서도 추가 지원금을 받을 예정이다.

6) 발전 전략의 변경: 신연방주 재건에서 전국적 균등화로

2019년 말에 '연대협약 II'가 종료되면서 독일 정부는 신연방주 지자체의 재원조달과 경제재건(Finanzierung der Gebietskörperschaften als auch zum Aufbau der Wirtschaft)을 통한 '전국적인 생활수준의 점진적인 균등화(Angleichung)'라는 정치적 목표를 산업 기반 취약 지역에 대한 지원을 통해 '전국적으로 대등한 생활수준의 달성'하는 것으로 수정했다. 지역 구조 정책의 초점이 신연방주와 구연방주 사이의 격차 해소에서, 산업 기반이 취약한 지역과 튼튼한 지역 사이의 격차 해소로 수정되었다. 지리적 위치가 아니라 지역의 필요에 따르는 지원으로 전환된 것이다(Bundesregierung, 2020: 97). 또한 독일 정부는 기후 정책 차원에서 필수적인 탄광 지역의 구조 전환을 지원하는데, 여기에 신연방주 지역들이 포함된다.

3. 통일독일의 경제통합: 신연방주의 경제재건

통일독일 후 가장 시급한 경제적 과제는 신연방주의 경제재건이었다. 이 재건으로 신연방주에서 과거 동독 시절의 산업구조가 해체되고, 제조업을 중심으로 새로운 산업 생태계가 성장하는 것으로 나타났다. 30년에 걸친 경제재건의 결과, 구연방주와 신연방주의 경제적 격차도 많이 완화되었다. 그러나 균형 발전, 즉 지역 간의 경제력 격차 해소라는 관점에서 본다면 '남북 격차'라는 새로운 문제가 포착되었다.

1) 기업생태계의 변화

동독에서 사유화된 기업들의 애로 사항은 먼저 동독 상표에 대한 서독 소비자들의 이미지가 좋지 않았다는 점이었다. 게다가 동유럽 시장은 붕괴되었다. 동독 기업들은 자본이 부족했고, 설비시설 대부분이 노후했다. 종업원 4분의 3은 정리해고 해야 했다. 신탁청이 사유화한 국영기업은 1990년 6월 1일부로 400만 명 이상을 고용한 약 8500개 기업이었다. 콤비나트 해체로 인해 시간이 흐르면서 사유화될 기업 수는 증가했다. 마르크화 도입과 함께 사실상 평가절상이 이루어져 가격경쟁력을 상실하면서 동유럽 시장을 상실했다. 여기에 급격한 임금 인상도 동독 소재 기업의 경쟁력을 약화하는 요인으로 작용했다.

신탁청은 1994년 12월 31일 해산될 때까지 국영기업을 사유화했다. 사유화에 따라 일자리 150만 개가 구제되었고, 2000억 마르크 투자를 약속받을 수 있었다. 하지만 신탁청은 2040억 마르크 적자를 상속부채상환기금(Erblastentilgungsfonds)에 넘겨주고 해산했다. 약 3700개 기업이 청산되었고, 이로 인해 일부 지역에서는 대량 실업이 발생하기도 했다. 사유화와 청산으로 1994년 말까지 신탁청이 담당했던 일자리의 3분의 2가량이 상실되었다.

울리히 헤르베르트(Herbert, 2014)는 이 상황을 다음과 같이 요약했다.

1993년까지 신연방주 취업자 수는 970만에서 620만으로 3분의 1이 감소했고 170만 명이 서독으로 이주했으며 약 50만 명이 서독으로 출퇴근했다. 120만 명이 등록된 공식 실업자였고, 약 80만 명이 일자리 및 재교육 프로그램에 참여했다. 약 85만 명이 조기 퇴직했다. 620만 명의 취업자 맞은편에는 거의 300만 명의 실업자가 있었다. 1993년 신연방주에서 통일 전과 동일한 일자리를 가진 노동자는 30%에 못 미쳤다(Herbert, 2014: 1147).

이러한 거대한 구조 전환은 신연방주에 양날의 칼로 작용했다. 그것은 신연방주 주민들에게 엄청난 적응 압력으로 작용했지만, 다른 한편으로는 현대화가 신속히 이루어지는 데 기여해 중소기업 중심의 기업 생태계를 탄생시켰다. 이러한 생태계의 등장은 통일 직후 전개되었던 창업 열기에 기인했다. 1990년에만 약 13만 9000개 기업이 창업했고, 1995년까지 총 51만 개의 중소기업이 탄생했다. 이로써 신연방주 취업자의 절반이 넘는 320만 이상의 고용이 창출되었다. 1991년 신연방주에서 자영업자 비율은 평균 5.1%로 구연방주 9.0%에 비해 훨씬 낮았다. 이후 자영업자 비율은 꾸준히 증가하여 2005년에는 11.7%를 기록해 처음으로 구연방주의 자영업자 비율 10.9%를 추월했고, 이러한 상태는 계속되고 있다. 이처럼 수치상으로 신연방주의 중소기업 수는 구연방주를 넘어섰지만, 생산성 수준은 여전히 구연방주에 못 미치는 상태이다(Bundesregierung, 2020: 112).

신연방주에는 대기업이 부재하다는 사실이 오늘날 독일 기업 생태계의 가장 두드러진 특징이다. 대다수 콘체른 본부가 구연방주에 소재한다. 이러한 현상은 신연방주 기업 생태계의 '소규모성(Kleinteiligkeit)'으로 표현되며, 신연방주 경제가 생산성과 연구개발 활동에서 구연방주에 뒤떨어지는 근본 원인이 되고 있다.

대형 콘체른은 마술로 불러낼 수도 없고 위에서 지시할 수도 없다. 따라서 계속적인 만회 과정은 자력으로만 이루어질 수 있다. 주목할 만한 것은 지난 수년 동안 등장해 평균 이상으로 급속히 성장한 기업들이다. 신연방주에서는 약 3000개의 중소기업이 그에 속한다. 이들은 지난 6년 동안 매년 적어도 10% 성장했고, 민간 부문의 새로운 일자리의 절반 이상을 창출했다(Bundesregierung, 2020: 113).

이 기업들이 동·서독 균등화에 크게 기여했으므로, 연방정부는 중소기업의 성장 기회 강화를 '핵심 목표(zentrales Ziel)'로 한다. 연방정부는 이 기업들 중 상당수가 중견기업이나 대기업으로 성장해 '소규모성'을 탈피할 수 있을 것으로 기대한다.

2) 신연방주 제조업 재건

구동독은 제2차 세계대전 전후, 유럽뿐만 아니라 분단 후 사회주의권에서도 가장 강력한 제조업 강국이었다. 분단 이후 전후 처리 과정에서 동독의 생산설비가 해체되어 전쟁 보상 차원에서 소련에 이송되기도 했지만, 사회주의권에서 제조업 강국으로서의 위상은 유지되었다. 그러나 통일 직후 조급하게 진행된 신탁청 매각 과정에서 서독에 비해 경쟁력이 뒤떨어진 제조업은 '공동화' 양상을 보이며 해체되기에 이르렀다. 해체 속도가 빨랐던 만큼 재건되는 속도도 빨랐다. 5년 단위 평균으로 볼 때 신연방주의 제조업은 1990년대 중반부터 2015년까지는 독일 평균 이상으로 발전했지만, 그 이후에는 구연방주에 비해 성장률이 떨어지고 있다(〈그림 8-2〉).

신연방주 총생산에서 제조업이 차지하는 비중은 약 17%(구연방주에서는 23%)에 이른다. 독일 전체 제조업 생산에서 차지하는 비중은 9%(베를린을 포함하면 11%)에 불과하지만, 1989년부터 1995년까지 신연방주 제조업의 몰락했

그림 8-2 **신구연방주 제조업 연평균 생산 증가율**

(단위: %)

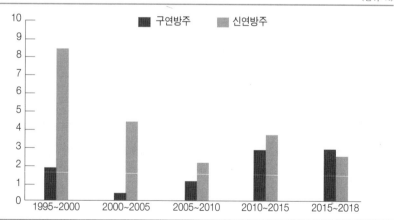

자료: Bundesregierung(2020).

그림 8-3 **노동자의 노동시간당 총가치 생산(경상가격 기준)**

(단위: 유로)

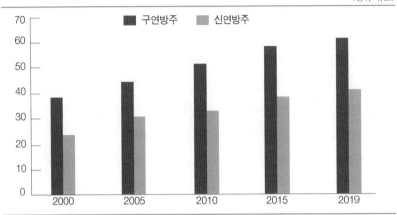

자료 : Bundesregierung(2020: 119).

다는 것을 감안한다면 괄목할 만한 성과라고 할 수 있다. 신연방주의 제조업 일자리는 1989년 330만 개에서 1995년 약 88만 5000개로 감소했다. 이는 동독 시절의 4분의 1로 감소한 수치였다.

사유화된 기업의 현대화와 새로운 창업이 가치 창출의 부활과 제조업의 성장을 역동적으로 이끌었다. 가령 오늘날 독일 자동차 7대 중 1대는 신연방 주에서 생산된다. 이러한 경이로운 발전에도 신연방주 제조업은 구연방주의 산업 입지와의 격차를 확대하는 일련의 구조적 도전에 직면하고 있다. 이는 생산성 격차가 줄어들지 않고 있다는 것을 의미한다. 그 이유로는 신연방주 경제의 '소규모성'이 가장 크게 작용한다. 게다가 글로벌 콘체른 다수가 신연 방주에 공장은 두고 있지만, 본사를 두고 있는 글로벌 콘체른은 없다. 대체로 본사 부근에 고부가가치 사업 부문이 자리하기 때문에 신연방주 소재 공장들 은 혁신 역량이 높지 않다(〈그림 8-3〉).

그 밖에 신연방주 제조업은 구연방주에 비해 부가가치가 높지 않은 중간 재 생산에 집중하므로 산업 밀도가 구연방주에 비해 낮다. 특히 세계적인 중소기업('히든 챔피언')이나 혁신 역량이 높은 특화된 공급 업체도 부족하다. 따라서 제조업 부문의 주민 1인당 총가치 창출도 구연방주의 절반 정도에 지나지 않는다. 생산의 연관성이나 유사성이 높아 서로 보완적이고 네트워크 구조로 통합된 기업들의 집적을 지원할 필요가 있다. 경쟁력 있는 생산사슬과 기업, 연구소 클러스터의 네트워크 구성을 강화하기 위해 디지털 네트워크 구축이 중요하다.

3) 경제 성과

　광범위한 지원 정책은 신연방주의 경제성장, 고용 증대, 후생 증대를 불러왔다. 하지만 경제발전의 균등화는 아직 끝나지 않았다. 독일 경제 전체가 코로나 확산으로 타격을 입고 있다. 2019년 말까지 신연방주는 호황을 누렸지만 코로나19 확산으로 종전 이래 가장 심각한 경기침체를 맞았으며, 이는 신연방주에도 영향을 미쳤다. 그렇지만 2009년 금융위기 때와 마찬가지로 신연방주는 코로나19로 인한 세계적인 경기침체에는 영향을 덜 받는 양상을 보인다. 독일이 2019년에 1.3% 성장을 달성하는 데는 베를린의 2.3% 성장이 기여했다. 2019년까지 5년 동안 베를린은 독일 전체 주 중에서 가장 높은 성장률을 기록해 왔다. 신연방주 전체로는 2019년에 독일 전체 평균 국내총생산(이하 GDP)의 79.1%를 달성했다. 이로써 전년 대비 구연방주와의 격차가 0.9%p 감소했다. 구연방주 평균의 72.6%를 달성해 신연방주와 구연방주의 격차 축소를 의미하는 '수렴 과정(Konvergenzprozess)'은 계속되고 있다.

　이러한 수렴 과정이 모든 신연방주에서 균등하게 이루어지는 것은 아니다. 신연방주 내에서도 분화가 일어나고 있다. GDP 기준으로 보면 신연방주 중에서도 작센주가 전국 평균에 가장 빨리 접근하면서 구연방주 중에서 가장 취약한 자를란트에 접근하는 양상을 2009년부터 보이고 있다. 메클렌부르크포어포메른주의 상대적 낙후성은 유지되는 양상이다. GDP 기준으로 신연방

그림 8-4 주민 1인당 GDP

(단위: %)

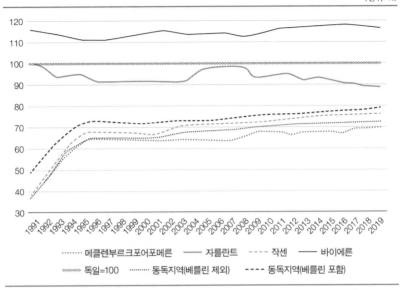

메클렌부르크포어포메른 ······· 자를란트 ─── 작센 ─── 바이에른 ───
독일=100 ∞∞∞∞∞ 동독지역(베를린 제외) ········ 동독지역(베를린 포함) ----

자료: Bundesregierung(2020: 114).

주들은 유럽 평균에 접근하고 있지만, 메클렌부르크포어모메른주는 유럽 평균의 84%, 라이프치히 도시 지역은 99%에 도달해 있다(〈그림 8-4〉).

　신연방주의 이러한 만회 과정은 기술혁신에 의거해 경쟁력을 갖춘 강력한 중소기업들에 의해 주도되었다. 이들은 많은 일자리도 창출하고 있다. 그렇지만 구연방주에 비해서는 여전히 격차가 존재한다. 신연방주 중에서 독일 전체 평균에 도달한 주는 없으며 구연방주 중 가장 낙후된 주의 수준에도 도달하지 못했다. 1인당 GDP와 임금 수준을 기준으로 하면 신연방주의 경제적 중심 지역만 구연방주의 취약 지역 수준에 도달했다. 따라서 신연방주들은 여전히 '경제구조적 취약 지역(wirtschaftliche Strukturschwäche)'으로 표현되고 있다. 이 지역들에서는 실업의 증가와 함께 주민 수 감소 및 노동량 감소가 병행되고 있다. 실업이 감소해도 1인당 노동시간은 더 길고, 해외 전문 인력의 유입은 구연방주에 비해 훨씬 적다. 이로 인해 민간 수요의 감소, 후계자, 창업, 혁신 분야에서 잠재력의 감소가 발생한다. 이러한 추이는 다른 지역도 마찬가지지만 신연방주가 구연방주에 비해 좀 더 먼저, 강력하고 광범위하게 타격을 입고 있다. 이는 다시 경제력 격차를 확대하는 원인이 되고 있다.

4. 통합 전략의 변화

1) 배경

통일 30주년을 맞이해 작성된 연방정부의 「통일 30주년 연방정부 연차보고서」(Bundesregierung, 2020)에 따르면 동·서독 사이에 생활수준 균등화가 크게 진전되었으나, 독일 사회에는 '새로운 양극화'(Bundesregierung, 2020: 14)가 초래되었다는 사실을 밝혀냈다. 그래서 독일통일을 '아직 완결되지 않은 과정'(Bundesregierung, 2020: 15)으로 인식하고 있다. 이에 연방정부는 '내부 통일'(Bundesregierung, 2020: 15)을 달성하기 위해 '평화혁명과 독일통일30년위원회'를 위촉했다.

좀 더 구체적으로는 소득, 고용, 인프라 등에서 아직 '현저한 지역 간 격차'가 존재하지만 '대등한 생활수준(gleichwertige Lebensverhältnisse)'의 달성이라는 점에서 큰 진전을 이루었다고 평가하고 있다. 신연방주의 1인당 GDP는 1990년 37%에 지나지 않았지만, 2019년에는 구연방주의 73%, 베를린을 포함하면 79.1%에 이르렀다. 1996년 이후 이 격차가 좁혀지는 속도는 크게 저하되었지만(〈그림 8-5〉), 그래도 30년 사이에 신연방주의 GDP는 네 배, 베를린을 포함하면 세 배 증가했다.

더구나 구연방주와 신연방주 사이의 소득 격차는 정부의 2차 소득분배 조치의 영향으로 더 많이 좁혀졌다. 2018년 신연방주 가계의 처분 가능 소득은 국가의 조세제도와 이전지출제도 덕분에 더 격차를 좁혀 연방 평균의 88.3%

그림 8-5 주별 평균 노동시간(2018)

(단위: 시간)

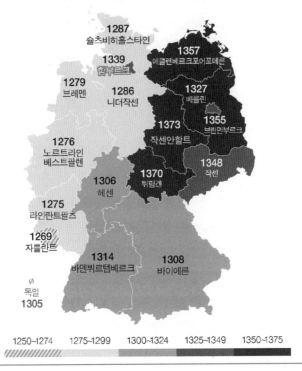

자료: *Tagesspiegel* (2019.10.3).

에 이르렀다. 1990년 이후 독일의 생활수준이 전국적으로 대등하다고 할 수는 없지만, 그래도 꾸준히 개선되고 있다. 이처럼 신연방주가 구연방주를 추격할 수 있었던 가장 큰 힘은 신연방주들에서 이루어진 기술혁신과 그것을 기반으로 성장한 중소기업(Mittelstand)이다. 그렇지만 신연방주의 생활수준 향상이 모든 주에서 고르게 전개된 것은 아니다. 신연방주 사이에서도 차이가 드러나 신연방주에서 가장 부유한 브란덴부르크주와 작센주는 이미 구연방주에서 소득수준이 가장 낮은 자를란트에 근접하고 있다(〈그림 8-4〉). 또한 최근에는 산업 기반이 약한(strukturschwach) 지역과 강한 지역, 도시와 농촌 사이의 격차가 두드러진다. 노동시장에서 독일의 분단은 이제 동과 서가 아니라 산업 기반이 취약한(strukturschwach) 지역과 그렇지 않은 지역으로 나뉘고 있다(Bundesregierung, 2020: 15). 이에 따라 보수적인 ≪프랑크푸르트 알게마이네 차이퉁≫도 독일은 적어도 경제적으로만 본다면 아직도 여러 가지 이유로 '분단국(geteiltes Land)'(*Frankfurt Allgemeine Zeitung*, 2018.4.19)이라는 평가를 내리고 있다. 앙겔라 메르켈 전 총리도 '체제적 격차(Systemische Unterschiede)'가 존재한다는 것을 인정했다. GDP, 성장률, 생산성 등 모든 중요한 경제지표에서 신연방주는 구연방주에 뒤처지고 있다. 최근 들어 격차 축소 경향이 더는 진전되지 않고 있고, 양측 모두 불만이 가득하다. 구연방주에서는 이미 신연방주에 2조 유로를 지원했음에도 아직도 지원을 요구하는 것을 이해하지 못하며, 신연방주에서는 자신들의 평생 노고가 여전히 충분히 인정받지 못하고 있다고 생각한다.

신연방주의 생활수준이 꾸준히 향상되어 왔음에도 불구하고 신연방주와 구연방주 사이의 격차가 지속되는 이유로 먼저 임금 격차를 꼽을 수 있다. 한스-뵈클러재단(Hans-Böckler Stiftung)의 조사에 따르면 통일 30년이 지났어도 신연방주 노동자들은 구연방주 노동자들에 비해 평균 거의 17%나 적은 임금을 받는다. 이 임금격차는 단시일 내에 해소되지 않을 것이다. 2005년 이후 신연방주와 구연방주의 임금 인상이 거의 나란히 이루어지고 있기 때문이다. 2010년부터 2014년까지는 임금격차가 오히려 약간 확대되었다가 다시 접근하고 있다. 반면에 노동시간은 신연방주가 더 긴 것으로 나타났다(〈그림 8-5〉).

자산 격차도 생활수준 격차의 원인으로 지적되고 있다. 연방은행 조사에 따르면 신연방주 가구당 순자산의 중윗값은 2만 3400유로인 데 비해 구연방주의 값은 9만 2500유로로 약 네 배가 많다. 이 격차는 앞으로도 크게 변하지 않을 것이다. 구연방주에서는 소득이 100만 유로가 넘는 지자체가 다수인 데 반해, 신연방주에는 그러한 지자체가 거의 없다.

신연방주들의 높은 실업률도 경제적 격차를 설명하는 요인 중 하나다.

그림 8-6 독일 500대 콘체른 본사 분포 현황

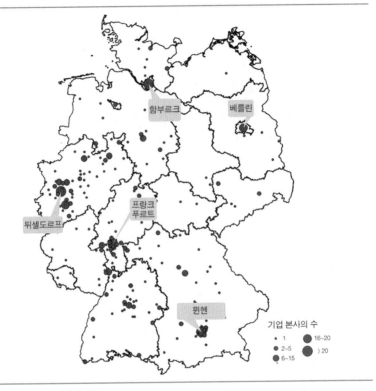

자료: IWH(2019: 37)에서 재인용.

2019년 9월 신연방주 실업률은 6.1%로 구연방주의 4.6%에 비해 높았다. 이는 물론 예전에 비해서는 크게 낮아진 수치다. 통일 직후인 1991년 9월에는 신연방주의 실업률이 11.4%로 구연방주의 5.9%에 비해 두 배 가까이 높았고, 1990년대 말에는 대량실업이 발생하여 그 격차가 더욱 커지기도 했다. 1999년 9월 신연방주의 실업률은 18.4%, 구연방주는 9.1%였다.

　고소득층이 구연방주에 몰려 있는 것도 생활수준 격차의 원인으로 지목되고 있다. 독일 500대 콘체른 중 신연방주에 본사를 둔 기업은 약 7%에 지나지 않는다. 인구 비례로 배분이 된다면 약 20%는 되어야 할 것이다(IWH, 2019:

37). 독일의 30대 기업 사장 중 미국 출신 1명, 벨기에 출신 1명도 있지만, 동독 출신은 1명도 없다. 2018년 독일주식거래소(Dax)가 실시한 설문조사 결과에 따르면 독일의 대규모 주식회사에 재직하는 196명의 이사 중 5명만이 동독 출신이었다. 또한 독일주식거래소에 상장된 기업 중 신연방주에 본사가 있는 기업은 하나도 없었다.

정치에서의 구연방주 편중도 이에 못지않다. 2019년 기준으로 14개 부처에 신연방주 출신 국장은 1명도 없었고, 나머지 3개 부처에는 1명씩 있었다. 120명의 국장 중 신연방주 출신이 3명이었던 셈이다.

2) '대등한 생활수준'을 위한 새로운 지원 프로그램

연대협약 II가 시행되면서 신연방주에서 성과를 거두었기 때문에 연방정부는 전국적으로 '대등한 생활수준'을 달성하기 위한 프로그램을 시작할 수 있었다. 그 중심에는 모든 시민의 참여 가능성을 지리적인 위치에 따라서가 아니라 지역의 필요에 따라서 개선하려는 의도가 있었다.

인간은 그가 사회적·문화적인 생활에 참여하고 자신의 관심사가 잘 보존된다고 느끼는, 살 만한 가치가 있는 공동체에서 살 때 소속감을 느낀다. 이익을 실행하는 것은 우선적으로 공동체에 의한 생계 보장 의무 업무 영역에 포함된다. 그렇지만 좋은 생활 조건을 현장에서 마련하고 보장하는 것은 공공기관, 시민사회, 복지협회, 경제계의 공동 과업이다(Bundesregierung, 2020: 97).

통일 전 구연방에서 수십 년에 걸쳐 노력을 했음에도 지역 격차가 모두 해소되지는 않았다. 그럼에도 불구하고 경제적 취약 지역에 대한 지원은 좋은 결실을 보여주었다. 마찬가지로 통일 후 구연방주와 신연방주 사이의 불균등한 생활수준의 원인과 결과에 대한 대응은 필요하다. 통일 30주년을 맞이해

'대등한 생활수준'의 달성이라는 목표를 좀 더 구체적인 문제에 적용할 필요가 있었다. 이에 '대등한 생활수준'위원회의 분석 결과를 토대로 연방정부는 2019년 7월 전국 차원의 취약 지역 지원 체계 시행, 취약 지역 일자리 창출, 광대역 이동통신의 전국 확대, 농촌 지역 지원, 도시 서민주택 확충, 시민사회 참여 강화, 지자체 부채의 공정한 해결, 시민 공동생활의 지원 등 12개 항목의 우선순위를 결정했다.

'대등한 생활수준'의 보장은 「공간질서법(Raumordnungsgesetz)」에 의거해 지속가능성 목표를 지향한다. 그것은 사회경제적 요구와 생태적 기능의 균형 이외에 지속 가능한 공간 질서이어야 한다는 목표가 동등한 위상을 가진다. '대등한 생활수준'을 달성할 때 지속 가능한 국토 활용과 환경보호 및 기후보호가 중요한 역할을 한다. 따라서 '대등한 생활수준'을 둘러싼 논란에서 환경보호와 기후보호가 갈수록 중요한 역할을 한다.

2020년에 '연대협약 II'에 이어 시작된 '취약 지역 지원 프로그램'은 6개 연방 부처가 관장하는 20개 연방 프로그램으로 구성되어 있다. 이 프로그램들은 특정 지역을 배타적으로 지원하거나 다른 지역에 비해 많이 지원하거나 특정 지역을 위해 지원 조건을 완화하는 방식으로 운영되고 있다. 각 지역의 경제발전과 고용 및 소득 증대에 필요한 기본 여건을 마련하기 위한 새로운 프로그램이 지속적으로 개발되고 있다.

향후 수년간 신연방주의 성장은 독일 전국 평균에 미치지 못할 것이므로 지원 대책이 꾸준히 필요할 것이다. 2020년부터 취약 지역을 위한 새로운 지원책이 시행되고 있다. 아울러 광범위한 투자 혁신 지원책이 필요하며, 특히 4차 산업혁명과 맞물려 중소기업 경쟁력 강화 대책이 반드시 필요하다. 독일은 코로나19 확산에 직면해 수출 강국으로서 경제적 악영향을 극복하며 공급망을 복구하고, 다양한 세계경제의 도전에 대항해야 할 필요성을 인식하고 있다. 신연방주의 중소기업 중심의 경제구조가 코로나 위기에 취약하다는 점은 새로운 도전 과제가 되고 있다.

표 8-1 | **투자 촉진 지원 프로그램**

타인 자본 지원 프로그램	자기 자본 지원 프로그램	보조금
- ERP의 지역 프로그램 - ERP 디지털화 및 혁신 신용 - 재건신용은행의 기업 신용 - 벤처 기술 성장 금융 - 연방정부의 보증 및 재보증	- ERP 참여프로그램 - ERP/EIF Dach 기금 - ERP/EIF 성장 설비 - ERP-혁신메자닌 - 유럽독일엔젤기금(EAF) - 독일메자닌 Dach기금(MDD) - ERP 벤처 캐피털 기금 조달 - 독일마이크로메자닌기금 - 연방재보증 - 하이텍창업금 - 벤처캐피털기금(coparison)	- 연방정부와 주 정부의 공동 과제 '지역경제구조 개선(GRW)'

자료: Bundesregierung(2020: 119).

(1) 투자 지원 프로그램

기업의 투자 지원 프로그램으로는 타인 자본 지원 프로그램과 자기 자본 지원 프로그램, 보조금이 있다.

타인 자본 지원 프로그램으로는 신연방주가 2019년에 약 700개 프로젝트에 필요한 2억 2400만 유로 규모 자금을 지원받은 유럽 회복 프로그램(ERP)의 지역 지원 프로그램을 들 수 있다. 나아가 연방정부가 부도 위험의 80%까지 보증을 보장하기도 했다. 1991년부터 2019년까지 보증금 1000만 유로 이상의 신연방주 투자 사업 약 150건에 대해 85억 유로의 보증을 공여했다. 2020년 1월부터는 모든 취약 지역에 공여하고 있다.

신연방주에서도 자기자본 형태의 재원조달이 갈수록 중요해지고 있다. 일차적으로 지분 참여 회사, 벤처 캐피털, 엔젤 자본 등을 통해 재원을 조달하지만, 공공 지원 수단을 통해서도 조달하고 있다. 가령 연방은 유럽투자기금(EIF)과 재건신용은행(KfW)과의 협력을 통해 이 자기 자본 투자자들에 투자할 수 있다. 또한 하이텍창업기금이나 벤처캐피털기금(coparison)처럼 스타트업에 직접 자기자본을 공여하는 지분 참여도 있다. 그 밖에 모든 연방주에서는 연방과 주 정부가 재보증하는 지분 참여 회사들이 활동하면서 기업의 자기 자본을 강화하고 있다. 연방정부와 주 정부가 공동으로 운영하는 '지역경제 구조개선'(이하 GRW)을 통해 보조금이 지급되고 있다. 2020년에는 8억 5000 만 유로, 2021년에도 2억 5000만 유로가 경기 활성화 패키지에 배정되었다. 2014년부터 GRW의 약 80%가 신연방주에 배정되어 있으며, 이의 집행은 주 정부가 담당하고 있다.

(2) 창업

2019년 신연방주는 창업 지원 예산에서 4억 3960만 유로를 받아 전체 창업 지원의 14.7%를 차지했다. 2017년부터는 디지털 사업을 강화하기 위해 ERP 특수 자산에서 혁신 지원을 보강했다. 소기업과 영세기업을 위해 2015년 부터 2019년까지 마이크로신용기금에서 신연방주 1412건에 대해 1270만 유로를 지원했다. 이는 전체 마이크로 신용의 26%에 해당하는 규모였다. 2019년 에는 402개의 영세기업 창업에 약 380만 유로가 지원되었다.

혁신적인 청년 기업의 벤처 자본을 지원하는 INVEST-보조금 사업에 2019년 말까지 지원한 벤처기업 중 22.5%가 신연방주 소재 기업이었다. 하이텍창업 기금(이하 HTGF)은 2019년에 16개 창업 기업에 739만 유로를 지원했는데, 이 는 HTGF 전체 지원금의 약 27%를 차지하는 금액이었다.

(3) 혁신 지원(IFE, INNO-KOM-Ost, ZIM)

통일과 함께 중소기업의 파산이 이어지면서 동독의 연구개발 역량이 격감 했다. 연방정부는 신연방주 중소기업의 혁신 역량과 경쟁력을 강화함과 동시 에 경쟁력 있는 연구개발 역량의 보존과 확장에 필요한 지원 프로그램을 시 행했다. 가령 2008년에 시작된 '중소기업 중앙 혁신 프로그램'(이하 ZIM)에 기 존의 지원 프로그램이 모두 통합되어 운영되고 있다. ZIM은 EU의 새로운 지 원법에 따라 국제 혁신 네트워크 지원 제도를 도입했다. 2020년에는 취약 지 역 기업을 위한 지원 제도를 도입하여 독일 최대의 혁신 중소기업 지원 프로그램으로 도약하고자 했다. 이 프로그램의 지원금 약 40%가 신연방주로 흘러들어 가고 있다.

동독 시절, 대부분의 대형 콤비나트 연구실에서 이루어지던 연구개발을 콤비나트 사유화 과정에서 외부 산업연구시설(IFE)이 사유화했다. 이 과정에서 발생한 급격한 인력 감축으로 연구 역량이 상실될 위험에 처하자 2009년 IFE 지원 프로그램을 시장경제 방식으로 개혁했다.

(4) 경제 클러스터

기업의 경쟁력은 공급망과 가치사슬에 크게 좌우된다. 그러므로 성장을 위한 정부 지원에서 경제 클러스터 지원이 중요 부분을 차지한다. 이를 통해 지역의 전략적 경쟁 우위를 확보할 수 있기 때문이다.

클러스터 이니셔티브는 지역의 구조 정책 및 혁신 정책과 연결된다. 신연방주 클러스터들은 생명공학, 의술공학, 생산기술, 광학, 계측 기술, 보건 사업에서 특히 역할이 활발하다. 혁신 클러스터는 경제적 구조 전환에서 중요한 의미가 있다. 2012년 시작된 'go-cluster' 프로그램은 독일의 84개 혁신 클러스터를 통합하고 있는데, 이 중 16개가 신연방주에 소재한다.

(5) 디지털 전환

디지털화는 단순한 기술혁신을 넘어서는 것이다. 독일 프라운호퍼공공IT 연구소의 국가 순위를 보면 신연방주는 2019년 디지털 지표에서 뒤떨어지고 있다. 중소기업과 수공업의 디지털 전환을 지원하기 위한 핵심 수단으로는 연방정부가 지원 프로그램 '중소기업 디지털'의 일환으로 구축한 총 26개의 중소기업4.0역량센터 네트워크가 있다. 신연방주에는 총 18개의 지역 역량센터가 있는데 각 주에 하나씩 설치되어 있다. 26개 가운데 나머지 8개는 주제별·부문별로 연방 전역에서 활동하는 역량센터로 구축되어 있다. 2019년에는 연방정부의 인공지능 전략의 틀 안에서 50개 이상의 인공지능 트레이

너가 마그데부르크, 베를린, 일메나우, 켐니츠에 유치되었다.

새로운 투자 보조 프로그램 '지금 디지털-중소기업 투자 지원'에서는 500인 미만 중소기업과 수공업에 재정 지원을 제공하고 있다. 여기에는 디지털 기술에 대한 투자와 디지털 전문 인력에 대한 투자가 포함되어 있다.

지원 프로그램 'go-digital'은 2017년부터 인가받은 컨설팅 기업을 통해 중소기업에 맞춤형 컨설팅 서비스를 제공하고 있다. 2019년까지 신연방주 소재 컨설팅 기업 199개가 인가를 받았다. 2019년에는 지원 예산의 27.9%가 신연방주 중소기업을 위해 사용되었다. 그 밖에 디지털 허브 이니셔티브를 통해 독일을 디지털 거점으로 발전시키고자 12개의 주제별 디지털 허브를 구축해 연결시켰다. 이 허브에는 스타트업, 기업, 연구 기관, 전문가가 협력하면서 참여하고 있다.

5. 한반도를 위한 시사점

신연방주는 경제적 측면을 보면 1인당 GDP나 임금이 대체로 구연방주 가운데 산업구조가 취약한 주와 대등한 수준까지 발전했다. 그러나 신연방주에는 생산성과 임금 수준이 높은 지역이 여전히 존재하지 않는다. 이러한 상황은 '연대기금 II'가 종료된 뒤 연방정부가 지역 정책을 신연방주에 국한하지 않고 산업구조가 취약한 전국 차원의 지역 문제로 접근하도록 만들었을 뿐만 아니라 신연방주에서 취한 지역 구조 정책 수단들이 효과적이었음을 증명하는 근거가 되었다. 그리고 이러한 판단을 뒷받침하는 여론조사 결과도 있다. 포어슝스그루페 바렌(Forschungsgruppe Wahlen)이 2019년 8월 실시한 설문조사에 따르면, 독일인 51%는 '동쪽'과 '서쪽' 사이에 공통점보다 차이점이 많다고 답변했다(FGW, 2019: 50). 그러나 다른 한편으로 북부 독일과 남부 독일 사이에도 공통점보다 차이점이 많다고 답변한 독일인이 46%에 이른다는 사실은 이제 독일의 지역 구조 정책의 초점이 신연방주와 구연방주 사이의 격차 해소가 아니라 산업 기반의 격차 해소로 이동했다는 것을 보여준다. 통일독일 30년의 경험은 한국에는 모범이자 반면교사로서 다양한 시사점을 제공한다.

첫째, 통일정책에서 통합 정책으로 전환하는 독일 정부의 판단에서 눈에 띄는 점은 '대등한 생활수준'이 의미하는 바가 '거주지와 상관없이 독일에 사는 모든 인간을 위한 좋은 발전 기회와 참여 가능성(Teilhabemöglichkeit)'(Bundesregierung, 2020: 15)이라는 사실이다. 이는 사람 중심의 경제 질서로, 사회적 시장경제 철학이 반영된 통합 목표의 설정으로 해석될 수 있다. 또한 물질적 가치뿐만 아니라 비물질적 가치도 중시하는 독일 정부의 가치관도 볼 수 있다. 아울러 이러한 대등한 생활수준을 달성하기 위해 시장에만 의존하지 않고 '정치적 구성(politische Gestaltung)'에 관한 국가의 역할을 강조하는 것을 볼 수 있다.

둘째, 신탁청이 속전속결로 구동독 국영기업을 사유화하거나 폐쇄한 후유증이 오늘날까지도 남아 있다. 특히 대규모 콤비나트의 해체는 오늘날 신연방주들에 콘체른 본사가 하나도 없는 현실의 간접적인 원인이 되고 있다. 이는 우리에게 시사하는 바가 크다.

셋째, 독일 정부가 정치·경제만이 아니라 시민사회의 참여를 지원하려는 노력도 인상적이다. 이는 동독에서 '평화혁명'을 이끈 주체가 시민사회와 시민참여였기 때문에 당연하다고 볼 수 있지만, 적지 않은 '혁명'이 배신당한 역사적 경험에 비춰본다면 시사점이 더더욱 크다고 생각한다. '연대협약(Solidarpakt)'뿐만 아니라 '민주주의 살아보기!(Demokratie leben!)'나 '참여를 통한 결속(Zusammenhalt durch Teilhabe)' 등에도 당연히 관심을 기울여야 한다.

넷째, '인간 중심'의 사회적 시장경제 구상이 통일의 편익(Nutzen)에서 충분히 관철되고 있는지 의문이다. 1996년 이후 신연방주와 구연방주 사이에 격차가 좁혀지지 않는 근본적인 이유는 연방정부가 통일 후 통합과정(Integrationsprozeäß)을 과도하게 '시장'에만 맡겨놓았기 때문은 아닌지 검토할 필요가 있다. 독일 사회가 한국 사회에 비해 '자기 결정'과 '자기 이니셔티브'를 강조하는 것은 시민사회에 대한 정치의 접근에서도 분명히 읽히지만, 그것이 실제로 정부정책으로 구현될 때에는 정권을 담당하는 정치세력의 이념적 지향도 적지 않은 의미를 가지는 것으로 보인다.

다섯째, 1996년 이후 신연방주와 구연방주 사이의 격차는 20~30% 수준에서 유지되고 있다. 이는 통일 전 서독 내에서도 가장 부유한 주와 가장 빈곤한 주 사이의 격차와 비슷한 수치이다. 이 문제는 물론 단지 통일과 연관된 문제만이 아니라 전반적인 '불평등 심화'의 문제이기는 하지만, 이 정도의 격차가 통일독일의 사회적(sozial) '지속 가능성'을 평가하는 지수가 될 수 있을지는 점검할 필요가 있다.

여섯째, 정부의 통일정책에 대한 수용성이나 자신감을 높이기 위해서는 통일비용(Einheitskosten)을 넘어 통일편익(Einheitsnutzen)을 포함하는 통일재정(Einheits-finanz) 또는 통일수지(Einheitsbilanz) 개념을 개발할 필요가 있다. 김대중 정부 당시 한반도 통일 비용의 추산이 과도하게 언론에 보도되면서 국민들 사이에 통일에 대한 부정적인 인식이 확산되었고, 그로 인해 현재도 청년층 사이에는 통일에 대한 소극적인 자세가 만연해 있다는 것을 부인할 수 없다. 하지만 ≪프랑크푸르트 알게마이네 차이퉁≫은 통일 25주년인 2015년에 이미 2조 유로에 달하는 통일비용이 지출되었지만, 그 덕분에 신연방주에 대한 지원이 '제2의 경제 기적'을 불러일으켰으므로 '역사상 최고의 투자'로 해석해야 한다고 주장한 바 있다(FAZ, 2015.9.30). 한반도 또한 통일재정 개념의 도입과 공론화를 통해 통일 환경을 개선해야 한다.

● 참고문헌

Bundesregierung. 2020. *Jahresbericht der Bundesregierung zum Stand der deutschen Einheit.*

Forschungsgruppe Wahlen(FGW). 2019. *30 Jahre Mauerfall. Ergebnisse einer repräsentativen Bevölkerungsumfrage* Juni/Juli 2019. Mannheim.

Frankfurt Allgemeine Zeitung(FAZ). 2019.9.30. "2 Billionen Euro. Die Kosten der Wiedervereinigung".

Herbert, Ulrich. 2014. *Geschichte Deutschlands im 20. Jahrhundert.*

Leibniz-Institut für Wirtschaftsforschung Halle(IWH)(Hrsg.). 2019. *Vereintes Land – drei Jahrzehnte nach dem Mauerfall.* Halle(Saale).

Tagesspiegel. 2019.10.3.

9 동·서독의 경제통합과 수렴

김영찬

1. 머리말

1) 글의 배경과 목적

독일이 통일된 지 어느새 32년이 되었다. 독일 정부는 해마다 통일 기념일인 10월 3일을 앞두고 「독일통일 현황에 관한 연방정부의 연차보고서(Jahresbericht der Bundesregierung zum Stand des Deutschen Einheit)」(이하 「연차보고서」)를 펴내고 있다.[1] 최근 몇 년간 이 '연차보고서'를 관통하는 표현은 "많은 것을 이루었지만, 아직도 많은 일이 남아 있다"이다. 2020년 보고서에서는 "통일이 이루어진 지 30년, 독일은 성공적인 국가가 되었다. 독일의 생활수준은 다른 여러 나라보다 전반적으로 높다. 독일 내에 아직 소득과 일자리, 인프라 등에서 지역별로 상당한 차이가 남아 있기는 하지만, 생활수준의 접근에는 많은 진전이 있었다"라고 평했다("Jahresbericht", 2020: 16). 2021년판에

---

1) 다만 2022년에는 '연차보고서' 대신 『보고서 2022: 동독을 보는 새로운 시각』으로 대체했다. 앞으로 동독지역의 특정 분야를 중점적으로 살펴보는 이러한 방식의 보고서와 기존의 '연차보고서'를 번갈아가며 발간할 예정이라고 밝혔다(Der Beauftragte, 2022).

서는 "상당한 성과에도 불구하고 균등한 생활수준을 위해서는 아직 할 일이 많다. 내적 통합을 유지하고 심화하는 것이 정치가들이 지속적으로 마주하게 될 과제이다"라고 언급했다("Jahresbericth", 2021: 8).

통일 후 독일 경제의 움직임을 먼저 독일 전체로 보면, 통독 직후 일시적인 호경기를 맞았으나 이후 오랫동안 EU 평균을 밑도는 낮은 성장률에 실업률이 크게 높아지는 침체를 겪었다. 통일 전 서독의 전반적인 경제지표들은 양호했지만, 상이한 제도에 현격한 경제력 격차가 있는 두 지역이 합해지면서 어려움이 현실화된 것이다. 그러나 2000년대 중반 성장률이 회복되고, 실업률은 '고용 기적'이라는 표현이 나올 정도로 지속적으로 하락했다. 통일을 계기로 적자로 돌아섰던 경상수지는 다시 흑자로 회복되었다. 글로벌 금융 위기와 유로지역 재정 위기 극복에 중심 역할을 하면서 독일은 "유럽의 병자에서 경제 슈퍼스타로" 부활했다. 독일은 EU 회원국 중 인구, 경제 규모에서 독보적인 1위이며, 1인당 소득수준도 최상위에 속한다. 지리적으로 분단 시절 냉전의 최전선에 있던 독일은 유럽의 중심이 되었다.

다음으로 동·서독 경제의 수렴 현황을 보면 2020년 동독지역의 1인당 GDP는 코로나19의 여파로 전년에 비해 다소 줄어들기는 했지만, 통일 직후인 1991년에 비해 4배로, 베를린을 포함하면 3.3배로 높아졌다. 베를린 포함·불포함의 의미는 뒤에서 설명한다. 서독지역과 비교해서는 1991년 32%에서 2020년 70%(베를린 포함 시 77%)로 좁혀졌다. 임금과 가처분소득은 85% 내외에 달한다. 2000년대 중반 19% 가까이까지 상승했던 실업률은 7.3%(2019년 6.4%)로 낮아지고, 두 배에 달하던 서독과의 격차도 2%p 이내로 크게 좁혀졌다. 소득수준 수렴이 미진하다고 보는 견해도 있으나 통일 직전과 직후 어려웠던 동독 경제를 생각하면 괄목할 만한 성과를 거둔 것은 사실이라고 할 수 있다.

그러나 상당 기간 소득과 생산성의 수렴이 지체되고 있으며, 경제전문가들은 동독지역의 취약한 여건들로 인해 완전한 수렴은 어려울 것이라고 회의적으로 전망하고 있다. 동·서독 각계 인사들로 구성된 '평화혁명 및 독일통일 30년위원회(Kommission "30 Jahre Friedliche Revolution und Deutsche Einheit")' (이하 '30년위원회')는 2020년 말 발간된 종합 보고서 서문에서 "장벽 붕괴, 통일 후 30년간 많은 성취가 있었지만 문화·정신·정서적, 특히 균등한 생활수준의 제공이라는 경제적 관점에서 볼 때 실질적인 통일의 완결까지는 많은 일이 남아 있다"라고 평했다.

동독 주민들의 전반적인 생활 만족도는 통일 당시에 비해 크게 높아졌으며, 서독 주민들과의 격차도 좁혀졌다. 경제 상황의 개선에 대해서도 긍정적인 답변이 많다. 그러나 통일과 관련된 기대 충족 여부에 대해서는 부정적인 답변이 늘어났고, 특히 문제가 되는 것은 동독 주민들 중 '2등 시민'이라고 느낀다는 응답이 3분의 2에 달했다는 점이다. 여기에는 실질적인 경제통합의 미진함과 더불어 전환 과정에서 겪은 어려움에 대한 인정의 부족, 동독지역에서조차 고위직 진출이 소수에 머물고 있다는 '제대로 대변되지 않는 것'에 대한 불만, 상실감이 크게 작용한 것으로 분석되고 있다.

남북 교류조차 막혀 있는 우리의 입장에서는 통일된 독일이 '많은 것을 이루었다'는 쪽에 점수를 더 주고 싶은 마음이다. 통독 직후 경험했던 동독의 음울한 도시 풍경과 코로나19 직전 보았던 베를린, 라이프치히, 드레스덴의 활기찬 모습은 너무도 대조적이었다. 이제는 동·서독의 문제가 아닌 독일 전체를 대상으로 취약 지역, 도시와 농촌 간 차이 개선이라는 지역 문제로 접근해 가는 그들의 상황이 부럽기도 하다.

그러나 '아직도 남아 있는' 문제들은 단기간에 해결될 간단한 사안들이 아니며, 수렴의 정체·지체가 왜 지속되는지 이해하기 위해 제대로 살펴볼 필요가 있다. 통일과 독일 경제, 동·서독 경제 통합·수렴에 대해 수많은 연구가 있었지만 30여 년, 한 세대가 흘러 전반적인 평가가 가능해진 지금, 이를 종합적으로 다시금 정리해 보는 것은 의미가 크다고 생각한다.

2) 이 글의 구성

2절에서는 통일 직전 동·서독의 대조되는 경제 상황, 경제통합과 관련된 통일 과정을 간단히 살펴본다. 이어서 통일 후 독일 경제가 어려움을 극복하는 과정을 성장, 실업, 물가, 경상수지 등의 실물 지표와 환율, 금리 등 금융 지표를 통해 정리해 보았다. 3절에서는 통일 후 동·서독 지역의 소득, 성장률, 생산성, 재산 형성, 실업 등이 실질적으로 어떻게 통합·수렴되어 왔는지 다양한 통계를 통해 분석해 보았다. 실물경제 통합의 기반이 되는 통화·금융·재정 통합도 정리했다. 4절에서는 최근 소득과 생산성 수렴이 정체되는 요인으로 거론되는 동독 기업의 소규모성, 인력 부족, 상대적으로 낮은 자본 집약도와 기술 개발 여건의 취약성 등을 분석했다. 이와 관련해 향후 수렴에 대한 경제 전문가들의 전망을 소개한다. 5절에서는 동독 주민들이 느끼는 생활만족도의 변화, 통합에 대한 기대의 충족 여부, 최근 문제가 되는 '2등 시민' 의식 등을 다루었다. 마지막으로 6절에서는 요약을 겸한 평가에 이어, 우리에게 주는 시사점을 정리해 보았다.

3) 이용 자료와 통계

이 글의 작성에서는 독일에서 최근까지 나온 자료와 통계를 가능한 한 폭넓게 활용해 소개하려고 했다. 풍부한 1차 자료의 소개는 이 글의 주된 목적 중 하나이기도 하다. 「연차보고서」는 경제는 물론이고 정치, 사회, 환경, 문화 등 여러 분야에서의 성과와 평가, 잘 정리된 경제 통계를 제공하며, 2019년까지는 영어판도 발간되었다. '30년위원회'의 종합 보고서에는 경제·사회통합 등 여러 분야에 대한 평가와 여론조사 결과 등이 담겨 있으며, 독일 정치교육센터(bpb)·연방통계청 등의 공동 작업으로 2~3년 주기로 발간되는 "Datenreport" 2021년판에서는 통일 후 최근까지의 풍부하고 다양한 경제·

사회 지표를 제공하고 있다.

통일 후 동독지역 할레(Halle)에 설립되어 꾸준히 동독 경제 연구를 해온 할레경제연구소(IWH)를 비롯해 뮌헨경제연구소(ifo), 쾰른경제연구소(IW), 베를린의 독일경제연구소(DIW) 등 주요 연구소들도 장벽 붕괴 혹은 통독 30년 특집 자료로 다양한 분석 자료를 발간했다. 이 자료들에 활용된 표, 그래프 외에 연방 통계청, 주 통계청의 최근 자료도 활용하고 시각적 이해를 돕기 위해 지도를 다수 활용했다.

필자는 한국은행에 근무하면서 통독 직전과 직후, 유로화가 도입되고 독일이 경기침체를 겪던 시기와 유럽 재정 위기 기간 등에 독일연방은행 연수와 독일 대학 수학, 그리고 사무소장 등 두 차례의 프랑크푸르트사무소 근무를 통해 등으로 변화하는 독일의 모습을 현장에서 지켜보며 연구할 수 있었다. 이어서 대외경제정책연구원(KIEP) 재직 시에는 경제통합 분야의 연구를 계속하고 독일 할레연구소와의 공동 연구에 참여했다. 이러한 경험들도 글에 반영되었다.

4) 용어와 지도

독일은 연방국가이고, 동독 5개 주와 동베를린이 서독에 편입하는 형식으로 통일되었다. 이 때문에 일반적으로 서독지역을 구연방주(Alte Bundesländer), 동독지역을 신연방주(Neue Bundesländer)로 부르며, 우리나라에서도 이 표현이 종종 사용되고 있다. 그런데 이 글에서는 기본적으로 동독지역, 서독지역으로 표기했다. 독일에서도 동독지역(Ostdeutschland), 서독지역(Westdeutschland)이라는 용어가 병용되고 우리가 이해하기도 쉽기 때문이다. 〈그림 9-1〉에 동·서독 지역 주의 위치와 명칭을 표시했다.

한편 동독지역 통계의 인용이나 분석에서 주의할 점은 동독지역에 위치한 수도 베를린의 포함 여부이다. 분단 시절의 동베를린과 서베를린이 한 도

그림 9-1 동·서독 지역 주의 위치와 명칭

주: 1) 진하게 표시된 부분이 동독지역 주이고, 베를린은 수도이다.
   2) BW는 바덴뷔르템베르크(Baden-Württemberg), BY는 바이에른(Bayern), BE는 베를린(Berlin), BB는 브란
   덴부르크(Brandenburg), HB는 브레멘(Bremen), HH는 함부르크(Hamburg), HE는 헤센(Hessen), MV는 메
   클렌부르크포어포메른(Mecklenburg-Vorpommern), NI는 니더작센(Niedersachsen), NW는 노르트라인
   베스트팔렌(Nordrhein-Westfalen), RP는 라인란트팔츠(Rheinland-Pfalz), SL은 자를란트(Saarland), SN
   은 작센(Sachsen), ST는 작센안할트(Sachsen-Anhalt), SH는 슐레스비히홀슈타인(Schleswig-Holstein),
   TH는 튀링겐(Thüringen)이다.

시로 합해진 후 동서 베를린을 구분한 통계는 거의 없고, 사실상 불가능하기
도 하다. 통일 후 베를린이 다시 통일독일의 수도로 결정되고 1999년에 수도
이전이 완료되면서 베를린과 그 주변 지역의 경제력이 점차 확대되고 있다.
따라서 베를린 포함 여부에 따라 동독지역의 경제지표가 다소 차이를 보인
다. 독일의 연구들은 통계 이용 시 베를린 포함 여부를 밝히면서 혼용하고 있
는데 이 글에서도 마찬가지다.

　표, 그림, 각주에서 자료는 저자를 표기하는 것이 원칙이나, 편의상 저자

명 Der Beauftragte der Bundesregierung für die neuen Bundesländer 및 Bundeszentrale für Politische Bildung(bpb) 대신 각각 「연차보고서 (Jahresbericht)」, "Datenreport(경제·사회지표 보고서)"라는 자료명을 사용하고, '30년 위원회'는 Kommission으로 약칭했다.

2. 통일과 독일 경제

1) 통일 직전 동서독의 경제 상황

통일 직전 동독과 서독의 경제 상황은 대조적이었다. 동독은 성장, 생산, 대외 지불 능력 등이 한계에 달해 있었다. 서독과의 격차 문제가 아닌 경제 자체가 붕괴 위기에 있었다는 사실은 당시 동독 고위 당국자들의 증언으로 뒷받침되고 있다. 반면 서독 경제는 "작은 경제 기적"[2]이라고 부를 정도로 거의 모든 측면에서 양호한 상태였다. 이는 통독 과정에서 동·서독의 협상력에 영향을 미치고, 서독이 통일 후 대규모 부담을 감당할 수 있는 기초가 되었다고 할 수 있다(김영찬, 2017: 80~93).

(1) 동독 경제

1989년 장벽 붕괴 전까지 동독은 동유럽권뿐만 아니라 세계적으로 10위권에 드는 경제 대국으로 알려졌다. 서구의 전문가들도 오랫동안 동독을 생산성이 높은 발전된 산업사회로 간주했다. 그러나 실상은 매우 열악했다는 것이 통일 과정에서 확연히 드러났다.

---

[2] 독일에서는 전후 서독 경제의 부흥을 '경제 기적(Wirtschaftswunder, economic miracle)'으로 부르며 '작은 경제 기적'은 이를 빗댄 것이다(Weimer, 1998: 351~355).

표 9-1 | 동서독의 주요 경제지표 비교(1989)

항목	동독(A)	서독(B)	A/B(%)	비고
인구(100만 명)	16.4	62.1	26.4	
취업자(100만 명)	9.6	27.7		
취업률(%)	58.3	48.0		
GDP	353.4	2,237	15.8	- 경상가격 (동독: 10억 동독마르크, 서독: 10억 DM)
·취업자 1인당	39,700	80,750	49.2	- 동독: 동독마르크, 서독: DM
·인구 1인당	21,500	36,300	59.2	- 동독: 동독마르크, 서독: DM
월평균 총임금 (전 산업 평균)	1,322	3,966	33.3	- 동독: 동독마르크, 서독: DM - 사용자가 부담하는 사회보장 분담금도 포함
민간 가계의 1인당 가처분소득(연간)	10,200	22,500	45.3	- 동독: 동독마르크, 서독: DM

자료: Sinn and Sinn(1993: 271~278) 중 일부를 발췌했다.

동독 최초의 민선 총리이자 마지막 총리인 로타어 데 메지에르(Lothar de Maizière), 동독공산당 정치국 위원으로 동독의 경제계획을 총괄하던 귄터 미타크(Günter Mittag), 국가계획위원회 의장이던 게르하르트 쉬러(Gerhard Schürer) 등은 통일 후 인터뷰나 책자를 통해 통독 직전 동독은 독자적인 생존 능력이 거의 없는 상태였다고 술회했다. 특히 장벽 붕괴 직전인 1989년 10월, 대외비로 작성된 「쉬러 보고서」는 당시 동독 경제의 실상을 보여주는 자료로 널리 인용되고 있다. 이 보고서는 성장, 투자, 주택 상황, 생산성, 외채 등 모든 측면에서 동독 경제는 자력만으로는 더 이상 안정될 수 없다고 분석했다(김영찬, 2017: 83~88).

동독으로서 마지막 해인 1989년 동독의 경제통계를 보면 인구는 서독의 26.4%인 데 반해 GDP는 15.8%, 취업자 1인당 GDP로 본 생산성은 서독의 절반 수준이며, 총임금은 3분의 1, 1인당 가처분소득은 절반에 못 미치는 것으로 추정되었다(〈표 9-1〉).

여기에 기업들의 부채 비율은 높으며, 설비나 제품은 낙후했다. 심각한 환경문제에다 조세·보조금 제도에 따라 가격, 임금구조가 왜곡되어 있었다. 제품구성이 제한되어 사치재는 거의 부재했고, 대외 거래의 절반 이상이 동유럽 공산권의 경제협력 기구인 코메콘(COMECON: Communist Economic Conference, 공산권경제상호원조회의)3) 국가와의 교역이었다(Lipschitz, 1990: 3~4). 동독 기업들은 시장경제에서 경쟁할 수 있는 기반이 허약했다. 서독의 고품질 제품과 경쟁에서 밀릴 수밖에 없었고, 동유럽권이 붕괴되면서 시장의 절반을 상실할 처지에 놓였다. 이러한 동독 말기의 경제 상황을 이해해야 그 후의 성과를 제대로 평가할 수가 있다.

(2) 서독 경제

1980년대 후반 서독의 각종 경제지표는 최적의 상태였다. 성장률은 높아지고 실업률은 낮아지는 가운데 물가가 안정되고 재정 수지도 1989년에는 균형 수준으로 복귀했다. 정부 채무비율은 GDP의 40% 정도로 낮았고, 경상수지는 1989년에 GDP 대비 4.6%의 막대한 흑자를 기록했다. 이를 반영해 나라 전체의 대외 자산·부채 차액을 나타내는 순대외금융자산(NIIP: Net International Investment Position)도 GDP 대비 20%에 달했다. 서독의 독일마르크(DM: Deutche Mark)는 미 달러에 이은 제2의 국제통화였다.

IMF는 1989년 4%의 높은 성장률, 물가 안정, 경상수지 흑자 확대, 일자리 창출 증가, 실업률의 큰 폭 하락 등 서독 경제를 매우 양호한 상태로 평가했다(Lipschitz, 1990: 2). 통화통합 당시 독일연방은행에서 동독을 통합하는 베를린임시관리본부장을 지냈던 J. W. 가둠(J. W. Gaddum)은 부총재 시절인 1995년 서울에서 열린 강연에서 "독일은 통화통합, 통일과 함께 동독의 시장경제로의 전환, 재건, 통화통합의 실행, 동·서독 격차 수렴 등 많은 과제에 직면했는데 그 실행을 가능케 한 전제 조건은 물가 안정, 건전재정, 막대한 무역 흑자, 안정적인 장기금리 등 1980년대 말 서독의 양호한 초기 경제 여건이었다"라고 설명했다(Gaddum, 1995).

---

3)   UN에서 사용하는 공식 명칭은 CMEA(Council for Mutual Economic Assistance, 공산권 경제상호원조회의)이다.

물론 양호한 경기지표에도 불구하고 경기 호조가 조만간 끝날 것 같은 상황에 있었다는 평가도 있다. 부가가치나 고용 창출이 둔화된 공업 부문에서 고용 증가가 지속되던 서비스업 등으로의 구조 전환이 필요한 시기였으나, 기업의 혁신 능력이나 노조·정치권·행정부서의 적응 태세가 충분치 않았다는 것이다(Grosser, 1998: 69). 통독 직후의 일시적인 경기 호황이 이 구조 전환 필요성을 지연시켰고, 이것이 독일이 상당 기간 경기침체와 고실업을 겪은 요인 중 하나로 작용했다고 할 수 있다.

2) 통일 과정과 경제통합

동·서독 간의 통일은 급진적으로 이루어졌다. 장벽 붕괴 후 반년이 조금 넘어 경제통합이 이루어졌고, 불과 3개월 뒤에 정치적 통일이 이루어졌다. 자유무역 지대, 관세동맹 및 단일시장 등 점진적인 단계를 거쳐 단일 통화가 도입되기까지 수십 년이 걸린 유럽의 점진적인 '경제·통화동맹(EMU)' 성립과 뚜렷이 대비된다. 유로지역은 1999년 유로화가 도입되고 10여 년이 지나 재정 위기를 겪으면서야 실질적인 금융통합이 추진되기 시작했고, 재정통합은 요원한 채 재정 규율 강화만 추진되었다.

1989년 11월 9일 장벽이 무너지고 동독 주민들의 대량 탈주가 이어지면서 서독의 콜 총리는 1990년 2월 6일 급작스럽게 통화·경제통합 협상을 제안했다. 곧 예비 협상이 시작되었고, 동독 최초의 자유총선(3월 18일)을 거쳐 본협상이 이어졌다. 쟁점이 되었던 동·서독 마르크 간 전환비율, 사회보장제도의 통합 등이 타결되면서 5월 18일 '통화·경제·사회동맹 창설을 위한 국가조약'(이하 '통화·경제·사회통합조약' 혹은 '통합조약')이 조인되고 7월 1일에 발효되었다.

이를 통해 아직 독립국가인 동독에 서독의 독일마르크(DM)가 유일한 법정통화로 도입되고, 서독의 중앙은행인 독일연방은행이 통화정책 권한을 확보했다. 이것이 가능했던 데는 독일마르크의 국내외적으로 높은 위상이 기여했다.

독일마르크는 국내적으로 물가 안정과 번영의 상징이었고, 대외적으로는 유럽 통화제도에서 기준 통화 역할을 하는 세계 제2의 외환 보유 통화였다. 동독 주민들은 그들이 향유하지 못한 자유와 번영의 상징으로 독일마르크를 갈구했다. 동독 시위에서 등장했던 "독일마르크가 오지 않으면 우리가 간다"라는 표어는 이를 상징한다. 연방은행은 이러한 독일마르크의 관리자로서, 그리고 강한 독립성으로 국내는 물론이고 국제적으로 독보적인 입지를 구축했다.

통화통합과 금융도 서독식으로 통합되었고, 서독의 경제 시스템인 '사회적 시장경제', 그리고 서독의 사회보장제도와 임금 협상 등 노동법이 동독에도 적용되었다. 통일 이전에 통화·금융 제도와 제반 경제 제도의 통합이 이루어졌고, 정치적 통일로 재정도 통합되었다. 현격한 경제력 차이, 상이한 제도를 가진 동·서독 경제가 급작스레 합해지면서 실질적인 통합까지 상당한 어려움이 있으리라는 것은 예견된 일이었다고 할 수 있다(김영찬, 2017: 105~183).

3) 통일 후 독일 경제

(1) 개요

서독은 최적의 경제 상태에서 통일을 맞이했으나, 1993년 서독지역의 경제성장률이 -2.4%를 기록하며 독일 전체가 마이너스 성장을 기록하는 등 일시적인 호황 후 성장률이 낮아지고, 실업이 급증하는 등 침체를 겪기 시작했다.

이미 1990년대 초반에 『통일의 비용』(Priewe & Hickel, 1991), 『통일의 큰 죄』(Hankel, 1993), 『독일을 위한 길: 위기에서 벗어나기』(Schmidt, 1993), 『잘못된 출발 이후』(Hickel & Priewe, 1994) 등 비판적인 내용의 책이 출간되었다. 성장률이 0 수준으로 떨어지고 실업률이 크게 높아지면서 어려움이 절정에 이르렀던 2004~2005년에는 『독일: 슈퍼스타의 몰락』(Steingart, 2004), 『대재앙, 통일』(Müller, 2005), 『독일경제 어떻게 구할 수 있는가』(Sinn, 2005) 등 우울한 제목이 주류를 이루었다. 당시 독일은 "유럽의 병자"라는 조롱을 받기도 했다.

그러나 어려운 가운데서도 자본시장과 외환시장은 대체로 안정을 유지했고, 경상수지는 2000년대 들면서 흑자로 돌아섰다. 2000년대 중반 이후 성장률이 회복되고 실업률도 낮아지는 가운데 재정도 상대적으로 건전한 상태를 유지했다. 이와 같은 경제 회복을 바탕으로 글로벌 금융 위기, 유로지역 재정 위기 극복에서 중심적인 역할을 하면서 독일은 유럽의 강자로 거듭났다. 독일이 의도했건 아니건 탄탄한 경제력을 바탕으로 EU에서 독일의 발언권은 강해졌다. 이러한 변화를 겪으면서 독일 경제를 일컫는 표현들은 완연히 달라졌다. "유럽의 병자에서 경제 슈퍼스타로"(Dustmann et al., 2014), "독일의 세기가 도래하다"(*Newsweek*, 2014), "독일: 유럽의 병자에서 성장엔진으로"(*Financial Times*, 2017) 등이 이를 반영한다. 『독일은 어떻게 유럽을 지배하는가』(Lever, 2019)라는 직설적인 제목의 책도 등장했다.

(2) 주요 경제지표 추이

독일의 성장률은 2000년대 중반까지 EU 평균을 밑돌았다(〈그림 9-2〉). 이

그림 9-2 독일과 EU의 GDP 성장률 추이(1985~2020)

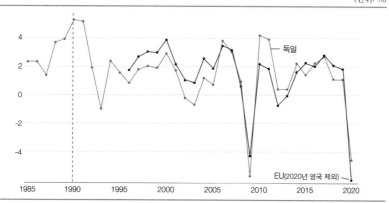

(단위: %)

주: 통일독일의 성장률은 1992년부터이다(독일 전체 국민 계정은 1991년부터 작성되었다), 이전은 서독의 성장률이다.
자료: OECD, Data.

그림 9-3 EU 회원국 국별 GNI와 1인당 GNI(2019)

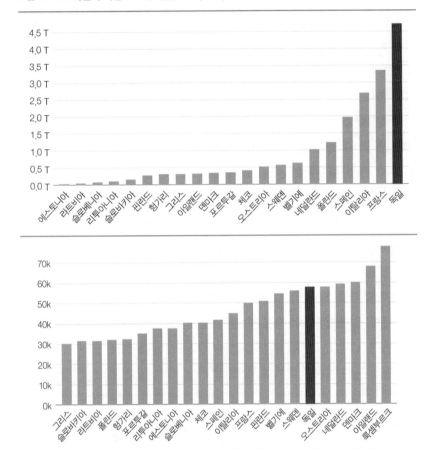

주: 총GNI는 조USD, 1인당 GNI는 1000USD이다.
자료: OECD, Data.

후 임금 안정을 통한 가격경쟁력 회복과 유로존 출범에 따른 시장 확대에 더해 2003년에 슈뢰더 총리가 제시한 구조 개혁 프로그램 아젠다2010 등이 효과를 발휘하면서 2006년에는 높은 성장세로 돌아섰다. 그 후로는 EU 평균을 상회하거나 유사한 성장을 나타냈으며, 글로벌 금융 위기, 유로지역 위기 극

그림 9-4 **독일과 EU의 실업률 추이(1991~2020)**

(단위: %)

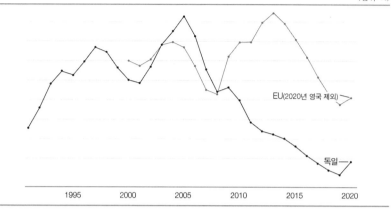

자료: OECD, Data.

그림 9-5 **독일 및 EU의 경상수지/GDP 비율 추이(1991~2020)**

(단위: %)

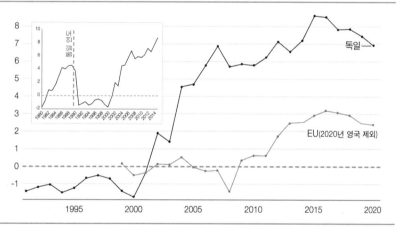

주: 작은 그래프는 통일 전 후 독일의 경상수지를 나타낸다.
자료: OECD, Data.

복에 앞장서는 저력을 보여주었다. 다만 2020년에는 코로나19의 영향으로 독일이나 EU 모두 큰 폭의 마이너스 성장을 기록했다.

통일된 독일의 경제력은 유럽에서 가장 크다. 인구는 EU 27개국 중 19%,

경제 규모는 22%를 차지하며, 1인당 소득수준도 최상위권에 속한다. 또한 EU 역외 수출의 30%를 차지하며, 전체 취업자와 광공업 취업자 비중은 각각 20%와 27%에 달한다(Statistisches Bundesamt, 2020: 22).

2005년에 11.3%까지 치솟았던 실업률은 이후 계속 낮아져 코로나19 전 해인 2019년에는 거의 완전고용 수준인 3.1%(2020년 3.8%)[4]를 기록하는 등 고용시장은 호조를 보였다(〈그림 9-4〉). 특히 글로벌 금융 위기와 유럽 재정 위기로 EU의 실업률이 크게 높아지는 가운데서도 독일의 실업률은 하락해 '고용 기적'이라는 표현이 등장하기도 했다(한국은행, 2011).

경상수지는 통일 후 동독 주민들의 소비 증가, 동독지역에 대한 투자 등으로 국외 수출이 내수로 전환되면서 적자로 돌아섰다(〈그림 9-5〉). 그러나 1999년부터 다시 흑자로 돌아선 이후 대규모 흑자를 유지했다. 여기에는 독일 제품의 품질 경쟁력과 통독 초기 급등했던 임금의 안정에 따른 가격경쟁력 회복, 유로화 출범에 따른 유로존 수요의 확대 등이 작용했다.

경상수지의 흑자 전환 등을 반영해 통독 후 0 수준으로까지 내려왔던 순대외금융자산(NIIP)은 다시 큰 폭으로 상승했다(〈그림 9-6〉).

인플레이션에 민감한 독일의 기준으로 볼 때 통독 초기 소비자물가는 높은 상승을 보였다(〈그림 9-7〉). 독일연방은행은 통일과 관련된 정부의 팽창적인 재정 정책, 동독지역의 급격한 임금 인상에 따른 임금·물가 상승의 악순환을 우려해 1991년부터 금리 인상을 재개했다. 이후 물가는 안정을 되찾았지만, 금리 인상이 경기침체를 유발하고 1992년 영국의 유럽통화제도 환율 메커니즘(ERM: Exchange Rate Mechanism) 탈퇴를 촉발했다는 비판을 받기도 했다(김영찬, 2017: 240~241; 247~252).

동독지역 지원을 위한 이전 재원이 상당 부분 채무로 조달되면서(Kim,

---

4) 이 장 3절의 5) 실업·고용에 인용된 동서독 지역 실업률과는 작성 기준이 달라 차이가 난다.

그림 9-6 순대외금융자산/GDP 비율

(단위: %)

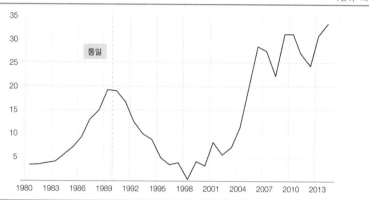

자료: Deutsche Bundesbank, Statistics.

그림 9-7 통독 전후 소비자물가 상승률(1985.1~1997.12)

(단위: 전년 동월비 %)

자료: OECD, Data.

2017: 231~232), 정부 채무/GDP 비율은 1991년 39.0%에서 1999년에는 60.4%
로 빠르게 늘어났다. 이후 완만히 증가하던 이 비율은 글로벌 금융 위기를 계
기로 다시 큰 폭으로 늘어났다. 2010년을 정점으로 감소하던 채무비율은 코
로나19 사태로 2020년에 크게 높아졌지만(〈그림 9-8〉), 미국(160%), 일본
(257%), 영국(152%), 프랑스(146%) 등 주요 선진국에 비하면 상당히 낮은 수준

그림 9-8 **정부채무/GDP 비율(1991~2020)**

(단위: %)

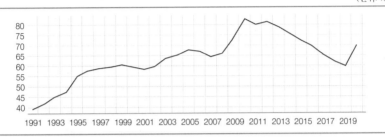

주: 마스트리히트조약 기준.
자료: Deutsche Bundesbank, Statistics.

(78%)이다.[5]

통일 초기 경상수지의 적자 전환, 동독지역 지원을 위한 재원조달에 따른 부채 증가 등으로 어려움을 겪었음에도 독일의 외환시장과 자본시장은 전반적으로 안정적인 움직임을 보였다. 연방은행의 금리 인상, 자본시장에서의 수익률 상승, 미국 국채 금리와의 수익률 역전은 독일마르크의 매력을 높여 절상 압력으로 작용했다. 독일의 국채 수익률은 1994년 초까지 일시적으로 미 국채 수익률을 상회했고, 독일마르크는 미 달러에 대해 혹은 실효환율 기준으로 통독 후 수년간 강세를 보였다(〈그림 9-9〉, 〈그림 9-10〉).

자본시장과 외환시장이 안정된 가운데 막대한 자본 유입이 가능했던 것은 독일 경제의 견실한 기초 여건과 신뢰, 미 달러에 이은 주요 국제통화라는 독일마르크의 위상 등에 기인한 것이라고 할 수 있다. 이를 기반으로 독일의 국가신용등급은 통일 후 침체를 겪는 중에도 최고 등급을 유지했다. 연방은행의 금리 인상도 물가 이외의 상황을 고려했건 아니건 간에, 독일로의 자본 유입에 도움을 주고 외환시장 안정에 기여한 것이 사실이다(Kim, 2017: 255~257).

---

5) 국제 비교는 OECD 데이터 기준으로, 〈그림 9-8〉 그래프의 마스트리히트 기준과는 차이가 있다.

그림 9-9 **통일 전후 독일·미국의 기준 금리 및 정부채(10년물) 수익률**

(단위: %)

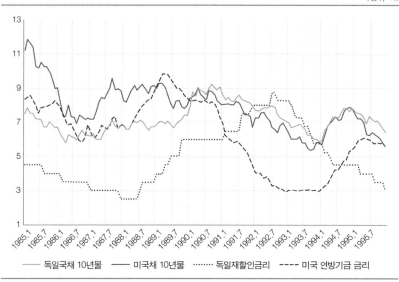

── 독일국채 10년물　── 미국채 10년물　⋯⋯ 독일재할인금리　──── 미국 연방기금 금리

자료: 김영찬(2017: 246)에서 재인용.

그림 9-10 **통일 전후 DM의 대미 달러 환율(지수)**

── DM　─ ─ ─ 실효환율

주: USD/DM 환율을 1990년 1월=100으로 해 지수화했다. 실효환율은 1990년=100이며, 상승은 DM의 절상을
　　의미한다.
자료: 김영찬(2017: 247)에서 재인용.

3. 동·서독 지역 경제의 수렴

앞에서 통일 후 독일 경제 전체를 대상으로 성장, 고용, 물가, 경상수지, 재정 및 외환·자본시장 동향을 전반적으로 살펴보았다. 이 절에서는 통일 후 동독지역의 소득, 생산성, 재산 형성, 실업 등이 서독지역에 어느 정도 수렴했는지 살펴보기로 한다. 동독 주민들이 통일을 원한 주요인은 서독처럼 잘살아보자는 욕구였고, 독일 정부가 균등한 생활수준 달성을 명시적으로 지향하는 만큼 동·서독 지역 경제의 수렴은 중요하고 민감한 문제이다. '통화·경제·사회 통합'과 정치적 통일을 거치면서 동독의 경제체제, 그리고 제도적 측면이 강한 통화·금융, 사회보장, 재정 분야 관련 제도는 빠르게 서독에 통합되었다. 그러나 실물경제 분야의 실질적인 통합과 수렴은 아직도 진행형이다.

여기서 동독지역 경제의 수렴 정도를 파악할 때 무엇을 비교 기준으로 삼을 것인지에 대해 생각해 볼 필요가 있다. ① 일반적으로 사용되는 방식으로 서독지역의 평균과 비교한다. ② 최근 독일 정부가 종종 사용하는 방식으로 독일 전체 평균과 비교한다. 통일 30년이 지난 만큼 이 방법은 동독지역이 독일연방의 일원이라는 측면에서 합리적일 수도 있다. ③ 동·서독을 망라해 주별로 비교하는 것이다. 서독에서도 주별로 편차가 적지 않다는 것을 고려하면 동독의 어떤 주가 서독의 개별 주, 특히 취약 주에 어느 정도 접근했는지를 볼 수 있는 현실적인 방식이라고 할 수 있다. ④ 특정 주 내에서도 세부 지역의 상황을 볼 수 있도록 더 작은 지역 단위로 비교하는 것이다. 주 내에서도 상당한 차이가 존재하기 때문에, 지도를 통해 보면 상황 이해에 많은 도움이 된다. 다음의 분석에서는 이용 가능 자료 여부, 비교 목적 등에 따라 이 방법들을 혼용하기로 한다.

1) 소득

(1) 동독지역의 소득 증가

통일 후 동독지역의 소득은 빠르게 증가했다. 〈그림 9-11〉은 통일독일의 첫 통계가 작성된 1991년부터 2020년까지 동독지역의 1인당 GDP 추이를 나타낸 것이다. 코로나19에 따라 2020년 소득이 소폭 하락하기는 했지만 꾸준히 증가했음을 알 수 있고, 수도 베를린은 여타 동독지역보다 상당히 높다는 것을 보여준다. 독일 정부는 통일 후 1인당 소득이 베를린을 제외하면 4배, 포함하더라도 3배 이상으로 늘어났다며 상당한 성과라고 자평하고 있다 ("Jahresbericht", 2020: 16).

또한 동독지역의 소득은 EU 평균에 근접하고 있다. 〈그림 9-12〉는 EU 평균 대비 국별·지역별 1인당 GDP(구매력평가 기준) 수준을 나타낸 것이다. 동독지역의 소득은 1990년대 비슷한 시기에 체제전환을 시작한 중동부 유럽 국가보다 뚜렷이 높으며 프랑스, 북부 스페인과 유사한 수준에 달해 있다("Jahresbericht", 2020: 16; IWH, 2019: 39). 연방경제부의 동독지역 담당관은 인접 체코보다 훨씬 생

그림 9-11 **동독지역의 1인당 GDP 추이(경상가격)**

(단위: 유로)

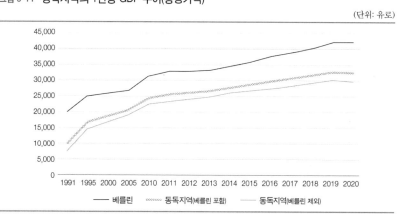

자료: "Jahresbericht"(2021: 95).

그림 9-12 유럽의 지역별 1인당 GDP(구매력평가 기준)(2019)

(단위: %)

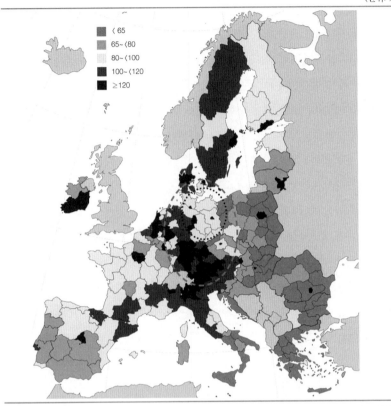

주: EU 27개국(100)에 대한 지역별 소득 수준을 색으로 나타낸 지도이다. 회색 점선이 독일이고 검은 점선이
동독지역을 가리킨다.
자료: Eurostat(2021).

활수준이 높은 것은 통일 때문이라고 강조했다(Die Bundesregierung, 2020). 실제
폴란드나 체코는 육로로 잘 연결되어 있고, 이동이 자유로워 비교도 쉽다.

그러나 동유럽권이나 인근 국가와의 비교보다는 같은 나라 안에서의 비교
가 더 관심을 받는 것은 어쩔 수 없는 현실이다. 동독 주민들을 통일로 이끈
주요 동인 중 하나가 서독처럼 잘살고 싶다는 것이었고, 통일에 즈음해 콜 총
리는 머지않아 동독에도 '꽃피는 정경'이 올 것임을 약속했다. 독일 정부가

통독 30년을 맞아 발간한 연차보고서에 "연방정부의 정치적 목표는 독일 전역에 균등한 생활수준을 추구하고, 기존의 격차를 줄이며, 그것이 고착화하지 않도록 하는 것"(BMWi, 2020)이라고 밝힌 것처럼 동독지역의 경제 수준이 서독 평균에 얼마만큼 가까워졌는지는 첨예한 문제이다.

서독지역 내에도 편차는 존재하며 낙후된 곳이 있다거나, 독일 내 편차는 다른 나라에서보다 작다는 설명은 그다지 위로가 되는 것 같지는 않다. 기왕에 서독에 존재하던 지역 간 차이와 달리 동·서독 지역 간의 비교는 계속 이슈가 되고 있기 때문이다.

(2) 소득의 수렴
① 1인당 GDP

서독지역에 대한 동독지역의 1인당 GDP 비율은 2020년에 70.5%, 베를린을 포함하면 77.3%에 달했다. 1991년의 32.5%, 42.9%와 비교하면 상당히 접근했다고 할 수 있다. 다음으로 다룰 가처분소득과 근로자 보수는 이보다

그림 9-13 **1인당 가처분소득 및 GDP, 근로자 1인당 보수의 동독/서독 지역 비율**

(단위: %)

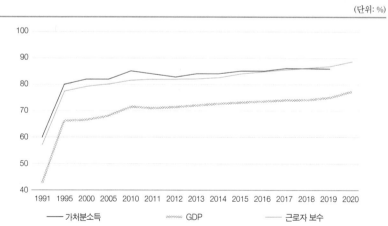

주: 동독지역에 베를린을 포함했다.
자료: "Jahresbericht"(2021: 115).

그림 9-14　동·서독 지역과 주요 주의 1인당 GDP/독일 1인당 GDP

(단위: %)

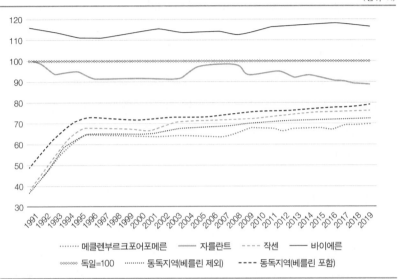

……… 메클렌부르크포어포메른　── 자를란트　──── 작센　── 바이에른

〜〜 독일=100　……… 동독지역(베를린 제외)　──── 동독지역(베를린 포함)

자료: "Jahresbericht"(2020: 17).

상당히 높은 85% 내외 수준으로 수렴했다(〈그림 9-13〉).

〈그림 9-14〉는 독일 전체를 기준으로 동독지역 평균, 동·서독 주요 주의 1인당 GDP 흐름을 비교한 것이다. 이를 통해 서독지역에도 평균보다 훨씬 높은 주와 평균에 못 미치는 주 등 상당한 소득 수준의 차이가 존재하는 것을 확인할 수 있다. 작센주가 다른 동독 주들보다 다소 앞서고 있으나 아직도 서독에서 가장 취약한 주 가운데 하나인 자를란트주 수준에 도달하지 못한 점은 아쉬운 부분이다("Jahresbericht", 2020: 17).

〈그림 9-15〉는 동·서독 평균이 아닌 독일 각 주별로 1인당 GDP를 비교해본 것이다. 통독 초기에는 동독지역의 모든 주가 서독지역 주와 큰 격차를 두고 하위에 자리했다. 그러나 2019년에는 서독에서 가장 낮은 슐레스비히홀슈타인주에 거의 비슷한 수준으로 올라왔다. 그중 작센주가 가장 앞서 있다. 수도 베를린은 동독지역의 다른 주들보다는 훨씬 높지만, 2020년에야 독일 전체

그림 9-15 **주별 1인당 GDP(2019년 금액순)**

(단위: 유로)

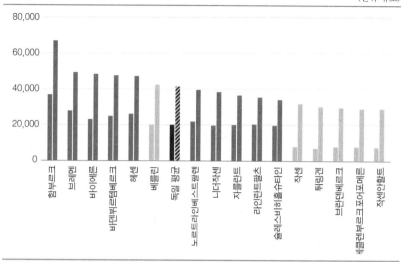

주: 각 주의 두 막대그래프 중 왼쪽은 1991년, 오른쪽은 2019년 수치이다. 연한 색이 베를린과 동독지역 주이다.
자료: Statistisches Bundesamt(2020)를 이용해 필자가 작성했다.

평균을 약간 상회하는 수준에 도달했다. 도시가 양분되었었고, 수도 이전이 1999년에야 완결된 것도 영향을 미쳤다고 볼 수 있다. 최근에는 주들 중 가장 높은 성장률을 보이고 있어, 향후 성장 동력으로 기능할 것으로 기대된다.

할레연구소의 악셀 린트너(Axel Lindner)는 일부 지역이 다른 지역과 차별화되는 것은 역사적 관점에서 성장 동력의 정상화이며, 미래의 지역 발전을 위해서도 바람직하다고 평가했다. 대표적인 도시로, 수도로서의 잠재력을 누리지 못했던 베를린, 산업혁명기의 중심지였으며 전쟁과 동독 시절에도 기업활동에 우호적인 사회 분위기를 유지했던 라이프치히 등 작센주의 도시들과 튀링겐 등을 들었다(Lindner, 2019: 52).

지역을 주보다 좀 더 세분해 1인당 GDP를 6분위로 표시한 것이 〈그림 9-16〉이다. 최상위 집단에 속하는 곳은 동독지역에 하나도 없다. 베를린이 2분위에 속하며, 3분위에 속하는 곳도 소수이다. 지도를 일별했을 때 서독지역

그림 9-16 세부 지역별 1인당 GDP 분포(2015)

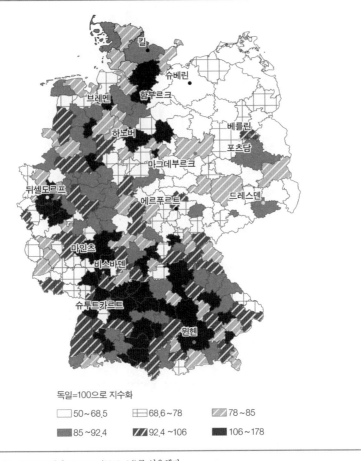

자료: GEFRA, BBSR and ifo Institute(2019: 26)를 인용했다.

에서도 북부와 서부의 취약성이 보이지만, 동독지역 전반에서 취약성이 두드러지게 눈에 띈다. 성장을 견인해 나갈 중심지가 부족한 것이다.

다만 쾰른경제연구소에서는 최근의 분석 결과를 바탕으로 동독지역에서도 세부 단위 지역별로 차별화가 확대되고 있으며, 장기적으로 볼 때 경제적으로 앞서나가는 지역이 파급효과(스필오버)를 낼 수 있을 것으로 기대했다

(Oberst and Voigtländer, 2020).

② 가처분소득

〈그림 9-13〉에서 동독지역의 서독 대비 가처분소득 비율은 GDP에서보다 상당히 높은 86.1%(2019년 베를린을 포함할 경우 86.4%)였다. 세금, 사회보장 시스템, 이전지출을 통해 주들 간의 격차가 줄어드는 것이다. 주별로 보면 특히 브란덴부르크주와 작센주 등은 서독의 취약 주인 자를란트주를 근소하게나마 앞질렀다(〈그림 9-17〉). 구매력을 고려하면 서독 주들과의 격차는 더 줄어든다고 연차보고서는 설명한다("Jahresbericht", 2020: 17).

뮌헨경제연구소의 요아힘 라그니츠(Joachim Ragnitz)는 「통독 30년, 구매력으로 보았을 때 독일통일은 거의 완성되었다」에서 독일이 지향하는 균등한 생활

그림 9-17 **주별 1인당 가처분소득(2018)**

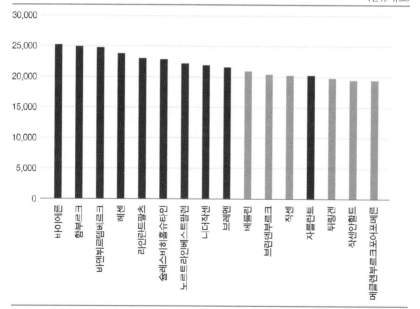

(단위: 유로)

자료: Statistische Ämter der Länder(2020)를 이용해 필자가 작성했다. 연한 색이 베를린과 동독지역 주이다.

그림 9-18 **가계의 1인당 가처분소득 분포(2018)**

(단위: 1000유로)

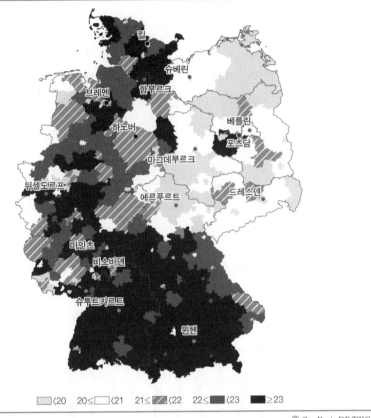

© GeoBasis-DE/BKG

자료: Deutschlandatlas, Verfügbares Einkommen privater Haushalte.

수준은 시장에서 벌어들이는 소득과 국가로부터의 이전소득, 그리고 누진세의 결과인 가처분소득으로 측정해야 한다고 보았다. 총소득이 낮으면 세금을 덜 내고 이를 보완할 사회복지 혜택을 받게 되므로, 가처분소득이 올라간다는 것이다. 게다가 동독지역의 집세 등 물가가 서독지역보다 낮은 것을 고려하면 실제 소득의 접근 정도는 90%를 상회한다고 추정했다(Ragnitz, 2020).

그러나 1인당 가처분소득의 분포가 베를린 인근과 작센주 일부를 제외하면 뚜렷이 낮은 상황에서(〈그림 9-18〉) 물가 수준을 고려한 실제 구매력 차이가 그보다 작다는 설명은 자칫하면 격차를 합리화하는 변명으로 들릴 수도 있을 것이다.

③ 보수·임금

보수는 개인에게는 소득의 근간이지만 기업에는 비용이며, 생산성과의 관계를 통해 가격경쟁력에 영향을 미친다. 보수는 임금과 급여를 말하는데, 임금으로 통칭해 사용하기도 하므로 혼용하기로 한다.

서독 대비 근로자 1인당 보수 비율은 1991년 49.1%에서 1994년에 70%로 빠르게 접근하다가 이후 완만한 증가를 보이며, 2020년에는 83.1%를 기록했다(베를린을 포함할 경우 각각 57.0%, 88.5%, Statistikportal).

여기서 주목할 것은 통화통합에서 임금·급여의 1 대 1 전환과 함께 임금도 급격히 상승했다는 점이다. 1989년 임금 수준의 격차나 당시 동·서독 간 통화 가치에 대한 다양한 평가를 고려할 때 동·서독 화폐 간의 1 대 1 통합에는 수긍할 만한 부분도 있었다.[6] 그러나 임금 급등은 경쟁력에 크게 부정적인 영향을 미쳤다.

통일이 이루어진 1990년 3분기를 기준으로 1991년 2분기까지 임금이 32%나 상승했다. 더욱이 대부분 산업에서 1994년까지 서독 수준으로 임금을 끌어올린다는 합의가 있었다. 1991~1992년 중 연간 상승률은 무려 30% 내외에 달했다(〈그림 9-19〉 참조). 생산성이 이러한 속도로 향상되는 것은 불가능했고, 결국 단위 단위노동비용(임금/생산성)이 서독을 크게 상회하면서 가격경쟁력이 심각하게 훼손될 수밖에 없었다(김영찬, 2017: 180~181; 242~243).

통합 당시 독일연방은행 부총재였고 후에 총재를 지낸 헬무트 슐레징거 (Helmut Schlesinger)는 "통화통합에서 임금과 연금의 전환비율이 1 대 1로 결정되었는데, 이는 협상 당시로 보면 아주 잘못된 것은 아니었다. 그런데 통화

---

6) 전환 비율(교환 비율)의 의미, 결정과 영향에 관해서는 김영찬(2017: 146~183) 참조.

그림 9-19 **동·서독 지역의 협약 임금 상승률(월, 전년 동월 대비)**

(단위: %)

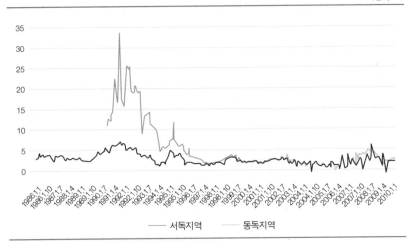

자료: Lindner(2018: 42).

그림 9-20 근로자 1인당 보수(2019)

(단위: 유로)

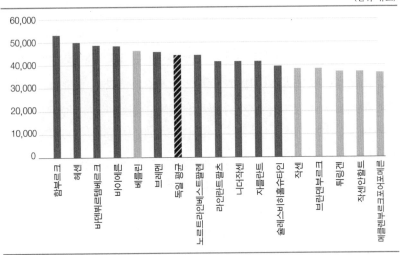

주: 연한 색이 베를린과 동독지역 주이다.
자료: Statistische Ämter der Länder(2020)를 이용해 필자가 작성했다.

통합조약이 발효되기 전에, 그리고 통합이 발효되자마자 동독의 명목임금이 오르기 시작했다. 따라서 통합 후 동독의 단위노동비용은 서독을 상당 폭 상회하게 되었다"라고 지적했다(김영찬, 2017: 181).

임금은 초기 급등 이후에는 생산성 향상과 유사하게 완만한 움직임을 보였다. 〈그림 9-20〉에서 2019년 동독 주들의 근로자 1인당 보수는 서독의 취약 주에 거의 근접해 있으며, 베를린은 서독 주들의 중간 정도에 위치하고 있다. 현재의 보수 수준은 다음에서 다룰 주별 생산성과 거의 유사한 모습을 보이는 것으로 판단된다.

2) 경제성장률

소득을 규정하는 중요한 요인은 성장률과 생산성이다. 소득의 수렴이 지

그림 9-21 **동·서독 지역의 GDP 성장률 추이**

(단위: %)

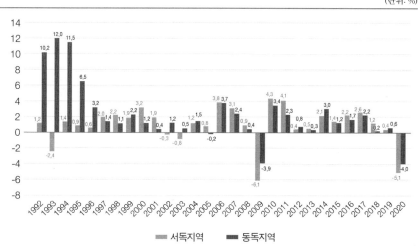

주: 동독지역에서 베를린은 제외했다.
자료: "Jahresbericht"(2021: 95).

표 9-2 | 동·서독 지역의 연도별 경제성장률

	실질 GDP 성장률(%)					1인당 실질 GDP 성장률(%)				
	독일 전체	서독 지역	동독지역 (베를린 포함)	동독지역 (베를린 불포함)	베를린	독일 전체	서독 지역	동독지역 (베를린 포함)	동독지역 (베를린 불포함)	베를린
1992	1.9	1.2	7.7	10.2	3.7	1.3	0.1	8.8	11.7	3.5
1993	-1.0	-2.4	8.7	12.0	2.9	-1.5	-3.2	9.4	12.9	2.7
1994	2.4	1.4	8.2	11.5	1.6	2.1	1.0	8.8	12.2	1.7
1995	1.5	0.9	4.9	6.5	1.5	1.4	0.5	5.4	7.0	1.8
1996	0.8	0.6	1.9	3.2	-1.1	0.6	0.2	2.3	3.6	-0.7
1997	1.8	2.0	0.5	1.4	-1.9	1.7	1.8	1.0	1.9	-1.0
1998	2.0	2.2	0.9	1.1	0.5	2.1	2.1	1.6	1.6	1.7
1999	1.9	1.9	1.6	2.2	-0.1	1.9	1.8	2.2	2.8	0.8
2000	2.9	3.2	1.3	1.2	1.5	2.9	3.0	2.0	1.9	2.0
2001	1.7	1.9	0.2	0.4	-0.2	1.6	1.6	1.0	1.3	0.0
2002	-0.2	-0.3	0.3	1.2	-2.1	-0.3	-0.6	1.1	2.1	-2.0
2003	-0.7	-0.8	-0.2	0.5	-2.4	-0.7	-0.9	0.5	1.4	-2.1
2004	1.2	1.2	0.8	1.5	-1.1	1.3	1.2	1.5	2.3	-0.8
2005	0.7	0.8	0.3	-0.2	1.8	0.9	0.8	0.9	0.5	2.0
2006	3.8	3.8	3.6	3.7	3.4	4.0	3.9	4.3	4.5	3.4
2007	3.0	3.1	2.6	2.4	3.0	3.2	3.2	3.3	3.3	2.9
2008	1.0	0.9	1.3	0.4	3.8	1.3	1.1	2.0	1.3	3.6
2009	-5.7	-6.1	-3.2	-3.9	-1.1	-5.4	-5.9	-2.6	-3.1	-1.2
2010	4.2	4.3	3.3	3.4	2.9	4.4	4.5	3.9	4.2	2.8
2011	3.9	4.1	2.7	2.3	3.9	3.9	4.1	3.0	2.9	3.0
2012	0.4	0.4	0.5	0.8	-0.2	0.2	0.2	0.6	1.2	-1.6
2013	0.4	0.5	0.3	0.3	0.3	0.2	0.1	0.2	0.6	-1.1
2014	2.2	2.1	2.9	3.0	2.7	1.8	1.6	2.7	3.1	1.3
2015	1.5	1.4	1.8	1.2	3.6	0.6	0.5	1.2	0.7	2.2
2016	2.2	2.2	2.6	1.7	5.1	1.4	1.3	2.0	1.3	3.6
2017	2.6	2.6	2.6	2.2	3.8	2.2	2.2	2.4	2.3	2.5
2018	1.3	1.2	1.4	0.2	4.3	1.0	0.9	1.2	0.3	3.2
2019	0.6	0.4	1.2	0.6	2.6	0.3	0.2	1.2	0.8	1.9
2020	-4.9	-5.1	-3.8	-4.0	-3.3	-4.9	-5.2	-3.6	-3.7	-3.5

자료: Statistische Ämter des Bundes und der Länder, VGRdL.

속되기 위해서는 동독지역이 서독지역의 성장률을 오랜 기간 일정 정도 앞질러야 한다.

〈그림 9-21〉을 보면 통독 초기 몇 년간은 동독지역이 훨씬 높은 성장률을 보였다. 건설 투자가 급증하고 설비 투자와 정부 소비도 높은 증가를 보였기 때문이다. 여기에 1989~1990년 중 생산이 급감했던 데 따른 기저 효과도 작

용했다(정형곤, 2020: 12; Kommission, 2020: 87). 그러나 이후 동독지역의 성장률이 앞선 해는 많지 않고, 상회하더라도 그 폭이 크지 않았다. 수도 베를린은 최근 높은 성장률을 기록하기 전까지 동독 경제를 끌어올리는 역할을 하지 못했다(〈표 9-2〉).

한편 2009년 글로벌 금융 위기, 2020년 코로나19 등 세계 경제가 부진할 때 서독 경제가 더 타격을 받은 반면, 동독지역의 성장률은 상대적으로 양호했다. 서독지역의 수출 비중이 높은 데 반해 동독지역은 공공 행정, 교육, 건강 등 서비스업 비중이 상대적으로 더 높아 타격이 적었기 때문이다. 이처럼 동독의 수렴에는 동독 경제 자체와 함께 서독의 성장에도 영향을 받으므로 수렴이 자체의 노력만으로 빨라지는 것은 아니다(IWH, 2019: 42; Röhl, 2020a: 97).

동독지역 전체의 경제 활기라는 점에서 전체 성장률이 중요하지만, 인구 유출을 고려해 1인당 성장률을 볼 필요도 있다(〈표 9-2〉). 이 경우 동독지역이 앞선 해가 늘어나며, 인구 유출이 많았던 해에는 전체성장률과 1인당 성장률의 차이가 적지 않게 나는 것을 알 수 있다. 한편 1인당 성장률의 결과는 앞에서 1인당 GDP 비율에 반영된다.

3) 노동생산성

생산성은 성장의 기본 요소이다. 노동생산성은 일반적으로 취업자 1인당 혹은 1인당·시간당 GDP로 산출한다. 2000년부터 제공되는 시간당 GDP 추이를 보면 동독지역의 생산성이 그간 꾸준히 상승하기는 했지만, 2019년에도 아직 서독지역의 78.0%(베를린 포함 시 82.8%)로 적지 않은 격차를 보이고 있다(〈그림 9-22〉).

통일 직후인 1991년부터 제공되는 취업자 1인당 GDP로 산출한 노동생산성을 주별로 보면 동독 주들의 생산성이 크게 향상되기는 했지만 서독의 가

그림 9-22 동독/서독 지역 노동생산성 비율 추이

(단위: %)

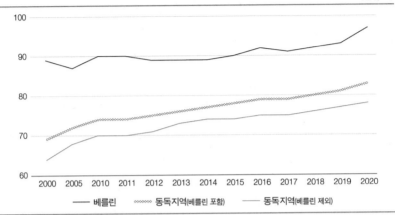

주: 근로자 1인의 시간당 GDP를 기준으로 산출했다.
자료: "Jahresbericht"(2021: 99).

그림 9-23 주별 노동생산성(1991/2019)

(단위: 유로)

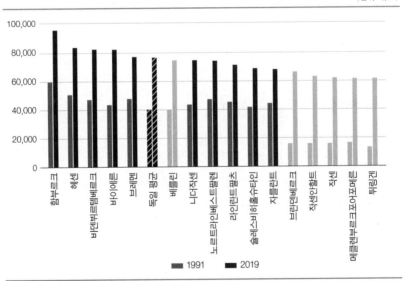

주: 근로자 1인당 GDP를 기준으로 했다. 연한 색이 베를린과 동독지역 주이다.
자료: Statistische Ämter der Länder(2020)를 이용해 필자가 작성했다.

그림 9-24 **세부 지역별 노동생산성(2018)**

(단위: 1000유로)

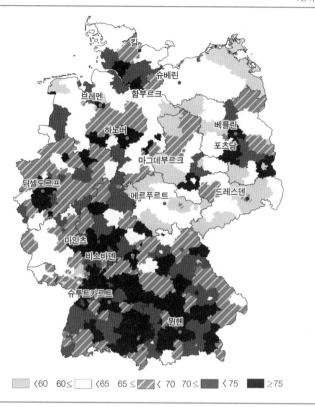

〈60 60≤ 〈65 65 ≤ 〈 70 70≤ 〈 75 ≥75

© GeoBasis-DE/BKG

주: 근로자 1인당 GDP를 기준으로 했다.

자료: Deutschlandatlas.bund.de, Bruttoinlandsprodukt je erwerbstätige Person.

장 낮은 주에도 못 미치고 있다. 생산성이 높은 주들과의 격차는 아직도 크며
베를린이 독일 평균에 도달하기는 했으나(100.1%)("Jahresbericht", 2021: 98) 수
도라는 위상을 감안하면 아직 미흡한 형편이다(〈그림 9-23〉).

좀 더 세분된 지역별로 보면 동독 일부 지역에서 생산성이 상당히 높은 곳
들이 등장하고 있다. 그러나 문제는 이러한 지역이 일부에 그치고 대부분은
가장 낮은 범주에 속한다는 것이다(〈그림 9-24〉).

생산성은 임금과 밀접한 관계에 있다(IWH, 2019: 11). 생산성이 낮기 때문에 임금이 그에 상응하는 수준에서 결정되고, 생산성이 향상되지 않는 한 임금 상승에는 제약이 생긴다. 이는 인재 유치와도 직결되므로 생산성 향상은 매우 중요한 과제이다.

4) 재산 형성

생활수준을 결정하는 데 소득과 함께 중요한 것이 재산이며, 통합 후 상당 기간이 지난 만큼 주목해야 할 부분이다. 2018년 동독지역 가계의 순자산(부동산 + 금융자산)은 서독지역의 48%에 불과했다. 1993년의 29%에 비하면 많이 높아진 것이지만, 소득의 수렴도에 비하면 매우 낮은 수준이다(〈그림 9-25〉) ("Jahresbericht", 2021: 69).

〈표 9-3〉은 가구당 자산(순 금융자산 + 부동산)에서 부채를 차감한 순자산을 나타낸 것이다. 서독지역 가계의 순자산은 18만 2000유로(2018년)였는데 동

그림 9-25 **동·서독 지역 가계의 순자산 추이**

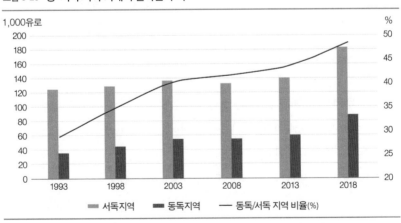

자료: "Jahresbericht"(2021: 70).

표 9-3 | 동서독 가계의 금융 자산 및 부동산 규모(2018년 가구당 평균)

(단위: 유로)

	서독 지역 (A)	동독지역 (베를린 포함) (B)	B/A (%)
순 금융자산(A)	60,100	37,400	62.2
부동산 시가(B)	154,400	65,800	42.6
순자산 총액(A+B-부채)	182,000	88,000	48.4

자료: Statistisches Bundesbamt(2019).

독지역은 이의 48%에 불과한 8만 8000유로였다. 동독 가계의 순 금융자산은 서독의 62.2%이지만 부동산을 포함한 순자산 총액은 서독의 절반에도 못 미친다. 낮은 자가 소유 비율과 부동산 가격으로 인해 부동산 가액이 서독의 42.6%에 불과하기 때문이다. 동독지역에서 자가 거주 비율은 브란덴부르크를 제외하고는 모두 평균보다 낮으며, 특히 베를린은 17.4%에 불과하다 ("Datenreport", 2021: 262). 동독의 부동산 가격은 많은 지역에서 인구의 정체와 감소로 부동산 수요가 줄면서 가격도 훨씬 낮게 형성되어 있다.

〈그림 9-26〉은 동·서독 지역 주민의 연령별 순자산 규모 변화를 나타낸 것이다. 서독은 교육을 마친 후 재산이 늘어나기 시작하는데 경제활동을 통한 소득과 자산 형성 외에 상속과 증여도 기여하는 것으로 추정된다. 순자산은 자산의 가치 상승, 주택모기지 대출의 상환 등에 따라 70대 전반에 가장 높은 수준에 도달한다. 더 고령층에서는 일부 증여나 건강 문제 등으로 지출이 늘어나면서 자산이 줄고 있다. 동독지역에서는 이와 같은 라이프 사이클 패턴이 뚜렷하지 않으며, 전 연령층에서 서독에 비해 규모가 작다. 경제활동 연령층의 경우 동독지역의 주택 임대료가 상대적으로 낮다고 해도 소득이 적기 때문에 자산 형성에 취약하다고 볼 수 있다("Datenreport", 2021: 250).

동·서독 지역 간 순자산 규모의 차이는 55세 이상에서 현격해지고 76~80세에서 가장 큰 차이가 난다. 동독지역의 고령층은 대부분 사회주의 체제에서 성장한 데다 통일 후 상대적으로 높은 실업률과 낮은 소득으로 재산 형성

그림 9-26 동·서독 지역의 연령별 개인 순자산 규모(17세 이상)

(단위: 1000유로)

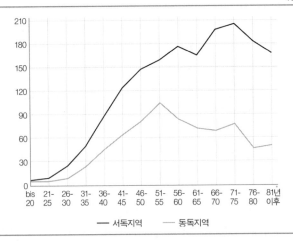

자료: "Datenreport"(2021: 250).

에 많은 제약을 받았기 때문이다.

　재산은 이자·배당 등 금융 소득과 임대 소득을 만들어내기 때문에 동독 주민들이 다시금 불리한 입장이 된다. ≪슈피겔(Spiegel)≫은 "부동산이 부를 만든다, 특히 서독지역에서"라는 기사에서 서독지역 가구의 16% 이상이 임대 소득을 올리는 반면 동독지역에서는 6~8.4%에 불과하며, 임대 수입도 적다고 지적했다(Spiegel, 2020).

　중기적으로는 상속과 증여를 통해 다음 세대에서도 이러한 격차가 지속될 우려가 제기된다. 독일경제연구소(DIW)의 마르첼 프라처(Marcel Fratzscher) 소장은 서독 지역의 피상속인이 평균적으로 동독보다 두 배 정도 더 상속을 받는다면서 이것이 불평등의 주요 기반이라고 지적했다(Fratzscher, 2018). '30년위원회'는 재산과 상속으로 인해 향후 몇 년간 동·서독 간 차이는 더 벌어질 것이라고 추정했다. 저금리 기간 중 대도시를 중심으로 서독지역의 부동산 가격이 급등했기 때문이다(Kommission, 2020: 73).

5) 실업·고용

사회주의 시절 공식적인 실업이 없던 동독 주민들에게 통일 후의 대량 실업은 큰 충격이었다. 통일 직전과 직후의 산업 생산 급감, 이어진 사유화, 구조조정 등으로 실업이 크게 늘어나기 시작했다. 동독지역의 취업자 수는 통독 직후 급감했다. 정부에서는 1989년 동독 취업자가 약 980만 명이었는데 통화통합 이후 1992년까지 340만 명이 줄어든 것으로 추정했다(Bundesanstalt für Arbeit, 2001: 28). 그나마 이것도 정부의 각종 노동시장 정책을 통해 완화된 수치였다(IWH, 2019: 70).

'30년위원회'는 "동독의 수백만 주민이 어려운 전환기에 일자리를 잃었다. 이 중 대다수는 완전히 새로운 직업에 몇 번이나 적응해야 했다. 수백만 명이 몇 해 동안이나 일자리나 생계 수단을 구하지 못했다. 1989년부터 1993년까지 취업자의 3분의 2가 실직하거나 다른 직업을 찾아야 했고, 상위층에서는 그 비율이 90%에 달했다"라고 암울했던 상황을 묘사했다(Kommission, 2020: 11, 87). 그동안 배워오고 당연시했던 것들이 의미 없어지고, 완전히 새로운 체제에서 새로운 일자리에 적응해야 했던 많은 이들의 어려움을 상상할 수 있다. 2021년 10월 메르켈 총리가 총리로서 한 마지막 통일 기념일 연설은 이를 대변한다.

> 대다수 서독 주민들에게 통일은 기본적으로는 그 전의 방식으로 살아가는 것을 의미했지만 우리 동독 주민들에게는 정치, 직업 세계, 사회 등 거의 모든 것이 변했으며, 살아가기 위해서는 자신도 변해야만 했다는 사실이 오늘날까지도 간과되고 있다(Merkel, 2021).

1991년 100만 6000명이던 동독지역의 실업자 수는 2005년 150만 명을 넘어서며 실업률도 18.7%로 최고조에 달했다. 이후 실업률은 빠르게 낮아져

그림 9-27 동·서독 지역의 실업률 추이

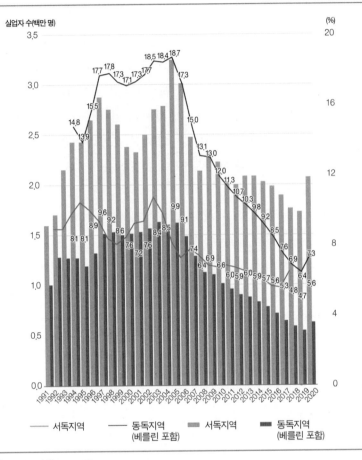

― 서독지역   ― 동독지역(베를린 포함)   ■ 서독지역   ■ 동독지역(베를린 포함)

자료: "Jahresbericht"(2021: 110).

2019년에는 서독지역 실업률 4.7%와 큰 차이가 없는 6.4%를 기록했다(2020
년에는 7.3%로 다소 상승). 2000년대 초반 10%p 격차를 보인 데 비하면 2%p 내
외로 크게 줄어든 것이다(〈그림 9-27〉). 다만 〈그림 9-28〉에서 보는 것처럼 서
독에서는 실업률이 높은 지역이 일부에 한정되지만, 동독에서는 광범위한 지
역이 높은 실업률을 보이고 낮은 지역이 일부라는 점은 큰 과제이다.

그림 9-28 **세부 지역별 실업률(2020)**

(단위: %)

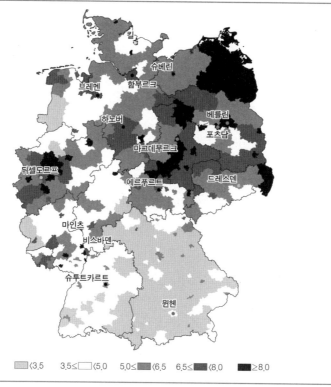

《3.5   3.5≤□《5.0   5.0≤■《6.5   6.5≤■《8.0   ■≥8.0

© GeoBasis-DE/BKG

자료: www.deutschlandatlas.bund.de, Arbeitslosenquote.

　실업률은 경제활동인구 중 실업자를 대상으로 하므로 비경제활동인구의 영향을 받는다. 따라서 노동시장 상황을 종합적으로 파악하려면 취업자 수와 취업률도 함께 볼 필요가 있다.

　동독지역의 취업자 수는 1991년의 679만 명에서 2005년에는 566만 명까지 줄어들었다. 2019년에 601만 명(베를린 제외)으로 회복되었지만(2020년 593만 명으로 소폭 감소), 1991년 수준에는 못 미치고 있다("Jahresbericht", 2020: 280). 이는 기본적으로는 인력 유출 등에 따른 인구 감소와 통일 초기의 조기 은퇴,

그림 9-29 **취업률(15~64세 인구 중 취업자 비율)**

(단위: %)

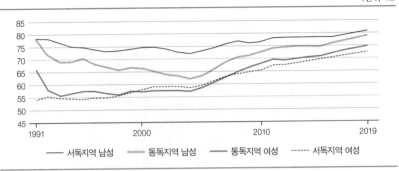

자료: Statistisches Bundesamt(2020: 14).

그림 9-30 **주별 고용 증가율(2012~2017)**

(단위: %)

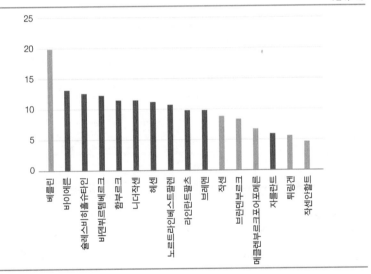

주: 연한 색이 베를린과 동독지역 주이다.
자료: "Datenreport"(2021: 303)를 이용해 작성했다.

이후의 상대적으로 낮은 성장 등의 결과라고 할 수 있다.

　15~64세 인구 중 취업자 수를 나타내는 취업률은 통독 직후 급감했다가 2003년 슈뢰더 총리가 제시한, 노동시장과 사회보장제도의 개혁을 주 내용

그림 9-31 2000~2017년간 세부 지역별 취업자 증가율

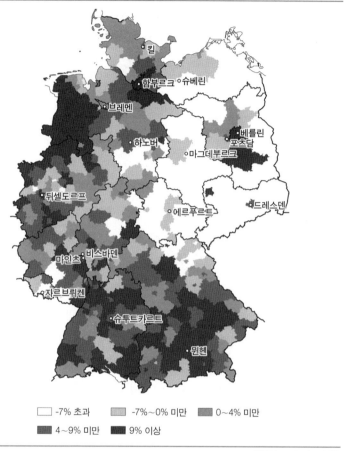

□ -7% 초과　■ -7%~0% 미만　■ 0~4% 미만
■ 4~9% 미만　■ 9% 이상

© Thünen-Institut 2020

자료: "Jahresbericht"(2020: 29).

으로 하는 Agenda 2010의 추진을 계기로 회복되기 시작했다. 남성의 경우 1991년에는 서독과 같은 수준이었으나 2000년대 전반까지 격차가 벌어졌다가 최근에는 거의 같은 수준에 근접했다. 여성은 통일 시점에 서독보다 훨씬 높은 수준에서 단기간에 급락했으나 2000년대 후반 이후 다시 서독지역을 상회하고 있다(〈그림 9-29〉).

최근 취업자 수 증가를 보면 베를린이 독일 전체에서 가장 높은 증가를 보인 가운데 여타 동독지역 주들은 낮은 수준에 머물고 있다(〈그림 9-30〉). 취업자 수 변화를 세부 지역별로 보면 베를린, 라이프치히, 드레스덴 등 수도권과 인구 밀집 지역을 제외하면 감소하고 있다. 이러한 현상은 서독지역에서도 마찬가지로, 일자리는 대도시권을 중심으로 한 제한된 지역에서만 늘어나는 것이 현실이다("Jahresbericht", 2020: 26; "Datenreport", 2021: 303).

6) 통화·금융·재정 통합

(1) 통화통합

통일 과정과 경제통합에서 설명한 바와 같이 통일 이전에 서독과 동독의 마크르화가 서독의 독일마르크로 통합되었다. '통화·경제·사회통합' 협상에서 큰 쟁점 중 하나는 동·서독 마르크 간의 전환비율 결정이었다. 전환비율은 지금까지도 동독 경제에 부정적 영향을 미친 요인 중 하나로 종종 비판받고 있다. 여기서 독일연방은행이 교환 비율이 아닌 전환비율이라는 용어를 쓰는 것은 양 통화 간의 환율이 비가역적으로 결정되었기 때문이다.[7]

전환비율은 개인에게는 소득과 금융자산 규모, 기업에는 임금 등 비용과 부채 규모를 규정하는 중요한 사안이었고, 특히 좀 더 나은 삶을 바라던 동독 주민들에게 독일마르크로 받는 자신의 월급이 얼마나 될 것인가는 초미의 관심사였다.

동독 시절에도 여러 형태의 환율 혹은 준거틀이 있었지만 제대로 된 시장

---

[7] 독일연방은행은 동서독 간 통화통합에서 교환 비율(exchange rate)이 아닌 전환 비율(conversion rate)을 사용하고 있다. 유럽경제통화동맹(EMU) 출범으로 독일마르크, 프랑스프랑 등이 유로로 전환될 때도 '전환 비율(fixed euro conversion rates)'이 사용되었다(www.ecb.int).

표 9-4 | 전환 비율 요약

	대상		전환 비율
플로	임금, 연금		1 : 1
스톡	기업·개인의 금 자산 및 부채		2 : 1
	이중 개인 저축에 대해서		
	1976년 7월 1일 이후 출생자(14세 이하)	2000동독마르크까지	1 : 1
	1931년 7월 2일~ 1976년 7월 1일 출생자 (15~59세)	4000동독마르크까지	1 : 1
	1931년 7월 2일 이전 출생자(60세 이상)	6000동독마르크까지	1 : 1
	위 금액을 초과하는 저축 및 현금		2 : 1
	동독지역에 거주하지 않는 개인·기업 보유 동독마르크		3 : 1

자료: Deutsche Bundesbank(1990: 40~42)를 요약했다.

환율이 존재하지 않았기 때문에 전환비율 결정까지 동·서독 간은 물론이고 서독 내에서도 많은 논쟁이 있었다. 공식 환율은 장벽 붕괴 전까지는 1 대 1 이었다가 1990년 들어 3 대 1, 2 대 1(동독마르크 대 서독마르크)로 수정되었고, 환전상 환율은 최대 10 대 1에 달하기도 했다. UN이 적용하던 무역환산계수 는 2.8 대 1, 동독 당국이 대외 거래에서 척도로 사용하던 외환수익개념은 4.4 대 1이었다. 그리고 연구소들이 추정한 구매력평가는 거의 1 대 1 수준 이었다.

협상 과정에서 독일연방은행은 기업의 경쟁력 등을 고려해 2 대 1 전환비 율을 제안했으나 "1 대 1이 아니면 우리는 하나가 될 수 없다"라는 동독 주민 들의 격렬한 반대에 부딪혔다. 〈표 9-1〉에서 보았듯이 통일 전 동독의 임금 이 서독의 3분의 1 수준이었는데, 2 대 1로 전환되면 임금격차는 6 대 1이 되 며, 한 나라 안에서, 그리고 좀 더 나은 삶을 바랐던 동독 주민들에게 이러한 격차는 사실상 수용이 불가능했다. 결국 임금과 연금은 1 대 1로 전환하고, 저축에 대해 연령별·주체별로 상이하게 적용하는 선에서 타협했다. 저축액 에서 고령자의 우대 전환 금액을 높여준 것은 어려운 시절을 살아온 이력, 향후 노동시장 진입 가능성이 희박하다는 점 등을 고려한 것이다(〈표 9-4〉). 통합 초기의 소득, 금융자산이 중요한 결정 요소였다는 것을 알 수 있다.

임금과 연금 등 플로(flow)의 1 대 1 전환은 이후 동독 경제가 어려움을 겪은 주요인의 하나로 비판을 받았다. 반면 정치적으로는 통일의 기반으로 작용했다는 긍정적인 평가를 받기도 했다(김영찬, 2017: 146~183). 통화통합 당시 동독의 변화하는 모습은 2003년 개봉한 독일 영화 〈굿바이 레닌〉에서 생생히 확인할 수 있다(김영찬, 2005: 254~256).

(2) 금융 통합

동독의 계획경제 체제가 서독식 사회적 시장경제로 전환되었을 뿐만 아니라 동독의 금융제도도 서독의 시장형 제도에 통합되었다. 금융제도는 금융 인프라, 금융기관 및 금융시장으로 구성되며 핵심적인 경제 제도 중 하나이다. 동독 금융제도의 전환 및 통합은 안정된 서독 제도와 통화의 도입, 서독 금융기관들의 지원을 통해 같은 시기에 전환을 경험한 동유럽권 국가들에 비해 상대적으로 원활하고 신속하게 진행되었다(김영찬, 2017: 213~221).

① 동독 금융제도의 전환과 서독 제도로의 통합

동독의 금융제도는 국립은행을 중심으로 하는 일원적 은행제도(mono-banking system)였다. 독일무역은행 등 몇 개의 특수 은행과 저축은행, 신용협동조합 등 일반인을 대상으로 하는 금융기관이 있었지만, 이들은 국립은행이 직접 관할했다. 1990년 4월 1일 은행 제도의 전환을 시작하면서 국립은행에서 상업은행 기능이 분리되었으며 금융시장을 개방해 서독 및 외국 은행이 진출할 수 있도록 허용했다. 서독 금융기관들은 처음에는 사무소, 그리고 동독 금융기관의 인수·합작, 자회사 등의 방식으로 동독에 진출했다.

그러다가 '통화·경제·사회통합조약'을 계기로 시장형 금융제도로의 전환이 본격화되었다. 동·서독 중앙은행의 통합과 함께 은행감독제도 등 서독의 금융 관련 각종 법규가 동독지역에까지 확대 적용되었고 예금보험제도는 바

그림 9-32 동독 금융기관 재편도

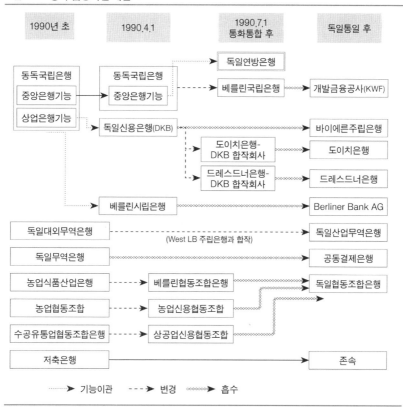

자료: Streit(1999: 670).

로 적용되었으며, 지급결제제도는 1년 반 만에 통합되었다.

이러한 금융 인프라의 통합과 함께 금융기관의 통합도 본격화되었다. 동독국립은행은 중앙은행 업무가 독일연방은행으로 이관되면서 '베를린국립은행(Staatsbank Berlin)'으로 전환되어 동독지역의 채무 청산 작업과 구동독지역 지원을 담당하다가 서독의 개발 금융 기구에 흡수 통합되었다.

사무소 또는 합작 은행 형태로 업무를 개시했던 서독 은행들은 기존 은행을 흡수하거나 신규 지점 설치 등으로 업무를 확대했다. 동독의 중앙은행에서 분화한 은행들은 주립은행·대형상업은행·KfW 등 서독의 은행 시스템으로 통합되었고, 저축은행·협동조합은행 등은 해당 부문의 서독연합회와 통합되었다(Streit, 1999: 669~671)(〈그림 9-32〉).

② 금융제도의 작동

완전히 새로운 제도로 전환된 상황에서 작동이 저절로 되는 것은 아니다. 금융시스템의 작동에는 서독 은행들의 인적·물적·기술적 지원이 큰 역할을 했다. 동독에는 전문적인 금융 활동 수행을 위해 필요한 전문 인력이나 기술적 설비가 없거나 태부족했다. 통합조약이 체결되자 거의 모든 서독 민간은행들이 몇 주 내에 동독지역에 지점을 설립해 인적·물적 자원을 투입했다. 그리고 저축은행과 협동조합은행들은 동독지역 파트너들을 지원했다.

서독 은행들은 동독 금융기관의 건물과 기자재 등 물적 자본뿐만 아니라 현지 고용 직원에 대한 연수 등 인적 자본에도 많은 투자를 했다. 초기 시장 점유율을 높이기 위한 금융기관 간의 경쟁도 영향을 미쳤다. 이를 통해 동독지역에는 건전하고 경쟁력 있는 금융제도가 단기간에 구축될 수 있었다.

예금은 기존에 저축은행이 기능을 유지하고 있었던 데다 통화통합을 계기로 거의 모든 주민이 통장을 개설하면서 차질 없이 작동되었다. 대출은 차입자의 담보·신용 기록 부족, 대출 경험의 부족 등 제약에도 불구하고 정부의 위험 분담이 이루어지면서 큰 문제 없이 이루어졌다.

초기 자금 공급에서는 독일연방은행의 리파이낸싱 외에 KfW의 정책 금융 제공,[8] 정부와 민간은행 간 위험 분담 제도의 구축 등이 중요한 역할을 했다.

---

8) KfW(Kreditanstalt für Wiederaufbau)는 개발금융공사, 독일재건공사, 재건금융공사 등 다양한 이름으로 번역된다. 우리나라 KDB산업은행, 한국수출입은행, IBK기업은행의 정책 금융 기능을 수행한다고 할 수 있다. KfW의 대출·출자 프로그램은 중소기업 지원, 주택 현대화, 지자체의 인프라 구축, 환경 개선 자금 등으로 이루어졌으며, 중소기업에는 저금리, 조기 상환 부담금 면제, 장기 대출 기간, 원금 상환 유예기간 연장 등의 혜택이 주어졌다. 또한 온렌딩 방식을 통해 실제 대출 취급 은행의 부담을 덜어주기 위해 KfW

그림 9-33 **금융 지원을 위한 위험 분담 구조**

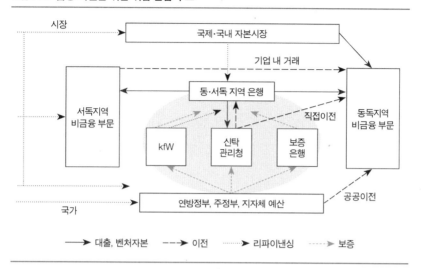

자료: Robins(2000: 64).

위험 분담 구조는 통일 초기 동독 기업들이 빠듯한 유동성, 취약한 자본금, 불확실한 사업 전망, 담보 및 신용 기록 부족 등으로 일반 상업금융기관의 자금 이용이 용이하지 않은 상황을 타개하기 위해 운용되었다. 여기에는 연방·주 정부, KfW, 보증은행, 신탁관리청 등이 참여했다(Robins, 2000: 52).

〈그림 9-33〉을 보면 상업은행들이 기업이나 개인에 자금을 제공할 때 보증은행을 통한 신용보증 제도와 KfW의 온렌딩(on-lending) 등 상당한 측면 지원을 받는 것을 알 수 있다. 신탁관리청은 구동독 국유기업의 자산과 부채를 인수했고, 보증은행은 동독지역 모든 주에 설립되어 좀 더 폭넓게 보증을 제공했다(www.vdb-info.de/).

___

가 위험을 40%까지 인수하며 총투자액의 50%까지 대출을 제공했다(김영찬, 2018).

표 9-5 | 동독지역으로의 공공이전지출(1991~1999년 누계)

지원 주체별(10억 DM)[1]		용도별(%)	
총이전지출(A)	1,636.5	합계	100.0
연방정부	1,073.4		
서독지역 주 정부/지자체	91.4	인프라 구축	11.7
독일통일기금	75.0		
사회보장기금(순)	272.5	경제 발전 촉진	6.3
EU	55.0		
신탁관리청	69.3	사회보장제도 관련	51.1
수입(연방정부)(B)	400.8		
순 이전지출(A-B)	1,235.7	불특정 목적	23.5
순 이전지출/동독지역 GDP(%)	32~53% (연도별)		
순 이전지출/서독지역 GDP(%)	4.0~5.3%(연도별)	기타	7.4

주: 1) 유로 도입 전으로 단위는 DM이며, 1유로=늑1.96DM이다.
자료 : Ragnitz, et al.(2000: 14).

(3) 재정 통합

재정이 통합된다는 것은 동독지역에서도 조세와 재정 운용에 관한 규칙이 동일하게 적용된다는 의미이다. 동독지역에 대한 지원의 기본 틀은 동독이 서독의 재정, 사회보장제도 등에 통합된 데 따른 것이라는 점을 이해할 필요가 있다.

우리는 흔히 통일 비용이라고 부르지만, 독일에서는 이를 동독지역에 대한 공공이전지출(public transfer)이라고 칭한다(KIM, 2017). 〈표 9-5〉는 통일 후 1991~1999년의 이전지출을 총규모, 지원 주체별 및 용도별로 분석한 자료이다. 우리나라에서는 용도별 분석이 주를 이루는데 연방정부와 주 정부, 지자체 등이 어떻게 분담했는가 하는 주체별 지원에 대한 이해도 우리나라 지방재정조정제도의 맥락에서 의미가 있다.

먼저 동독지역에 대한 지원에서 세금과 사회보장금 수입을 차감한 순 이전지출은 매년 서독지역 GDP의 4~5%, 동독지역 GDP의 30~50%에 달하는 막대한 규모였다. 지원 주체별로는 연방정부의 몫이 가장 크고 다음으로 사회보장기금과 주 정부 및 지방자치단체가 기여했으며, 1995년까지 한시적으로 설치되었던 '독일통일기금'도 한 축을 담당했다.

연방정부의 지원은 노동시장 정책 등 사회보장적 지출, 인프라 구축, 투자 보조금 등과 함께 독일 특유의 '재정균등화제도(Der bundesstaatliche Finanzausgleich)'를 반영하고 있다. 이 제도는 세수가 부족한 주에도 적정한 재정 능력을 부여하도록 하는 헌법상의 제도이다. 조세 수입을 연방정부와 주 정부, 주 정부 간 배분, 세수가 많은 주와 적은 주들 간의 조정,9) 취약 주에 대한 연방정부의 추가 지원 등 단계적 재분배를 통해 1인당 세수로 표시되는 재정 능력의 균형을 도모하는 것이다(김영찬 외, 2016: 177~179).

그런데 동독이 이 제도에 바로 편입하게 되면 재정능력이 떨어지는 동독 지역주들에 재원의 상당부분이 배분되어 기존의 작동 틀이 변화하면서 서독의 공여주와 수혜주가 영향을 받게 된다. 따라서 5년의 유예기간을 두고 그동안은 연방정부와 서독지역 주들이 분담해 만든 '독일통일기금'이 이를 대신했다. 그러나 재정균등화제도에 편입될 무렵에도 동독지역 주들의 상황이 충분히 개선되지 않자 연대협약 I, II를 통해 동독지역 주에 특별 보조금을 지원하는 등의 조치를 취했다.

사회보장기금은 서독 주민들의 연금, 건강, 실업보험 분담금이 동독지역의 사회보장비 지출에 기여한 부분을 말한다. 국가 단위로 운용되는 사회보장제도에 동독이 편입됨에 따른 당연한 결과라고 할 수 있다.

다음으로 용도별 구성을 보면 사회보장제도 관련 이전지출이 전체의 절반에 달하는데 사회보장제도 통합에 따른 일반적인 부담 외에 통일 이후 동독

---

9) 세수에 차이가 나는 주들 간의 조정은 이전부터 논란이 많았는데, 독일통일기금이 종료된 1996년부터 급증하면서 더욱 문제가 되었다. 결국 주들 간 지원은 2019년까지만 시행되고 연방정부의 주 정부에 대한 배분으로 해결하는 방식으로 바뀌었다(Behnke, 2020).

지역의 실업 급증과 조기 은퇴 등이 복합적으로 작용했다. 상당 비중을 차지하는 '불특정 목적의 지출'의 대부분은 앞서 언급한 재정균등화제도에 따른 지원이다.

동독지역으로의 이전지출에 대해 독일연방은행은 사회보장제도나 재정균등화제도 등에 따른 지원은 헌법의 틀에서 시행되는 것으로 동독지역만 혜택을 받는 것이 아니라는 점을 강조하고 있다. 서독의 취약 주들도 이 제도들에 따라 재분배 혜택을 받고 있다는 것이다(Bundesbank, 1996, 27). 요아힘 라그니츠는 동독지역에만 적용되는 연방정부의 특별 지원금, 투자·연구개발 보조금 등 '특별 이전'의 비율은 동독지역에 대한 총이전지출 중 13%에 불과하다고 주장했다(Ragnitz, 2004).

한편 이전지출 규모가 막대했지만 재원조달은 비교적 원활하게 진행되었다. 세금·사회보장분담금 인상, 재정 지출 감축과 채무 증가가 복합적으로 활용되었는데 채무를 통한 조달 비중이 가장 컸던 것으로 추정된다(Kim, 2017: 231~234). 이에 따라 앞서 설명한 대로 통독 직후 채무비율이 빠르게 늘어났다.

4. 수렴 지체 요인과 향후 전망

다음에서는 동·서독 지역 경제의 수렴이 지체되는 요인으로 거론되는 동독지역 기업의 소규모성, 낮은 자본집약도, 기술 개발 여건의 취약, 인력 부족 등을 살펴본다. 이어서 경제 전문가들이 본 향후 수렴 전망도 소개한다.

1) 기업의 소규모성: 대기업의 부족

독일 정부나 경제 전문가들이 동·서독 지역의 GDP, 생산성 격차의 주요

그림 9-34 **독일의 기업 규모별 생산성**

(단위: 1000유로)

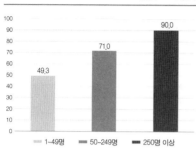

주: 종업원 1인당 총부가가치이다.
자료: Müller and Neuschäffer(2019: 54).

그림 9-35 **동서독지역의 기업규모별 생산성**

(단위: 1000유로)

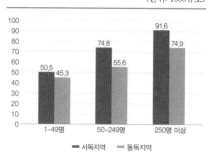

주: 종업원 1인당 총부가가치이다.
자료: IWH(2019: 36)

인 중 하나로 드는 것이 동독지역 기업의 소규모성(Kleinigkeit)이다. 대기업이 보수와 기업 잉여 등으로 이루어진 부가가치,[10] 생산성과 직결되는 투자 및 기술 개발 면에서도 유리한데 동독지역에는 대기업 본사, 기술 개발 센터 등이 상대적으로 많이 부족하다는 것이다. 기업 규모가 클수록 생산성이 높다는 사실은 독일 전체나 지역별로도 마찬가지라는 점을 〈그림 9-34〉, 〈그림 9-35〉에서 확인할 수 있다.

기업 규모별 분포를 보면 250인 이상 대기업 수의 비중은 5% 내외로 별 차이가 나지 않는다(〈그림 9-36〉). 그러나 동독지역은 서독지역에 비해 49인 이하 소기업의 고용 비중이 훨씬 크고(각각 63.3%, 49.5%), 250인 이상 대기업의 비중은 7.7%로 서독지역의 23.0%에 비해 현격히 떨어진다. 서독지역 기업이 훨씬 대규모이며, 경제활동에서 대기업의 영향도 큰 것이다(〈그림 9-37〉)(Müller and Neuschäffer, 2019: 54).

독일 기업들이 강점을 갖는 제조업 부문에서 기업 규모별 근로자 비중 분

---

10) GDP는 피용자 보수, 영업이익 등으로 구성되는데(한국은행, 2019: 22~23), 대기업 본사나 기술 개발 부서의 보수가 높고, 이익이 본사로 귀속된다는 면에서 쉽게 이해될 수 있다.

그림 9-36 **기업 규모별 분포**

(단위: %)

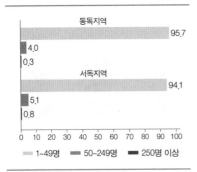

자료: Müller and Neuschäffer(2019: 53)

그림 9-37 **기업 규모별 종업원 비율 분포**

(단위: %)

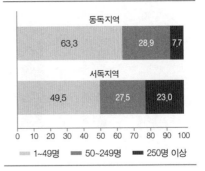

자료: Müller and Neuschäffer(2019: 53).

그림 9-38 **제조업의 기업 규모별 근로자 비율(2019)**

(단위: %)

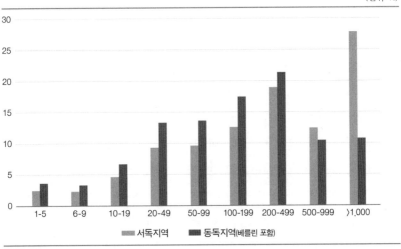

자료: "Jahresbericht"(2020: 269).

포를 좀 더 자세히 나타낸 것이 〈그림 9-38〉이다. 서독지역은 1000명 이상
대기업이 27.9%로 가장 높은 비중을 차지했다. 반면 동독지역은 10.7%에 불
과했고, 2005년 이후 이 비중에 거의 변화가 없었다. 500~999명 기업에서도
서독지역의 비중이 높은 반면, 500명 미만 그룹에서는 모두 동독지역의 비중

그림 9-39 500대 기업 소재지

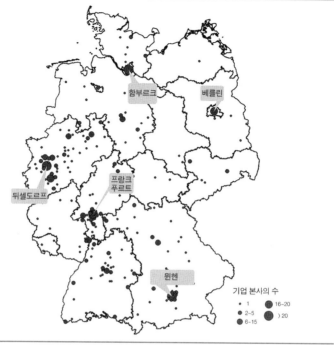

기업 본사의 수
- 1
- 2~5
- 6~15
- 16~20
- 〉20

주: *Die Welt* 선정 500대 기업이다.
자료: IWH(2019: 37).

이 높게 나타나 규모에 따른 분포 차이를 뚜렷이 보여주고 있다.

'30년위원회'도 동·서독 간 경제구조 차이에서 가장 현저한 것이 기업 규모라고 지적하고 있다(Kommission, 2020: 73). 그 상징으로 자주 언급되는 것이 상장기업 분포이다. 독일의 30대 기업으로 구성된 대표적인 주가지수인 DAX-30에는 베를린의 2개사 외에 동독 주에 본사를 둔 기업이 하나도 없다. DAX 외에 31~90위까지의 MDax, 91~160위까지의 SDax, 30대 기술주로 이루어진 TecDax 등 4대 주가지수에 속한 160개 기업 중에서 동독지역에 본사를 둔 경우는 베를린에 9개, 예나(Jena)의 엔옵티크(Jenoptik)와 카를 차이스 메디테크(Carl Zeiss Meditec) 2개사뿐이다(Röhl, 2020: 106). 현실적으로 높은 보

그림 9-40 **히든챔피언 분포도**

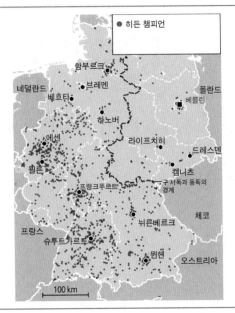

● 히든 챔피언

함부르크

네덜란드
브레멘
폴란드
베흐타
베를린

하노버

에센
라이프치히
드레스덴

쾰른
켐니츠
구 서독과 동독의
경계

프랑크푸르트
체코

프랑스
뉘른베르크

슈투트가르트
뮌헨
오스트리아

100 km

자료: *Economist*, 2019.2.9, 헤르만 지몬(Hermann Simon)이 작성했다.

수와 이익이 본사에서 실현되는 것을 고려할 때 이는 지역경제에서 큰 약점이라고 할 수 있다.

또한 〈그림 9-39〉에서 500대 기업 소재지의 분포를 보면 서독지역에 464개, 베를린을 포함한 동독지역에 겨우 36개로 큰 격차를 보이고 있다. 이러한 차이는 강소기업을 의미하는 히든챔피언의 분포에서도 마찬가지이다(〈그림 9-40〉). 좋은 기업들이 밀집해야 유능한 인력 유치와 지역사회 활성화가 용이하다는 점에서 아쉬운 부분이다.

대기업·중견기업이 부족할 뿐 아니라 〈그림 9-35〉에서 확인할 수 있듯이 같은 규모의 기업에서도 동·서독 지역 기업 간에 생산성 차이가 존재한다. 동일 업종에서 유사한 규모와 특징(자본장비율, 수출 및 양질의 인력 비중)을 가진 기업끼리 비교해도 격차가 존재한다는 것이다. 정교한 분석이 필요하지만, 동독 기업들이 낮은 지명도 등으로 상품을 상대적으로 저가에 팔아야 하거나 불리한 조달 가격을 적용받을 수도 있다는 것을 시사한다(Müller and Neuschäffer, 2019: 53).

기존의 서독 기업들이 본사를 동독지역으로 이전하는 것이 현실적이지 않다면 어렵고 시간이 걸리더라도 실력 있는 기업들의 확산을 도모해야 한다. 할레연구소의 게르하르트 하임폴트(Gerhard Heimpold)는 동독에서 유수의 기업이 출현하기 위해서는 지원 강화, 주변 여건의 조성과 함께 시간이 필요하다며 다음과 같이 지적했다.

동독 시절 대형 콤비나트들이 경쟁력이 없어 불가피하게 소규모로 분할되어 사유화된 것이 대기업 부족의 근인이다. 지원은 성장과 혁신에 도움이 되는 방향으로 제대로 이루어져야 한다. 기업의 성장에는 전문 인력, 양질의 학교 교육, 탁월하고 재정이 튼튼한 대학 및 연구소가 필요하다. 아울러 젊은 인재들이 동독에 머물게 하기 위해서는 도시들이 매력적이어야 한다(Heimpold, 2015).

2) 낮은 자본집약도

생산성을 좌우하는 큰 요인의 하나는 자본집약도(1인당 자본스톡)이며 이는 투자의 누적에 의한 결과라고 할 수 있다. 통독 초기 동독지역의 설비·건물, 인프라 등 낙후된 자본스톡은 경제 수렴의 가장 큰 장애물이었다.

지난 30년간의 투자 지원 정책과 공공 인프라에 대한 많은 투자로 주민 1인당 자본스톡과 종업원 1인당 자본스톡은 1991년 서독의 40% 정도에서 2016년에는 각각 78%, 89%로 많이 좁혀졌다. 하지만 〈표 9-6〉에서 볼 수 있듯이 2010년대 들어 수렴이 정체되고 있다.

자본집약도 수렴의 정체는 투자의 상대적인 부족을 반영한다. 1인당 투자

표 9-6 | 동·서독 지역 투자·자본스톡 관련 지표(동독/서독 지역 비율)

(단위: %)

	1991	1995	2000	2005	2010	2015	2019
1인당 투자	66	149	110	77	83	67	69[2]
1인당 설비투자	62	106	97	64	87	62	61[2]
1인당 건설투자	70	176	122	98	80	73	78[3]
1인당 자본스톡	38	50	64	71	77	77	78[4]
종업원 1인당 자본스톡	40	56	73	82	87	89	89[4]

주: 1) 동독지역에 베를린을 포함한다, 2) 2017년, 3) 도시 주 제외, 4) 2016년.
자료: Röhl(2020: 98).

가 1990년대 중반에는 건설투자를 중심으로 서독 대비 150%로 최고 수준을 보였으나 이후 부진해졌다. 2017년 총투자는 서독의 70%, 설비투자는 이보다 더 낮은 61%에 불과했다(Röhl, 2020: 102). 아울러 같은 자본집약도라도 생산성 향상을 위해서는 최신 기술을 수반한 자본 투자가 이루어져야 할 것이다(Quaas, 2020: 53~54).

3) 기술 개발 여건의 취약

연구개발을 통한 기술 발전과 혁신은 경제성장의 중요한 동력인데 동독지역은 이 부문에서 취약한 모습을 보이고 있다. GDP 대비 연구개발비 비중은 베를린을 포함한 동독지역이 2.6%로 서독지역의 3.3%(2019)에 상당폭 작다("Jahresbericht", 2021: 60). 또한 총취업자 중 연구개발 인력 비율을 나타내는 '연구개발 인력 집중도'는 서독의 44%, 1인당 특허등록 건수의 경우는 더 낮은 22%에 불과하다(〈표 9-7〉).

대학이나 기타 공공 연구 기관은 정부 지원을 통해 상대적으로 양호하지만

표 9-7 | 동·서독 지역 연구개발 관련 지표(동독[1]/서독 지역 비율)

(단위: %)

	1991	1995	2000	2005	2010	2015	2019
연구개발 인력/취업자 비율[1]	49	42	42[2]	35[3]	43	42	44[4]
1인당 특허 건수[1]	23	27	27	26	28	22	22[5]

주: 1) 베를린 제외. 2) 1999, 3) 2004, 4) 2017, 5) 2018.
자료: Röhl(2020: 98).

그림 9-41 지역별 스타트업 투자 유치 현황(2019)

(단위: 건)

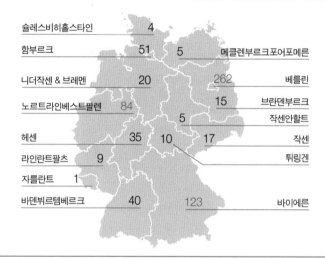

슐레스비히홀스타인 4
함부르크 51
메클렌부르크포어포메른 5
니더작센 & 브레멘 20
베를린 262
노르트라인베스트팔렌 84
브란덴부르크 15
작센안할트 5
헤센 35
10
작센 17
라인란트팔츠 9
튀링겐
자를란트 1
바덴뷔르템베르크 40
바이에른 123

자료: KOTRA(2020).

기업 부문은 크게 뒤처지는 것으로 나타나고 있다. 대학 이외 연구 기관 132개 가운데 34개만이 동독지역에 위치하고 있다(Schnable, 2019: 14). 2017년 독일 국내 연구개발비의 87%가 500인 이상 기업에 의한 것이었는데, 동독지역에 이 규모의 대기업이 드물다는 것도 불리한 점이다. 서독지역의 연구개발비 지출 중 기업의 비중이 73%인 데 반해 동독지역은 기업의 비중이 40%로 크게 낮고, 공공 부문과 대학의 비중이 60%였다(2019년 기준 "Jahresbericht", 2021: 60).

혁신 스타트업들이 대도시권을 선호하는 것도 걸림돌이다(Röhl, 2020: 103).

그림 9-42 **우수 대학·클러스터 분포(2019)**

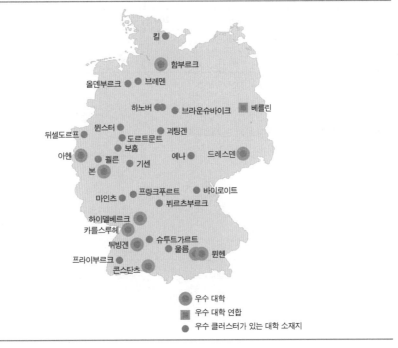

자료: BMBF(2019).

다만 2019년 스타트업 건수를 보면, 독일 전역에서 베를린이 월등하게 1위를 차지하고 있다. 베를린은 서비스업을 통한 산업고도화와 독일 정부의 적극적인 스타트업 육성 정책이 맞물려 독일에서는 물론이고 유럽에서도 런던, 파리에 이어 스타트업 허브로 부상했다(KOTRA, 2020)(〈그림 9-41〉). 여타 동독지역의 유치 현황이 부족하기는 하지만, 주변의 브란덴부르크주나 여타 동독지역 경제를 견인하는 힘이 될 것으로 기대된다.

독일 연방교육·연구부는 탁월하다고 평가받은 대학과 클러스터를 '탁월성전략(Excellence Strategy)'으로 선정해 지원하고 있다. 뛰어난 연구의 추진을 지원하고 대학의 평판을 높이며 네크워킹을 강화한다는 취지이다. 〈그림 9-42〉은 이에 해당하는 대학, 그러한 클러스터들이 소재한 대학 도시의 분포도이다.

동독지역에서는 베를린과 드레스덴, 예나 정도가 여기에 속해 서독지역과 많은 차이가 있음을 확인할 수 있다.

4) 인력 부족

인구 규모와 구조, 교육·훈련을 통해 축적된 인적 자본 등은 노동의 규모와 질, 인구 밀집을 통한 네트워킹 가능성, 소비시장의 형성 등을 통해 성장과 생산성, 지역경제의 활성화에 영향을 미치게 된다.

동독의 많은 지역에서 주민 수와 노동력이 줄어들고, 고령화도 빠르게 진행되고 있다. 이를 상쇄할 수 있는 외국에서의 전문 인력 유입도 서독지역보다 적다. 고령화화 인구 감소는 전문 인력의 부족, 소비 수요의 후퇴에다 후계자 양성, 창업, 혁신의 위축을 수반한다. 이러한 추세는 독일의 다른 지역도 마찬가지지만 동독지역에서 더 일찍, 더 강하게, 더 많은 지역에서 일어나고 있다고 독일 정부는 우려하고 있다("Jahresbericht", 2020: 115).

(1) 인구 감소

독일 전체 인구는 통일되던 해인 1990년 7980만 명에서 2019년에는 8320만 명으로 늘어났다. 반면에 동독지역 인구는 1820만 명에서 1620만 명으로 줄어들었고, 비중도 18.2%에서 16.2%로 축소되었다. 2010년대 중반부터 동·서독 간 이주가 균형을 이루고, 2014~2016년 외국인 이주의 높은 증가 등으로[11] 한때 인구가 늘어나기도 했으나 최근에는 다시 소폭의 감소를 보

---

11) 서독지역은 전후 경제 부흥기에 외국인 노동자들이 유입된 등으로 이민 배경을 가진 주민의 비율이 주별로 12%에서 40% 가까이에 달한다. 동독지역에 일시적으로 외국인 유입이 늘기는 했지만 분단 시절 외국인이 많이 거주하던 베를린의 33%를 제외하면 여타 지역은 평균 8%로 매우 낮은 수준으로 전반적인 외국 인력의 유입이 적다("Datenreport", 2021: 34).

그림 9-43 동독지역의 인구 변동 추이: 전체 및 요인별

(단위: 1000명)

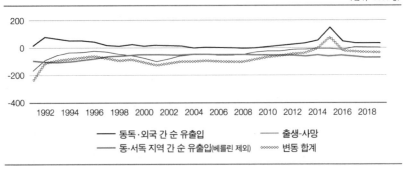

동독·외국 간 순 유출입   출생-사망
동·서독 지역 간 순 유출입(베를린 제외)   변동 합계

자료: Statistisches Bundesamt, Bevölkerung(2021).

이고 있다(〈그림 9-43〉).

(2) 동·서독 지역 간 순유출입

〈그림 9-44〉를 보면 장벽 붕괴 후 20년간 서독지역으로 인구의 순유출이 상당했음을 알 수 있다. 1991~2019년에 동독에서 서독 지역으로 386만 명, 그리고 서독지역에서 동독지역으로 263만 명이 이주해 123만 명의 순유출이 있었다(Tagesschau, 2021). 장벽이 붕괴된 1989년과 1990년을 포함하면 그 숫자는 상당 폭 늘어날 것이다.

서독지역으로의 이주는 1991~1992년에 대규모로 발생한 후 잠시 안정기를 보이다가 경제 상황이 악화된 2000년대 전반에 다시 증가했다. 높은 실업률과 상대적으로 낮은 소득, 일자리 부족 등이 요인이었다고 할 수 있다. 이후에는 지속적으로 줄어든 반면, 서독에서 동독지역으로의 이주는 대체로 안정적인 수준을 유지하면서 균형 수준으로 접근했다. 2017~2019년에는 적은 수지만, 동독지역으로의 순유입이 이루어졌다. 작센주의 라이프치히는 독일에서 오늘날 가장 인구가 빨리 늘어나는 도시로 바이에른주와 작센주 간의 이주도 역전된 것으로 나타났다(Zeit online, 2019.5.2).

그림 9-44 **동·서독 지역 간 인구 유출입(베를린 제외)**

(단위: 1000명)

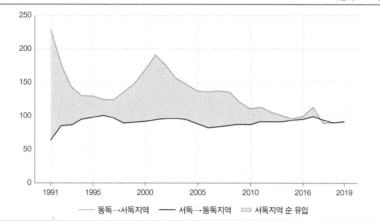

자료: "Datenreport"(2021: 21).

표 9-8 ㅣ **동·서독 지역 간 성별·연령별 이주(1991~2007년 누계)**

(단위 : 1000명)

	동독지역 → 서독지역(A)		서독지역 → 동독지역(B)		A-B	
	남	여	남	여	남	여
18세 미만	244.8	245.5	131.0	124.6	113.8	121.0
18~25세 미만	337.3	438.4	179.3	177.1	158.0	261.3
25~30	222.1	180.7	148.5	107.2	73.5	73.4
30~50	286.7	304.9	205.0	167.8	81.8	137.1
50~65	75.4	77.9	67.8	52.1	7.7	25.8
65세 이상	29.5	53.4	32.5	56.0	-3.0	0.4
계	1,195.8	1,303.8	764.0	684.7	431.8	619.0

주: 베를린은 동·서독 지역에 불포함되었으며, 통계상 제약으로 1989~1990년은 미포함되었다.
자료: Ragnitz, et al(2009: 99).

동·서독 지역 간 이주에서는 연령별·성별로 차이가 있어서 서독지역으로
젊은 층의 이주가 지속되었다("Datenreport", 2021: 47). 유출이 많았던 1991~
2007년의 동·서독 지역 간 성별·연령별 이주 통계를 보면 여성이 619만 명

그림 9-45 연령별 순유출입(베를린 제외)

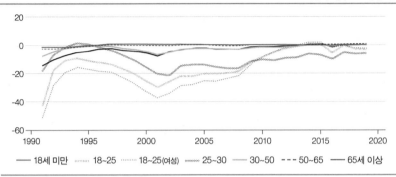

(단위: 인구 1000명당 명)

자료: Statistisches Bundesamt, 2021, Bevölkerumg(Demografischer Wandel).

으로 남성 432만 명보다 많았으며, 특히 18~25세 젊은 여성 인구의 순유출이 많았다는 것을 확인할 수 있다(〈표 9-8〉).[12] 한편 통계청은 통일 후 순유출 120만 명 중 72만 명이 25세 미만으로 절반 이상을 차지하고 있다고 분석했으며 《자이트(Zeit)》는 동독지역의 18~30세 인구 중 4분의 1 이상이 서독지역으로 이주한 것으로 추정했다(Statistisches Bundesamt: Bevölkerung, 2021; Zeit online, 2019.5.2).

〈그림 9-45〉는 연령대별로 인구 1000명당 순유출을 나타낸 것이다. 2000년 대까지 젊은 층 인구에서, 특히 여성의 순유출 비율이 많았다는 것을 확인할 수 있다. 2010년대 이후 18~25세에서 유출 비율은 크게 줄어들고 거의 균형을 이루었는데, 이는 동독 대학에서 공부하려는 학생 수가 늘어난 때문으로 분석된다.

---

12) 독일 정부도 이에 관해 비중 있게 분석하고 있다. 성별로 보면 통일 후 첫 10년간 서독으로의 이주에서는 같은 연령대에서 여성이 더 많았고, 동독으로의 이주에서는 남성이 뚜렷이 많았다. 최근에도 동독으로의 이주는 여성보다 남성이 많다. 물론 동독 남성도 서독으로 많이 이주하고 있으나, 이와 같은 동서독 간 이주는 동독 농촌의 구조적 취약 지역에서 나타난 젊은 남성 초과 현상의 주요인이 되었다("Jahresbericht", 2020: 136).

최근 동·서독 지역 간 인구 유출입이 균형을 이루고 있지만 그동안의 젊은
층, 여성, 잘 교육받은 인력의 유출은 출산 감소, 남성 초과, 인구 고령화, 인
재의 유출이라는 후유증을 남겼으며, 이는 앞으로도 상당 기간 동독지역에서
인구학적·경제적·사회적 영향을 미칠 것으로 우려되고 있다("Jahresbericht",
2020: 138; Zeit Online, 2019.5.2).

(3) 출산율 저하

통일 이전 동독의 출산율은 1970년대 후반부터 서독을 상당 폭 상회했었
다(〈그림 9-46〉. 그러나 통일 직후에는 출산율이 0.8명으로 급락하는 '출산 공
동화' 현상을 겪으면서 서독지역 출산율을 크게 밑돌았다. 전환기에 대한 불
안으로 많은 젊은 여성들이 결혼과 출산을 미룬 데다, 출산 연령의 상승, 탁
아 시설의 감축, 젊은 여성의 역외 이주 등이 복합적으로 작용한 때문이다

그림 9-46 동·서독 지역의 출산율 추이

(단위: 여성 1명당 자녀 수)

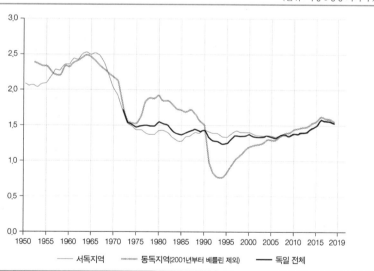

서독지역   동독지역(2001년부터 베를린 제외)   독일 전체

자료: "Datenreport"(2021: 17).

(Berlin-Insitut, 2015: 23; Kim & Yoon, 2018a: 79 참조).[13]

2000년대 후반부터는 다시 통일 당시 수준을 회복해 서독지역의 출산율을 다소 상회하고 있다. 2019년 기준으로 여성 1인당 동독지역의 출산율은 베를린을 제외하고 1.56명이며, 베를린은 이보다 상당 폭 낮은 1.41명이다 ("Datenreport", 2021: 16).

(4) 고령화

인구 규모와 함께 중요한 것은 인구 구조이며, 그중 가장 두드러진 것이 고령화 문제이다. 통독 초기 동독의 평균 연령은 서독보다 낮았으나 이후 극적

그림 9-47 **독일의 지역별 고령화 추이**

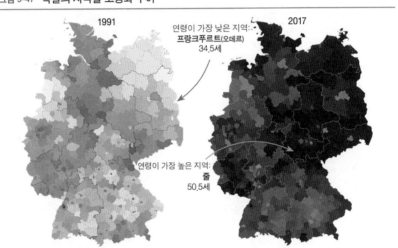

주: 색이 진할수록 평균연령이 높음을 뜻한다(35~50세).
자료: Ziet Online(2019a).

13) 통독 직후 동독지역에는 3세 미만 아동 53%를 돌볼 수 있는 시설이 갖추어져 있었으나 1994년에는 40% 수준으로 하락했다(Berlin-Insitut, 2015: 23). 출산 연령 등은 Kim and Yoon(2018a: 79) 참조.

그림 9-48 동서독 지역의 남녀별 기대수명 변화

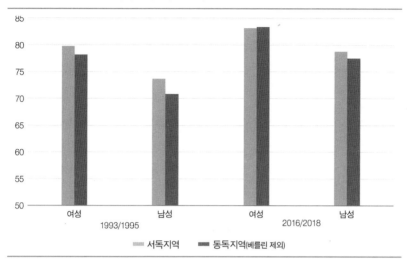

자료: "Jahresbericht"(2020: 167).

인 변화를 보였다. 독일 전역이 전반적으로 고령화되는 가운데 동독지역의
고령화가 훨씬 빠르게 진행되었다(〈그림 9-47〉). 1990년과 2020년을 비교할
때 독일 전체로 20세 미만 인구는 22%에서 18%로 줄어들고 65세 이상 인구
는 15%에서 22%로 늘어났다. 그런데 이것이 동독지역에서는 더 현격하게
나타나 20세 미만 인구는 25%에서 17%로 급감하고 65세 이상 인구는 14%
에서 26%로 급증한 것이다(Statistisches Bundesamt, 2022).

독일의 기대수명은 통일 직후인 1990년대 전반에 비해 크게 늘어났으며,
의료 공급 개선 등을 반영해 동·서독 주민 간의 격차도 좁혀졌다(〈그림 9-48〉).
여성의 경우 1990년대에 차이가 좁혀지다가 2010년대 중반부터는 거의 같은
수준을 보이고 있다. 남성은 1990년대에 빠른 접근을 보인 후 최근에는 1년
여로 좁혀졌다("Jahresbericht", 2021: 166~167).

5) 향후 수렴 전망

지금까지 여러 경제 분야의 수렴과 지체 요인을 알아보았다. 동독 말기의 어두웠던 경제 상황에 비하면 크게 진전한 것이지만, 동·서독 간의 실질적인 통합, 완전한 수렴까지는 많은 과제가 남아 있는 것도 확인할 수 있었다.

경제 전문가들 사이에서는 서독 주들의 평균을 목표나 기준으로 하는 것 보다 취약 주를 목표로 하는 것이 현실적이라는 의견도 제시되고 있다. 지난 30년간 동독지역이 많은 발전을 이루었고 미래 지향적인 투자 입지로서 매력적인 면이 있는 것도 사실이지만, 여러 여건을 고려할 때 서독지역 수준으로의 완전한 수렴은 가까운 시일 내에 현실적으로 기대하기 어렵다고 보았다.

(1) 전반 여건의 평가

쾰른경제연구소의 클라우스하이너 룈(Klaus-Heiner Röhl)은 동·서독 간의 1인 당 GDP, 생산성, 단위노동비용, 투자, 자본스톡, 연구개발 인력, 실업률 등 다양한 지표를 비교 후,[14] 통일 30년이 지난 2020년까지도 격차가 지속되는 요인들을 〈표 9-9〉와 같이 구분했다. 이 중 자본집약도, 교육 및 직업훈련, 연구개발 및 혁신은 시장의 힘이나 정부의 정책에 의해 단계적으로 격차가 줄어들 가능성이 있는 요소이지만, 산업구조, 기업 규모, 기업 본사 및 연구개발 조직의 부족, 공간 구조는 그렇지 못하다고 보았다(Röhl, 2020a: 101~108).

---

14) 룈은 이 다양한 수렴 및 그 요인 관련 지표 중 소득, 생산성, 자본집약도, 기술개발, 고용·실업 등 7개 항목을 종합한 이른바 통일지수를 제시했다(Einheitsindexes). 이 지수는 ① 전반적인 경제성과를 나타내는 주민 1인당 GDP, ② 취업자 1인당 총부가가치로 산출한 노동생산성, ③ 자본집약도의 지표로서 주민 1인당 자본스톡, ④ 기술 발전의 척도로서 취업자 중 연구개발 인력의 비율, 그리고 노동력 투입과 중소기업 형성의 척도로서 ⑤ 취업률, ⑥ 실업률, ⑦ 자영업자 비율 등 7개 지표의 동독/서독 지역 비율을 단순 평균한 것이다(Röl, 2020a).

표 9-9 | 동·서독 지역 경제력 차이 요인

시장의 힘, 정부의 정책에 영향을 받는 요소	지속적이며 정부 정책 등이 영향을 미치기 어려운 요소
자본집약도 교육 및 직업훈련 연구개발 및 혁신	산업 구조, 기업 규모 (대기업의 부족) 기업 본사 및 연구개발 부문 공간 구조[1]

주: 1) 평균 인구밀도, 대도시, 거점도시의 분포와 동 지역으로의 인구밀집도 등을 말한다.
자료: Röhl(2020a: 102).

먼저 격차 축소 가능성이 있는 요소에서 자본집약도는 생산성 증대를 위한 기본 요건이므로 생산성 향상이나 혁신을 가져올 분야에 대한 투자 인센티브를 강화해 투자 금액과 효율성을 높이는 방안을 강구할 수 있을 것이다 (Quaas, 2020: 53~54). 연구개발 여건이 취약하기는 하지만 대학이나 연구소, 혁신력이 강한 중소기업에 대한 지원 강화를 통해 기업 부문 연구소 부족을 어느 정도 상쇄할 수 있을 것으로 보았다. 교육·직업훈련의 경우, 시장경제로의 전환, 산업구조의 변화로 인해 사회주의 계획경제 시절의 정치학·경제학 지식이나 섬유산업 기술에 대한 수요는 거의 사라진 반면, 현대적인 정보통신 분야의 인력은 부족했다. 그러나 이러한 수급 불균형은 새 제도에서의 교육, 직업훈련 및 재교육 등을 통해 대부분 해소되었다.

그러나 산업구조 측면을 보면 제조업이 강세를 보이는 독일 경제에서 동독지역은 제조업 비중이 상대적으로 낮은 상태이므로, 서독 특히 제조업에 강세를 보이는 남부 지역을 따라잡기는 어려울 것이다. 다만 전기차로 산업 흐름이 변화하면서 내연기관 관련 산업이 많은 서독지역에 비해 전기차나 배터리 등 동독지역에서 많은 투자를 하는 유리한 분야도 생겨나고 있다. 대기업, 기업 본사, 연구개발 부문의 경우 서독 소재 기업들이 이전하기를 기대하기 어렵고, 동독지역에서 자체적으로 출현하기까지는 상당한 시간이 걸릴 것이다.

공간 구조의 취약은 동독의 낮은 인구밀도와 인구밀집도시(Ballungszentren)의 부족 등을 의미한다. 이는 통일 후의 전반적인, 지역적으로는 수도 베를린

그림 9-49 **지역별 인구 증감률(1990~2019)**

(단위: %)

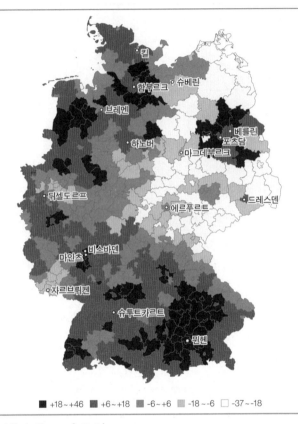

■ +18~+46 ■ +6~+18 ■ -6~+6 ▨ -18~-6 □ -37~-18

자료: Bund-Länder Demografie Portal.

과 그 주변, 라이프치히 등 일부의 증가를 제외한 여타 지역에서의 인구 감소
를 반영한다(〈그림 9-47〉).

　동독지역 주의 1km²당 인구는 116명으로 서독의 268명에 크게 못 미치며,
대도시나 인구밀집지역에 거주하는 인구의 비중도 28.2%로 서독의 65.5%보
다 훨씬 작다(〈그림 9-49〉, 〈그림 9-50〉). 이 때문에 집적 효과(agglomeration
effect)가 낮고, 이는 다양한 경로로 경제력에 영향을 미치게 된다. 경제성장
의 엔진이 되는 혁신 클러스터나 스타트업들도 인구가 밀집된 중심지를 선호

그림 9-50 지역별 인구 밀도(2019)

(단위: 1km²당 인구, 명)

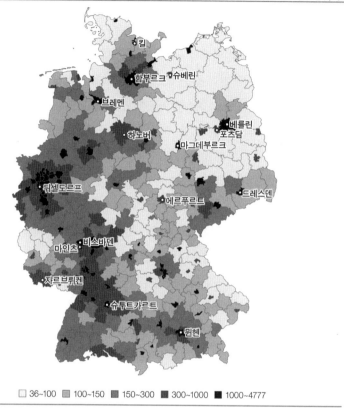

자료: Bundesinstitut für Bevölkerungsforschung(2021).

한다. 라이프치히, 드레스덴, 에르푸르트-예나, 로스토크와 같이 성장하는 곳
이 있지만, 서독의 뮌헨, 프랑크푸르트, 뒤셀도르프와 같이 혁신이나 경제력
이 강한 대도시권보다는 집적 효과가 작을 수밖에 없는 것이다.

　다만 최근 베를린이 높은 성장을 보이고 있고, 앞서 언급한 대표적인 도시
들 외에 베를린을 둘러싸고 있는 브란덴부르크주의 2개 지역과 서부의 작센
주, 중부의 튀링겐주 등의 동독지역에 '떠오르는' 혹은 '따라잡는(catch-up)' 지
역들이 적지 않아, 이 경제 중심지들이 더 활성화되면 주변 지역에도 파급효

과를 낼 것으로 기대하고 있다(Oberst and Volgtländer, 2020).

(2) 경제 전문가들의 견해

2020년 독일 대학의 경제학 교수 136명을 대상으로 한 '수년 혹은 수십 년 내에 동독지역이 서독지역 수준에 도달할 것으로 생각하는가'라는 설문에 대해 3분의 2가 '아니다'라고 회의적으로 답했다(Blum, Schiller and Patrafke, 2019). 가장 큰 요인으로는 잘 교육받은 전문 인력의 역외 이주를 들었는데, 두뇌 유출이 인적 자본의 부족을 초래해 경제성장에 부정적으로 영향을 미친다는 점 때문이다. 기업 본사 등의 부족도 거론되었는데 이는 젊은 인력들이 동독지역에 매력을 덜 느끼는 요인과 연동된다. 아울러 통독 초기 임금·노동 정책의 오류, 이전지출에서 생산성 향상을 위한 부분이 적었다는 견해 등도 제시되었다. '그렇다'라는 답변은 19%였는데, 베를린이나 라이프치히와 같이 경제가 활력을 보이는 도시권이 다른 지역에도 긍정적인 외부 효과를 미칠 것이라는 이유에서였다(〈그림 9-51〉).

'동독지역 경제가 언제쯤 서독 수준에 도달할 것으로 보는가'라는 질문에

그림 9-51 **수년~수십 년 내 동독지역의 서독지역 경제 수준 도달 가능**

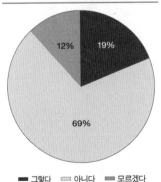

■ 그렇다 ▦ 아니다 ▨ 모르겠다

자료: Blum, et al.(2019: 34).

그림 9-52 **동독지역의 서독지역 경제 수준 도달 가능 기간**

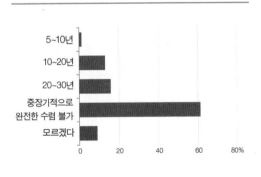

자료: Blum, et al.(2019: 34).

대해 60%가 '중장기적으로 완전한 수렴은 불가능하다'라고 답해 앞서 말한 회의적인 시각을 뒷받침한다(〈그림 9-52〉).

한편 할레경제연구소장을 지낸 울리히 블룸(Ulrich Blum) 교수는 '동·서독 간의 균등한 수준 달성은 100년 과제'라고 설문조사에서 답했는데, 이는 많은 경제학자들의 마음을 대변하는 것이라고 보고서는 해석했다.[15] 또한 울리히 판 준툼(Uhlich van Suntum) 교수도 "동·서독 간의 완전히 균등한 생활 여건의 달성은 유토피아적인 발상이고 서독 내에서도 이루어지 않은 일"이라면서, "지금까지의 진전은 만족할 만하며 수년 내 완전한 수렴은 지역경제이론이나 경험상 비현실적이다"라고 답변에서 지적했다.

룀은 자신의 연구 보도자료 제목을 '작센이 바이에른에 근접할 필요는 없다'라고 붙였다. 작센주는 앞서 본 대로 동독지역에서 경제활동이 가장 활발한 주이며, 바이에른은 서독에서 소득수준이 최상위에 속하는 주이다. 그는 여러 지표의 부정적인 요소를 고려할 때 가까운 장래에, 평균적인 동독지역 GDP가 서독 수준에 도달하기를 기대하는 것은 비현실적이라고 지적했다. 격차가 별로 나지 않는 서독의 슐레스비히홀슈타인, 자를란트 주 등을 목표로 하는 것이 현실적이라는 것이다(Röhl, 2020b). 동·서독 경제통합을 오래 연구해 온 라그니츠도 앞서 든 여러 요인들로 인해 가까운 장래에 완전한 접근은 불가능하다고 전망했다(Ragnitz, 2020).

---

15) 앞의 설문조사 공저자인 블룸(Blum)과 다르며 『한국통일의 필수 안내서(Vade Macum for Korean Unification)』(Konrad Adenauer Stiftung, 2013) 등의 책을 내기도 했다.

5. 동독지역 주민들의 평가

동·서독 지역 간의 경제지표는 통일 후 상당 정도 접근했지만 아직도 격차는 존재하며, 다수의 경제 전문가들은 가까운 시일 내에 완전한 해소는 어려울 것이라고 회의적인 전망을 하고 있다. 이 절에서는 동독 주민들이 통일 후 느끼는 생활에 대한 만족도, 기대의 충족 여부, 자신들의 위상에 대한 평가 등을 소개한다.

1) 생활 만족도

〈그림 9-53〉을 보면 동독 주민들의 생활 만족도는 통일이 되던 1990년에 서독보다 크게 낮았고, 1991년에는 생활환경의 급변, 특히 대량 실업의 발생 등으로 하락하면서 격차가 확대되었다. 이후로는 독일 경제가 가장 어려웠던 2004~2005년을 제외하면 대체로 만족도가 상승해 왔고, 동·서독 지역 간 격차도 줄어들고 있다("Datenreport", 2021: 410~416).

항목별로 만족도를 10개 구성 항목별로 보면 일부에서만 동독이 낮게 나타났다. 가계소득과 개인소득은 근래 꾸준히 증가했지만 차이가 컸고, 가정생활·건강·수면 등에서의 차이는 훨씬 작았다. 일이나 여가시간의 만족도는 과거에는 차이가 많이 나기도 했으나 이제는 거의 좁혀졌다. 주거에 대한 만족도는 1990년대 초반에는 상당한 격차가 있었으나 이미 2008년부터 같아졌다. 가사의 경우에도 다소 존재했던 차이가 수년 전부터 거의 없어졌다. 그리고 자녀를 돌볼 수 있는 가능성은 동독지역이 거의 대부분 기간에 유일하게 높은 항목이었다.

한편 걱정거리 항목을 보면, 자신의 경제 상황이나 통일 초기에 특히 높았던 일자리에 대한 걱정은 많이 줄어들고 서독과의 격차도 거의 나지 않을 정도로 근접했다. 그러나 자신의 노후 준비와 건강에 대한 걱정이 서독 주민보

그림 9-53 **동·서독 지역 주민들의 전반적인 생활 만족도(1990~2019)**

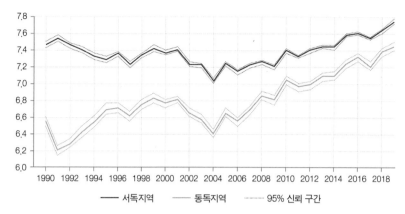

주: 0은 '전혀 만족하지 않는다', 10은 '완전히 만족한다'.
자료: "Datenreport"(2021: 410).

그림 9-54 **동·서독 지역 주민의 가계소득 및 개인소득에 대한 만족도(1990~2019)**

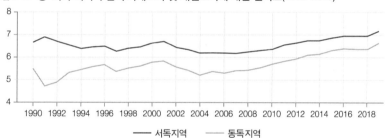

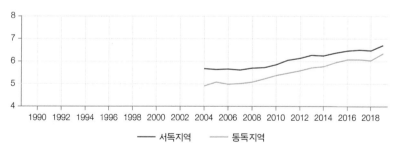

주: 0은 '전혀 만족하지 않는다', 10은 '완전히 만족한다'.
자료: "Datenreport"(2021: 411~412).

그림 9-55 동서독 주민의 경제 상황 및 일자리 안전에 대한 걱정(1990~2019)

(단위: %)

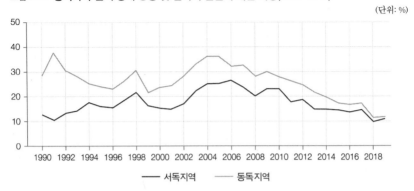

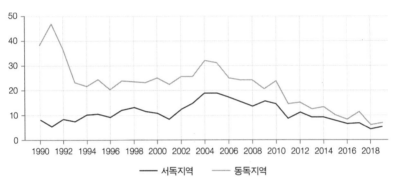

자료: "Datenreport"(2021: 411~412).

다 많았다.

경제가 성장하고 실업률이 줄어들고 생활환경도 개선되면서 전반적으로
만족도가 높아졌지만, 가계소득과 노후 준비 등에서 서독과 비교해 만족도와
걱정거리에서 차이가 나는 것은 소득과 재산 형성의 격차가 반영된 것으로
볼 수 있다.

이와 유사한 결과는 '30년위원회'가 통독 30주년을 앞두고 실시한 여론조
사 결과를 통해서도 확인할 수가 있다. 동독 주민들의 3분의 2는 그들의 개
인적인 상황이 1990년부터 나아졌다고 답했다. 또한 '통일이 독일 주민에게

이익이었는가, 손실이었는가'에 대한 질문에 3분의 2가 '이익'이라고 응답했으며, '손실'이라는 응답은 10%에 그쳤다.[16] 1989년 동독 경제와 비교해 상황이 개선된 데 대해서는 평가가 전반적으로 긍정적이라고 해석할 수 있다.

2) 기대의 충족

'통일과 관련해 품었던 기대가 충족되었는가'라는 질문에는 '거의 혹은 완전히 충족되었다'는 응답이 2000년의 27%에서 19%로, 중요한 부분이 충족되었다는 응답도 40%에서 30%로 상당 폭 하락했다. 반면에 아주 일부분만 충족되었다는 응답은 23%로 2000년의 20%에 비해 다소 늘어났다. '30년위원회'는 통일 과정에 대해 동독 주민들이 회의적이 되었다고 평가했다.

2019년 여론조사 전문 기관 알렌스바흐(Allensbach)의 조사에서도 유사한 결과가 나왔다. '통일 30년이 지났어도 동·서독 간 생활 여건에 큰 차이가 있

그림 9-56 **통일과 관련된 희망의 충족 여부**

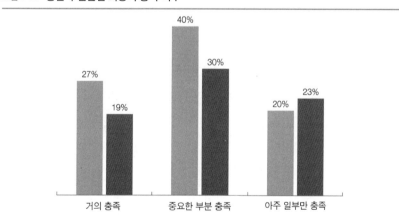

자료: Kommission(2020: 69).

16) Kommission(2020: 10, 69, 171, 185).

다'고 한 응답이 동독 주민은 74%로 2014년의 64%에 비해 늘어났다. 반면 서독 주민은 43%로 동일했다. 그리고 동독지역에서는 '다른 많은 사람들은 항상 더 잘되어 가는데 나는 그렇지 못하다'는 응답이 27%로(서독 18%) 소외되고 있다는 느낌이 강해졌다(Zeit Online, 2019.7.24). 통일 후 생활수준이 나아진 것은 분명하나 통일이 가져다줄 것으로 기대했던 것이나 서독과의 비교에서는 미흡한 부분이 적지 않다는 것이다.

3) '2등 시민'이라는 인식

심각한 문제는 2020년 '30년위원회'의 설문 조사 결과 중 '동독 주민들이 종종 2등 시민으로 대접받는다'는 설문에 동독 주민의 3분의 2가 '그렇게 느낀다'고 응답했다는 점이다. 서독 주민의 37%도 그렇다고 답했다. 2019년 「연차보고서」에서 동독 주민의 57%가 '2등 시민으로 느낀다'는 조사에 우려를 표했던 것과 같은 결과이다. 다만 독일 정부는 이에 대해 좀 더 신중한 해석이 필요하다고 지적했다. '주민 각자가 개인으로서 2등 시민으로 느끼는가'라는 설문에 '그렇다'고 답한 비율이 동독지역에서는 33%, 서독지역에서는 25%로 현격한 차이는 아니라고 해석했다.

한편 '2등 시민' 인식과 관련해 '30년위원회'는 동독지역의 임금·급여, 재산과 유산에 아직도 적지 않은 격차가 있다는 점도 그렇지만, 가장 큰 불만은 자신들이 제대로 대접받거나 대변되지 못한다는(under-represented) 데 있다고 보았다. 즉 동독 출신이 행정, 사법, 경제, 과학(학문), 미디어, 혹은 군사 부문의 지도적인 위치에 소수만이 자리하고 있다는 지적이었다.

동독지역에서 극우 정당과 극우 성격의 운동이 반복해 성공을 거두고, 인종차별적 공격이 평균 이상으로 행해지는 우려할 만한 현상의 원인은 여러 가지겠지만, 앞서 말한 사실들과 연관이 있는 것으로 해석이 가능하다는 것이다(Kommission, 2020: 11~12).

4) '제대로 대변되지 않음'에 대한 진단

이러한 자괴감, 불만, 상실감에는 경제적·정서적 요인이 복합적으로 작용했다. 통일에서 주도적인 역할을 하고, 모든 것이 급변하는 과정에서 실업, 이주 등 큰 어려움을 겪으며 동독 재건에 애썼는데 그에 대한 인정이 부족하고, 소득의 수렴은 지체되고 있는 데다 동독을 이끌어가는 자리에서조차 제대로 자리를 잡지 못하고 있다는 것이다(Kommission, 2020; Lengfeld, 2019). 앞서 소개한 메르켈 총리의 연설도 이러한 맥락에서 이해할 수 있을 것이다.

(1) 현황

「누가 동독 지역을 지배하는가?」(Bluhm and Jacobs, 2016), 「서독 출신 선호: 고위직에 동독 출신 찾아보기 힘들어」(ARD, 2017), 「동독인을 위한 자리는 거의 없다」(Lengfeld, 2019) 등의 연구보고서와 언론보도의 제목을 통해 이러한 비판적인 분위기를 알 수 있다. 30년위원회 보고서에서도 이를 비중 있게 다루었다 (Kommission, 2020: 79~82).

최근 보고서에 따르면 연방 차원의 고위직에서 동독 출신[17])이 차지하는 비중이 인구 비중 17%에 크게 모자란 3.5%(2022)에 불과하다. 2016년에는 2%에도 못 미쳤었다. 동독출신 인구가 87%를 차지하는 동독지역에서조차 동독 출신 고위직의 비율은 2016년 23%에서 26%로 소폭 높아지는 데 그쳤다. 그나마 정치, 경제, 언론의 일부 분야에서는 후퇴하기도 했다(〈표 9-10〉). 통일 후 30여년이 지났지만 고위직에서 동독 출신의 비중은 인구에 비해 턱없이 낮은 것이다(Schönherr et. al, 2022). 한편 217개 연방기구 중에 동독 지역

---

17) 고위직 자리는 연방정부 및 주정부, 대기업, 대학 및 연구 기관, 언론, 사법부, 군 등에서 높은 직위를 말하며 '동독 출신'은 통일 전 동독에서 출생·성장했거나 통일 후 동독지역에서 대부분의 성장기를 보낸 사람을 말한다(Schönherr et al. , 2022: 9~10).

표 9-10 | 분야별 고위직 중 동독 출신 비중의 변화(2004-2016-2022년) 요약

분야	내용
5개 주정부	주지사 5명 중 4명. 주정부 내각: 75% → 70% → 60%로 하락. 차관급 26% → 46% → 52%로 상승
13대 지역신문 경영자	편집장: 42% → 62% → 43%로 하락 반전
100대 기업 임원	CEO: 20% → 25% → 20%로 하락 반전 부대표급: 52% → 45% → 27%로 하락
소유주가 동독지역 개인이나 법인인 기업	경영층: 40% → 29% → 30%로 최근 안정
대학 및 전문대학	총·학장: 22%(2004) → 17%(2022) 행정책임자: 47% → 50% → 53%상대적으로 안정적
연구소 책임자	15%(2016) → 20%(2022)로 상승 외국인 학자: 24% → 17%로 하락
주 최고법원	법원장: 3.4% → 5.9% → 4.5%로 하락 반전 판사 전체: 11.8% → 13.3% → 22%로 증가

자료: Bluhm and Jacobs(2016: 6); Schönherr et. al(2022)의 내용을 필자가 정리한 것이다.

에 위치한 것은 23개뿐이다(Schnable, 2019: 14).

(2) 요인과 대책

독일통일은 동독이 서독에 편입하는 방식으로 이루어졌다. 따라서 동독지역에 서독의 정치·법률 제도가 도입되고 정치, 언론, 경제, 학계, 사법, 국방 분야를 새로이 구축하는 데 경험 있는 서독 출신이 고위직을 담당한 것은 어쩌면 당연했다. 문제는 한 세대가 지난 지금도 고위층 대부분을 서독 출신이 차지하고 있다는 점이다(Blumh and Jacobs, 2016: 3).

홀거 렝펠트(Holger Lengfeld, 2015)는 이 분야 연구를 종합한 보고서 「동독 출신을 위한 자리는 거의 없다」에서 동독 5개 주에서 지금까지 이러한 현상이 나타나는 데 대해 몇 가지 추론을 제시했다. 그는 동독 주민의 점유가 낮은 분야는 오랜 기간 강한 전문적 능력이 필요한 분야이거나 정년 등으로 주기적으로 자리가 바뀌는 분야라고 보고 그 원인을 차별과 사회구조의 측면에서 분석했다.

차별을 불러오는 요인은 여러 가지인데 빈자리 충원에서 선발권을 가진 사람들이 서독 출신으로 이루어져 있을 경우 취향, 편견 등이 영향을 미칠 수 있을 것이다.[18] 그러나 30년이 지났지만 동독 출신을 광범위하게 낮게 평가하거나 편파적으로 대한다는 것은 설득력이 떨어진다고 보았다.

그래서 그는 동·서독 상호 간의 인구 이동에 따른 사회구조적인 해석을 시도했다. 통일 후 동독지역의 지도층은 짧은 기간 내에 광범위하게 서독 출신으로 교체되었다. 서독 출신들에게는 이것이 경력 단축의 기회였고, 상대적으로 젊었기 때문에 그 지위에서 오래 근무할 수 있었고, 일부는 아직도 그 자리에 있다는 것이다. 예를 들어 40세에 교수직을 맡았다면 이후 25년간은 자리가 나지 않는 것이다.

다음은 동독에서라면 고위직에 오를 수 있었던 동독 출신 잠재 후보군이 제약을 받았다는 점이다. 장벽 붕괴 후 서독으로 이주한 이들 중 젊고, 잘 교육을 받은 인력들은 고위직에 오를 수 있는 인재 풀이었는데 잠재 인력에 큰 손실이 발생한 것이다.

프란치스카 기파이(Franziska Giffey)는 연방가족부 장관 시절(2021년 12월, 베를린 시장에 취임)은 동독 주민들이 중요 직위에 제대로 기용되지 못하는 것은 (underrepresented)은 극복되어야 한다며, "동독 주민들은 자신들이 이룬 성과와 발전, 그리고 많은 변화를 잘 극복한 데 대해 자부심을 가질 자격이 충분하다. 이는 제대로 인정받아야 하며 남아 있는 불평등은 줄어들거나 사라져야 한다. 생활수준과 고위직 점유의 격차 극복은 저절로 이루어지는 것이 아니며 적극적인 노력이 필요하다"라고 강조했다(OWF, 2020).

---

[18] 차별의 종류를 레나 힙(Lena Hipp)의 연구를 인용해 소개했다. ① 선발권자의 취향(사회적, 성별 혹은 인종 등), ② 어떤 그룹이 다른 그룹보다 확률적으로 생산성이 높을 것이라고 보는 등의 통계적 차별, ③ 특정 그룹에 대한 편견(능력, 신뢰성) 등 지위에 기반한 차별, ④ 가치관 등에 따른 규범적인 차별, ⑤ 특정 집단에 고정적 역할을 기대하는 등의 제도적 차별(여성에 높은 지위를 미부여 등) 등으로 구분한다(Lengfeld, 2019: 3~4).

6. 평가와 시사점

1) 요약을 겸한 평가

(1) 통일 후 독일 경제

통일 직전 동독과 서독의 경제 상황은 대조적이었다. 동독 경제는 붕괴 위기에 몰려 있던 반면, 서독 경제는 거의 모든 경제지표가 양호했다. 서독의 통화 독일마르크는 서독의 자부심이자 동독에서도 선호되었고, 유럽 및 국제적으로도 확고한 입지를 다지고 있었다.

장벽이 붕괴되고 8개월이 채 지나지 않은 1990년 7월 1일에 발효된 '통화·경제·사회통합'을 통해 아직 별개 국가인 동독에 '사회적 시장경제 등' 서독식 경제 제도 대부분이 도입되었다. 독일마르크가 동독의 유일한 법정통화가 되고 금융제도도 통합되었을 뿐만 아니라 독일연방은행이 동독에서의 통화정책 권한을 확보했다. 서독의 노동법과 사회보장제도도 적용되었으며, 3개월 뒤인 10월 3일 통일이 이루어지면서 재정도 통합되었다.

시장경제로의 체제전환과 서독 제도로의 통합이 동시에 급속히 이루어진 것이다. 높은 기대 속에 통일이 이루어졌지만 계획경제와 시장경제라는 제도의 차이, 현격한 경제력 격차라는 대조적인 경제 여건의 두 경제가 합해지면서 어려움은 예견된 일이었다.

통일 직후 독일은 잠시 호황을 누렸으나 그 후 오랫동안 성장이 둔화되고 실업률이 급등하는 어려움을 겪었다. 그러나 2000년대 후반 성장이 회복되면서 상당 기간 EU의 성장률을 상회하고 실업률도 지속적으로 낮아졌다. 글로벌 금융 위기, 유로지역 재정 위기 극복 과정에서는 주도적 역할을 하면서 유럽의 강자로 복귀했다.

통일 후 적자로 바뀌었던 경상수지는 2000년부터 다시 흑자로 돌아섰으며, 동독지역에 대한 이전지출과 글로벌 금융 위기 대응으로 정부 채무가 증가하기도 했으나 여타 선진국에 비하면 상당히 낮다. 물가는 일시적인 상승을 제외하고는 안정되었으며 자본시장과 외환시장은 경상수지 적자, 채무 증가 등의 불리한 여건에서도 별다른 어려움을 겪지 않았다. 독일의 견실한 기초 체력, 최고 수준을 유지한 국가신용 등급 등이 기반이 되었다. 최근 성장률이 낮아지기는 했으나 독일의 경제와 인구 규모는 EU에서 독보적인 1위이다.

(2) 동서독 경제의 수렴

2020년 동독지역의 1인당 GDP는 1991년의 4배(베를린 포함 시 3.3배)로 늘어났다. 비슷한 시기에 체제전환을 시작한 동유럽권보다는 뚜렷이 높으며, EU 평균에 근접해 인근 프랑스의 많은 지역과 비슷한 수준이다. 그러나 과거 혹은 이웃 나라들과의 비교보다는 국내 비교에 더 관심을 두는 것이 현실이다. 서독지역에도 편차가 존재하고 낙후된 지역이 있으며, 독일의 지역별 편차가 다른 나라보다 작다는 사실 등이 위로가 되지는 않는 것 같다.

동독지역의 2020년 1인당 GDP는 서독지역의 70.5%(베를린 포함 시 77.3%), 가처분소득과 임금은 85%로 통일 시점에 비해 크게 높아졌다. 문제는 초기의 빠른 접근 이후 1990년대 중반부터 수렴이 지체되고 있다는 점이다. 서독지역을 상당 폭 상회하는 성장이 이루어지지 않았기 때문이다. 동·서독 평균이 아닌 주별로 보면 동독 주 내에서도 1인당 GDP나 생산성이 앞서나가는 주가 등장하는 등 다소간의 차별화가 나타나고 있다. 그러나 서독의 취약 주에 근접하고는 있어도 아직 넘어서지는 못하고 있다. 수도 베를린도 평균을 다소 웃도는 수준에 그치고 있는데, 최근 주별 비교에서 가장 빠르게 성장하고 있어 주변 지역 성장의 견인차 역할을 할 수 있을지 주목된다.

양 지역 간에는 재산 형성의 간극도 나타나고 있다. 사회주의 시절 재산형성 기회가 적었던 데다 통일 이후 상대적으로 낮은 소득과 높은 실업, 부동산 가격의 차이로 소득에서보다 격차가 크다. 상속이나 증여를 통해 이 격차가 지속될 수 있다는 우려도 제기되고 있다.

실업은 통일과 함께 급증하기 시작했으며 동독지역의 실업률은 서독의 두 배 수준으로, 한때 19% 가까이까지 치솟기도 했다. 동독 주민들은 수백만 명이 일자리를 잃거나 새로운 직업에 적응해야 하는 등 큰 어려움을 겪었다. 2000년대 후반부터 실업률은 계속 낮아져 2019년에는 6.4%로, 4.7%(2020년 동독 7.3%, 서독 5.6%)인 서독 수준에 거의 근접했다.

실물경제와 밀접하게 관련된 통화·금융·재정의 통합은 제도적 성격이 강한 만큼 조기에 통합되었다. 이들은 동독 주민의 초기 소득과 금융자산, 동독 지역에 대한 지원에 큰 영향을 미쳤다. 통화통합에서는 전환비율이 비판의 대상이었다. 전환비율은 기업의 가격경쟁력과 직결되지만, 동독 주민의 소득이라는 사회적·정치적 맥락을 고려할 때 임금의 1 대 1 전환을 비판적으로만 보기는 어려운 점이 있다. 다만 통화 통합 초기의 임금 급등은 동독지역 경제에 결정적인 타격을 입혔다. 금융 부문은 서독 제도에 신속히 통합되었고, 제도의 원활한 작동을 위해 정부와 서독의 금융기관에서 많은 지원을 했다. 한편 재정통합은 '독일통일기금'을 거쳐 재정균등화제도에 편입되었으며, 이후에도 연대협약에 따라 동독지역을 지원했다. 동독지역으로의 대규모 이전지출은 사회보장제도와 재정통합에 따른 제도적 지원이 대부분을 차지했다. 지원을 위한 재원조달에서는 채무 증가가 큰 부분을 담당했는데 외환시장, 자본시장에서 별 무리 없이 조달되었다.

(3) 수렴 지체 요인과 전망

동독지역의 소득, 생산성의 수렴이 지체되는 요인으로는 대기업의 부족(소규모성), 낮은 자본집약도, 인력 유출과 공간 구조 등이 거론된다. 대기업은 상대적으로 높은 보수와 이익을 통해 GDP를 높이고 생산성과 직결된 연구개발, 투자에서도 중요한 역할을 담당한다. 동독지역에는 대표적인 상장기업 지수에 포함된 기업이나 대기업 본사, 연구개발센터가 부족하다.

인력 유출은 경제 다방면에 영향을 미친다. 통일 후 수백만 인구가 서독으로 이주했다. 서독에서 동독지역으로의 이주도 있었지만, 최근에야 유출입이 균형을 이루었다. 젊은 인력, 특히 젊은 여성, 그리고 잘 교육받은 인력의 유출이 많아 노동력, 인적 자본, 출산율 등에서 후유증을 남겼다. 좋은 일자리의 부족으로 사람이 떠나고, 사람이 떠나 지역경제의 활력이 없어지는 데다, 인구와 기업이 밀집된 지역이 적다는 공간 구조의 취약성은 쉽게 극복하기 어려운 과제다.

통독 직전 동독의 암울한 경제 상황, 격변기의 어려움을 생각하면 동독지역 경제는 큰 발전을 이루었다. 그러나 가까운 시일 내에 서독지역 평균으로의 수렴 가능성에 대해 경제 전문가들은 회의적이다. 평균보다는 서독의 취약 지역을 목표로 삼는 것이 현실적이라는 제안도 나오고 있다. 목표를 하향하는 데 대해 불편한 시각도 있겠지만, 서독에도 지역별로 편차가 존재하며 일단 취약 지역을 뛰어넘는 동독 주가 나오는 것은 상징적인 의미가 크다고 생각한다.

(4) 동독 주민들의 평가

동독 주민들의 생활에 대한 전반적인 만족도는 통일 시점에 비해 많이 높아졌고, 서독과의 차이도 크게 줄어들었다. 경제가 성장하고 실업률이 줄어든 데다 생활환경이 개선된 때문이라고 할 수 있다. 다만 가계소득과 노후 준비에서 차이가 상대적으로 컸는데, 이는 소득과 재산 형성의 격차를 반영한 것으로 보인다.

그러나 '통일과 관련된 기대가 충족되었는가'라는 질문에는 부정적인 답이 많아졌다. 더 큰 문제는 '2등 시민'이라고 느낀다는 응답이 3분의 2에 달한 것이다. 균등한 생활수준이 빠르게 이루어질 것으로 기대했으나 소득 수렴이 지체되는 데다 격변기의 어려움과 극복에 대한 인정이 부족하고 동독지역에서조차 지도층에 제대로 자리를 잡지 못하고 있다는 상실감이 반영된 것으로 보인다.

2) 시사점

(1) 동서독 경제통합의 성과와 한계

남·북한 관계가 경직되어 있는 우리의 입장에서, 이미 30여 년 전에 평화적 통일을 이루었고, 경제통합에서도 '많은 것을 이룬' 독일이 부러운 것은 어쩔 수가 없다. 동독지역의 생활수준은 크게 높아졌고 동베를린, 드레스덴, 라이프치히에서 통독 직후의 음울했던 모습을 떠올리기는 쉽지 않다. 독일은 동독지역에 대한 막대한 지원을 감당하고, 통일 후 상당 기간 이어진 경기침체를 이겨냈으며 유럽이 글로벌 금융위기와 재정위기를 극복하는 데 주도적인 역할을 했다. 통독 직후인 1992년 유로화의 도입을 결정한 마스트리히트 조약이 체결되면서 독일통일은 유럽 통합의 심화에도 기여했다. 독일의 경제력은 EU에서 압도적인 1위를 차지하고 있으며, 지리적으로도 독일은 동서냉전의 최전선에서 유럽의 중심이 되었다.

그러나 '아직도 많은 일이 남아 있는' 것이 현실이다. 대규모의 지원, 베를린으로의 수도 재이전, 균등한 생활수준 구현을 위한 정부의 많은 노력에도 불구하고 서독 수준으로의 수렴은 지체되고 있고, 향후 전망도 밝지만은 않다. '30년위원회'의 다음과 같은 평은 시사적이다.

> 장벽 붕괴, 통일 후 완전히 한 세대에 해당하는 30년이 지났고 많은 일이 이루어졌다. 하지만 제대로 된 통합에 60년은 걸릴 것이라던 사회학자 랄프 다렌도르프(Ralf Dahrendorf)의 경고가 설득력을 얻고 있다. 문화적·정신적·감정적 관점에서, 그리고 무엇보다 경제적으로 균등한 생활수준이라는 관점에서 실질적인 완전한 통합까지는 아직도 많은 일이 남아 있다(Kommission, 2020: 8)

진정한 경제적·정서적 통합의 달성은 오랜 시간이 걸리는 어려운 일이며 경제통합은 초기부터의 정책들, 다양한 분야가 서로 영향을 미치며 진행되는, 사건이 아닌 장기간에 걸친 과정으로 이해해야 한다는 것을 독일통일은 말해준다.

(2) 동서독과 비교한 남·북한의 경제 상황

남·북한의 경제 상황은 급속한 통일이 이루어지던 당시 동·서독의 경제 상황에 미치지 못한다. 남·북한 간 경제력의 차이는 동·서독보다 훨씬 크고, 북한의 경제 시스템은 제대로 작동하지 않고 있으며, 한국의 경제력과 부담 능력은 통일 전의 서독보다 취약하다.

2020년 한국의 1인당 GNI는 북한의 27.3배(한국은행 경제통계시스템), 즉 북한의 1인당 소득은 남한의 4%를 밑돌아 서독의 3분의 1(1991)이었던 동독과는 비교가 불가능한 수준이다. 북한은 사회주의 계획경제를 기반으로 하지만 시장경제적 요소가 공식·비공식적으로 공존하고 있으며, 통화·금융 분야에서는 사금융과 달러라이제이션(외화 통용 현상)이 확산되어 있다(한국금융연수원, 2021). 급여는 비현실적으로 적으며(주성하, 2018: 104) 공식 환율과 시장 환율 간의 차이는 수십 배에 달한다.[19]

한국 경제도 성장 동력이 약화되는 가운데 고령화, 양극화, 정부·가계 부채 확대 등 적지 않은 과제를 안고 있다. 원화가 국제통화가 아닌 형편에서 한국의 외환시장, 자본시장이 독일에서처럼 당연히 안정적으로 움직이리라고 단정하기는 어렵다.

더욱이 동·서독은 분단 시절에도 인적 왕래, 수출입(반출입), 자본 공여 등의 활발한 교류가 이어졌으나, 남·북한 간에는 그나마 있던 경제 교류가 끊

---

19) 북한의 공식 환율은 2020년 상반기까지만 입수 가능한데(독일연방은행) 당시 미달러에 대한 환율은 108북한원 정도였다. 그런데 dailyNK.com에서 발표하는 시장환율은 당시 8000원 정도였고, 이후 6000까지 내려갔다가 2022년 8월부터는 다시 8000원을 상회하고 있다.

긴 지도 몇 년의 시간이 흘렀다.

(3) 급속한 통합 시의 문제

독일통일은 평화통일 가능성, 그리고 경제통합에 따른 어려움을 극복할수 있다는 희망을 주었다. 그러나 남·북한의 현실을 감안할 때 한반도에서독일과 같은 급속한 방식으로 경제통합과 통일이 이루어질 경우 많은 문제를수반하리라는 점 또한 뚜렷하게 보여주었다.

북한의 소득수준이 한국에 접근하기 위해서는 오랜 기간 월등히 높은 성장이 필요하다. 현재의 소득 격차에서 북한의 1인당 소득이 한국의 60% 수준에 도달하려면 매년 10%p 정도의 성장 격차를 30년간 유지해야 한다.[20]한 나라에서 두 지역이 이렇게 오래 큰 격차의 성장률을 지속하는 것이 가능할지는 의문이다. 통합된 상황에서는 환율을 북한 지역의 경기 조절 수단으로 활용할 수 없으며, 통화 정책의 지향점을 빠른 성장과 물가 안정 중 어디에 둘 것인가 하는 문제도 생긴다.

경제통합과 함께 사회보장제도가 바로 통합될 경우 막대한 부담이 발생하리라는 것은 직관적으로 이해할 수 있다. 재정의 경우 현재 지방재정조정제도의 틀에서 중앙정부가 국세의 일정 비율을 교부금과 국가보조금으로 지방자치단체에 이전하고 있다. 세수가 적을 수밖에 없는 북한 지역이 곧바로 이제도에 편입된다면 재정 운용에 강한 압박이 발생하게 된다. 독일에서 동독지역에 대한 막대한 지원이 대부분 사회보장제도와 재정의 통합에 따른 당연한 지원이었다는 것을 기억할 필요가 있다. 제도적으로 보장된 지원이 많으면 경제발전을 위한 재원은 제약을 받게 된다.

한편 서독으로의 인력 유출은 성장 잠재력, 지역 활성화 등에 전반적으로

---

20) 필자가 시산했다. 60~100%까지의 수렴을 달성하기 위한 성장률 격차 및 소요 기간을 시산한 정형곤(2020: 100~101)도 참조.

부정적인 영향을 미치며, 동독 경제의 수렴이 지체되는 가장 큰 요인 중 하나로 지적되었다. 현 소득격차 상태에서 남·북한 간에 통합이 이루어지면 어떤 층의 인력이 어느 정도 움직일 것인가의 문제이지 이주는 당연히 발생할 것이다. 북한의 임금이 상당히 상승하더라도 격차가 지속되는 한, 그리고 생산성을 상회하는 임금 인상에 따른 가격경쟁력 저하로 실업이 늘어나도 이주요인은 생겨나게 된다. 인구 구조 면에서 북한은 남한보다는 느리지만 이미고령화가 진행되고 있어, 젊은 인력의 유출이 발생할 경우 고령화 속도는 더빨라지고 북한의 경제발전에 악영향을 미칠 것이다(홍제환 외, 2020: 27; 최지영, 2017).

(4) 대안의 모색

독일의 통일은 경제통합이 남긴 문제에도 불구하고 많은 성과를 거둔 것이 사실이다. 그러나 현재의 남·북한 상황에서 동·서독 방식으로의 급속한 통합·통일은 북한 경제의 빠른 성장에 도움이 되지 않고, 남한에는 큰 부담이 될 가능성이 크다는 것을 독일의 경험은 보여주고 있다.

이에 대한 기본적인 대안은 급진적 방식과 함께 통합·통일 논의의 한 축을 이루어온 점진적 통합·통일 방안이다.[21] 그 대표적인 실제 사례는 경제통합을 거쳐 재정·정치 통합을 지향하며 출범한 유럽통합이다. 유럽에서는 1957년 유럽경제공동체(EEC) 결성을 통한 자유무역지대(FTA)를 시작으로 1967년 유럽공동체(EC)의 관세동맹에 이어, 1993년에는 EU 발족과 함께 상품·서비스·

---

21) "우리 정부는 남북한 화해와 교류 협력의 확대를 통한 민족 공동체의 건설과 그에 기초한 점진적이고 단계적인 통일을 지향하는 접근 방법을 취하고 있다", "'민족 공동체 통일 방안'은 통일을 점진적이고 단계적으로 이뤄 나가야 한다는 기조하에 화해 협력 단계와 남북 연합 단계를 거쳐 궁극적으로 '1민족 1국가'의 통일국가를 완성해 나간다는 3단계로 통일의 과정을 설명하고 있다"(국립통일교육원, 2021: 174~176; 정형곤, 2020: 93~ 107도 참조).

자본·노동이 자유롭게 이동하는 단일시장이 형성되었다. 이어 1999년에는 물가·금리·환율의 안정성과 재정 건전성 등의 수렴 기준을 충족한 회원국을 구성원으로 새로운 통화인 유로를 단일통화로 사용하는 '유럽경제·통화동맹'(이하 EMU)이 출범했다.

EMU는 다수 국가(EU 27개국 중 19개국)에 재정통합 대신 재정 규율이 적용되고, 정치적 통합은 요원하다는 점 등에서 우리 상황에 적용하는 데는 한계가 있다. 그러나 참여 국가 간 경제 여건 수렴을 전제한 단계적·점진적인 통합의 추진, 통화통합이 제대로 작동하기 위해서는 재정통합과 금융통합이 수반되어야 한다는 등의 현실적인 교훈을 제공하고 있다.

이 두 가지 방안에 이어서, 우리의 의지와 관계없이 정치적 통합이 이루어질 경우라도 경제적 통합은 시간을 두고 추진하는 것을 내용으로 특구식, 절충형 통합 혹은 한시적 분리 운영 방안 연구도 진전되었다.[22] 경제가 분리·운영되는 동안 북한 경제는 시장경제로의 전환과 북한 지역에 최적화된 통화·금융·재정, 산업 정책을 시행하고, 남한의 효과적인 지원을 통해 고성장을 도모하면서 단계적으로 통합을 이루어나가자는 것이다.

급속한 통일 과정에서 크게 주목을 받거나 실현되지는 못했지만, 독일에서도 동독지역 특구화에 대한 구상이나 제안이 있었다. '통화·경제·사회통합' 협상에서 서독 측은 임금협약, 사회보장제도 등 사회통합의 일부만이라도 적용을 유예하려고 시도했다. 통독 직후에는 동독지역에 대한 세금 경감, 규제 완화 등을 통한 투자 유치와 일자리 창출 제안이 있었고, 독일 경제가 오랜 침체를 겪으면서 실업문제가 고조되던 2000년대 전반에는 뒤늦기는 했지만 규제의 한시적 완화, 세금 경감, 임금 보조 등이 필요하다는 특구 방식이 제안되

---

22) 대표적 연구로는 전홍택 엮음(2012)에 이어 한시적 분리·운영 방안의 경제적 필요성과 법적 타당성, 통화·금융·재정 분야, 노동과 사회복지 분야, 국유 자산 분야 등을 종합적으로 검토한 대외경제정책연구원의 시리즈(2016)를 들 수 있다.

었다(김영찬 외, 2016: 63~65). 현실 사례로는 중국·홍콩 간에 이루어진 일국양제 방식의 통합(1997)을 들 수 있다. 홍콩이 통화와 재정의 독립성을 유지하는 가운데 중국과 홍콩은 포괄적경제동반자협정(CEPA)을 통해 상품·서비스 시장 장벽의 완화와 함께 금융통합을 진전시키고 있다(허재철 외, 2020).

통합·통일이 언제, 어떤 방식으로 다가올지 모르며 그 과정에서 경제통합 방식을 의지에 의한 선택이 아니라 단지 수용해야 할 상황에 직면할 수도 있다. 그러나 경제 각 분야별, 통합 단계별로 구체적인 대책을 정교하게 마련해 놓으면, 급진적·점진적 혹은 한시적 분리 등의 어떤 상황에서건 가능한 최적의 대안 마련이 가능할 것이다.

그러기 위해서는 독일은 물론이고 유럽, 중국·홍콩의 통합 사례, 그리고 중국·베트남의 개혁·개방 경험, 북한의 경제 상황에 대한 깊이 있는 연구가 지속되어야 한다. 통합 시의 어려움을 줄이기 위해서는 북핵 문제가 해소되는 대로 북한의 개혁·개방 지원과 함께 남·북한 간의 경제력 및 제도 격차를 줄이려는 노력이 추진되어야 하며, 우리의 경제 체력 강화도 병행되어야 한다.

통합·통일을 통해 한국이 한 단계 도약하고 북한 주민의 생활이 나아지며, 한국의 통합이 동북아의 통합으로 이어져 '아시안 하이웨이'가 이름 그대로 역할을 하는 날이 오기를 바란다. 동·서독 통일, 그리고 경제통합이 우리에게 준 가장 큰 선물은 그 꿈이 가능하다는 희망을 준 것이라고 생각한다. 30여 년째 이어지는 동·서독 통합 연구가 아닌, 현실이 된 남·북한 통합을 다룬 연구서를 읽는 날이 오기를 바라며 글을 맺는다.

● 참고문헌

국립통일교육원. 2021. 『통일문제 이해』.
김영찬. 2005. 『독일견문록』. 김&정.

_____. 2017. 『독일 통일과정에서 독일마르크화, 독일연방은행의 역할』. 새녈.

_____. 2018. 남북한 통합과정 초기, 북한 금융시스템의 원활한 작동 방안에 관한 연구(미간). KIEP.

김영찬·김범환·홍석기·박현석. 2016. 「통일 후 남북한경제 한시분리운영방안: 통화·금융·재정분야」. ≪중장기통상전략연구≫, 16(2).

대외경제정책연구원. 2016. 「통일 후 남북한경제 한시분리운영방안」. ≪중장기통상전략연구≫, 1.

레버, 폴(Paul Lever). 2019. 『독일은 어떻게 유럽을 지배하는가: 브렉시트와 EU 권력의 재편성』. 이영래 옮김. 메디치.

뮐러, 우베(Uwe Müller). 2006. 『대재앙 통일: 독일 통일로부터의 교훈』. 이봉기 옮김. 문학세계사.

전홍택 엮음. 2012. 「남북한 경제통합 연구: 북한경제의 한시적 분리 운영방안」. ≪KDI 연구보고서≫, 2012-10.

정형곤. 2020. 『독일통일 30년: 경제통합의 평가와 시사점』. KIEP 대외경제정책연구원.

주성하. 2018. 『평양 자본주의 백과사전』. 북돋움.

최지영. 2017. 「통일과 고령화」, ≪BOK경제연구≫, 2017-24. 한국은행 경제연구원.

한국금융연수원. 2021. 「북한의 경제, 금융 인사이트」 강의교재집(2021.4.5~4.7).

한국은행. 2018. 『한국의 금융제도』.

_____. 2019. 『알기쉬운 경제지표 해설』.

한국은행 프랑크푸르트사무소. 2011. 「독일 고용기적의 배경과 전망」.

허재철·박진희·오윤미·최재희·신종호. 2020. 『중국의 일국양제 20년 평가와 전망』. KIEP.

홍제환·김석진·최지영·김수경. 2020. 『북한의 인구변동: 추세, 결정요인 및 전망』. 통일연구원.

KOTRA 함부르크무역관. 2020.11.6. "통일 30주년에 살펴본 구동독 지역 유망산업과 투자환경". ≪Kotra 뉴스≫.

ARD. 2017. "Westdeutsche bevorzugt: Kaum Ostdeutsche in Spitzenpositionen." Oct. 12.

Behnke, Nathalie. 2020.4.24. "Finanzausgleich, Finanztransfers und Reformen der Finanzverfassung." BPB.

Belitz, Heike, Martin Gorning and Alexander Schiersch. 2020. "Produktivität in er Industrie unterscheidet sich weiterhin zwischen Ost und West." _DIW Wochenbericht_, 39.

Berlin Institut für Bevölkeurng und Entwicklung. 2015. _So geht Einheit_.

Blum, Johannes, Raphael de Britto Schiller and Niklas Patrafke. 2019. "Dreißig Jahre nach dem Mauerfall-wie steht es um das Gefälle zwischen Ost und West?" _ifo Schnelldienst_, 11/2019, June 13.

Bluhm, Michael and Olaf Jacobs. 2016. "Wer beherrscht den Osten?: Ostdeutsche Eliten, ein Vierteljahrhundert nach der deutschen Wiedervereinigung." 같은 제목으로 지역공영방송 MDR에서 방송.

BMWi(Federal Ministry for Economic Affairs and Energe). 2020. Creating equivalent living conditions in eastern and western Germany. https://www.bmwi.de/Redaktion/DE/Dossier/neue-laender.html(검색일: 2021.4.16).

Bundesanstalt für Arbeit. 2001.1.28. "Arbeitsmarkt 2000: Amtliche Nachrichtender Bundesanstalt für Arbeit." 49. Jahrgang. June 28.

Bundesinstitut für Bevölkerungsforschung. 2021. "Bevölkerungsdichte in Deutschland nach Kreisen(2019)." https://www.bib.bund.de/DE/Fakten/Fakt/B77-Bevoelkerungsdichte-Kreise.html

Bundesministerium der Finanzen(BMF). 2020. *Ergebnisse de Länderfinanzausgleichs 2019.*

Bundesministerium für Bindlung und Forschung(BMBF, Ministry of Education and Research). 2019. "Excellence Strategy." https://www.bmbf.de/bmbf/en/academia/excellence-strategy/excellence-strategy_node.html.

Bundeszentrale für Politische Bildung(bpb), Statistisches Bundesamt, WZB, SOEP and Bundesinstitut fur Bevölkerungsforschung. 2021. *Datenreport 2021: Ein Sozialbericht für die Bundesrepublik Deutschland.*

Bundeszentrale für Politische Bildung(bpb). 2021. "Datenreport 2021: Ein Sozialbericht für die Bundesrepublik Deutschland."

Bund-Länder Demografie Portal. Regionale Bevölkerungsentwicklung seit 1990. https://www.demografie-portal.de/DE/Startseite.html.

Der Beauftragte der Bundesregierung für die neuen Bundesländer. 각 연도. *Jahresbericht der Bundesregierung zum Stand des Deutschen Einheit*(영문판: Federal Government Commissioner for the New Federal States. "Annual Report of the Federal Government on the Status of German Unity").

Der Beauftragte der Bundesregierung für die neuen Bundesländer. 2022. *Bericht 2022: Ostdeutschland.* Ein neuer Blick.

Die Bundesregierung. 2020. "Beauftragter für die neuen Länder im Interview: Wir haben unheimlich viel geschafft." Mar. 18. https://www.bundesregierung.de/breg-de/suche/interview-marco-wanderwitz-1731870(검색일: 2021.10.4).

Deutsche Bundesbank. 1990. "Terms of the currency conversion in the German Democratic Republic on July 1, 1990." *Monthly Report.* June.

_____. 1996. "The debate on public transfers in the wake of German reunification." *Monthly Report.* Oct.

Dustmann, C., B. Fitzenberger, U. Schönberg and A. Spitz-Oener. 2014. "From Sick Man of Europe to Economic Superstar: Germany's Resurgent Economy." *Journal of Economic*

Perspectives, 28(1).

Eurostat. 2021. Regional GDP per capita ranged from 32% to 260% of the EU average in 2019.

Financial Times. 2017.Aug.14. "Germany: from 'sick man' of Europe to engine of growth".

Fratscher, Marcel. 2018.10.3. "Fratschers Verteilungsfragen, Tag der deutschen Einheit: Der wirtschaftspolitische Kater." *Zeit*.

Gaddum, J. W. 1995. "Ökonomisch-monetäre Probleme der Wiedervereinigung Deutschlands." Vortrag anläßlich des International Press Institute's World Congress and 44th Annual General Assembly. Seoul. Korea. May 14–17(미간 자료).

GEFRA. BBSR and ifo Institute. 2019. "Betrachtung und Analyse von Regionalindikatoren zur Vorbereitung des GRW-Fördergebiets ab 2021." Raumbeobachtung.

Grosser, Dieter. 1998. *Das Wagnis der Währungs-, Wirtscahfts- und Sozialunion: Politische Zwänge im Konflikt mit ökonomischen Regeln*. Geschichte der deutschen Einheit in Vier Bänden, Band 2., Stuttgart: Deutsche Verlags-Anstalt.

Hankel, Wilhelm. 1993. *Die sieben Todsünden der Vereinigung:Wege aus dem Wirtschaftsdesaster*. Berlin: Siedler Verlag.

Heimpold, Gerhard. 2015.10.2. "Der Weg zur Weltmarktführerschaft braucht Zeit." Interview, *Wirtschaftswoche*.

Hickel, Rudolf u. Jan Priewe. 1994. *Nach dem Fehlstart: Ökonomische Perspektiven der deutschen Einigung*. Frankfurt am Main: S. Fischer Verlag.

Institut für Wirtschaftsforschung Halle(IWH). 2009. "Ostdeutschlands Transformation seit 1990 im Spiegel wirtschaftlicher und sozialer Indikatoren(2. aktualisierte und verbesserte Auflage)." Jan. Sonderheft.

IWH:Leibniz-Institut für Wirtschaftsforschung Halle. 2019. *Vereintes Land-drei Jahrzente nach dem Mauerfall*.

Kim, Young-Chan. 2017. "Cost and Financing of Unification: Implications of the German Experiences for Korea, Economic Transition in the Unified Germany and Implications for Korea." in Jeong, Hyung-Gon and Gerhard Heimpold(eds.). *Economic Transition in Unified Germany and Implications for Korea*. Policy References 17-13, KIEP and IWH, Korea Institute for Econmic Policy.

Kim, Young-Chan and Deok Ryong Yoon. 2018a. "Economic and Social Integration in Germany: Implications for Korea." in Jeong, Hyung-Gon and Gerhard Heimpold(eds.). *Economic Development after German Unification and Implications for Korea*. Policy References 18-08. KIEP and IWH. Korea Institute for Economic Policy.

_____. 2018b. "Rebuilding SMEs in East German States: Policy Implications for Korea." in Jeong,

Hyung-Gon and Gerhard Heimpold(eds.). *Economic Development after German Unification and Implications for Korea.* Policy References 18-08. KIEP and IWH. Korea Institute for Economic Policy.

Kommission.2020. "30 Jahre Friedliche Revolution und Deutsche Einheit." *Abschlussbericht.* Budesministerium des Innern, für Bau und Heimat(BMIBH). Dez. 2020.

Lengfeld, Holger. 2019.Sep.10. "Kaum Posten für den Osten." Bundeszentrale für politische Bildung(bpb).

Lindner, Axel. 2018. "German Unification: Macroeconomic Consequences for the Country." in Jeong, Hyung-Gon and Gerhard Heimpold(eds.). *Economic Development after German Unification and Implications for Korea,* Policy References 18-08, KIEP and IWH, Korea Institute for Economic Policy.

Lindner, Axel. 2019. "Zur Wirtschafts deutscher Regionen aus langfristiger Perspektive: Alte Muster werden in Ostdeutschland langsam wieder sichtbar." *Wirtschaft im Wandel,* Jg. 25(3)s.

Lipschitz, Leslie. 1990. "Introduction and overview." in L. Lipschitz and D. McDonald(eds.). *German Unification: Economic Issues.* IMF.

Merkel, Angela. 2021. "Rede von Bundeskanzlerin Merkel anlässlich des Festaktes zum Tag der Deutschen Einheit am 3. Oktober 2021 in Halle/Salle." www.bundesregierung.de.

Müller, Steffen and Georg Neuschäffer. 2019. "Ostdeutscher Produktivitätsrückstand und Betriebsgröße." *Wirtschaft im Wandel,* Jg. 25(3).

Newsweek. 2014.7.17. " Welcome to the German Century."

Oberst, Christian and Miachael Voigtländer. 2020. "Aufsteigerregionen in Deutschland-Go East!: Eine empirische Analyse der Entwicklung deutsche Kreise." *IW-Report,* 20.

OECD. https://data.oecd.org/.

OWF(Ostdeutsche Wirtschaftsforum) Zukunft. 2020. "Giffey fordert Beseitigung der 'Underreprä sentanz von ostdeutscher Lebenserfahrung in wichtigen Ämtern." *Presse Mitteilung,* Sep.20.

Priewe, Jan and Rudolf Hickel. 1991. *Der Preis der Einheit:Bilanz und Perspektiven der deutschen Vereinigung.* Frankfurt am Main: Fischer Taschenbuch Verlag.

Quaas, Georg. 2020. "Osten holt auf, benötigt aber mehr Investitionen." *Wirtschaftsdienst,* 2020/1. ZBW-Leibniz-Informationszentrum Wirtschaft.

Ragnitz, Joachim. 2004. "Transferleistungen für die neuen Länder − einer Begriffsbestimmung." in *Wirtschafts im Wandel,* 9-10.

_____. 2020.Oct.3. "30 Jahre danach: Bei der Kaufkraft ist die Deutsche Einheit fast vollendet." *Wirtschafttswoche.*

Ragnitz, J., C. Dreger, W. Komar and G. Müller(IWH). 2000. "Simulationsrechnungen zu den Auswirkungen einer Kürzung von Transferleistungen für die neuen Bundesländer." *Sonderheft*, 2/2000.

Ragnitz, Joachim, S. Scharfe and B. Schirwitz. 2009. "Bestandsaufnahme der wirtschaftlichen Fortschritte im Osten Deutschlands 1989 bis 2008." *ifo Dresden Studien*. ifo.

Robins, Gregg S. 2000. *Banking in Transition : East Germany after Unification*. Palgrave macmillan.

Röhl, Klaus-Heiner. 2020a. "30 Jahre Widervereinigung." *IW-Trends* 3/2020, Institut der Deutschen Wirtschafts(IW).

_____. 2020b. "30 Jahre Widervereinigung: Sachsen muss nicht an Bayern herankommen." *Pressemitteilung*. IW-Koeln. Sep. 22.

Schmidt, Helmut. 1993. *Handeln für Deutschland: Wege aus der Krise*. Berlin: Rohwolt·Berlin Verlag.

Schnable, Gunther and Tim Sepp. 2019. "30 Jahre nach dem Mauerfall: Ursachen fuer Konvergenz und Divergenz zwischen Ost- und Westdeutschland." Universitaet Leipzig, Wirtschaftwsissenschaftliche Fakultaet, *Working Paper*, 162.

Schönherr, Michael, Julia Antusch and Olaf Jacobs. 2022. *Der Lange Weg nach oben: Wie es Ostdeutsche in die Eliten schaffen*. Hoferichter & Jacobs.

Spiegel. 1991. "Allein die Statistik im Griff"(Günter Mittag과의 인터뷰 등 특집 기사).

_____. 2004.4.5. "1250 Millarden Euro, Wofür: Wie aus dem Aufbau Ost der Absturz West wurde."

_____. 2020. 9.29. "Studie zu Vermögen und Einkommen: Immobilien machen reich-vor allem in Westen."

Statistische Ämter des Bundes und der Länder. "Gemeinsames Statistikportal Volkswirtschaftliche Gesamtrechnungden der Länder(VGRdL)." https://www.statistikportal.de(검색일: 2021. 11.5).

_____. Arbeitnehmerentgelt, Bruttolöhne und –gehälter in den Lädern der Bundesrepblick Deutschland: 1991 bis 2020, Berechnungsstand: November 2021. https://www. statistikportal.de/de/veroeffentlichungen/arbeitnehmerentgelt-bruttoloehne-und-gehaelter (검색일: 2021.12.6).

Statistisches Bundesbamt. 2019. "Vermögen, Schulden: Geld- und Immobilienvermögen sowie Schulden privater Haushalte." https://www.destatis.de/DE/Themen/Gesellschaft-Umwelt/Einkommen-Konsum-Lebensbedingungen/Vermoegen-Schulden/Tabellen/geld-i mmob-verm-schulden-evs.html(검색일: 2022.9.5).

_____. 2020. "Statistik Dossier: 30 Jahre Deutsche Einheit." https://www.destatis.de/DE/

Themen/Querschnitt/Deutsche-Einheit/Downloads/dossier-30-jahre-deutsche-einheit.pdf ?__blob=publicationFile(검색일: 2021.10.5).

_____. 2021. "Bevölkerung, Bevölkerungsentwicklung in Ost- und West- deutschland zwischen 1990 und 2019: Angleichung oder Verfestigung der Unterschiede?" https://www.destatis. de/DE/Themen/Querschnitt/Demografischer-Wandel/Aspekte/demografie-bevoelkerung sentwicklung-ost-west.html(검색일: 2022.8.14).

_____. 2022. "Entwicklung der Lebenserwartung in Deutschland."https://www.destatis. de/DE/Themen/Gesellschaft-Umwelt/Bevoelkerung/Sterbefaelle-Lebenserwartung/sterbe tafel.html(검색일: 2022.10.29).

Steffen Maretzke, Joachim Ragnitz, Gerhard Untiedt. 2019. Betrachtung und Analyse von Regionalindikatoren zur Vorbereitung des GRW-Fördergebiets ab 2021 (Raumbeobachtung). Dresden: ifo Institute.

Steingart, Gabor. 2004. *Deutschland: Der Abstieg eines Superstars*. Piper.

Streit, Manfred E. 1999. "German Monetary Union." in: Deutsche Bundesbank(ed.). *Fifty Years of the Deutsche Mark: Central Bank and the Currency in Germany since 1948*. Oxford, UK: Oxford Univ. Press.

Tagesschau. 2021.3.3. "Vier Millionen Menschen zogen von Ost nach West."

Waigel, Theo. 2015. "Der Vertrag über die Währungs-, Wirtschafts- und Sozialunion: Die Vorstufe zur Deutschen Einheit." Rede beim Festakt "25 Jahre deutsch-deutsche Währungsunion." Leipzig: Bundesbank, July 1.

Weimer, Wolfram. 1998. *Deutsche Wirtschafts-Geschichte: Von der Währungsreform bis zum Euro*. Hamburg: Hoffmann und Campe.

Zeit Online. 2019a. "Ost-West Wanderung: Die Millionen, die gingen." Mai 2. https:// www.zeit.de/politik/deutschland/2019-05/ost-west-wanderung-abwanderung-ostdeutsch land-umzug?utm_referrer=https%3A%2F%2Fwww.google.com%2F(검색일: 2021.10.15).

_____. 2019b. "Gefühl ostdeutscher Identität hilft Linken und AfD." Juli 24. https:// www.zeit.de/gesellschaft/zeitgeschehen/2019-07/institut-fuer-demoskopie-identitaetsgef uehl-ostdeutschland-umfrage(검색일: 2021.9.10).

시장자본주의로의 이행과 전환
동독과 동유럽 비교

신광영

1. 머리말

이 글은 20세기 말 동유럽 국가들이 사회주의에서 자본주의로의 전환 (transformation)을 경험했지만, 그 방식은 동일하지 않았다는 점과 이러한 체제 전환 방식의 차이가 오늘날 동유럽 사회의 차이를 만들어냈다는 점에 대해 논의한다. 여기에서는 동독과 다른 동유럽 국가들의 차이를 중심으로 체제전환을 비교한다.[1] 동독의 체제전환은 그 한 형태인 이행(transition)이라는 대단히 예외적인 사례에 속한다. 체제전환은 체제가 변하는 것이지만, 이행은 체제 전환 가운데서도 단절적 변화를 의미한다. 과거의 체제와는 질적으로 다른

---

[1] 1989년 이후 동유럽 국가사회주의의 체제전환은 유사한 사회체제에서 시작했으나, 각 국가가 모두 독특한 과정을 겪었다는 점에서 동독과 동유럽으로 구분하는 것은, 독일 사회학자 클라우스 오페(Offe, 1996: 11)가 언급한 것처럼 과도한 단순화이다. 그럼에도 불구하고 이 장에서는 서독과의 관계(내독 관계) 속에서 전환을 경험한 동독과, 독립적 이고 내부적으로 '전환'할 수밖에 없었던 동유럽 국가를 구분함으로써 거시적인 수준에 서 체제전환을 비교했다. 동유럽을 포함해 중국과 베트남을 포함한 사회주의국가들에 서 이루어진 다양한 전환에 관한 체계적인 논의는 리투아니아 사회학자 제노나스 노르 코스(Zenonas Norkos)의 *On Baltic Slovenia and Adriatic Lithuania* (2012) 참고.

새로운 체제가 전환 이후에 만들어졌을 때, 이행이라고 부를 수 있다.

동독이 다른 동유럽 사회들의 체제전환과 비교해 체제전환의 계기와 시기가 유사했지만, 체제전환과 전환 이후의 사회체제는 대단히 달랐다. 주된 이유는 서독과의 관계 속에서 동독의 전환이 이루어졌기 때문이다. 그 결과 동유럽과 마찬가지로 극우주의의 대두라는 변화가 동독에서도 나타났지만, 구동독지역의 극우주의의 양상은 동유럽 국가들과는 대단히 다르다. 동유럽의 극우주의는 민주주의 전환을 역전시키는 방식으로 확산되었지만, 동독의 극우주의는 제한적인 수준에서 나타났다. 왜 극우주의가 체제전환을 겪은 동유럽에서 극성을 부리고 있을까? 시민사회의 도전에 의해 체제가 붕괴되는 무혈혁명으로 동유럽 체제에 전환이 일어난 지 30년이 지나 다시 권위주의로 돌아가는 역설적인 상황을 여러 동유럽 국가들이 보이고 있다. 왜 이러한 극단적인 변화가 나타났을까? 이 장에서는 이런 현상을 이해하는 데 동독과 나머지 동유럽 국가들에서 일어난 체제전환의 차이를 이해하는 것이 중요하다는 점을 강조한다.

20세기에 일어난 역사적 사건 가운데 가장 극적인 사건 중 하나는 냉전 체제의 붕괴를 가져온 동유럽 국가사회주의 체제가 시장자본주의로 전환한 사건이다. 1917년 러시아혁명을 계기로 시장자본주의 체제와는 다른 사회주의 경제체제가 등장했고, 이러한 경제체제가 제2차 세계대전 이후 동유럽으로 확산되었다. 소련을 포함한 동유럽 국가들은 사회주의 체제의 실현을 목적으로 시장자본주의와는 다른 사회체제를 구축했다. 생산수단의 사적 소유 제도를 폐지하고, 국가의 독점적 소유를 제도화했으며, 시장 대신에 국가의 계획에 의한 경제체제를 구축했다. 국가는 권위주의적으로 행정 권력을 독점해, 생산 및 분배와 관련된 경제적 결정을 독점했다. 생산과 분배에서 시장이 주된 기능을 담당하는 시장자본주의 대신에 이 국가사회주의 체제들에서는 국가가 생산과 분배에서 주된 역할을 담당했다.

동유럽 국가사회주의는 인류 역사상 최초로 사회주의 이념을 실현하려는 목표를 내세우고 이를 실현할 수 있는 사회체제를 만들려는 역사적 실험이었지만, 지속 가능하지 않은 사회체제로 판명되었다. 이 실험은 70년을 넘기지 못하고, 역사 속으로 사라졌다. 1989~1991년 사이 동유럽 국가사회주의 체제는 각국에서 시민들의 저항에 의해 붕괴되었고, 시장자본주의로 이행되었다. 이러한 혁명적 변화는 무혈혁명에 의해 이루어졌다. 동유럽 체제의 전환은 경제적 차원에서는 계획경제에서 시장경제로, 정치적 차원에서는 권위주의에서 민주주의로, 사회·문화적 차원에서는 민족을 초월한 통합적인 사회에서 민족 간 갈등과 충돌을 보이는 갈등 사회로의 전환이라는 '삼중 전환(triple transition)'이 특징이었다. 주로 국가사회주의에서 시장자본주의로의 이행만이 강조되었지만, 체제전환은 경제적, 정치적, 사회·문화적 차원에서 동시에 진행되었다. 그리고 그 과정은 세 가지 차원의 변화가 복합적으로 맞물리고 내재된 모순과 갈등이 증폭되면서 여러 가지 혼란이 동반되었다. 삼중 전환이 이루어지는 과정에서 발칸 지역에서는 두 차례의 전쟁(보스니아 내전과 코소보 전쟁)이 일어나 인종청소와 같은 대량 학살이 자행되기도 했다. 그리고 최근 헝가리와 폴란드를 포함한 많은 동유럽 국가에서 볼 수 있듯이 극우 민족주의 정당들이 정권을 장악해 권위주의로 회귀하고 있다.

동유럽 체제전환 과정에서 여러 동유럽 국가들이 EU의 회원국이 되면서 유럽으로 통합되었다. 그러나 낙관적인 기대와 달리 동유럽 국가들의 최근 변화는 많은 사람들을 당혹스럽게 하고 있다. 그리고 국가사회주의 체제의 전환은 끝난 것이 아니라 현재진행형이며, 최종적인 결과를 예측하는 것도 어렵다는 점을 환기한다. 바로 이러한 점이 우리에게 동유럽 체제전환에 대한 새로운 이해를 요구하는 이유이다.

2. 동유럽 체제전환의 세 가지 차원

제2차 세계대전 이후부터 1991년 이전까지 동유럽 사회는 서유럽 사회들과 비교해 크게 세 가지 차원에서 제도적인 차이를 보여주었다. 전후 동유럽은 소련의 영향으로 공산당이 정권을 장악해 사회주의사회를 실현하려고 했다. 동유럽 사회주의사회는 서유럽 자본주의사회와 비교해 경제·정치와 사회 영역에서 크게 달랐다. 사회주의의 의미가 주로 경제적인 영역의 제도적인 특징을 중심으로 하여 이해되었지만, 동유럽 사회주의는 정치적인 영역과 사회·문화적인 영역에서도 대단히 다른 특징을 지녔다. 즉, 카를 마르크스가 제시한 사회주의사회와는 대단히 다른 국가사회주의가 제도화되었다. 국가사회주의는 생산수단을 국가가 독점하고, 국가의 계획에 의해 생산과 분배가 이루어지며, 공산당이 국가권력을 독점해 사회를 지배하는 공산당 1당 체제를 구축했다. 동유럽 사회의 체제전환은 경제·정치와 사회문화 영역에서의 동시적인 전환을 포함했다.

1) 동독과 동유럽의 경제적 전환

세 가지 차원 중에서 가장 관심을 끈 것은 경제체제의 전환이었지만, 경제체제의 전환과 그 이후 자본주의 시장경제의 안정성은 정치적인 변화의 영향을 받으며, 또한 정치적인 변화나 경제적인 변화가 모두 시민들의 이해관계와 관심에 따라 이루어진다는 점에서 사회 구성원들의 인식과 관심이 변화된 체제의 안정성과 지속성에 영향을 미친다. 궁극적으로 체제의 안정성은 사회를 구성하는 사람들의 인식과 평가로 이루어진다. 그러므로 경제뿐만 아니라 정치와 사회가 모두 새롭게 등장한 체제의 안정성에 영향을 미친다. 그러므로 체제전환은 세 가지 영역에서 동시에 복합적인 변화가 일어나는 대전환이었다. 그리고 세 가지 요소는 서로 다른 차원으로 혼란, 갈등, 사회문제를 만들어냈다.

먼저 경제적인 차원은 가장 결정적적인 동시에 문제적이었다. 동유럽 경제는 시장 대신에 국가가 수요와 공급을 계획하고 관리하는 계획경제를 특징으로 했다. 개인과 기업이 경제행위의 주체인 서구식 시장경제를 거부하고, 국가가 국민이 필요로 하는 재화와 서비스의 생산 및 분배를 담당했다. 정부가 계획을 세워 사회에서 필요로 하는 재화와 서비스 생산을 계획하고, 분배를 책임졌다. 이는 국가사회주의라고 불렸다. 헝가리 경제학자 야노스 코르나이(János Kornai)는 동유럽 국가사회주의의 제도적인 특징으로 국가 소유, 중앙 계획, 계획 교섭, 관료적 조정, 연성 예산 제약, 부족의 경제를 들고 있다(1986). 시장을 통해 생산(공급)과 소비(수요)의 조정하는 시장자본주의사회와는 달리 중앙에서 세우는 계획을 통해 관료적인 방식으로 수급이 조정되며, 생산을 담당하는 기업에는 할당받은 양을 생산하기 위해 중앙의 계획에 따라 자원 공급과 노동력 조달이 이루어지기 때문에 기업은 할당량만 달성하면 된다. 시장자본주의사회에서는 기업이 판매를 통해 얻은 이윤은 기업이 활용할 수 있는 예산이고 이것이 부족할 때는 예산 부족을 겪지만, 국가사회주의 기업은 예산 부족에 따른 어려움을 겪지 않는다. 경쟁 상대가 없기 때문에 기술혁신을 통한 생산성 향상과 그에 따른 기업 성장을 기업 경영자가 굳이 도모할 필요가 없다. 그러므로 기술혁신이나 조직의 변화를 모색하지 않는다. 또한 새로운 생산기술이 개발되더라도, 비용을 들여 기존의 낡은 생산 시설을 없애는 것이 허락되지 않았다. 독일의 사회학자 클라우스 오페(Claus Offe)는 제도적으로 가장 치명적인 국가사회주의의 문제로 시장이 존재하지 않았기 때문에 사회에서 생산력 발전을 촉진하는 기제가 없다는 점을 들고 있다(1997: 3). 결과적으로 기업 내에서 생산 시설의 경쟁력을 평가하고, 그 결과에 따라서 기존 생산 시설을 새로운 것으로 대체할 수 없었기 때문에 동유럽의 생산력은 대단히 낙후했고, 동유럽 국가들의 경제가 오랫동안 침체 상태에서 벗어나지 못했다.

동유럽 국가들의 경제체제 전환은 헝가리와 폴란드와 같이 1980년대의 경제침체를 해결하기 위해 자체로 시도한 개혁을 바탕으로 이루어졌다. 헝가리는 이미 1968년에 소련식 경제체제의 실패를 인정하고, 자원의 효율적 분배, 인센티브를 통한 효율성 증대와 무역을 촉진하기 위한 기업 경영자의 독립성 제고, 강제적인 계획 목표 폐지, 주요 물품에 대한 가격통제 완화, 단일환율제도 도입을 실시했다. 그런데도 1970년대에 경제 상황이 개선되지 않자 1980년대에는 시장의 기능을 좀 더 강화하는 개혁을 시도했다. 이와 함께 2중은행 체계를 만들어 국내 상품 가격을 세계시장에서 거래되는 가격에 맞추도록 했고, 무역을 자유화했다. 또한 사기업 규모에 대한 규제를 완화하고, 보험회사를 제한적으로 허용했다. 이와 같이 시장경제 요소를 도입하는 개혁은 1989년 이후 전면적인 시장개혁 시도에 완충 역할을 했다. 개혁의 성과는 민간 부문의 성장이었다. 민간 사업체가 1988년 1만 개에서 1990년 상반기 2만 3000개로 급증했다. 이러한 변화는 폴란드에서도 유사하게 나타나, 폴란드의 경우에도 민간 부문이 크게 성장해 고용 인원도 1980년 27만 1000명에서 1989년에는 71만 7400명으로 증가했다(Krane, 1991: 318~320).

　　그러나 1980년대에도 무역적자에 따라 대외 부채가 크게 늘면서 헝가리와 폴란드 정부는 해외 부채의 이자 지불 중단을 선언하기에 이르렀다. 그리고 해외 상업은행에서 빌린 부채 상환도 어려워 상환 재조정을 하는 등 경제가 파산 위기에서 벗어나지 못했다. 1980년대의 경제개혁에도 전반적인 경제 상황이 개선되지 못했다. 민간 부문이 확대되었지만, 경제의 축은 여전히 국가의 계획에 의존하고 있었고, 기업 경영자들이 시장에서 더 많은 이윤을 추구하기보다는 국가의 경제 계획을 담당하는 부처를 더 중시하기 때문에 나타난 결과였다. 코르나이가 '계획교섭(plan bargaining)'이라고 부르는 계획경제의 제도적인 요소가 그대로 유지되었다(Kornai, 1992: ch. 7). 계획교섭은 계획경제를 실시하는 과정에서 계획을 주도하는 부처와 기업 경영자들이 계획을 둘러싸고 협상을 하는 것을 지칭한다.[2]

경제체제의 내부 개혁은 성공하지 못했고, 장기적인 경제침체로 동유럽 국가사회주의 정권은 위기에 빠졌다. 소련에서 고르바초프에 의해 실시된 '개방(glasnost)'과 '개혁(perestroika)' 정책은 동유럽의 국가사회주의 국가들에 변화의 계기를 제공했고, 내부의 불만은 공산당 정부에 대한 시민들의 저항으로 나타났다. 그 결과 국가사회주의 틀을 유지하면서 개혁과 개방을 통해 체제를 교정하는 것이 아니라 국가사회주의가 무너지고, 시장자본주의로 전환하는 변화가 나타났다.

경제적인 차원의 체제전환은 국가 소유를 민간 소유로 전환하는 민영화 (privatization)와 국가가 재화와 서비스의 수요와 공급에 개입하는 규제를 철폐하는 자유화(liberalization)를 토대로 했다. 민영화는 사적 소유 제도를 만들어내는 소유권의 변화 과정이다. 민영화는 생산수단을 국가 소유에서 민간 소유로 전환하는 것이다. 민영화는 작은 규모의 주택이나 음식·숙박 산업의 작은 사업체에서 에너지, 통신, 교통, 중화학 산업 등의 거대한 국유기업에 이르기까지 광범위한 사업체를 대상으로 하고 있다. 소련식 콤비나트라고 불리는 중화학 기업의 민영화는 외국 기업이나 투자자를 대상으로 한다는 점에서 대단히 중요한 과제였다. 자유화는 국가의 개입 없이 시장경쟁을 통해 재화와 서비스 가격이 결정되는 가격 결정 메커니즘을 만들어, 재화와 서비스의 수요와 공급이 시장에서 이루어질 수 있도록 하는 것이다. 또한 자유화는 시장이 없는 경제에서 시장을 인위적으로 만드는 것이 과제였기 때문에, 대단히 모험적인 과제였다. 시장은 판매자와 소비자가 있고, 이들 간의 거래를

---

2) 계획교섭은 기업의 생산 품목, 생산량, 생산에 필요한 자원과 필요한 인력에 대한 계획에서 계획을 담당하는 부서가 자세한 내용을 알 수 없기 때문에, 실제 생산을 담당하는 기업의 경영자와 논의를 통해 특정 기업에 제공하는 각종 생산 요소의 투입과 산출을 계획하는 과정이다. 이 과정에서 경영자의 역할은 최대한으로 투입 요소를 확보하고, 최소한으로 산출량을 할당받는 것이다. 기술혁신과 조직혁신을 통한 생산성 향상보다는 계획교섭을 잘하는 경영자가 능력 있는 경영자로 인정받았다(Kornai, 1992: ch. 7 참조).

매개하는 것이 화폐다. 일상생활에서 필요한 식료품부터 자동차나 선박과 같은 산업 생산품에 이르기까지 가격이 만들어지는 시장이 없었기 때문에, 모든 재화와 서비스에 대한 화폐가격이 새롭게 형성되어야 했다. 그러므로 민영화와 자유화는 시장자본주의를 제대로 작동하게 만드는 핵심적인 제도화 과정이었다.

경제 시스템 전환의 목표가 시장자본주의로의 전환이라면, 민영화와 자유화의 속도와 방법은 어떻게 시장자본주의로의 전환을 만들어내는가라는 방법의 문제다. 전환 방식은 '빅뱅' 혹은 '충격요법' 접근과 점진적 접근으로 나뉜다. 동유럽 여러 나라의 경제체제 전환은 미국의 경제학자 제프리 색스 (Jeffrey Sachs)가 제시한 신자유주의적인 전환 방식인 '빅뱅' 혹은 '충격요법'에 크게 영향을 받았다. 색스는 민영화, 자유화, 무역자유화, 금융자유화, 재정 지출 억제 등을 동시에 해야 한다고 주장했다(Sachs, 1990: 25). 그는 개혁에 대한 충격을 줄이고, 국민의 저항을 막기 위해 체제전환이 급속도로 이루어져야 하다고 주장했다. 그러나 경제 제도와 경제주체들의 의식과 행태는 제도의 산물이므로 단기간에 변할 수 없다는 점에서 빅뱅 접근을 택한 나라들이 경제성장을 안정적으로 이루어 체제전환에 따른 충격을 정부의 적극적인 역할을 통해 최소화해야 한다는 것이 점진적 접근의 주장이다. 전자는 '워싱턴 컨센서스'라고 불리고, 후자는 '사회민주적 컨센서스'로 불리기도 한다 (Bjørnskov and Potrafke, 2011: 202).

경제체제 전환의 속도와 관계없이 전환이 시작되면, 체제전환으로 인해 발생하는 혼란과 고통은 국민들이 감내해야 한다. 그러므로 경제체제의 전환 문제는 일반 국민들의 삶과 직결된 문제였다. 노동시장이 형성되어 있지 않기 때문에 임금이 제대로 책정되지 못했고, 상품시장이 제대로 작동하지 않았기 때문에 식료품이나 휘발유와 같은 생필품 구매도 어려웠다. 생필품 구매에 필요한 소득과 생필품 자체의 공급이 혼란 상태에 빠지면서, 개인과 가족의 삶은 대혼란에 빠졌다. 경제 차원의 전환은 이런 상태를 빨리 극복하고,

안정된 시장경제 체제를 구축하는 것이 과제였다.

동독의 경우는 다른 동유럽 국가들과 비교해 두 가지 점에서 차이를 보였다. 첫째, 동유럽 국가들과는 달리 동독에서는 정권 붕괴 이전에 신탁청(Treuhandanstalt)이 설립되어 계획경제의 틀에서 벗어날 시도를 내부적으로 수행했고, 이는 동독 정권 붕괴 이후로도 이어져 어느 정도 제도적인 연속성을 보여주었다. 1989년 12월 3일 동독의 공산당 서기장 에곤 크렌츠(Egon Krenz)가 사임하면서 각료회의 의장 한스 모드로(Hans Modrow)가 실질적인 총리 역할을 담당하면서 1990년 6월 17일 「신탁법」 통과로 신탁청 설립이 가시화되었다. 신탁청이 설립되기 이전에도 비판적인 지식인으로 구성된 '자유연구조직(Selbstorganisation)'은 동독 사회주의 체제는 더 이상 지속 가능하지 않으며, 시장경제로의 전환이 절대적으로 필요하다고 주장했다. 이 조직은 이를 위해 신탁청을 만들어 국유재산을 인수한 뒤 그중 25%를 바우처로 동독 주민들에게 배분하고, 10% 정도는 예술이나 비영리 산업에 배분하며, 나머지는 국가소유로 하여 경제 하부구조에 양도하거나 채무나 보상 등에 사용해야 한다고 주장했다. 또한 동독 경제가 파산 직전에 이르면서, 동독 정치인들도 국유재산을 매각하거나 사유화하는 것이 불가피함을 이미 인식했다(통일부, 2015: 28~31).

둘째, 동독의 체제전환은 서독의 지원과 함께 이루어졌다. 서독은 독일통일기금(Fonds Deutsche Einheit), 통일연대세(Solidaritätszuschlag), 연대협약(Solidarpakt) 등을 통한 재원을 확보해 동독지역 재건 프로젝트를 지원했다(통일부, 2013: 11). 동독의 체제전환은 서독이 주도했기 때문에, 민영화나 자유화도 서독의 체제를 도입하는 '빅뱅' 방식의 전환을 급격히 겪었다. 그러나 다른 동유럽 국가들과는 달리 서독의 지원으로 체제전환에 따른 후유증은 훨씬 덜 심각한 편이었다. 더욱이 동유럽 국가들의 체제전환 과정에서 나타난 비합법적인 조직(대표적으로 범죄 조직)에 의한 경제력 독점은 없었다. 동독은 갈등을 겪기는 했지만 치안이 유지되었기 때문에 제도적인 절차에 따른 전환이 유지될 수 있었다. 이와 달리 많은 동유럽 국가들에서는 비공식 부문에서 경제활동을 했던 집단이 자본가계급의 한 유형으로 등장했다.

2) 동독과 동유럽의 정치적 전환

권위주의에서 민주주의로의 이행은 자유화와 민주화 과정을 포함한다. 자유화는 개인의 사상과 종교의 자유, 거주이전의 자유, 언론·출판의 자유 등의 보장에 관한 것이다. 민주화는 제도적으로 국민이 권력의 주체가 될 수 있도록 보장하는 제도로서 선거와 대의제 민주주의, 삼권분립과 법치주의 등을 포함한다. 국가사회주의하에서 개인의 자유는 보장되지 않았으며, 1당 체제에서 선거는 실질적인 의미를 갖지 못했다. 미국의 정치학자 애덤 쉐보르스키(Adam Przeworski, 1991: 14)가 주장한 것처럼, 민주주의는 경쟁적인 선거를 통해 불확실성을 제도화한 것이다. 어느 정당이 권력을 획득할지를 사전에 알 수 없게 만든 제도라는 의미다. 불확실성이 극대화되기 위해서는 경쟁의 극대화가 이루어질 수 있는 제도적인 조건으로 언론의 자유, 공정한 선거 경쟁, 삼권분립에 의한 견제와 균형, 선출된 권력에 의한 선출되지 않은 권력에 대한 통제, 권력기관에 대한 시민적 통제 등을 포함한다.

오늘날 사회경제적인 갈등을 제도적으로 해결하는 것이 선거와 대의제를 중심으로 하는 대의제 민주주의 제도다. 오늘날 서구 민주주의는 국민이 권력의 주체이고, 제도화된 권력의 분립을 통해 견제와 균형을 유지하는 것을 바탕으로 하고 있다. 동유럽의 체제전환은 정치적인 차원에서 공산당 일당독재에서 공산당이 사라진 가운데 여러 정당이 경쟁을 통해 권력을 획득하는 선거제도 및 내각제와 대의제로의 전환을 포함했다. 이는 가장 본질적으로 개인의 기본권 보장을 바탕으로 한다. 공산당 일당독재는 개인의 기본권을 인정하지 않았으며, 전체 인민 혹은 전체 사회를 내세워 개인의 요구나 권리를 억압했다. 그리고 공산당 지배에 도전하는 것은 체제 유지 수준에서 억압되었다. 이 과정은 초기 지배 권력을 장악한 당 관료들에게 정치적 권한을 집중하는 결과를 보였다. 공산당 이외의 정당은 실질적으로 인정되지 않았기 때문에, 당이 행정 권력을 장악하면서 국가를 지배하는 당-국가체제가 성립되었다. 실질적으로는 국가의 권력이 소수의 당 관료들에게 집중되는 결과로 나타났다. 공산당은 사적 소유제를 폐지해 계급이 없는 사회라고 내세웠고, 자본가계급의 지배가 사라져 프롤레타리아트계급을 대변하는 공산당의 지배는 다수를 차지하는 프롤레타리아트의 지배라고 주장했다. 그러나 일반 노동자들은 공산당의 통제와 지배의 대상이 되었고, 실질적인 권력은 공산당 엘리트에게 집중되었다. 동유럽 사회주의체제는 공산당이 국가를 통치하는 당-국가체제라는 점에서 국가사회주의라고도 불렀다.

동유럽 국가들에서 이루어진 정치적 전환은 체제전환 방식에 영향을 받았다. 정치적 변화가 급격히 이루어진 빅뱅 방식(대표적으로 체코, 폴란드, 헝가리)과 서서히 이루어진 점진적 변화 방식(대표적으로 리투아니아, 슬로베니아)으로 구분된다. 내용상 빅뱅 방식에서는 기존의 정치 엘리트들이 새로운 정치 엘리트들에 의해 대체된 반면, 점진적 변화 방식에서는 기존의 정치들이 상당히 유지된다. 폴란드에서는 공산주의 정권에 대한 저항이 그단스크의 조선소 노조 솔리다리티(노동운동)를 중심으로 치열하게 전개되었고, 이러한 저항운동은 정당 조직으로 전환되어 더 많은 지지를 얻을 수 있었다. 리투아니아에서는 기존에 집권했던 리투아니아 공산당이 당명을 바꿔 다시 집권했다. 리투아니아 공산당은 소련 공산당과 거리를 두면서 리투아니아 독립을 둘러싸고 벌어진 소련과의 갈등을 소극적으로 관리하며 권력을 유지했다. 그 결과, 독립 정부의 최초 집권당은 과거 공산당 간부들로 이루어졌고, 주요 국유기업 간부들은 친러시아 인사들이었다. 슬로베니아의 경우도 정치 엘리트는 구체제 정치 엘리트들이었다(Turk, 2014: 9).

공산당 1당 체제 붕괴 이후 정당체제와 권력구조는 어떻게 변했을까? 독일이 통일이 된 이후 동독지역의 정당체제는 서독 정당체제에 동독 정당이 추가되는 방식으로 전환되었다. 동독 정치체제의 전환이었지만, 전환의 결과는 서독 정치체제가 동독지역으로 확장되는 것이었다. 동독의 정치체제가 완전하게 서독의 정치체제로 편입되면서, 제도적으로 통합이 이루어졌다. 동독의 정치적 전환은 다른 동유럽 국가들에서 이루어진 정치적 전환과는 전혀 달랐다. "거시적인 사회통합 요인으로 문화적 단일성보다 경제적 성과가 더 낫고, 경제적 성과보다 정치적 원리가 더 낫다"라는 점을 고려하면, 구동독은 다른 동유럽 국가들과는 아주 다른 독특한 정치적 전환을 경험했다고 볼 수 있다(Offe, 1996: 11).

그러나 구동독지역 유권자들에게 기존의 서독 정당들은 크게 지지받지 못했다. 구동독지역 유권자들의 정당 선호와 정치 행태는 서독 유권자들과 큰 차이를 보였다. 구동독지역 유권자들은 정치적 사회화 과정을 겪지 않았기 때문에 정당과의 일체감이 대단히 약했고, 일반적으로 나타나는 좌우 정당 균열도 별로 발생하지 않았다. 그 대신 구동독지역에 기반을 둔 지역 정당들을 선호했으므로, 동독지역에서 서독과 동독이 정치적 통합을 이루는 데는 그다지 성공적이지 못했다(Hopper, 2001; Koeble, 1991). 구동독지역에서는 서독지역의 주요 정당이 아니라 좌익 정당인 좌파당(Die Linke)과 독일대안당(AfD)에 대한 지지가 상대적으로 높았다. 서독의 주류 양대 정당인 기민당(CDU)과 사민당(SPD)은 구동독지역에서 서독에서만큼 높은 지지를 얻지는 못했다(고상두, 2020; 김면회, 2020).

동유럽의 경우는 동독과 매우 달랐다. 기존의 공산당 1당 체제가 무너지면서 대다수 동유럽 국가에서 공산당이 사라졌고, 새로운 정당들이 급작스럽게 등장했다. 40여 년 동안 시민들의 자유로운 정치활동이 금지되었던 국가사회주의 체제에서 다양한 성격의 정치조직들이 등장했다. 시민운동단체의 성격을 띤 조직부터 이익단체에 이르기까지 정당 조직의 형태를 갖추지 못한 다양한 단체가 정당으로 활동하면서 난립 양상을 보였다. 그러나 선거를 치르고 정당들이 '자연선택' 과정을 거치면서 다당제 형태의 정당체제가 자리를 잡았다.

대표적으로 헝가리에서는 초기 정당정치에 대한 경험이 없는 상태에서 정당들이 난립해 초기 정당체제를 '100개 정당체제'라고 불렀다. 고르바초프 1기라고 불리는 1988년 5월부터 1989년 6월까지 20여 개 정당들과 50여 개 정치조직들이 등장했다. 고르바초프 2기라고 불리는 1989년 여름에는 정당이 분화·폭증되어 100여 개 정당이 난립했다. 1990년에 선거를 치르면서 정당들이 정리되었고, 이 과정은 자연선택 과정으로 불릴 수 있다. 현재 의회에 진출한 정당이 16개 이르러 다수의 정당들이 여전히 활동하고 있음을 알수 있다.

동유럽의 정당들은 사회에 뿌리 내린 것이 아니라 주로 국가와의 관계 속에서 기능하고 활동했다. 그러므로 동유럽 정치에서는 정당-사회와의 관계보다 정당-국가와의 관계가 더 중요한 의미를 지닌다. 헝가리와 폴란드를 제외한 대다수 동유럽 사회의 정당들은 저항운동이나 시민운동에 뿌리를 두고 있지 않다. 정당이 창당 후 당을 발전시키기 위해서는 대중 동원이나 조직 확대 운동을 통해 사회에 뿌리를 내려야 하는데, 정치에 대해 무관심과 소외를 경험한 동유럽 국민들의 정치의식을 바꿔야 하므로 이는 오랜 시간이 걸린다. 따라서 많은 정당들이 국가에서 재정 지원을 받아 정당 조직을 유지하고 발전시키는 데 더 많은 관심을 기울인다(Kopecky, 2006: 252~254). 정당들이 시민들의 이해와 요구를 정치적으로 대변하기보다 정당 자체의 이익을 추구하는 지대 추구 행위가 동유럽에서 광범위하게 나타난 이유가 여기에 있다.

동유럽 국가들의 정당제도는 거의 다당제다. 현재도 많은 정당이 난립하고 있기 때문에, 여러 나라에서는 의회에 진출하기 위한 최소 지지율을 설정해 정당의 난립을 막으려 한다. 예를 들어 현재 폴란드에서는 의회에 진출한 정당이 20개 정도에 이르고, 5% 이상 득표율을 얻지 못해 의회에 지출하지 못한 정당도 70여 개에 달하고 있다. 정당의 난립을 막기 위해 정당으로 인정받기 위해서는 하원 총선에서 5% 이상의 득표율을 얻어야 한다는 제한을 도입했다. 그 결과 정당에 대한 부정적인 이미지 때문에 명칭에 '당'이라는 단어를 넣지 않고, '동맹'이나 '연합' 혹은 '플랫폼'과 같은 용어를 사용하는 양상도 나타났다.[3]

동유럽의 또 다른 공통적인 특징은 정당체제의 불안정성이 높다는 점이다. 정당이 쉽게 등장하고 소멸하며, 연합이 잦기 때문이다. 이는 정치체제의 불안정으로 이어진다. 체제를 전환한 지 30여 년이 되었어도 동유럽 국가들의 정치체제가 여전히 불안정한 이유는 바로 정당체제의 불안정에서 유래한다. 정당의 탄생과 소멸이 자주 일어나고, 기존 정당의 이념과 강령이 자주 바뀌며, 정당 지도자에 따라 정당의 성격이 달라진다. 사회와의 관계 속에서 사회의 이해관계와 요구를 정치적으로 대변하기보다 국가와의 관계 속에서 정당이 활동하기 때문에, 정당의 성격이 정치적인 상황에 따라 달라진다.

불안정한 정당체제의 속성을 가장 잘 드러내는 변화가 동유럽 국가들에서의 극우 포퓰리즘 확산이다. 정치적인 상황에 따라 정당에 대한 지지를 극대화하기 위해 대중적인 정서를 이용하는 정당들이 등장하면서, 극우 민족주의가 기승을 부리고 있다. 민주화 이행의 대표적인 성공 사례로 여겨졌던 폴란드와 헝가리에서 극우 민족주의 정당이 압도적인 다수를 차지했고, 권위주의적인 지도자들이 권력을 강화하고 있다. 대표적으로 헝가리 총리 오르반 빅

---

3) 2022년 현재 의회에 진출한 정당 수를 살펴보면 폴란드 20개, 헝가리 16개, 체코 10개, 루마니아 7개, 리투아니아 10개로 상당한 수에 달한다. 이 외에도 의회에 진출하지 못한 정당이 각국마다 수십 개에 달한다. 그리고 많은 신생 정당들이 정당에 대해 불신하며 부정적인 이미지를 꺼려 명칭에서 '당'이라는 단어를 빼는 추세다. 예를 들어, 폴란드 정당들의 명칭은 의회에 진출한 20개 정당 중 3개 정당만이 정당이라는 명칭을 사용했다. 제1당은 '법과 정의(PiS: Prawoi Sprawiedliwość)', 제2당은 '시민 플랫폼(PO: Platforma Obywatelska)', 제3당은 '신좌파(Nowa Lewica, SLD)'이다. 정당이라는 용어를 명칭에 사용하지 않는 것은 체코도 마찬가지이다. 2011년 창당한 '불만을 품은 시민 행동(ANO: Akcenespokojených občanů)'이 제1당이다. 헝가리 제1당 '헝가리 시민동맹(Fidesz-agyar Polgari Szövetség)'도 '당'을 명칭에 넣지 않았다.

토르(Orbán Victor)와 폴란드 총리 마테우슈 모라비에츠키(Mateusz Morawiecki)가 권위주의로의 회귀를 주도하고 있다. 민주주의가 안정적으로 제도화되었다고 평가받던 체코에서 2017년 포퓰리스트 안드레이 바비스(Andrej Babis) 총리가 집권하고, 2018년 친러시아 성향의 밀로시 제만(Miloš Zeman) 대통령이 선출되면서 체코의 민주주의도 헝가리와 폴란드처럼 위기를 맞았다.[4] 민주주의가 정착되지 못한 동유럽에서 나타나는 권위주의로의 회기는 동유럽지역의 정치적 전환에 내재한 문제를 여실히 보여주고 있다.

동유럽에서는 경제적으로 체제전환의 시작과 더불어 지속적인 경제성장에도 극우 민족주의가 강화되고 있다. 1989년 이후 동유럽의 생활수준과 양적인 경제성장은 성공이라고 할 만한 성과를 거두었다. 그러나 극우 정당들은 지난 30년을 "치욕의 30년"이라고 부른다. 국가사회주의 몰락 이후 신자유주의 도입과 EU 가입에도 불구하고 많은 사람들이 경제적인 어려움에서 벗어나지 못하고 있고, 정치적으로도 소외되었다. 더욱이 21세기 들어 이민자 증가와 난민 유입으로 경제적으로 더 불안정해진 동유럽의 하위계층은 이에 반대해 전통적인 민족주의와 자국민 우선을 내세우는 극우 정당들을 지지하는 핵심 집단이 되었다. 서유럽의 극우 민족주의는 주로 신생 정당에 의해 주도되지만, 동유럽의 극우 민족주의는 기성 정당들이 주도하는 것이 특징이다. 특히 민주화의 성공적인 사례로 불리는 헝가리, 체코와 폴란드에서 극우 민족주의로의 회귀는 동유럽의 정치적 전환에 대한 낙관적인 기대를 좌절시킨다.

---

4) 이리 페헤(Jiří Pehe)는 체코의 경우 권력 분립을 이루어 총리의 독주가 어렵고, 새로운 총리 바비스의 실용주의적 성향으로 미루어볼 때 헝가리나 폴란드와는 다를 것이라고 주장했다(2018).

3) 동독과 동유럽의 사회·문화적 전환

동유럽 체제전환 과정에서 사회·문화적 전환은 두 차례에 걸쳐 이루어졌다. 첫 번째 전환은 체제 붕괴 직후에 이루어진 민족과 종족이 중심인 국가체계로의 전환이었다. 이는 제2차 세계대전 이후 사회주의 이념으로 통합되었던 국가체제의 분열로 나타났다. 두 번째 전환은 신자유주의 세계화와 급증한 난민에 대한 대응으로 나타난 극우 민족주의다. 극우 민족주의는 정치적인 흐름인 동시에 사회·문화적인 흐름이기도 하다. 민족주의가 과거의 유물이 아니라는 사실을 동유럽뿐만 아니라 서유럽에서도 확인할 수 있지만, 동유럽의 극우 민족주의는 서유럽과는 달리 민주주의 자체를 권위주의로 되돌릴 수 있는 위험한 변화라는 점에서 우려를 자아낸다.

이데올로기 차원에서는 국가 개입에 의한 사회의 전환을 주창하는 마르크스·레닌주의 이념이 개인과 사회를 지배하는 이념과 규범으로 작용했다 (Norkus, 2010: 12). 동유럽 국가들은 사회주의 체제에 필요한 '사회주의적 인간'을 만들기 위해 당이 학교를 통제하고, 학교교육을 통해 사회주의 가치를 내면화하려고 했다. 국가가 교육을 통해 사람들의 마음을 통제하려는 시도는 소비에트 체제에서 가장 중요한 교육 목적이었다. 사회주의 인간을 육성하는 교육은 유치원(Kindergärten)부터 고등학교까지 무상으로 이루어지며, 10년 의무교육 체계를 갖추었다. 교육 방식은 권위주의적인 방식으로 이루어졌다. 교사는 학생의 정치적 멘토 역할을 했다. 학생들은 일상적인 학교생활과 교사와 학생 간의 관계에 이르기까지 종속적이고, 수동적인 존재로 육성되었다 (Kasten and Majoor, 1994).

국가사회주의 몰락 이후 전개된 교육의 전환도 동독과 동유럽에서 큰 차이를 보였다. 동독의 경우 교육개혁은 서독과의 논의·조정·지원으로 이루어졌다. 교육제도의 큰 틀은 서독의 교육제도를 따르는 것이었고, 서독 교육제도로 전환하는 과정과 절차, 거기에 필요한 재정과 인적 자원에 관해서는 동·서독 전문가로 구성된 위원회가 주된 역할을 담당했다. 특히 동독과 서독의 교육부 장관이 1990년 1월 동독의 교육개혁을 지원하기 위해 공동교육위원회(Gemeinsame Bildungskommision)를 설치하기로 합의했다.[5] 같은 해 8월 31일 교육 통합 협정이 맺어졌다. 이 협약은 동독의 5개 주(브란덴부르크주, 메클렌부르크 베스트 포메라니아주, 작센주, 작센안할트주, 튀링겐주)에 교육에 대한 책임을 위임한다는 내용이 포함되었다. 통일 후 동독지역에서도 중앙정부가 아니라 지방자치단체가 지역의 교육을 책임지는 교육분권화를 선언한 것이다. 이 것은 서독 교육제도의 틀을 동독에도 그대로 적용한다는 것을 의미했다.

동독에서 이루어진 교육개혁은 교육제도의 개혁뿐만 아니라 교육을 담당하는 교원의 개혁과 교과과정의 개혁을 포함했다. 교원의 개혁에는 초등교육, 중등교육, 고등교육을 담당하는 교원들의 교체에 관한 내용도 들어 있었다. 특히 동독 대학의 교수들과 직원들뿐 아니라 동독의 중고등학교 교사들도 서독의 교원들로 대체되는 식으로 교육개혁이 진행되었다. 그러나 동유럽의 경우, 교육기관의 교원 교체는 대단히 제한적인 수준에서만 단행되었으므로, 대다수 교수와 교원은 신분을 유지할 수 있었다. 이들은 새로운 교육을 담당할 수 있는 역량이나 경험이 거의 없었다.

교원 개혁은 교사와 교직원의 교체로 이루어졌다. 약 2만 명 정도의 서독 출신 교원과 직원이 동독의 교사와 교직원이 서독 출신으로 대체되었다(Dumas, Dumas Lee, 1996: 98). 서독의 교육제도가 이식되면서, 새로 생긴 동독의 주 정부 교육부서 직원들은 서독 출신들로 채워졌다(Mitter and Weiss, 1993: 211). 학

---

5) 서독의 교육부 장관 위르겐 묄레만(Jurgen Mölleman)과 동독의 교육부 장관 한스하인츠 에몬스(Hans-Heinz Emons)는 동독과 서독의 대표로 구성된 공동교육위원회 설치에 합의했다. 이후 1990년 3월 3일과 4일 '아래로부터의 교육개혁을 위한 조정 회의(Koordinierungstreffen für eine Bildungsreform von unten)'가 개최되고, 같은 해 5월 16일 '공동교육위원회'가 설치되었다. 이 위원회는 교육의 분권화와 동서독 교육 통합을 조정하는 것이 주된 목적이었다.

교 행정 직원들은 동독 사회주의통일당(SED)에 소속되어 있었기 때문에, 학교에서 해고되었다. 동독 대학 교수들은 거의 서독 출신으로 교체되었다. 통일 10년 뒤 동독 대학의 동독 출신 교수 비율은 3분의 1 정도에 불과했고, 서독 대학에서는 그 비율이 0에 가까운 것으로 나타났다(Pasternak, 2000: 17). 이 결과, 동·서독 통일 이후 교육 분야에서는 서독의 식민지라는 담론이 등장했다.

교과과정 개혁은 교육 내용에 관한 것이다. 동독의 마르크스·레닌주의 교육에서 민주주의 교육으로의 변화가 핵심이었다. 교과과정과 교재의 변화는 정책 측면으로 볼 때, 교실에서 민주주의를 교육하여 학생들을 통일독일의 시민으로 성장시키는 것이 주된 목적이었다. 동독의 초등교육과 중등교육 교과서는 사회주의 이념을 가르치는 교과서에서 인권, 자유, 민주주의의 가치를 가르치는 교과서로 대체되었다. 단기간에 이루어진 이러한 변화는 교사와 학생 모두가 적응하기 어려운 당혹스러운 과정이었다. 종교에 관한 교육도 교과서에 포함되면서, 지금까지 자신들이 가르치고 배운 것을 부정해야 하는 현실을 맞은 것이다(Mitter and Weiss, 1993: 214~215). 이 과정은 정책과 현실 간의 괴리를 만들어낼 수밖에 없었다. 동독 출신 교사 상당수는 권위주의적인 사제 관계에 익숙했다. 그리고 민주주의에 대한 이해도도 낮아 실질적으로 민주주의 교육을 담당할 수 없었고, 당연히 민주주의 교육에 대한 열의도 낮았다(Bruen, 2014).

그러나 동유럽 국가들의 교육개혁은 동독처럼 시행될 수는 없었다. 동독의 교육개혁은 서독의 영향을 받아 실시되었지만, 동유럽 국가들은 외부의 지원 없이 자체로 교육개혁을 모색해야 했다. 동독을 제외한 동유럽 국가들에서 실시된 교육개혁은 '아래로부터 이루어진 것'이 특징이다. 국가 주도로 교육개혁이 이루어진 것이 아니라 교육기관 내부에서 개혁이 시도되었다. 국가는 행정 권력의 약화에 따라 과거와 같은 방식으로 지역과 대학을 통제할 수 없었다. 국가 수준에서의 변화는 교육개혁 관련 법률을 제정해 교육개혁의 근거를 제공할 수 있는 정도였다. 그러므로 교육제도나 교과과정에서 변화가 있었지만, 교원의 변화는 대단히 제한적으로만 이루어졌다. 예를 들어 리투아니아 대학 교수들은 동독 대학 교수들과는 달리, 거의 대부분 체제전환 이후에도 교수직을 그대로 유지했다. 일부 마르크스·레닌주의를 가르친 철학 교수들만이 자리를 떠났다.

동유럽 대학에서 일어난 또 다른 변화는 국가사회주의 틀에서 벗어나는 것을 넘어 서구 시장자본주의의 원리로 신자유주의적인 경제 이념을 앞다투어 받아들이기 시작했다는 점이다. 동유럽 대학들에 경제학과 경영학과가 신설되고, 신자유주의 경제 이론들이 전파되었다. 영미식 시장자본주의를 뒷받침하는 경제 이론들이 동유럽으로 확산되기 시작했다. 폴 앨리기카와 앤서니 에번스(Aligica and Evans, 2009)는 동유럽에서 형성되는 자본주의 시장경제 유형은 어떤 경제관념이 그 나라의 정치와 정책을 지배하는가에 달려 있다고 보았다. 그들은 동유럽인들의 경제적 사고를 지배하는 것이 신자유주의 경제학임을 밝혔다. 동유럽 국가사회주의의 이항대립으로 작은 국가, 탈규제, 감세, 시장경쟁, 분권화 등 국가와 시장에 관한 다양한 이해 방식에서 신자유주의는 자연스럽게 동유럽의 대학 교육을 통해 확산되었다.

사회·문화적 전환은 교육뿐만 아니라 사회 구성원들의 의식과 관행의 전환을 포함한다. 경제적 전환이나 정치적 전환이 안정적으로 유지되기 위해서는 사회 구성원들의 의식에서도 변화가 필요하다. 시장경제와 대의제 민주주의에 걸맞은 의식과 관행이 형성되어야 한다. 그러나 의식과 관행의 변화는 제도의 변화가 아니라 가치관, 세계관, 윤리의식 등의 변화라는 점에서 대단히 어려운 과제다. 사회주의적 인간관이 아니라 자본주의적 인간, 그리고 개인의 권리의식과 정치적 참여의식은 새롭게 만들어져야 하는 의식과 행동이다. 사회주의적 인간관은 '프롤레타리아트 국제주의'를 내세워 민족을 초월하는 국제적인 연대의식을 포함한다. 반면, 자본주의적 인간관은 개인주의와 개인들 간의 경쟁을 바탕으로 한다.

체제전환 과정에서 나타난 새로운 현상은 사회주의 정체성은 급속히 약화되고, 전통적인 종족(ethnicity)이나 민족(nation)에 기반을 둔 정체성이 새롭게 대두되었다는 것이다. 종족 정체성은 특히 발칸 지역에서 대두되었고, 민족 정체성은 구소련에서 독립한 발트해 연안 국가들에서 특히 강하게 부각되었다. 예를 들어 유고슬라비아와 같이 서로 문화와 종교가 다른 종족들이 유고슬라비아라는 사회주의국가로 정치적으로 통합되면서, 사회주의에 기반을 둔 정체성이 형성되었다. 그러나 사회주의국가 자체가 붕괴되면서, 유고슬라비아는 문화와 종교가 서로 다른 종족과 민족 중심의 여러 국가로 다시 분열되었다. 유고슬라비아는 인종과 종교를 기반으로 하는 7개 국가로 나뉘면서, 이 과정에서 보스니아 전쟁과 코소보 전쟁과 같은 처참한 학살까지 일어났다.[6] 또한 체코슬로바키아가 체코와 슬로바키아로 합의에 의해 평화적으로 분리되었고, 발트해 연안의 에스토니아, 라트비아와 리투아니아 3개국이 소련에서 독립했다. 이러한 과정은 현대에 들어서도 과거의 역사, 문화와 언어의 동질성을 기반으로 한 민족과 종족을 중심으로 국가가 만들어지고 있음을 보여준다. 이는 민족주의와 민족 경계를 바탕으로 하는 민족국가는 과거의 유물이 아니라 21세기에도 여전히 굳건히 유지되고 있다는 의미다.

민족주의는 정치적인 차원에 그치는 것이 아니라 사회·문화적 차원에도 영향을 미친다. 자신들을 다른 민족과 구분하는 자민족 중심의 배타적인 의식이 민족주의의 바탕이다. 사회적 배제와 타민족에 대한 배타적인 태도가 민족주의의 감정적 기반이다. 과거 동유럽의 국가사회주의 교육이 민족과 종교를 초월하는 사회주의 이념을 내면화하는 교육이었다면, 국가사회주의 몰락 이후의 교육은 민족과 종교적 정체성을 강조하는 교육으로 회귀하는 것이다. 인류의 보편적인 가치와 사회통합을 바탕으로 한 개방사회의 가치와 문화가 정착되기도 전에, 전통적인 가치와 문화, 역사적 동질성에 근거한 민족문화와 그

---

6) 유고슬라비아는 연방 해체 이후 7개 국가(슬로베니아, 크로아티아, 보스니아헤르체고비나, 세르비아, 몬테네그로, 코소보, 마케도니아)로 분리되었다.

가치가 강조되었다. 동유럽의 사회·문화적 전환은 민족과 지역에 기반을 둔 특수한 전통적 가치의 부활이라는 점에서 퇴행적 변화로 볼 수 있다.

3. 맺음말

동유럽의 국가사회주의 붕괴와 이후의 체제전환은 두 가지 방식으로 이해되었다. 하나는 체제가 이전 체제와는 질적으로 다른 형태로 전환하는 경우다. 이를 흔히 이행(transition)이라고 불린다. 다른 하나는 이전 체제와의 단절이 아니라, 이전 체제의 영향을 받으며 어느 정도 다른 제체로 변화하는 변형(transformation)이다. 이행은 질적으로 다른 형태로 변해 이전의 체제가 사라지고 새로운 체제가 그 자리를 대체한 경우다. 반면에 변형은 이전의 체제가 변형되어 이전의 체제와는 다르지만, 이전 체제의 특징들이 어느 정도 이어지는 것을 포함한다(Stark and Bruszt, 1998).

동유럽에서 일어난 체제전환은 이행이라고 불리기도 하지만, 동독을 제외하면 체제전환이라고 불리는 것이 타당하다. 동독의 경우는 경제, 정치와 사회문화 영역에서 과거와는 완전히 단절된 변화를 보여주었다. 서독의 지원과 협상을 통해 서독의 제도들이 동독으로 이식되면서 구동독의 제도들은 완전히 사라졌다. 동독에는 아직도 이러한 이행에 불만을 품거나 저항하는 사람들이 극우 정당 지지자로 남아 있지만, 사회 전체로 볼 때 극우 민족주의는 제한적인 영향력을 행사할 뿐이다. 반면, 동유럽에서는 경제적으로는 계획경제에서 시장경제로 이행되었지만, 정치적으로는 과거 권위주의로 회귀하고 있고, 사회·문화적으로는 동질성과 사회적 배제 및 분리를 정상적인 것으로 인식하는 전통적인 태도가 강하게 유지되고 있다. 이러한 점에서 동유럽의 체제 변화는 전환으로 보는 것이 타당하다.

동유럽의 체제전환은 현재진행형이다. "무혈혁명", "민주화의 제3의 물결", "국가에 대한 시민사회의 승리" 등으로 칭송되었던 동유럽의 체제전환은 기대와는 달리 권위주의로의 회귀와 사회적 배제 강화 등 우려스러운 상황으로 나아가고 있다. 신자유주의 확산에 따른 후유증이 정치·사회적으로 퇴행적인 변화를 낳고 있다. 이와는 달리 동독에서는 극우 민족주의가 전면적으로 부상하지는 않았다. 민주주의 제도 내의 정당 경쟁 차원에서 극우 민족주의가 나타나기는 했지만, 동유럽 국가들에서 등장한 극우 민족주의와는 다른 성격을 띠고 있다. 민주주의가 뿌리를 내리고 있기 때문이다.

동유럽 사회의 전환은 신생 민주주의 국가들에 여러 가지 이론적·실천적 함의를 제공한다. 이론적으로 체제전환은 경제·정치·사회·문화 차원에서 이루어지는 복합적인 과정이며, 이 과정들은 서로 호순환하여 상승효과를 보이기도 하지만, 악순환으로 이어져 상쇄효과를 낼 수도 있다. 반면, 동유럽의 체제전환은 '3중 전환'으로 불린다. 복합적인 체제전환 동학이 각기 다르기 때문에 국가-시장, 국가-사회, 시장-사회 등 사회를 구성하는 영역에 대한 면밀한 이해가 우선적으로 필요하다는 것을 보여준다. 동유럽의 체제전환에서 시장경제의 변화가 순조롭게 이루어지기 위해서는 정치적, 사회·문화적 차원의 변화와 조응해야 한다는 것을 함의한다. 시장경제는 경제제도로만 이루어진 것이 아니라, 국가 차원의 법과 제도, 사회 구성원의 생각 및 행동과 결합해 작동한다. 그런 이유로 교육개혁이 모든 동유럽 국가에서 시도되었으나 그 결과는 달랐고, 그것이 정치에 미치는 영향력에 따라 교육개혁이 제대로 이루어지지 못한 경우 권위주의로 다시 회귀하는 변화도 나타났다.

● 참고문헌

고상두. 2020. 「통일 이후 정치적 소외와 지역정당의 부상: 독일의 경험과 한반도의 시사점」. ≪정치정보연구≫, 23(3).

김면회. 2020. 「베를린장벽 붕기 30년, 구동독 지역 정치 변화 연구」. ≪유럽연구≫, 38(3).

통일부. 2013. 『구동독 지역 재건 특임관 분야 관련 정책문서』. 통일부.

_____. 2014. 『과거청산분야 관련 정책문서』. 통일부.

_____. 2015. 『신탁관리청 분야 관련 정책문서』. 통일부.

Aligica, Paul Dragos and Anthony J. Evans. 2009. *The Neoliberal Revolution in Eastern Europe: Economic Ideas in the Transition from Communism.* Chetenham: Edward Elgar.

Bjørnskov, Christian and Niklas Potrafke. 2011. "Politics and privatization in Central and Eastern Europe: A panel data analysis." *Economics of Transition*, 19(2).

Bruen, Jenniffer. 2014. "From Dictatorship to Democracy? The Impact of the Collapse of the German Democratic Republic(GDR) on Political Education in its Schools." *Journal of Political Science Education*, 10.

Columbus, Frank(ed.). 1998. *Central and Eastern Europe in Transition*, Vol. I. Commack, Nova Science Publishers Inc.

Dumas, Wayne, Alesia Dumas and William Lee. 1996. "Restructuring schools for democracy in the former East Germany." *International Journal of Social Education*, 11.

Grotz, Florian and Till Weber. 2012. "Party Systems and Government Stability in Central and Eastern Europe." *World Politics*, 64(4).

Hopper, Jill. 2001. "Old parties in a new Germany." *Party Politics*, 7(2).

Karsten, S. and Majoor, D.(eds.). 1994. *Education in East and Central Europe: Changes after the fall of Communism.* Munster, Germany: Waxmann.

Kolodko, Grzegorz W. 1999. *Ten Years of Post-socialist Transition Lessons for Policy Reform.* World Bank Policy Research Working Paper 2095.

Koelble, Thomas. 1991. "After the Deluge: Unification and the Political Parties in Germany." *German Politics & Society*, 22. http://www.jstor.org/stable/23735149 (2021.7.19).

Kopecky, Peter. 2007. "Political Parties and the State in Post-Communist Europe: The Nature of Symbiosis." *Journal of Communist Studies and Transition Politics*, 22(3).

Kornai, Janos. 1986. "The Soft Budget Constraint." *Kyklos*, 39.

_____. 1994. "Transformational Recession: The Main Causes." *Journal of Comparative Economics*, 19(1).

Melo, Martha de, Cevdet Danizer and Alan Gelb. 1996. "Patterns of transition from plan to market." *The World Bank Economic Review*, 10(3).

Mitter, Wolfgang and Manfred Weiß. 1993. "Educational Transformations in a 'United' Germany." Jacobson, Stephen L.(ed.), *Reforming education. The emerging systemic approach.*

Thousand Oaks: Sage.

Norkus, Zenonas. 2012. *One Baltic Slovenia and Adriatic Lituanisia.* Aforstrofa: CEU Press.

Offe, Clause. 1997. *Varieties of Transition, The East European and East German Experience.* The MIT Press.

Pasternack, P. 2000. "East German Universities Ten Years After." *International Higher Education,* (21).

Pehe, Jiri. 2018. "Explaining Eastern Europe: Czech Democracy Under Pressure." *Journal of Democracy,* 29(3).

Przeworski, Adam. 1991. *Democracy and the market: Political and economic reforms in Eastern Europe and Latin America.* New York: Cambridge University Press

Richet, Xavier. 1993. "Transition towards the market in Eastern Europe: Privatisation, industrial restructuring and entrepreneurship." *Communist Economies and Economic Transformation,* 5(2).

Runst, Petrik. 2014. "Popular Attitudes Toward Market Economic Principles and Institutional Reform in Transition Economies." *Review of Social Economy,* 72(1).

Sokol, Martin. 2001. "Central and Eastern Europe a Decade After the Fall of State-socialism: Regional Dimensions of Transition Processes." *Regional Studies,* 35(7).

Szelenyi, Ivan and Kostello, Eric. 1996. "The Market Transition Debate: Toward a Synthesis?" *American Journal of Sociology,* 101(4).

Turk, Žiga. 2014. "Central and Eastern Europe in Transition: An Unfinished Process?" *European View,* 13. 10.1007/s12290-014-0329-z.

Welsh, Helga A. 1994. "Political transition process in Central and Eastern Europe." *Comparative Politics,* 26(4).

3부

사회·문화적 통합의 후유증

베를린장벽 붕괴 후 동독 출판의 붕괴

11

마이케 네도 / 옮긴이: 김은비·조성복

1990년 내가 구동독 남부 지역에 있는 고향에서 책과 출판의 도시 라이프치히로 이주했을 때는 베를린장벽이 붕괴한 지 9개월이 지난 시점으로, 독일은 통일을 앞두고 있었다. 당시 만 18세였던 나는 대학에서 문학을 전공하고, 책과 관련된 직업을 갖고자 했다. 이후 출판 분야에 몸담은 지 20년 이상의 시간이 흘렀다. 몇 년 전 나는 프리랜서 작가로 내가 겪은 통일에 대해 글을 쓰기 시작했다. 여기에는 1990년대 완전히 붕괴된 동독의 한 출판사에서의 경험도 포함된다. 그 경험은 직접 체험했던 당시보다 30년이 지난 지금, 회고를 통해 더 잘 이해하고 파악할 수 있게 되었다. 당시에는 오히려 그 경험에 압도되었기 때문이다.

동독 연방주에서 다른 경제 분야와 마찬가지로 출판 분야 또한 1990년대 급진적인 변화 과정을 거쳤다. 크리스토프 링크스(Christoph Links) 전 출판사 대표는 2009년에 발간된 그의 저서 『동독 출판사들의 운명(Das Schicksal der DDR-Verlage)』에서 그에 대해 잘 설명하고 있다. 이 책의 도입부를 보면 과거 동독에서 국가 라이선스를 받은 78개의 출판사 가운데 오늘날까지도 여전히 독립된 형태로 존속하는 곳은 겨우 12개뿐이다. 1989년 이후 새로 설립된 출판사를 포함해 동독 연방주(베를린 제외)에서 생산한 도서의 양은 전 독일의 약 2%(베를린 포함 시 약 12%)에 불과하다. 출판 분야 종사자의 경우, 2007년까지

1/10 미만으로 감소했다. 그 과정에서 동독 출판사 종사자 대다수가 이미 1990년대에 회사의 폐업으로 일자리를 잃었다(Links, 2009: 9). 이로써 출판 분야는 '여타 제조업 분야보다 더욱 심각한' 전환기를 경험했으며, 이 글의 제목에 사용된 '변화'라는 단어가 실제 상황을 설명하기에는 너무나 부족하다. 이제 30년이 지나면서 동독의 출판 구조가 얼마나 빨리 해체되었는지, 그 원인은 무엇인지, 해당 과정이 얼마나 비가역적이었는지 등이 명확해졌다.

하지만 장벽 붕괴 이후 시대에 대한 묘사가 종종 그러하듯이, 또한 일정 시간이 아직 남아 있던 동독 내 여러 삶의 영역이 그러했듯이 처음에는 행복과 새로운 시작에 대한 기대가 지배적이었다. 앞서 말했듯이 당시 내가 거처를 옮겨온 지 얼마 되지 않은 라이프치히는 양면적인 모습을 드러냈다. 한편으로는 기존의 모든 규칙이 무력화된 것처럼 일종의 무질서함이 만연해 빈틈이 생긴 상태였지만, 다른 한편으로는 동독의 붕괴로 완전히 황폐해졌음에도 도심의 건물과 길에서 볼 수 있듯이 오랜 역사를 간직한 책의 도시로서의 광명을 여전히 지켜내고 있었다. 라이프치히는 그 어떤 도시와도 비교할 수 없을 정도로, 수 세기에 걸쳐 서적 판매와 출판 분야에서 큰 영향을 받은 도시였다.

독일의 대형 출판사들은 이런 라이프치히에 자리를 잡았다. 예컨대 1719년에는 세계에서 가장 오래된 음악 출판사 '브라이트코프 운트 헤르텔(Breitkopf und Härtel)'이 설립되었다. 이 출판사는 요한 제바스티안 바흐와 당시의 저명한 작곡가들의 작품을 다수 출판했고, 이후에는 젊은 괴테의 초기에 쓴 시 몇 편에 곡을 붙인 원고를 출판했다. 1828년에는 안톤 필리프 레클람(Anton Philipp Reclam)이 라이프치히에 출판사를 설립했는데(초창기 회사명은 das Literarische Museum), 이 출판사는 1837년부터 '필리프 레클람 주니어/레클람 출판사(Philipp Reclam jun./Reclam Verlag)'로 이름을 바꿔 운영되었다. 안톤 프리드리히 브로크하우스(Anton Friedrich Brockhaus)는 1819년 출판사의 본사를 라이프치히로 이전했다. 1901년에는 '인젤 출판사(Insel Verlag)'가 설립되었고, 몇 년 후 안톤 키펜베르크(Anton Kippenberg)가 운영하면서 요한 볼프강 괴테 같은 고전주의 작가와 라이너 마리아 릴케(Rainer Maria Rilke) 같은 당대 신진 작가들의 작품을 출간하여 독일의 주요 문학 출판사 중 하나로 자리 잡았다. 인젤 출판사의 당시 관심은 책의 장식, 즉 디자인이었는데, 이 점은 1912년 탄생한 '인젤-뷔헤라이(Insel-Bücherei)' 시리즈에 잘 나타났다.

이 가운데 일부 출판사는 독일 분단 시기 동안 동독뿐만 아니라 서독에도 지사를 두고 있었다. 인젤 출판사는 1945년 이후 라이프치히 지역과 비스바덴 및 프랑크푸르트 암 마인 지역에 소재했다. 이 저자들은 장벽이 붕괴하기 전까지 서로 협력관계를 유지했다. 1970년 인젤 출판사는 1899년부터 1969년까지 제작된 출판물의 전체 도서목록을 발간했고, 1987년 인젤 뷔헤라이 시리즈의 목록을 발간했다. 레클람 출판사는 제2차 세계대전 이후 슈투트가르트와 라이프치히에 소재했다. 브라이트코프 운트 헤르텔 출판사의 후임 운영진은 1945년 이후 비스바덴에 지사를 설립했으며, 해당 출판사의 동독 지사는 '브라이트코프 운트 하르텔 국영 출판사(VEB Breitkopf und Härtel)'라는 이름으로 운영되었다.

다시 화제를 돌려 통일 직후의 라이프치히를 살펴보면, 1990년 봄에 오늘날과 마찬가지로 매해 개최되는 전통적인 라이프치히 도서전이 열렸다. 동시에 새 출발에 대한 기대와 새로운 것에 대한 열망을 나타내듯이 기존과는 다른 첫 도서전이 개최되었다. 그동안 동독의 출판사들이 종속되어야만 했던 모든 정치적·이념적 속박이 무너져 내렸다. 1990년 3월 18일 첫 번째 자유선거가 실시되었고, 동독 출판사에 대한 기존의 모든 규제가 폐지되었다. 국가 검열이 없어지고, 신문과 서적 출판을 위한 라이선스 취득 의무도 폐지되었으며, 인허가 절차 또한 무효가 되었다. "출판 활동은 더 이상 국가의 승인이 필요하지 않게 되었고, 앞으로는 출판사 등록을 기반으로 가능하게 되었다"(Links, 2009: 32).

기존 출판사들은 향후 사업 계획과 새로운 환경에 어떻게 적응할지를 고민했다. 아울러 출판물을 통해 변화하는 정치적·사회적 상황에 대응하려는 출판사들이 대거 설립되었다. 예컨대 1989년 가을 설립된 포럼 출판사(Forum Verlag)는 첫 번째 책 『지금이 적기: 민주주의! 1989년 라이프치히의 가을 (Jetzt oder nie - Demokratie! Leipziger Herbst 1989)』를 출간해 시대의 흐름에 발 맞추는 모습을 보였다. 이 책의 성공은 1995년까지 출판사의 존립을 보장했 다. 신설 출판사 중에는 문학잡지사도 있었다. 그중 현대독일어로 쓴 산문, 서정시, 수필과 이에 대해 논평하는 잡지사 에디트(Edit)가 1993년 창간되어 가장 큰 성공과 유명세를 거머쥐었다.

그러나 동독의 대다수 출판사는 자사의 사업 계획을 통합하고 선별할 시 간이 없었다. 국가가 규제하는 시장에서 활동해야 했던 그들은 말하자면 하 룻밤 사이에, 서독에서 수십 년에 걸쳐 구축된 치열한 경쟁구조에 직면했다. 이런 과정은 앞서 언급했던 새로운 시작에 대한 기대감과 함께 터무니없이 빠른 속도로 진행되었고, 그 장기적인 영향은 오늘날까지도 분명히 나타나고 있다.

기존에 손에 넣기 어려웠던 서독의 문학 서적을 사려는 대중으로 서점은 문전성시를 이루었으나, 동독 출판사의 서적은 팔리지 않은 채 선반에 남았 다. 화폐통합(1990.7.1)이 이루어지기 직전, 서적 거래상들이 서독의 문헌을 진열할 자리를 확보하기 위해 재고를 정리하자 상황은 더 악화되었다. "쓰레 기장의 책들"이라는 유행어가 현실이 된 것이다(Rumland, 1995: 344 ff.). 곧 서 점에서 반환된 서적의 양이 더는 처리할 수 없는 상태가 되자 '라이프치히 중 개 및 서적거래상(Der Leipziger Kommissions- und Großbuchhandel, LKG)'은 대량 의 책을 폐광에 버렸다(Links, 2009: 34).

구동독 출판사 소속 저자들은 점점 불안정해지는 상황 속에서 서독의 출 판사로 이직했다. 더불어 젊은 작가들은 더 이상 새로운 원고를 들고 더는 동 독 출판사를 찾지 않았다. 그 대신 서독 출판사와 계약을 체결하기 위해 노력 했다. 이런 과정이 길어지고 동독 출판사의 상황이 불안정해질수록 이동의 물결은 더욱 거세졌다.

동베를린 출신 저자 토마스 브루시히(Thomas Brussig)는 작품 활동 초기의 저서를 동독 출판사에서 발간했다. 『우리 같은 영웅들(Helden wie wir)』(1995) 혹은 『태양거리의 끝자락에서(Am kürzeren Ende der Sonnenallee)』(1999) 같은 그의 소설은 저자 자신과 '폴크 운트 벨트 출판사(Verlag Volk und Welt)'에 큰 성공을 안겨주었다. 하지만 소유관계 및 인수 건에 관해 서독의 소유주와 긴 상호 논의를 거친 후 해당 출판사가 2000년 뮌헨에 본사를 둔 '루흐터한트 출판사(Luchterhand Verlag)'와 합병되자, 브루시히는 그의 차기작을 들고 이 출판사를 떠나 프랑크푸르트 암 마인에 위치한 'S. 피셔 출판사(Verlag S. Fischer)'로 이적했다. 또한 동독 출신의 유명 저자 크리스토프 하인(Christoph Hein)도 저술 활동 초기의 책을 동베를린 소재 '아우프바우 출판사(Aufbau Verlag)'에서 펴냈다. 그러나 2000년 이후 하인은 프랑크푸르트 암 마인에 소재한 '주어캄프 출판사(Suhrkamp Verlag)'로 이적했다. 통일 이후의 역사만으로도 강연 주제가 되기에 충분한 아우프바우 출판사가 오랫동안 갈피를 잡지 못하고 표류하며 불확실한 항해를 할 수밖에 없었던 데는 하인의 서독 출판사로의 이적이 크게 작용한 것으로 추정된다. 하인과 마찬가지로 크리스타 볼프(Christa Wolf)도 아우프바우 출판사에서 책을 출판했다. 그녀는 1990년 이 출판사에서 소설 『남아있는 것(Was bleibt)』을 출간했으며, 이 책은 통일을 이룬 지 얼마 되지 않은 독일에 가장 뜨거운 논쟁 중 하나를 촉발했다. 논쟁 대상은 바로 동독 저자들 작품의 질과 진실성이었다. 이 책은 그녀가 아우프바우 출판사와 함께한 마지막 책이 되었다. 1996년부터 볼프는 서독 출판사에서 책을 발간했다.

이렇듯 동독 출판사 중 그 어느 곳도 저자 기반을 안정적으로 유지할 수 없었고, 후에도 새로운 기반을 구축하지 못했다. 더불어 화폐통합에 따라 독일 통합 시장이 열리면서 동독의 출판사들은 재정적으로 매우 불리한 상황에 놓였다. 이 출판사들의 책들은 전혀 가치가 없어졌고, 서독과의 라이선스 계약도 만료되었다. 또한 동독이 존립했을 때 출판하기로 한 책을 새로운 시장에서는 출판할 수 없었지만, 저자와 번역가에게 비용을 지급해야 했다(Links, 2009: 34ff.).

이런 양상은 출판사들을 내적으로 약화시켰다. 하지만 통일 후 몇 년간 출판사의 운명을 결정하는 데 영향을 미친 것은 독일 신탁청의 민영화 작업이었다. 신탁청은 원래 동독 국유재산에 대한 동독 시민의 권리를 보호하기 위해 설립되었다. 하지만 이는 1990년 6월 17일 신탁법이 발효되며 우선순위에서 밀려났다. 이후 동독 국유기업(52개 출판사 포함) 약 1만 2500개를 경쟁체제에 따라 구조조정 하고 민영화하는 것이 신탁청의 임무가 되었다. 신탁청은 1990년 10월 3일 통일과 함께 연방재무부의 감독을 받는 연방 직속의 공법상 기관이 되었다.

신탁청의 데틀레프-카르스텐 로베더(Detlev-Karsten Rohwedder) 초대 청장은 임기 초반에는 '동독의 문화 자산'을 최대한 보존하는 정책을 추구했다. 보존 대상에는 동독 출판사 또한 포함되었다. 당시에는 구조조정이 매각보다 우선시되었다. 하지만 비르기트 브로이엘(Birgit Breuel) 후임 청장(테오 바이겔(Theo Waigel) 연방 재무부 장관 산하)이 1991년 여름부터 이 사업을 인수한 뒤 우선순위가 바뀌었다. 이제 신속한 매각이 최상위 목표가 되었다. 구조조정 작업은 새로운 소유주에게 위임되었다. 출판사는 이제 적합한 파트너사를 더는 자율적으로 모색할 수 없었으며, 청산의 경우에는 신탁청에 의존해야 했다. 해당 작업을 담당하는 신탁청의 부서는 주로 서독 인력(80%)으로 구성되었으며, 게다가 이들 중에는 각 분야에 아주 문외한인 직원도 종종 있었다. '출판 분야' 부서의 경우에 담당자는 토목기사였다(Links, 2009: 36~43).

마르쿠스 뵈익(Marcus Böick)의 저서 『신탁청: 이념-실무-경험 — 1990~1994 (Die Treuhand. Idee-Praxis-Erfahrung. 1990-1994)』와 같은 주요 작품의 배경에 비추어볼 때, 명백히 알 수 있는 사실은 과거 동독 출판사의 민영화가 대다수 구동독 기업의 경우와 마찬가지로 새로운 사회 조건에서 그들을 보존하고 경제적으로 안정시키는 데 중점을 두지 않았다는 것이다. 이러한 과정은 동독의 탈산업화로 이어졌으며, 동독 출판사와 그 체계의 소실은 동독의 문화적 지형에 오늘날까지 매워지지 않는 빈틈을 남겼다. 그뿐만 아니라 동독의 특성을 명확히 구축하기 위해, 또 동독의 콘텐츠와 동독 저자를 드러내기 위해서는 동독 출판사의 역할이 필수적이었을 것이다. 하지만 수년, 실제로 수십 년에 걸쳐 오늘날까지 출판사 프로그램에 동독의 출판사를 포함시킬지, 그리고 어떻게 포함할지를 결정하는 것은 서독 출판사와 대부분 서독 출신 편집자였다.

1995년에 아직 학생이던 내가 라이프치히의 인젤 출판사에서 일을 시작했을 당시, 그 출판사는 이미 프랑크푸르트 암 마인에 소재하는 주어캄프 출판사와 인젤 출판사를 소유하고 있었다. 40년간 동독 지사와 서독 지사로 분리되어 존속했던 인젤 출판사가 사업을 같이하며 다시 하나가 되었다. 하지만 본사는 서독에 있었다. 사업, 재정, 인력 등 부문의 모든 결정은 궁극적으로 서독에서 내려졌다. 출판 활동의 오랜 역사를 간직한 옛 설립지인 라이프치히에는 정규 직원 다섯 명과 학생 인턴인 내가 근무하는 지부 하나만 유지되었다.

동독 붕괴 후 인젤 출판사의 합병은 다른 출판사에 비해 상대적으로 수월했다. 그 이유는 해당 출판사의 역사와 관련이 있다. 1945년 인젤 출판사는 설립자 안톤 키펜베르크가 이주한 서독뿐만 아니라 라이프치히에서도 라이선스를 획득했다. 두 명의 출판사 직원이 동독에서 서독으로 옮겨간 후 1960년 서독의 인젤 출판사가 본사로 지정되었고, 이후 프랑크푸르트에 있는 주어캄프 출판사가 이를 매수했다. 라이프치히 인젤 출판사의 전직 직원이 보유한 사업 지분은 동독에서 사유재산으로 인정되어 신탁청의 관리를 받았다. 라이프치히 인젤 출판사의 유지는 동독과 서독 모두에 매력적인 사안이었다. 회사의 오랜 전통과 라이프치히 소속 편집자들이 보유한 전문성이 그 이유였다. 또한 해당 출판사가 동독의 문화 정책 분야의 의사 결정자만큼이나 서독 출판 분야 지도층이 중시하는 문화유산을 대변했기 때문이다.

장벽 붕괴 후인 1990년 봄, 프랑크푸르트 암 마인 인젤 출판사는 지분의 신속한 재양도를 위해 힘썼다. 신탁청의 관리 대상이 된 것은 1950년대와 1960년대에 서독으로 옮긴 인젤 직원 두 명의 지분뿐이었다. 신탁청은 1991년 2월 출판사 인수에 동의해 라이프치히 인젤 출판사의 지분을 1마르크에 프랑크푸르트 인젤 출판사에 양도했다. 그 대가로 프랑크푸르트 본사는 라이프치히 지사를 최소 5년간 유지하고 10만 마르크(DM) 상당을 투자하며, 최소 여덟 개 일자리를 1년간 유지하기로 합의했다. 인젤 출판사의 라이프치히 지사는 2009년까지 운영되었으며, 동독의 타 출판사들에 비해 비교적 좋은 조건으로 유지되었다. 출판 분야에 문외한인 소유주와 갈등을 겪을 일도 없었으며, 출판사의 폐업을 초래하는 등 비교적 빈번히 발생하는 매각 절차상의 오류로 고생할 필요도 없었다. 또한 서독 출신 소유자에 의한 다른 인수 건과 마찬가지로 부동산의 매력적 가치, 시장에서의 경쟁 업체 배제, 동독 내 순수 유통점 개업 등 출판사 자체와 거의 관련 없는 이해관계가 유지의 목적도 아니었다. 덧붙여 말하자면 충분한 조사를 거치지 않은 매수인의 경우에만 이러한 행태가 나타났는데, 이를 감독할 기관조차 존재하지 않았다.

　나는 인젤 출판사의 라이프치히 지사에서 1995년부터 1997년까지 첫 편집 경험을 쌓았다. 하지만 대다수 동독 출판사의 상황과 마찬가지로, 라이프치히 지사는 자사의 존속에는 관심이 없었다. 직원 수는 계속 감소했고 신규 채용은 계획하지 않았다. 1990년대 후반, 출판사에서 계속 일하고자 했던 사람은 모두 서독으로 이동해야 했다. 1997년 나는 서독으로 향했고, 이로써 일을 위해 동독에서 서독으로 이주한 많은 동독인 중 하나가 되었다.

　인구 변화, 지도층 내 동독인의 과소 대표 문제, 언론과 미디어 내 동독 관점의 주변화 및 소외 등 오늘날 동독지역에서 관찰되는 현상은 1990년대의 경제적·사회적 변혁에서 그 원인을 찾아볼 수 있다.

　동독의 다른 산업 분야와 마찬가지로 출판 분야의 변화를 통해서도 서독으로의 이주 양상과 이에 따른 인구 변화의 원인을 읽어낼 수 있다. 원래 동독에 거주하던 인구 중 거의 4분의 1이 2017년까지 서독으로 이주했다. 저널리스트 슈테판 로케(Stefan Locke)가 최근 트위터에 게재한 바에 따르면 서독으로 이주한 이들은 약 400만 명에 달하며, 이는 마치 1500만 명의 서독인이 짧은 시간 내 동독으로 이주한 것에 비견될 수 있다.

독일 기업과 기관의 지도층을 살펴보면, 동독인의 비율이 낮다는 것을 알 수 있다. 1990년대 진행됐던 동독의 엘리트 교류와 동독에 대한 여러 사회적 계층에서의 구조적 불이익이 그 원인이다. 오늘날 독일 재계 지도층 내 동독인의 비율은 단 1.6%에 불과한데, 전체 인구 중 동독인의 비중은 17%에 달한다(이주 배경 인구 조사와 유사한 기준을 따를 경우, 동독인의 비율은 25%로 조사되었다). 동독지역의 주에서조차 동독 출신 인구는 단 33%만을 차지했다. 출판 분야도 예외는 아니다. 이 분야의 지도층 내 동독인의 비율은 상당히 낮다.

서두에서 이야기했듯이 오늘날 동독에 있는 출판사는 매우 소수에 불과하다. 게다가 주 차원의 소규모 출판사뿐이다. 유서가 깊고 사업상 중요한 위치에 있는 동독 출판사의 소멸은 동독 관련 주제와 관점이 수년간 문화 정책 분야에서 동등하게 다뤄지지 않은 데 크게 영향을 미쳤다. 서독 측 관점의 미디어 지배는 동독 측 의견을 오랫동안 소외시켰다. 최근에 비로소 루츠 뮈케(Lutz Mükke)가 오토 브레너 재단(Otto Brenner Stiftung)의 논문 「국가 통일 30주년: 30년간의 미디어 분열(30 Jahre staatliche Einheit – 30 Jahre mediale Spaltung)」을 통해 신문 및 잡지 분야에서 나타난 유사한 발전 양상에 대해 다음과 같은 설명을 제시했다.

1989/90년 동독인은 거의 모든 환경에서 역사적인 자력 강화 과정을 통해 스스로 평화롭게 민주화를 이루어냈다. 하지만 이 과정은 선택된 통일 절차와 서독의 동독 흡수로 인해 마비되었다. 동독의 지적·학문적 자기 이해는 어려워졌고, 이는 대중매체에서 동독을 대표할 사람이 적었기 때문이다. 동독인은 대중매체를 통한 전국적 규모의 담론에서 너무 오랫동안 그저 보도의 대상

으로 남았다. 마치 이들이 오늘날까지도 독일의 엘리트 네트워크에서 소외된 외부인 신세를 면하지 못한 것처럼 말이다.

마지막에 그는 이렇게 확언했다.

배제, 불이익, 차별은 민주주의 공동체에 독이 된다. 해독제는 참여하는 것이 다(Mükke, 2021: 42ff.).

● **참고문헌**

Bangel, Christian, Paul Blickle, Elena Erdmann, Philip Faigle, Andreas Loos, Julian Stahnke, Julius Tröger and Sascha Venohr. 2019.5.2. "Die Millionen, die gingen. Seit der Wende verließen Millionen Menschen den Osten und lösten eine demografische Krise aus. Erstmals zeigen Daten, was genau geschah – und warum es Hoffnung gibt." Zeit Online. https://www.zeit.de/politik/deutschland/2019-05/ost-west-wanderung-abwanderung-ostdeutschland-umzug(검색일: 2021.6.13).
Bode, Dietrich. 2003. *Reclam. Daten, Bilder und Dokumente zur Verlagsgeschichte 1828-2003*, Stuttgart: Reclam.
Böick, Marcus. 2018. *Die Treuhand. Idee – Praxis – Erfahrung 1990-1994*. Göttingen: Wallstein Verlag.
Brandsch, Juliane. 1995. *Das literarische Leipzig: Kulturhistorisches Mosaik einer Buchstadt*. Leipzig: Das Literarische Leipzig.
Engler, Wolfgang and Jana Hensel[Andreas Herzog(ed.)]. *Wer wir sind. Die Erfahrung, ostdeutsch zu sein*. Berlin: Aufbau Digital.
Gäbler, Mario. 2010. *Was von der Buchstadt übrig blieb: Die Entwicklung der Leipziger Verlage nach 1989*. Leipzig: Plöttner.
Hensel, Jana. 2019. *Wie alles anders bleibt: Geschichten aus Ostdeutschland*. Berlin: Aufbau.
Links, Christoph. 2009. *Das Schicksal der DDR-Verlage. Die Privatisierung und ihre*

Konsequenzen. Berlin: Ch. Links Verlag.

Rumland, Marie-Kristin. 1995. "Leipziger Verlage nach der Wende." Juliane Brandsch, Uwe Hentschel, Klaus Rek, Klaus Schuhmann, Walfried Hartinger[Andreas Herzog(ed.)]. *Das Literarische Leipzig. Kulturhistorisches Mosaik einer Buchstadt.* Leipzig.

Sarkowski, Heinz and Wolfgang Jeske. 1999. *Der Insel Verlag 1899-1999.* Die Geschichte des Verlags. Frankfurt am Main/Leipzig.

Wandel als Chance, Sechzig Jahre Leipziger Kommissions- und Groß buchhandel (LKG), Leipzig. 2007.

Wurm, Carsten. 2014. *Gestern. Heute. Aufbau. 70 Jahre Aufbau Verlag 1945-2015.* Berlin: Aufbau Verlag.

통일 공간에서 탄생한 '제로 인간'
예니 에르펜베크의 소설 『늙은 아이 이야기』

류신

1. 머리말

새로운 1000년대를 목전에 둔 1999년은 독일 문학계에서 세대교체가 본격화된 해였다[1] 독일 신세대 문학에 추진력을 제공한 계기는 노장의 세계적 공인이었다. 1999년 귄터 그라스(Günter Grass)의 노벨문학상 수상은 1971년 하인리히 뵐(Heinrich Böll)의 수상 이후 괄목할 만한 성과를 내지 못했던 전후 독일 문학의 저력을 증명하는 사건이었다. 같은 해에 ≪슈피겔≫은 흥미로운 표지 사진을 통해 젊은 작가들의 출현을 공표했다. 그라스의 『양철북』의 오

---

1) 베를린장벽의 붕괴와 더불어 동서냉전 체제의 팽팽한 긴장이 사라진 이후 생성된 탈이념적·탈정치적 시대의 경향, 지구촌을 하나의 '시장'으로 통합시키는 자본주의의 세계화, 이러한 전 지구적 자본의 운동과 결합된 문화 산업의 팽창, 미디어 환경의 변화 등이 신세대 작가들이 통일 공간에서 자유롭게 유영할 수 있는 환경을 마련해 주었다. 물론 하이너 뮐러(Heiner Muller), 슈테판 헤르믈린(Stephan Hermlin), 에르빈 슈트리트마터(Erwin Strittmatter), 유레크 베커(Jurek Becker), 볼프강 쾨펜(Wolfgang Koeppen), 헤르만 렌츠(Hermann Lenz), 엘리아스 카네티(Elias Canetti), 프리드리히 뒤렌마트(Friedrich Dürrenmatt), 막스 프리슈(Max Frisch) 등 전후 독일 문학의 주역들이 1990년대 들어 유명을 달리하면서 자연스럽게 생긴 문단의 공백도 빠른 세대교체의 배경이 되었다.

스카 마체라트를 대신해 토마스 브루시히(Thomas Brussig), 카렌 두베(Karen Duve), 예니 에르펜베크(Jenny Erpenbeck), 베냐민 레베르트(Benjamin Lebert) 등 젊은 작가들이 양철북을 두들기는 모습은 젊은 시절 그라스와 그의 '악동' 오스카가 그랬던 것처럼 그 어떤 전범도, 구속도, 책무도 받아들이지 않으려는 신세대 작가들의 태도를 상징적으로 보여준다(Hage, 1999: 250 참조).

≪슈피겔≫ 표지를 장식한 주인공들 가운데 특히 예니 에르펜베크는 오스카의 양철북을 난타할 수 있는 적임자이다. 무엇보다도 그녀는 1999년 데뷔 소설『늙은 아이 이야기(Geschichte vom alten Kind)』에서 성장을 거부한 소년 오스카의 여성적 변주 모델, 즉 시간의 흐름을 정지시켜 영원한 사춘기 세계에 머물려던 열네 살 소녀를 창조했기 때문이다. 이름도 없는 이 '늙은 아이'는 사회적 탈주자의 전형으로서 오스카의 후예이지만, 차별성도 갖고 있다. 성장이 멈춘 오스카가 파시즘이 창궐한 제3제국의 일상 속에서 죄의식 없이 살아가는 동시대인의 허위의식을 날카로운 괴성과 북소리로 타격하는 적극적인 시대 비판의 알레고리라면, 심한 발달 장애에 시달리는 소녀는 아동 복지원의 획일적인 질서와 규율에 철저히 복종하며 하녀 역할을 자처하는 체제 순응적인 인물의 상징이다. 오스카가 나치즘의 만행을 고발하는 무기로서 양철북을 난타한다면, 복지원으로 입소되기 전 거리에서 발견된 소녀의 유일한 소지품은 양철로 만든 빈 휴지통이다. 오스카에게는 출생의 전사(前史)와 성장이 중단된 사연이 있지만, 느닷없이 세상에 던져진 소녀에게는 출생의 전사도, 성장이 멈추게 된 사연도 부재한다.

소녀는 전혀 기억할 수 없었다. 처음이 생각나지 않았다. 소녀는 고아였다. 손에 든 빈 휴지통이 소녀가 가진 것, 알고 있는 것의 전부였다(Erpenbeck, 1999: 7).[2]

---

2) 이후 인용한 원문의 쪽수는 괄호 안에 아라비아 숫자로만 표기한다. 이 소설은 안문영

요컨대 소녀는 "전사 없는 수수께끼 같은 존재"(Eden, 2003: 11)이다.

1967년 동베를린에서 출생한 에르펜베크는 베를린 국립오페라하우스에서 일했고, 한스 아이슬러(Hanns Eisler) 음악학교에서 연극학과 오페라 연출을 공부한 후 1991년부터 연출가와 희곡작가로 활동하고 있다.[3] 1999년 7월에 출간된 처녀작 『늙은 아이 이야기』는 "놀랍고 주목할 만한 데뷔작"(Schreiber, 1999: 262)이라는 언론의 찬사와 함께 "진지하고, 영리하고, 번뜩이며, 독특하고. 기습적이다"(Nentwich, 1999: 18)라는 평단의 호평을 받았다. 이 작품을 통해 그녀는 희곡작가뿐만이 아니라 촉망받는 소설가로도 인정받았다. 이 소설은 출생의 비밀이 베일에 가려진 채 한밤중에 상가 거리에서 발견되어 아동 복지원에 넘겨진 14살 소녀가 그곳 생활에 적응해 나가다가, 원인 모를 질병에 걸려 병원에 입원한 후 갑자기 30대 여성으로 급속히 노화된다는 그로테스크한 우화이다.

이 작품에 대한 선행 연구의 경향은 대체로 유사하다. 아이가 발견된 상가 거리는 통일 이후 동독인이 직면한 서구 자본주의경제 시스템을 상징하는 것으로, 아동 복지원은 폐쇄적인 동독 사회상에 대한 알레고리로 분석되었다. 자본주의의 상품 물신(物神)이 전시되는 아케이드 한복판에서 미아(迷兒)로 발견된 아이는 통일 이후 삶의 좌표를 상실한 구동독인의 심리적 공황 상태를 체현하는 인물로, 아이가 소지한 텅 빈 휴지통은 기존의 모든 삶의 가치를 상실한 구동독인의 공허한 내면을 암시하는 기제로 해석되었다. 그리고 복지원

교수가 우리말로 번역해 『늙은 아이 이야기』로 출간했다. 이 책은 원문을 잘 이해해 우리말로 매끄럽게 옮긴 수작이다. 이 글의 인용문은 이 책의 번역문을 따르되, 필요한 경우 부분적으로 수정했음을 밝힌다.

3) 그녀의 재능은 문인 가계의 혈통을 이어받았다. 구동독의 저명한 부부 작가 혜다 치너(Hedda Zinner)와 프리츠 에르펜베크(Fritz Erpenbeck)가 조부모이며, 물리학자이자 철학자인 그의 아버지 욘 에르펜베크(John Erpenbeck)는 탐정소설 작가로 필명을 날렸고, 어머니 도리스 킬리아스(Doris Kilias)는 아랍 문학 전문 번역가로 활동했다.

울타리 안에서 14살 소녀로 머물려던 아이의 현실 도피적 성향은 오스탈기 (Ostalgie)에 빠진 "전환기 이후 동독인들의 전형적인 행동 패턴"(Schreiber, 1999: 263)을 상징하는 것으로 평가되었다.

하지만 이 소설은 통일 공간을 개성 있게 다룬 전환기 소설 이상의 철학적 함의를 내포하고 있다. 이 소설의 매력은 당대의 급변하는 현실이 반영된 시대소설이자, 근대의 주체 개념을 비판하는 작가의 문제의식이 마술적 리얼리즘의 문체로 형상화된 우화라는 데 있다. 이 글은 늙은 아이의 얼굴과 몸과 행동 방식을 분석해 봄으로써 세 가지 테제를 증명하는 데 집중할 것이다.

① 아이의 미분화된 얼굴은 의미 생성을 무화하고 주체화 과정을 무력화하는 현장이다(Ⅱ).
② 노동력으로 전환될 수 없는 소녀의 비생산적인 몸은 근대적 주체 개념을 비판하는 역할을 수행한다(Ⅲ).
③ '주체-되기'를 포기하고 '하인-되기'를 갈망하는 소녀의 굴종적인 하비투스는 근대의 교양 이상을 희롱하고, 성장과 발전이라는 근대의 이데올로기를 해체하는 장치이다(Ⅳ).

2. 얼굴 없는 머리

"얼굴은 보편적인 것이 아니다. 얼굴은 본성상 전적으로 특수한 관념이다"(들뢰즈, 2001: 338). 얼굴의 정치성을 철학적으로 사유한 질 들뢰즈(Gilles Deleuze)의 말이다. 얼굴은 다른 신체 부위와는 다르게 기능한다. 얼굴은 관념이다. 얼굴은 눈, 코, 입이 있는 앞면에 의미가 덧붙은 잉여적 존재인 것이다. 예컨대 기독교적 맥락에서 그리스도의 얼굴은 신성(神聖)이 직접 현전하는 장소이다. "우리는 허울을 벗고 다시 나타난 얼굴을 거울삼아 주님의 영광을 비춥니다. 동시에 우리는 주님과 같은 모습으로 변화해 영광스러운 상태에서 더욱 영광스러운 상태로 옮겨 가고 있습니다"(「고린도후서」, 3 : 18). 유럽인들에게 그리스도의 얼굴은 표준적인 얼굴의 기표이다. 즉 33세 백인 남성의 흰 얼굴은 유럽인들의 외형적 정체성을 규정하는 이상적인 원형이자, 인종적 우열의 척도로 작동해 왔다. 요컨대 그리스도의 얼굴은 "유럽인들 자신의 얼굴을 비추는 보이지 않는 거울"(서동욱, 2005: 154)에 다름 아니다. 무인도에 표류한 유럽인의 다음과 같은 진술은, 자신이 살던 공동체와의 단절과 격리가 자기 정체성을 보장받을 수 있는 얼굴(보이지 않는 거울)의 상실을 의미한다는 것을 보여준다. "우리의 얼굴이란 우리 동류들의 존재가 끊임없이 다듬고 또 다듬고 열과 활력을 제공해 주는 우리 살의 일부라는 것을 그는 깨달았다"(투르니에, 1995: 277).

　실례로 토마스 만(Thomas Mann)은 얼굴의 잉여성, 즉 얼굴이란 흰 벽과 검은 구멍의 조합이 빚어낸 일종의 착시현상이라는 것을 간파했다. 소설 『마의 산』에서 쇼사 부인을 연모하는 카스토르프가 부인의 매력적인 얼굴에 대해 신비로운 얼굴이라며 호감을 표시하자, 부인의 초상화를 그린 의사는 얼굴이 관념이자 속임수라는 것을 이렇게 설명한다.

　예를 들어 눈을 보기로 합시다. 눈의 색깔을 말하는 게 아닙니다. 그것도 이상야릇하지만요. 눈의 생김새, 눈매를 말하는 겁니다. 눈꺼풀의 틈새가 가느다랗고 비스듬하게 보일 겁니다, 하지만 그렇게 보일 뿐입니다. 당신을 현혹하는 것은 눈 안쪽의 군살 때문입니다. 어떤 인종에게나 나타나는 변종의 하나입니다. 이는 콧마루가 납작한 바람에 피부에 살집이 생겨 눈꺼풀이 눈의 안쪽을 덮기 때문에 생기는 현상입니다. 콧마루 위의 피부를 팽팽하게 잡아당겨 보십시오. 그러면 우리와 완전히 같은 눈이 됩니다. 묘한 기분이 들게 하는 일종의 속임수로 그리 명예로운 일은 아닙니다(만, 2009: 494).

의사에 말에 따르면 카스토르프를 매혹했던 쇼사 부인의 아름다운 눈매는 실제로는 존재하지 않는다. 그것은 사랑에 빠진 카스토르프의 연정이 투사된 잉여적 가시성에 불과하다. 얼굴은 실재가 아니라 착시현상이라는 것을 의사는 설명한 것이다.

이처럼 얼굴은 관념의 성소이자 주체화의 거점이다. "얼굴성의 기계는 기표와 주체의 부속 장치(annexe)가 아니다. 그것은 오히려 기표와 주체의 연결 장치(connexe)이며, 기표와 주체를 조건 짓는다"(들뢰즈, 2001: 343). 얼굴을 통해 '신체'는 형이하학적 유기체의 지층에서 형이상학적 의미 생성의 '주체'로 승격된다. 따라서 얼굴은 신체의 특권적 영역, 즉 신체의 기관을 유기화하는 로고스다. 무엇보다도 합리적 주체의 초상인 얼굴은 인간을 비이성적인 동물과 구별 짓는 최종심급이기 때문이다. 동물에게도 머리는 있지만 얼굴은 없다. 들뢰즈가 인간의 얼굴을 의미 생성과 주체화의 축이 회통(會通)하는 장소로 이해하는 이유는 여기에 있다.

예니 에르펜베크의 『늙은 아이 이야기』에 등장하는 소녀의 얼굴은 의미 생성과 주체화의 무대가 아니다. 오히려 소녀의 얼굴은 기성의 얼굴성을 해체하는 비주체적·비기표적인 얼굴로서 기능한다. 첫째, 소녀의 얼굴은 지구인의 보편적 얼굴과 동떨어진 외계인의 낯선 얼굴을 닮았다. "너는 달에서 떨어졌니?" 처음 맞이한 체육 시간에 소녀가 선생님에게 들은 말이다. 이처럼 달에서 지구에 불시착한 소녀의 보름달 같은 얼굴은 거대하고 둥글다. 피부는 달의 표면처럼 울퉁불퉁하다. "소녀의 얼굴은 크고 얼룩져 있다. 마치 그림자가 깃든 달덩이처럼 보인다"(8). 외형적으로 보자면, 소녀의 얼굴은 파울 클레(Paul Klee)의 〈세네치오(senecio)〉(1922)를 연상시킨다. 그러나 관상식물 세네치오가 주는 심상의 이미지를 아름다운 색채와 기하학적인 형체로 조합해 만들어낸 클레의 사랑스러운 소녀의 얼굴은 에르펜베크가 창조한 소녀의 얼굴과는 형태만 닮았을 뿐이다. 소녀의 얼굴에는 클레의 세네치오처럼 해맑은 동심의 리듬감이 없다. 오히려 소녀의 얼굴은 콜롬비아화가 페르난도 보테로(Fernando Botero)의 〈얼굴(face)〉(2006)과 유사하다. 마치 튜브에 바람을 넣은 것처럼 부풀려진 회화화된 소녀의 얼굴에는 멜랑콜리가 스며 있다.

인물과 성별의 구별이 불가능하고 나이를 가늠할 수 없는 몰개성적인 얼굴이 소녀의 중성적인 얼굴과 닮았다. 이러한 이질적인 얼굴을 지닌 소녀가 느끼는 소외감은 보편적 이상으로서의 '표준 얼굴'이라는 기표와 떨어진 거리만큼 비례한다. 요컨대 소녀의 얼굴은 들뢰즈가 언급한 "괴물적인 복면", 즉 근대적 주체화의 거점으로서의 얼굴을 해체하는 "달의 풍경"이자 "커다란 판"이다.

> 얼굴, 얼마나 소름끼치는가. 자연스럽게도 얼굴은 모공들, 평평한 부분들, 뿌연 부분들, 빛나는 부분들, 하얀 부분들, 구멍들을 가진 달의 풍경이다. 그것은 커다란 판이며, 자연스럽게 비인간적이며, 괴물적인 복면이다(들뢰즈, 2001: 362).

둘째, 소녀의 얼굴에서는 시간의 흐름과 감정 기복에 따른 표정의 변화가 전혀 나타나지 않는다.[4] 소녀의 얼굴은 흡사 무정(無情)한 기계에 가깝다. "정말 일종의 자부심까지 갖도록 깨닫게 된 사실이 있었다. 자기 얼굴이 아주 오랫동안 조금도 변하지 않는 것처럼 보인다는 사실이었다. 마치 그 둥글게 살찐 얼굴형이 나이를 거부하듯이"(18). 이런 사실을 알고 난 후부터 소녀는 변

---

[4] 원래 얼굴은 매 순간 변화하게 마련이다. 독일 이주민 작가 요코 다와다(Yoko Tawada)는 자신의 소설 『목욕탕(Das Bad)』에서 그 이유를 이렇게 상상한다. "인간의 몸은 70퍼센트가 물로 이루어져 있다고 한다. 그렇다면 매일 아침 거울 속에 다른 얼굴이 보이는 것도 이상한 일은 아니다. 이마와 뺨의 피부는 순간순간마다 변하기 때문이다. 마치 밑에서 흐르는 물의 움직임에 따라 변하고, 위에서는 발 흔적을 남기는 인간의 움직임에 따라 변하는 늪의 끈적끈적한 점액처럼 말이다(다와다, 2011: 9).

하지 않는 자기 얼굴을 시험해 보기 시작한다. 예컨대 울어야 할 이유가 있을 때 맘껏 울고, 울고 난 다음 표정의 변화를 살펴보기 위해 얼른 거울을 쳐다본다. 그러나 소녀의 얼굴에는 울음의 흔적이 남지 않는다. 거짓말을 한 뒤에도 안색의 변화가 전혀 없다. 뜻밖의 선물을 받아도 낯빛이 달라지지 않는다. 감정의 변화에 따른 기색(氣色)의 변화가 전혀 없다. 시간의 흐름을 거역한 '늙은 아이' 소녀의 얼굴에는 시간의 흔적이 남지 않는 것이다. 따라서 그녀는 상황의 변화에 따라 부러 얼굴빛을 감추거나 짐짓 안색을 바꿀 필요가 없다. 근대사회에서 요구하는 성숙한 인간의 조건인 표정 관리가 소녀에게는 필요 없다. "자기 얼굴에 대한 통제로부터 해방된 소녀"(19)가 근대성의 논리를 은밀히 해체할 수 있는 이유는 여기에 있다.

셋째, 소녀의 얼굴은 얼굴이 아니라 머리이다. 이목구비가 뚜렷하지 않은 비인간적인 복면이다. 살진 얼굴 속에 작은 눈, 코, 입이 깊숙이 파묻혀 있기에 흡사 거대한 공을 보는 듯하다. 어떠한 개성의 아우라도 뿜어내지 못하고 한 줌의 매력도 이상화하지 않는 소녀의 얼굴은, 얼굴의 이미지에서 작동하는 권력을 무화시킨다. 인간 영혼의 본질이나 선함이 현현하는 장소인 얼굴의 권위를 의문에 빠뜨리는 것이다. 이런 맥락에서 들뢰즈는 얼굴에서 근대성에 대한 저항 가능성을 발견한다. 얼굴을 단순한 신체의 일부가 아니라 정치의 영역으로 확대해석 한 것이다.

> 얼굴이 정치라면, 얼굴 해체하기 역시 정치의 하나이다. …… 얼굴 해체하기,
> 그것은 기표의 벽을 관통하기, 주체화의 검은 구멍에서 빠져나오기와 같은 것
> 이다(들뢰즈, 2001: 358).

들뢰즈에게 얼굴을 무력화하는 일은 얼굴에 덧붙은 잉여적 관념의 거푸집을 분쇄하고, 근대적 주체 개념을 해체하는 작업과 등가이다. 이렇게 보면, 소녀의 지워진 얼굴은 유기체의 해체, 말하자면 의미 생성과 작용의 무화를

상징한다. 그리고 소녀의 해체된 얼굴 너머로 기성의 얼굴과는 완전히 다른 "얼굴 없는 머리"(들뢰즈, 2002: 32)가 솟아난다. 이때 소녀의 '얼굴 없는 머리'는 주체화의 거점으로서 기능을 완전히 상실한다. 얼굴의 윤곽이 지워진 소녀의 얼굴 없는 머리에서 '데카르트적 코기토'는 사라지고, 그 자리에 '신체의 코기토'가 출현한다. 이렇게 보면, 소녀의 얼굴은 프랜시스 베이컨(Francis Bacon)의 「자화상」을 연상시킨다. 베이컨은 인간의 형상에서 얼굴을 지운다. 눈, 코, 입 등 각 기관으로 분화를 마친 유기체에서 그 분화와 경계의 흔적을 지우고 주체화되기 이전의 원초적 상태로 되돌리는 것이 그의 작업의 요지이다. 비얼굴의 장치를 통해 근대적 주체의 견고한 성곽을 해체하는 베이컨의 회화 철학은 주체를 "얼굴-없음의 영역"(들뢰즈, 2001: 357)으로 이동시키는 것이 탈주체화의 첩경임을 주창하는 들뢰즈의 사유와 일맥상통한다.

> 얼굴은, 그것이 파괴되고 부수어진다는 조건에서, 위대한 미래를 가지고 있다. 비기표적인 것, 비주체적인 것으로 나가는 길 위에서 말이다(들뢰즈, 2001: 210).

3. 기관 없는 신체

소녀의 몸은 비대하다. 복지원의 교실에 처음 들어왔을 때 자신을 "마치 난쟁이 나라에 온 걸리버"(20) 같다고 생각할 정도로 소녀의 몸집은 거대하다. 그렇다고 소녀의 몸은 동료 학생들을 위압하는 수단이 되지 못한다. 악동의 짓궂음을 기대하는 것은 언감생심이다. 오히려 살이 많이 쪄서 동작이 굼뜬 몸은 놀림감이 되기 일쑤이다. 무거운 납덩이 같은 몸무게 때문에 똑바로 걷지 못하고 몹시 뒤뚱대는 소녀의 일거수일투족은 조소와 희롱의 대상으로 전락한다. 예컨대 사감 선생에게 벌거벗은 소녀의 몸은 거대한 "나무토

막"(15)으로 보인다. 아동 복지원의 감시 체제 앞에 무방비 상태로 노출된 소녀의 몸은 사회로부터 배제된 벌거벗은 생명, 즉 '호모 사케르(homo sacer)'이다. 나무토막과 같은 소녀의 몸은 게오르크 뷔히너(Georg Büchner)의 『보이체크(Woyzeck)』에서 할머니가 들려주는 유명한 반동화에 등장하는 우울한 달님을 연상시킨다. "그 애는 마침내 달나라에 갔어. 그런데 달님은 다름 아닌 썩은 나뭇조각이었대"(Büchner, 1992: 252). 한편 소녀가 걸린 코감기에 대한 다음의 묘사는 소녀 몸의 열등함이 어느 정도인지를 짐작하게 한다.

소녀의 코감기까지도 코감기 위계질서의 맨 아래에 있는 코감기다. 늙은 노파처럼 코에서 콧물이 흘러나오는 품위 없는 코감기. …… 그리고 재채기도 결코 시원하고 보기 좋은 폭발이 아니라 언제나 고양이 재채기다. 참다가 돌발적으로 터져 나오는 가쁜 숨소리(66).

몸에 대한 자기 멸시는 원죄 의식에 뿌리박고 있다. "소녀는 자기 몸이 죄라는 것을 안다. 기꺼이 그 죗값을 치르고 싶어 한다"(56). 자기 몸에 화인처럼 각인된 원죄를 보속(補贖)하기 위해 소녀가 선택한 행동은 자발적인 굴종이다. 그녀의 몸은 지시와 명령대로 움직이는 꼭두각시일 뿐이다. 살아 있지만 죽은 것과 진배없는 육체, 작가의 표현을 빌리자면 "거대한 쉼 쉬는 시체"(135)에 다름 아니다. 소녀의 몸은 세 가지 차원에서 비생산적이다.

첫째, 생리적 측면에서 소녀의 자궁은 아이를 잉태할 수 없다. 영원히 소녀로 머물기 위해 시간의 흐름을 거역하는 늙은 아이의 의지는 생리마저 멈추게 만들었다. 그렇다면 소녀는 왜 생리를 거부하는가? 무엇보다도 성숙한 여성성의 상징인 월경의 하혈은 소녀의 몸에 각인된 원죄 의식을 각성하기 때문이다.

잠시 후 니콜은 용기를 내어 소녀에게 물어보았다. 그렇게 밑에서 피가 흘러

나올 때, 그러니까 말하자면 진짜 여자일 때 그 기분은 어떤 것이냐고. 그때 소녀는 몹시 메스꺼웠다. 아주 갑작스러운 일이라 소녀는 실수로 니콜의 무릎 위에 토할 수밖에 없었다. 나온 것은 쓸개즙뿐이었지만 소녀의 죄는 거의 지울 수 없는 것처럼 보였다(107).

따라서 소녀에게 생리의 멈춤은 곧 죄로부터의 구원을 상징하는 사건이다. "싫은 냄새와 경련, 그리고 구토와 죄로부터 해방된 것이다"(106).

둘째, 소녀의 몸에는 '입력'은 있지만 '출력'이 없다. 에르펜베크는 소녀 몸의 비생산적인 시스템을 다음처럼 흥미롭게 묘사한다.

몸이 그렇게 불어난 것은 엄청난 식욕을 가진 소녀의 몸이 과다하게 공급한 영양소들을 용도에 알맞게 사용할 줄 모르기 때문이다. 자세히 들여다보면 이 몸은 안으로 들여보내는 모든 것들을 무턱대고 쌓아둔다는 인상을 받는다. 마치 이 몸은 유일하고 거대한 맹목적인 축적이라도 되는 듯, 잘못 전달된 인색한 선물이라도 다시 내놓지 않으려는 듯이 보인다. 처리 지침이 없는 자재 창고와 같다. 사람들에게 소녀는 부패한 덩어리 같은 인상을 준다. 살아 있기는 하지만, 왜냐하면 육체는 어쩔 수 없이 살아 있어야 하기 때문에, 그러나 또한 어딘지 모르게 죽은 덩어리(67).

소녀의 몸은 폭식의 기계이다. 섭취한 음식물은 생의 에너지로 적절하게 전환되기보다는 살로 누적된다. 맹목적인 음식물 축적의 "자재창고"인 것이다. 소녀가 유일하게 집중하는 순간은 식사 시간이다. 무절제한 탐식으로의 몰입을 작가는 "소녀에게 허용된 잔인성"(73)이라고 표현할 정도로 소녀의 식욕은 야만적이다. 동시에 소녀의 식욕은 우직하고 끈질기다. "음식을 씹으면서 방어하는 자세로 두 발꿈치를 접시 둘레에 올려놓는다. 접시에는 상당한 양의 음식이 쌓여 있다. 소녀는 쟁기에 매인 황소처럼 제 갈 길을 간다"(75).

여기서 주목해야 할 지점은, 이러한 무절제한 탐식이 '죄 씻음'의 의식으로 연결된다는 사실이다. "소녀는 아이들이 먹다 남긴 것을 먹고, 아이들이 마시던 것을 마신다. 그것이 소녀의 피를 깨끗하게 해준다"(73).

셋째, 소녀의 몸은 영혼의 거처가 아니다. 정신적 작용, 즉 의미의 생성 활동이 전무한 "폐쇄적인 한 덩어리 살"(111)에 불과하다. 우선 소녀의 몸은 타인의 이야기를 빨아들이는 그로테스크한 흡반(吸盤)이다. 동료 학생들의 화풀이, 욕, 고백, 한탄 등을 필터 없이 그대로 받아들이는 태도는 많은 음식을 먹어대는 소녀의 식욕을 상기시킨다. 이야기를 들을 때도 소녀는 모든 것을 몸 안으로 받아들일 뿐 밖으로 내보내는 일이 없다. 모든 이야기는 마치 우물 안으로 떨어지듯 소녀의 몸 속 깊숙한 심연으로 떨어진다. 여기서 재미있는 사실은 이러한 소녀의 무관심한 태도와 "무시무시한 불투명성"(59)의 자폐적인 몸이 동료 학생들에게는 위안이 될 수 있다는 측면이다.

소녀에게 무슨 이야기를 하더라도 그것은 세상 사람들한테 외치는 것이 아니라 큰소리로 깊이 생각하는 것과 같다. 소녀는 이야기하고 있는 상대방에게 혼자 말할 시간을 다 준다. 말을 중단시키지도 않고, 갑자기 끼어들지도 않고, 대화를 가로채지도 않으며, 상대방이 말한 것을 자기 자신의 이야기를 하기 위한 등자(鐙子)로 삼지도 않는다. 소녀가 다른 사람이 하는 이야기를 상대하는 태도는 순수한 관조요, 이해관계 없는 희열이다(103).

타자와 소통하지 못하는 소녀의 몸이 자기 이야기를 수태하는 배지(胚地)가 되지 못하는 것은 당연하다.[5]

---

[5] 소녀에게는 사건의 전후 맥락을 파악할 수 있는 이해력이 전무하다. "모든 사건들은 각각 그 자체로서 존재한다. 마치 소녀의 머릿속에서는 생각하는 존재라면 가지고 있는, 자기가 당한 일과 남에게 저지른 일 사이에 걸려 있는 다리가 무너진 듯하다"(79). 또한

자기 자신의 문장들이 뱃속에 든 한 무더기 고철같이 느껴진다. 그것들은 어떤 의미 있는 텍스트로 성장하지 못한다(39).

이처럼 소녀의 몸은 타자의 이야기를 소화하지도 못할 뿐만 아니라 자신의 자율적인 생의 서사를 재구성할 수도 없는 "텅 빈 상태"(21) 말하자면 어떠한 의미도 발효될 수 없는 진공(眞空)이다. 이렇게 보면 소녀에게는 동물적 욕구만 존재한다. 내성화된 자기기만으로 기형화된 소녀의 몸은 생존을 위해 필요한 식욕만을 갈구한 채, 그 이외의 나머지는 무엇을 욕망해야 하는지 모른다. 소녀에게는 배고픔과 같이 생리적으로 결핍된 요소가 충족되길 바라는 단순한 동물적 욕구만 있을 뿐이다. 아즈마 히로키(Azuma Hiroki)는 『동물화하는 포스트모던』에서 인간의 욕망과 동물의 욕구를 이렇게 구분한다.

인간이 동물과 달리 자기의식을 가지고 사회관계를 만들 수 있는 것은 바로 간(間)주체적 욕망이 있기 때문이다. 동물적 욕구는 타자 없이 충족되지만 인간의 욕망은 본질적으로 타자를 필요로 한다. 따라서 '동물이 된다'는 것은 이와 같은 간주체적인 구조가 사라지고 각자가 각자의 결핍-만족의 회로를 닫아버리는 상태의 도래를 의미한다(히로키, 2001: 150).

사회적 관계와 소통 없이 홀로 자족하는 소녀의 신체는 '결핍-만족의 회로'에 유폐된 존재, 즉 동물로 역진화한 인간을 상징한다. 소녀의 얼굴이 해체되고 '얼굴 없는 머리'가 솟아나온 것과 상응해, 소녀의 몸도 인간인지 동물인지 명확히 규명할 수 없는 '고기로서의 신체'가 된 것이다. "고기는 인간과 동물의 공통 영역이고 그들 사이를 구분할 수 없는 영역이다"(들뢰즈, 2001: 34). 인

큰 이야기와 작은 이야기를 직조할 수 있는 능력도 부족하다. "철자 하나하나는 이웃해 있는 철자와 아무 연결도 없이 외롭게 서 있다"(124).

간의 신체를 갈고랑쇠에 걸린 푸줏간의 고기로 형상화한 프란시스 베이컨의 도발적인 회화에 대한 들뢰즈의 평가는 소녀의 몸을 특징짓는 데도 유효하다. 요컨대 소녀는 '짐승'이다.

소녀는 평균대 위에서 마치 머리 달린 밀가루 반죽 덩어리처럼 슬금슬금 기어다닌다. 여선생은 마지못해 올려다보지 않을 수 없다. 놀란 눈으로 그 짐승을 쳐다보지 않을 수 없는 것이다. 그 짐승이 평균대 위에서 느릿느릿 춤을 추고 있으니. 물에서 땅으로 옮아가는 태고의 진행이 저랬을까(46).

결국 영원히 사춘기 세계에 머물려던 소녀의 무모한 시도는 '동물 되기'로 귀결됐다. 소설의 끝부분에서 소녀는 원인 모를 질병으로 시립 병원에 입원한다. 여기서 소녀는 자신의 신체가 의사들에 의해 완전히 해체되는 악몽에 시달린다.

소녀는 다시 악몽을 꾸지 않을 수 없다. 빠져버린 팔꿈치, 너무 무거워 무릎 사이까지 피부 아래로 미끄러져 내려온 해골, 터진 살, 적출된 장기, 드러난 힘줄. 힘줄들은 뒤엉켜 발달했기 때문에 메스를 들어 잘라내야만 한다(137).

'신의 작품(opus dei)'인 인간의 육체를 함부로 훼손하는 것은 신성모독이다. 그러나 탈관념화된 소녀의 몸인 "뼈 자루"(137)는 해부의 대상이다. 이렇게 분해된 소녀의 몸은 들뢰즈의 '기관 없는 신체(Corpus sans Organon)'를 떠올리게 한다. 이 개념은 기관을 부정하는 것이 아니라, 여러 기관들을 하나로 통합하고 그 기능과 위치를 제어하는 유기체(질서, 조직, 중심, 로고스, 동일자, 절대정신, 신의 심판, 초월적 기의)를 부정한다.

신체는 결코 유기체가 아니다. 유기체는 신체의 적이다. 기관 없는 신체는 기관에 대립하지 않는다. 오히려 그것은 구성되고 위치 지어져야 할 진정한 기관들과 더불어 유기체에, 기관들의 유기적 조직에 대립한다(들뢰즈, 2001: 304~305).

여기서 소녀의 몸을 고기로 만드는 것도 모자라 기관 없는 신체로 상상하는 작가의 의도를 읽을 수 있다. 이를 통해 작가는 신체의 기관을 유기화하는 로고스, 즉 신체의 각 부분을 자신의 지배 아래 복속시키는 중심을 해체하고, 이성을 근거로 인간을 다른 동물 위에 올려놓는 근대의 인간중심주의를 해체시키려고 했던 것이다.

신체를 해체하는 작가의 의도에 또 하나의 노림수가 있다. 아동 복지원의 목적은 개인의 자유를 엄격히 제한함으로써 인간을 순종하는 신체로 훈육하는 데 있다. 권력이 인간의 신체를 어떻게 처벌하고 감시해 왔는가를 분석한 푸코에 따르면 "신체를 노동력으로 만들 수 있는 것은 신체가 강제적 복종의 구조 속에 편입되는 경우에 한정된다"(푸코, 2003: 217)라고 한다. 그러나 애초부터 소녀의 신체는 노동력으로 전환될 수 없는 비생산적인 몸이다. 근대적인 노동 기계가 될 수 없는 소녀의 무익한 몸은 그 자체로 근대성을 비판하는 기능을 수행한다.

4. 의미 없는 잉여

소녀는 '주체-되기'의 가능성을 포기한 인물이다. "소녀는 아무것도 하려는 의지가 없다"(124). 소녀는 성장과 발전이라는 근대의 프로젝트를 근본적으로 부인한다. 소녀의 장래 희망은 세상에서 가장 비천한 '반영웅'이 되는 것이다. 위대함과 완전함이라는 근대 시민계급의 교양 이상을 희롱하듯, 소녀는 복지원 학급의 위계에서 가장 낮은 곳을 자발적으로 선택한다. 소녀는 진급이나 졸업을 꿈꾸지 않는다. 영원한 낙제생이 그녀의 삶의 목표이다.

그 순간 아무도 얻으려고 다투지 않는 맨 꼴찌를 자기가 차지하게 된 사실에 매우 큰 안도감을 느낀다. 그 자리를 얻기 위해, 또 유지하기 위해 지나치게 노력할 필요도 없다. 그냥 철저하게 잊어버리고 그 결과 철저하게 바보가 되어 떠밀리거나 조금 홀쩍이기만 하면 된다. 다른 아이들은 삶은 자신들에게 자유라는 빛이 있고, 그 자유는 이 복지원 바깥에 있다고 생각한다. 하지만 소녀는 진정한 자유란 스스로 누군가를 밀어뜨릴 필요가 없다는 데 있음을 안다. …… 다른 아이들이 자기를 떠밀게 내버려둠으로써 소녀는 복지원 안에서 영원히 자기자리를 차지할 것이고, 9학년으로 진급할 필요조차 없을 것이다 (28).

복지원 밖은 자유라는 허울 아래 적자생존의 논리가 지배하는 "성과사회 (Leistungsgesellschaft)"라면, 복지원은 자유를 제한하고 구속하는 통제 사회, 즉 푸코의 "규율사회(Disziplinargesellschaft)"(한병철, 2012: 23)다. 여기서 소녀는 자유를 볼모로 성과를 부단히 요구하는 복지원 바깥의 자본주의 체제를 동경하지 않는다. 그녀가 졸업을 거부하는 이유이다. 그 대신 규율 사회의 '맨 꼴찌'를 자처한다. 소녀에게는 눈에 띄는 존재가 되고 싶은 의지가 추호도 없다. "모든 자리는 능력을 통해서 두드러지는 것이지 무능력을 통해서 두드러지는 것이 아니라는 것"(70)이 소녀의 지론이다. 그래서 소녀는 더는 능력을 테스트 받을 필요가 없는 "맨 아랫자리"(70)를 수호한다. 아무도 그 자리를 얻으려고 경쟁하지 않는 말석에서, 동시에 누구를 그 자리 밖으로 밀어낼 필요가 없는 낮은 자리에서 오히려 안정감을 느끼고 진정한 자유를 누릴 수 있다고 믿기 때문이다. 자유의지를 스스로 포기할 때 오히려 자유를 획득할 수 있는 역설의 지점이 복지원의 끝자리이다. 이런 맥락에서 보면 소녀의 자발적 굴종은 "일부러 의도한 바보짓"(35)으로 읽힌다. 이와 같은 소녀의 태도는 로베르트

발저(Robert Walser)의 소설 『야코프 폰 군텐 이야기(Jakob von Gunten)』의 주인공 야코프의 전략과 흡사하다.

> 내 안에 존중할 만한 어떤 것도, 그리고 볼만한 어떤 것도 없으니 난 얼마나 행복한 사람인가! 작게 존재하고 작게 머무는 것. 그 어떤 손이, 상황이, 어떤 물결이 나를 높이 들어 힘과 권력이 지배하는 곳으로 데려간다면, 난 나에게 특권을 주는 이 상황을 깨부숴 버릴 것이다. 그리고 나 자신을 저 밑, 아무 말 없는 어둠 속으로 던져버릴 것이다. 난 오직 저 밑의 영역에서만 숨을 쉴 수 있다(발저, 2009: 162).

야코프의 생의 목표는 하인이 되는 것이다. 그는 누군가에게 철저하게 예속된 머슴으로 살아가는 방법을 체계적으로 배우기 위해 충복양성사관학교에 훈련생으로 입학한다. 그가 추구하는 생의 미덕은 순종이다. 『늙은 아이 이야기』의 주인공 소녀에게도 복종이 삶의 원칙이다. "무엇보다도 소녀의 마음속 복종은 완전해 먼저 앞서갈 정도다"(51). 비유하자면 소녀는 체제 질서의 밑바닥에서 굴복하는 무거운 침전물이다. "그 큰 덩치가 자리에 앉는 순간 마치 납 성분이 침전물처럼 질서의 바닥으로 가라앉았기 때문이다"(20).
복종과 함께 소녀의 탈주체화를 실현하기 위해 필요한 또 다른 조건은 망각 능력이다.

> 선생은 소녀가 8학년 학습 내용, 예컨대 수학 학습 내용을 머리에 간직해 그 머리로 진도에 맞게 9학년에 진급할 수 있는 능력보다는 배운 것을 잊어버릴 줄 아는 능력이 더 크다는 사실을 반드시 알게 될 것이기 때문이다. 다른 학생들에게 공포가 되는 것(왜냐하면 진급하지 못한다는 것은 이 아동 복지원에서 1년을 더 보내야 한다는 것을 의미하기 때문에) 소녀에게는 성공적인 장난일 뿐이다. 학습 내용을 잊어버림으로써 그 학습 내용에 자유를 되돌려 주

듯이, 선생들이 "저 애는 잊어버려도 돼"라고 말하게 만들어서 자기 자유를 스스로 찾고 싶다. 포기당한다는 것은 얼마나 큰 은총인가(25).

소녀가 갖춘 유일한 능력은 "배운 것을 잊어버릴 줄 아는 능력"이다. "다른 아이들은 어떤 속셈 아래 여러 가지 일을 비교해 결론을 얻으면서 생활하는 동안, 소녀는 잊어버리는 기술을 연습하고 있다"(76). 소녀는 지식을 축적하려는 노력을 애초부터 포기할 때, 진급(성숙)의 압박과 공포에서 해방될 수 있다고 생각하기 때문이다. 이러한 자기 방임의 처세술을 통해 소녀는 집단 내부에서 자기 존재가 온전히 망각되기를 희원한다. "포기당한다는 것은 얼마나 큰 은총인가"라는 독백은 소녀의 생존 전략 모토로 손색없다. 선생님들이 소녀를 구제 불능의 저능아로 포기할 때, 말하자면 소녀의 존재 자체가 완전히 망각될 때, 되레 소녀는 타자의 시선에서 완전히 자유로운 '탈주체적' 해방의 피안을 확보할 수 있다. 기억은 사라지는 순간을 살아 있는 지금의 의식 안으로 다시 현재화하는 능력이다. 즉 그것은 부재하는 것을 가시화하는 방식이다. 현재적 의식의 상관자로서 사라진 대상을 소환하는 방식이라는 점에서 기억은 주체와 타자를 주체의식의 양태로 재점유하는 능력, 말하자면 주체의 힘인 셈이다. 따라서 기억력이 현격히 모자라는 소녀에게는 주체의 잠재력이 부재한다고 볼 수 있다. 소녀는 탈주체화된 존재의 상징인 것이다. 집단의 관점에서 보면, 소녀는 더 이상 쓸모없는 찌꺼기, 무의미한 나머지에 불과하다. 그래서 작가는 규정한다. "소녀는 잉여 존재였다"(8). 그러나 소녀의 입장에서 보면, 소녀는 근대가 정초한 주체-되기의 가능성을 전면적으로 무력화하는 무존재, 존재하지 않는 존재이다. 이렇게 보면 소녀의 정신 상태는 일체의 경험 이전의 백지 상태(tabula rasa)로 확대해석 할 수 있다. 선생들은 수업 시간에 텅 빈 상태로 앉아 있는 소녀에게 말한다.

저 아이는 글씨가 쓰이지 않는 종이야(21).

소녀의 극단적인 수동성, 노예근성, 자의식의 영도(零度), 망각의 의지가 만들어낸 또 하나의 기능이 있다. 앞서 분석한 소녀의 얼굴과 몸이 자기 속죄의 통과제의가 치러지는 영역이었다면, 소녀의 하비투스는 타자가 죄책감을 느끼게 만드는 기제로 작동한다. 하녀 역할을 성실히 수행하는 소녀의 피학적 자세는 처음에는 동료 학생들에게 놀림의 대상이 된다. 그러나 시간이 지날수록 관계는 역전된다. 굴욕마저 즉각적으로 망각하는 능력을 가진 소녀는 정작 수치심을 느끼지 않는다. 수치심은 타자의 시선과 자아의 관계 속에서 발생하는 심리적 사건이다. 타자의 시선에 자신의 결정적 치부가 적나라하게 노출될 때 수치라는 감정이 생겨난다. 수치의 대상은 항상 자아로 굴절된다. 그러나 소녀의 몸은 타자의 시선의 침투를 막는 철갑이다. 거꾸로 말하자면 타자의 시선은 그대로 소녀를 관통한다. 비유하자면 소녀는 일종의 "투명한 관"(다와다. 2011: 122)과 같다. 따라서 타자 의식이 전무한 소녀에게는 타자 앞에 자아의 대상화가 이루어지지 않는다. 타자의 시선을 의식하지 못하는 자아는 사회화될 수 없다. 소녀는 사회적 주체로서 정립될 가능성이 없는 유아론적 존재다. 그렇기 때문에 소녀는 수치심을 느끼지 못한다. 오히려 소녀의 열등함을 백일하에 폭로한 학생들의 마음속에서 소녀의 인격을 짓밟도록 유혹당했다는 부끄러운 자책감과 죄의식이 움트기 시작한다. 작가는 이런 소녀를 "다른 사람의 사악한 마음과 나쁜 의지를 끌어당기는 소용돌이"(30)로 규정한다. 타자의 어떠한 요구와 명령에도 모르쇠로 일관하는 소녀의 무지는 영어 선생의 마음속에도 수치심을 불러일으킨다.

때로는 눈물까지도 글썽여가며, 가망 없는 줄 알면서도 이미 골백번도 더 해온 설명을 몇 번 더 되풀이할 것이다. 그러나 그것은 누가 아무리 천천히 말해준다고 해도 소녀가 도저히 이해하지 못할 언어다. …… 소녀의 고질적이고 형편없는 지식은 영어 선생의 마음속에 수치심을 불러일으켰다. 그 수치심은 마치 누구도 따라올 수 없는 감춰진 방법으로 유리한 입장에 서게 된 사람이 느낄 수 있는 죄책감 같은 것이다(34).

가망 없는 싸움에서 본의 아니게 이긴 사람의 자책이 유발시킨 이 수치심은 학생의 무지를 계몽시켜야 하는 교사의 책임감과 학생에게 아무런 도움을 줄 수 없다는 무력감 사이의 갈등에서 비롯된 것이다. 이처럼 소녀는 "교정(矯正)이 이루어지는 장소"(24)인 복지원으로 침투해 내부 질서 체계를 교란시키는 바이러스와 같은 존재라는 측면에서 규율 사회에 대한 저항적 정체성을 획득한다. 소녀의 극단적 수동성에 비판적 능동성이 숨어 있다는 것을 작가는 소설 도입부에 다음처럼 기술한다.

다른 사람들은 감옥이나 강제수용소, 정신병원 또는 군대처럼 울타리로 둘러싸인 곳을 탈출하려고 노력하지만, 소녀는 정반대로 그처럼 울타리 쳐진 곳가운데 하나인 아동 복지원 안으로 침입했다(12).

요컨대 소녀는 복지원으로 '이송'된 것이 아니라 '내침(內侵)'한 것이다.

5. 맺음말

지금까지 살펴보았듯이, 늙은 아이는 근대성의 이념을 부정하는 '탈주체'의 상징이다. 아이의 미분화된 얼굴(얼굴 없는 머리)은 의미 생성과 주체화의 메커니즘을 탈영토화한다면, 동물로 역진화한 소녀의 비생산적인 몸(기관 없는 신체)은 근대의 견고한 인간중심주의 신화를 해체한다. '주인-되기'를 포기한 늙은 아이(의미 없는 잉여)는 실존(Existenz)에서 탈존(Eksistenz)으로의 이행을 실천한다. 이렇게 보면 늙은 아이는 근대가 정초한 '주체-되기'의 가능성을 무력화하기 위해 작가가 창조한 인물로 읽힌다. 존재의 이유를 무의미의 절대적인 영도(零度)로 전화하는 제로 인간, 말하자면 자기 자신을 지시하지도, 그렇다고 다른 무언가를 지시하지도 않는 "영점 인물(Nullpunkt-Figur)"(Schreiber, 1999: 262)이 소녀의 정체인 것이다. 다음의 소설 속 문장은 이 소설의 문제의식을 압축적으로 대변한다. "왜냐하면 인간 자체가 제로가 되어야 하기 때문이다"(90). 요컨대 소녀는 근대의 주체 개념을 부인하는 "부정적인 에너지(Negativ-Energie)"(Eden, 2003: 17)의 총화이다. 또한 이 소설의 역사적 배경인 전환기 시공간이라는 맥락에서 보자면 '제로 인간'인 소녀는 동서독 통일 이후 탄생한 새로운 독일의 미래에 대한 알레고리로도 해석될 수 있다. 백지 상태인 소녀의 얼굴에 과연 어떠한 독일의 모습이 기록될 것인가? 이에 대한 작가의 전망은 그리 낙관적이지 않아 보인다.

이 소설의 결말은 반전극이다. 원인 모를 질병에 걸려 병원에 입원한 소녀는 갑자기 몸이 여위어가면서 급속도로 노화되기 시작한다. 소녀가 삼십 대 성인 여성의 외모에 도달하는 데 걸린 시간은 단 2주이다. 소녀의 실체가 성인 여성이라는 것을 극적으로 폭로하면서 소설은 끝난다. 근대의 주체성 신화를 해체하기 위한 소녀의 의도된 연극이 막을 내린 것이다. 이렇게 보면 소녀의 둥근 얼굴은 가면이었고, 피하지방이 가득 찬 소녀의 피부는 무대의상이었으며, 소녀의 바보짓 행동은 연기였다.

어쨌거나 지금까지 실제 존재로 지각되어 온 것이 이제는 의도된 속임수, 하나의 가면무도회였을 뿐 그 이상 아무것도 아니었음을 알 수 있게 된 것이다. 이제 더 이상 소녀가 아닌 소녀는 의상을 벗었다. 자기 자신의 피부인 그 의상을. 그리고 모든 사람들이 보는 눈앞에서 가장무도회를 끝내버린 것이다. …… 소녀는 눈을 감고서도, 잠을 잘 때도 운다. 소녀의 장난은 좌초했다. 시간을 멈추려던 시도는 실패한 것이다(142~143).

근대가 정초한 주체성의 신화를 해체하기 위해 펼친 늙은 아이의 가장무도회는 이렇게 끝났다. 그러나 변신 이후에도 늙은 아이는 근대성을 부정하는 그로테스크한 화신으로서 계속 연기한다. 소녀의 얼굴은 "섬뜩한 형태"로 변했고, 갑자기 바싹 마른 몸은 "남아돌게 된 피부의 주름"(139)으로 인해 쭈글쭈글해진 장작개비로 둔갑했다. 뚱뚱한 신체에서 깡마른 몸으로 외형만 변신했을 뿐 여전히 그의 신체는 "사물의 진행을 경멸하는 태도, 정말 신을 시험하는 듯한 태도"(142)를 연출하기 충분할 만큼 여전히 비정상적이고 혐오스럽다. '늙은 아이'에서 '소녀였던 여자'로 변신했지만 그의 정신 상태는 전과 똑같이 백지상태이다. 잃어버린 딸을 찾아온 어머니 앞에서 말한다. 이 소설의 마지막 문장이다.

아, 당신이 내 어머니라고요. 소녀였던 여자가 그렇게 말하고 아주 천천히 눈을 뜬다. 당신을 도무지 기억할 수 없네요(143).

이렇게 보면 늙은 아이와 소녀였던 여자는 동전의 양면과 같은 존재인 야누스이다. 늙은 아이는 결코 사회 부적응아가 아니다. 그녀는 근대의 제도와 규율 시스템(아동 복지원)의 희생자가 아니다. 오히려 그녀는 근대성의 내부로 침입해 그 모순을 내파(內波)한다. 자신이 창조한 이 기괴한 주인공에 대한 에르펜베크의 설명이 이를 입증한다.

그녀는 터부시된 것들, 예컨대 거짓과 허위를 가지고 논다. 그녀는 피해자가 아니다(Eden, 2003: 17).

● 참고문헌

다와다, 요코(多和田葉子). 2011.『목욕탕』. 최윤영 옮김. 을유문화사.

들뢰즈, 질(Gilles Deleuze) · 펠릭스 가타리(Félix Guattari). 2001.『천 개의 고원. 자본주의와 분열증 2』. 김재인 옮김. 새물결.

들뢰즈, 질. 2002.『감각의 논리』. 하태환 옮김. 민음사.

만, 토마스(Thomas Mann). 2009.『마의 산(상)』. 홍성광 옮김. 을유문화사.

발저, 로베르트(Robert Walser). 2009.『벤야멘타 하인학교: 야콥 폰 구텐 이야기』. 홍길표 옮김. 문학동네.

서동욱. 2005.『일상의 모험』. 민음사.

에르펜베크, 예니(Jenny Erpenbeck). 2001.『늙은 아이 이야기』. 안문영 옮김. 솔출판사.

투르니에, 미셸(Michel Tournier). 1995.『방드르디 혹은 태평양의 끝』. 김화영 옮김. 민음사.

푸코, 미셸(Michel Foucault). 2003.『감시와 처벌. 감옥의 역사』. 오생근 옮김. 나남출판사.

한병철. 2012.『피로사회』. 김태환 옮김. 문학과지성사.

히로키, 아즈마(東浩紀). 2001.『동물화하는 포스트모던』. 이은미 옮김. 문학동네.

Beutin, Wolfgang, u. Emmerich, Wolfgang u.a. 2001. *Deutsche Literaturgeschichte. Von den Anfängen bis zur Gegenwart.* Stuttgart: Metzler Verlag.

Büchner, Georg. 1992. *Werke und Briefe. Münchner Ausgabe.* München: Suhrkamp Verlag,

Eden, Wiebke. 2003. *Keine Angst vor großen Gefühlen. Die neuen Schriftstellerinnen.* Frankfurt/M.: Suhrkamp Verlag.

Erpenbeck, Jenny. 1999. *Geschichte vom alten Kind.* Frankfurt/M.

Hage, Volker. 1999. "*Die Enkel kommen.*" *Der Spiegel*, 41.

Herzinger, Richard. 1999. "*Jung, schick und heiter.*" *Die Zeit*, 13.

Nentwich, Andreas. 1999.11.17. "Nachtgesicht. Jenny Erpenbecks beeindruckende Geschichte vom alten Kind." *Neue Zürcher Zeitung.*

Schreiber, Mathias. 19999. "Die verlorene Tochter." *Der Spiegel*, 41.

사라진 동독, 사라진 집

상실과 애도의 서사 ― 예니 에르펜베크의 소설 『재앙』

배기정

1. 머리말

동독 출신 독문학자 일제 나겔슈미트(Ilse Nagelschmidt)는 1989년 이후 동독 출신 작가들이 처한 새로운 현실을 가리켜 '중간 지대'의 삶이라고 표현했다 (Nagelschmidt, 2009: 110). 시간적으로나 공간적으로 어디에 속해 있는지 뚜렷하지 않으면서 부유하는 듯한 상태를 가리키는 이 말에는 역사적 격변기에 동독 출신 작가들이 짊어졌던 이중의 고충이 담겨 있다. 한편으로는 자신들의 삶이 순식간에 과거가 되어버린 통일 공간에서 과거에 대한 기억을 재구성하는 글쓰기에는 현재의 관점에서 바라보는 역사적 인식이 새롭게 요구되며, 또 다른 한편으로는 급격한 체제의 변화 속에서 새로운 삶을 위한 모색과 탐색의 과정이 필요하기 때문이다. 이와 같은 중간 지대의 체험은 분단 시절 동독에서 성장한 이른바 '동독 아이들 세대'에게도 예외는 아니었다. 동독 출신 사회학자

---

* 이 장은 배기정(2019: 275~299)을 책의 취지에 맞게 수정·보완한 것이다. 예니 에르펜베크(Jenny Erpenbeck)의 소설 『재앙(Heimsuchung)』은 작가 배수아에 의해 『그곳에 집이 있었을까』(2010)로 번역되었으나, 이 장에서는 독일어 제목의 뜻을 살려 『재앙』으로 번역했다. 소설 원문을 인용할 경우 원제의 약자인 *HS*'를 쓰고 원서 쪽수를 표기했으며, 필자의 번역을 따랐다.

볼프강 엥글러(Wolfgang Engler)에 따르면, '동독 아이들 세대'에 속하는 작가들이 자신들의 태생과 사회화의 뿌리에서 벗어나 한층 독립적인 시각을 표출하기 시작한 전환점은 1990년대 말엽으로 감지된다. 구동독 시절 사회화 과정을 체험하며 성장했으나 사회주의 이데올로기에서 자유롭고, 강한 자의식을 가진 이 '동독 아이들 세대' 작가들은 베를린장벽이 붕괴되고 10년 정도가 지나서야 비로소 동독 정체성에 관한 문학적 논쟁을 시작한다(Draeger, 2006: 140; Kałążny, 2016: 145).[1] 그 가운데 신세대 여성 작가들의 데뷔를 알리는 신호탄이 된 야나 헨젤(Jana Hensel)의 『접경의 아이들(Zonenkinder)』(2002), 클라우디아 루슈(Claudia Rusch)의 『나의 자유로운 독일 유년기(Meine freie deutsche Jugend)』(2003) 등은 냉전 이데올로기 시대의 거대 서사와 차별되는 미시적인 개인사의 관점에서 동독의 과거에 대한 해석을 시도했다. 1967년 동독에서 태어난 예니 에르펜베크 역시 오랜 침묵의 시간을 깨고, 1999년 『늙은 아이 이야기(Geschichte vom alten Kind)』를 시작으로 체제 적응 문제와 정체성 문제를 다루면서 '동독 아이들 세대'의 반열에 들어선다. 이후 에르펜베크는 『잡동사니(Tand)』(2001), 『사전(Wörterbuch)』(2004), 『재앙(Heimsuchung)』(2008), 『사라지는 것들(Dinge, die verschwinden)』(2009) 등과 같은 작품을 통해 동독의 사회적 유산에 대한 성찰과 개인적 차원의 '상실'에 관한 다양한 문학적 해석을 시도했다. 2009년 출간된 『사라지는 것들』에서 작가는 "하나의 물건이 일상

---

1) 볼프강 엥글러는 강한 자의식을 가진 이 '동독 아이들 세대' 작가들에 의해 동독정체성에 대한 문학적 논쟁이 막 시작되었으며, 이들이 보여주는 과거에 대한 성찰은 '오스탤지어 세대'와는 분명한 차이를 보여준다고 평가한다(Draeger, 2006: 140); 토마스 브루시히(Thomas Brussig), 율리아 프랑크(Julia Franck), 아네트 그뢰슈너(Annett Gröschner), 잉고 슐체(Ingo Schulze), 라인하르트 이르글(Reinhard Jirgl), 루츠 자일러(Lutz Seiler), 우베 텔캄프(Uwe Tellkamp) 등 이미 많은 독자를 확보한 동독 출신 작가들도 동독의 과거와 분단 시절이 자신들에게 어떤 영향을 끼쳤는지에 대해 쓰기 시작했다(Kałążny, 2016: 145).

에서 사라지면, 그 물건 자체보다 더 많은 것이 사라진다. 거기에 속한 생각도 사라지고, 거기에 속하든 속하지 않든, 느낌도 사라진다"(Erpenbeck, 2009: 65) 라고 토로한 바 있다. 그런데 동독이 사라지고 더는 존재하지 않는다는 역사적 사실이 이 작품들의 배경이자 모티브가 되면서도, 전환기나 통일과 관련된 어떠한 정치적·경제적·이념적 논쟁은 찾아볼 수 없다. 작가는 오롯이 통일로 인해 부정당한 동독인들의 삶에 주목한다. 무엇보다 집단적 윤리나 의식과 같은 보이지 않는 정신적 유산의 상실이 어떻게 개인의 삶에 영향을 미치는지를 섬세한 언어로 풀어내려 시도한다(Marx and Schöll, 2014: 9). 물론 그 이후 출간된 『모든 저녁이 저물 때(Aller Tage Abend)』(2012)와 『가다, 갔다, 갔었다 (Gehen, ging, gegangen)』(2015)와 같은 작품들에서는 동독이라는 지역성을 넘어서서 좀 더 보편적이고 시의적인 주제에 대한 성찰을 요구하는 작가의 인식 전환을 보여주기도 한다.

이 글에서는 통일과 더불어 동독이라는 국가의 사라짐과 동시에 실제 에르펜베크에게 찾아온 '집의 상실'이라는 자전적 체험이 배경이 된 『재앙』에서 역사 기술과는 차별되는 미시적 관점을 통해 지금까지 침묵 속에 감춰진 개인들의 삶과 이들이 체험한 비극과 트라우마가 어떻게 문학적으로 기억되는지, 그리고 작가는 지난 과거의 역사에 대한 자기 규명의 과정을 통해 어떤 내적 치유의 가능성을 제시하는지 함께 살펴보려고 한다.

2. 사라진 동독, 사라진 집

이 소설의 주요 무대는 브란덴부르크주에 속한 샤르뮈첼 호수에 바로 접해 있는 여름 별장이다. 이 집은 실제 에르펜베크의 할머니이자 동독 시절 작가로 활동한 혜다 치너(Hedda Zinner, 1907~1994)의 여름 별장을 모델로 삼았다. 에르펜베크가 이 집과 관련된 자전적 체험을 소설로 집필한 동기는 통일 이후 시행된 재산권 반환과 직접 관련된다. 통일 이후 서독의 원소유주들이 구동독에 두고 온 재산에 대해 반환을 요구했고, 이 과정에서 불거진 동·서독 갈등은 오랜 기간 법적·사회적 문제로 확대된 바 있다(한정희, 2006: 61 이하 참조). 이 과정에서 동독 주민들의 소유권 상실은 비단 물질적 상실에 그치지 않고 쉽게 회복되지 않는 심리적 상실감과 박탈감을 초래했다. 당시 반환 원칙을 토대로 시행된 재산법이 주로 서독지역에 살던 원소유주들의 이익을 대변한다는 이유로 이에 대한 비난도 거세게 일었다. 원소유주의 재산 반환 소송에 따라 에르펜베크 자신도 어린 시절의 추억이 고스란히 담긴 이 호숫가의 집에 대한 소유권을 잃는다. 에르펜베크는 이러한 상실의 체험을 바탕으로 소설 『재앙』을 집필했고, 이와 관련한 ≪디 차이트(Die Zeit)≫와의 인터뷰에서 다음과 같이 소회를 밝힌다.

> 제가 무엇을 잃어버렸는지 스스로에게 물어보았습니다. 그것은 명백하게 소유가 문제 된 것이 아닙니다(Döbler, 2008).

통일이라는 거대 전환 속에서 3대에 걸쳐 내려온 유산을 상실한 에르펜베크는 무엇보다 중요한 것이 '온전한' 어린 시절을 보낸 이 집에 관한 '기억들'이라고 덧붙인다. 에르펜베크는 어린 시절의 추억이 담긴 편지와 사진들, 다양한 문서, 토지대장의 일부, 건축설계도 등 이 집과 관련된 자료들을 면밀하게 검토한 후, 실제 이를 토대로 해 정원과 수영장 발판을 갖춘 여름 별장에 관한 소설을 완성한다. 그러나 이 장소에 얽힌 역사를 이야기하도록 하는 에르펜베크의 내적 필연성은 이 집의 상실과 그로 인한 추억의 상실에만 국한되지 않는다. 한 인터뷰에서 에르펜베크는 이 집에 살았던 많은 사람들의 '삶'이 빈집과 함께 사라지는 것을 바라보는 심적 고통이 무엇보다 컸으며, 그것은 곧 '재앙'이었다고 회고한다.

수개월 동안 아니 수년에 걸쳐 그 집에 관한 꿈을 꾸었던 일들이 저에게는 재앙과 같았다는 것을 고백합니다. 저에게는 이 집이 당국의 결정이 내려질 때까지 그 기간 내내 빈집으로 서 있어야 한다는 사실이 견디기 어려웠습니다. 사람들이 이전에 그렇게 많은 공을 들였고, 또 많은 사람들이 살았던 그 장소가 갑자기 그렇게 황량하게 버려진 상태를 바라보는 것은 무척 가슴 아픈 일이었지요(Schuster and Paul, 2008).

그런데 에르펜베크가 이 집을 소재로 작품을 쓰기까지는 상당한 시간이 걸렸다. 동독이라는 국가의 사라짐과 동시에 이에 따라 사라진 집이 '허구의 건축물'로 재탄생할 수 있었던 문학적 계기에 대해 에르펜베크는 소설 속 인물인 여류 작가의 손녀를 통해 다음과 같이 우회적으로 서술한다.

여주인(여류 작가의 손녀: 필자 주)은 자신이 이 집에서 늙어갈 수 없으리라는 것이 분명해진 그 순간부터, 지나간 과거의 시간이 그녀의 등 뒤에서 무성하게 자라나기 시작했다는 것을 그녀의 남편에게 어떤 말로도 설명할 수가 없었다. 또한 이제는 벌써 어른이 된 그녀에게 아주 뒤늦게 찾아온 너무나 아름다운 유년 시절이 감당할 수 없을 만큼 크게 자라나, 그녀를 그곳에 영원히 가두어둘 아주 멋진 감옥임이 밝혀졌다는 것을 말이다. 마치 끈으로 그렇게 하듯이 시간은 원래 시간이 속해 있던 장소를 단단히 묶었고, 땅을 스스로에, 그녀를 이 대지에, 그녀와 …… 어린 시절의 친구를 단단히 묶었다(HS, 183).

현실에서와 마찬가지로 소설 속의 여주인은 자신이 소유했던 호숫가의 집이 서독에서 사는 원소유주에게 반환됨으로써 급기야 '불법 소유주'로 전락한다. 이 여주인은 이 집에서 계속 살 수 없게 되었을 때, 역설적이게도 이 집에 스며 있는 과거의 기억들이 끊임없이 되살아난다고 고백한다. 이처럼 사라진 집을 '기억의 장소'로 구축해 상실의 위협에 놓인 삶의 이야기를 시적으로 보관함으로써 동독의 과거를 '문화적 기억'으로 전승하려는 에르펜베크의 문학적 기획은 곧 알라이다 아스만(Alaida Assmann)의 다음과 같은 논지에 상응한다.

> 기억의 장소는 잃어버린 혹은 파괴된 삶과의 연관성을 보여주는 파열된 조각들이다. 한 장소가 버려지거나 파괴된다고 해서 여기에 얽힌 역사가 사라지는 것은 아니기 때문이다. 그 장소는 물질적 잔해를 움켜쥐고 있으며, 이것은 이야기의 요소가 되고, 이로써 다시 새로운 문화적 기억을 구축하는 연관점이 된다. 이 장소들은 물론 설명이 필요하다. 그 의미는 언어적인 전승을 통해 추가적으로 보증되어야 한다(Assmann, 2006: 309).

관련된 장소가 더는 존재하지 않더라도 그 장소에 얽힌 삶의 정황을 전승함으로써 동시대인들이 과거를 잊지 않고, 더 나아가 과거를 극복할 수 있는 문화적 단초를 마련할 수 있다는 점에서 언어를 통한 기억의 전승은 곧 작가의 과제이기도 하다(Ostheimer, 2013: 250 이하 참조).

이렇게 하여 탄생한 소설 『재앙』은 「서문」과 「후기」를 포함해 모두 24개 장(章)으로 구성되었다. 구체적으로 어떤 시대인지 특정할 수 없는 설화적 분위기에서 전개되는 첫 번째 이야기 「대농장주와 네 딸들」은 넷째 딸의 소유지가 베를린에서 온 건축가에게 팔려나간 사연, 이 건축가가 현재의 아내와 결혼하게 된 경위, 동베를린에서 건축사무소를 운영하던 건축가가 여름별장을 지은 후 동독 정부와 갈등을 빚어 서베를린으로 떠나야 했던 사연, 그의 이웃인 '직물 공장주' 유대인 가족들이 함께 보낸 여름휴가와 그들의 비극적 종말에 관한 이야기는 「건축가」, 「직물공장주인」, 「건축가의 아내」로 이어진다. 폴란드 강제수용소에서 유대인 소녀가 맞이한 홀로코스트에 관한 이야기는 「소녀」 장에서, 제2차 세계대전이 끝나갈 무렵 러시아 붉은 군대의 주둔과 이로 인해 건축가 아내가 겪은 트라우마는 「붉은 군대」 장에서 회상된다. 이어 전쟁이 끝난 후 모스크바 망명에서 동독으로 돌아온 여류 작가, 그녀의 가족과 방문객, 여류 작가의 손녀와 그녀의 어린 시절 이야기, 동독을 떠나기 위해 모의하는 학생들, 독일이 통일되면서 마지막 집주인인 여류 작가의 손녀가 이 여름별장의 소유권을 잃게 되는 이야기들이 「여류작가」, 「방문객」, 「전차인(轉借人)」, 「어린 시절의 친구」, 「불법소유주」 장에서 펼쳐진다. 이렇듯 이 소설의 시대적 배경은 바이마르공화국 시대부터 통일을 전후한 시기로 20세기 독일의 역사를 총망라한다고 볼 수 있다. 그런데 상이한 역사적 사건들을 배경으로 하면서도, 각기 다른 인물들의 에피소드 11편 사이에는 항상 「정원사」 이야기가 규칙적으로 반복된다. 총 24개 장으로 구성된 이 소설에는 역사적 배경을 가지는 다양한 인물들의 에피소드와 이와는 무관한 정원사의 이야기가 마치 직물의 날실과 씨줄처럼 정교하게 짜여 있다.

다음으로 여름별장을 중심으로 한 이야기들이 어떤 방식으로 전개되는지 살펴보고, 그 안에 녹아 있는 문학적 내러티브와 기억의 내밀한 관계를 탐색해 본다.

3. '기억의 장소'에서 '기억의 몸'으로

1) 역사적 공간과 탈역사적 공간의 교차

이 소설에는 시간적으로 역사적 시간과 탈역사적 시간이, 공간적으로는 역사적 공간과 탈역사적 공간이 상호 대비를 이루며 교차한다. 이 소설의 화자는 20세기라는 역사적 시간이 태고의 시간부터 오늘에 이르는 긴 시간의 흐름에서 보면 지극히 작은 일부에 불과하다는 점을 시사하려는 듯 역사적 사건이 체험되는 수면 위의 시간과 수면 아래에서 멈추지 않고 부단히 지속된 지질학적 운동이라는 탈역사적 시간을 대조시킨다. 공간적으로는 호수에 맞닿아 있는 여름별장이 자연과 문명을 이어주는 중간 지대 역할을 한다. 생성과 소멸이라는 거대한 자연의 운동과 20세기라는 격변의 역사를 배경으로 펼쳐진 비극과 트라우마를 매개하는 이 중간 지대는 평화로운 풍경 속에 내적 긴장을 품고 있다. 소설의 화자는 호수를 둘러싸고 발생한 땅의 융기와 침강이라는 끊임없는 지질학적 운동을 언급하며, 자연의 생성과 소멸은 인간이 지도를 만들기 훨씬 이전에 시작되어 인간이 역사를 지배하게 된 시간보다 훨씬 더 오랜 기간 지속되어 왔다는 점을 일깨워준다. 보이지 않는 자연의 변화와 운동에 따라 현재 지도에서 보이는 장소들도 결국 황폐해질 것이고, 언젠가는 이 지명들도 사라질 '자연의 무상함'을 역설하기도 한다.

> 브란덴부르크주에 위치한 언덕 한가운데 놓인 호수는 이제 한동안 하늘을 향해 반사된 자신의 모습을 품게 되었을 것이고, 이제 다시 자라난 떡갈나무, 오리나무, 소나무 사이에 매끄럽게 놓이게 되었을 것이다. 이 호수는 훨씬 이후에 인간이 살게 되었을 때 이 사람들에 의해 브란덴부르크 바다라는 이름까지 얻었으리라. 그런데 어느 날 이 호수 역시 다시 사라질 것이다. 다른 모든 호수와 마찬가지로 이 호수 역시 일시적인 것에 불과하고, 모든 구덩이가 그렇듯이 이 고랑도 단지 일시적인 것에 불과하며, 언제가 아주 완전히 메워질 것이다(*HS*, 10f.).

이 호숫가의 집에서 탈역사적인 자연의 시간이 순환하는 장소는 바로 정원이다. 이 정원을 가꾸는 '정원사' 또한 소설의 인물들과는 사뭇 다른 이력을 가진 초현실적인 인물로 등장한다. 그는 여름별장이 건축되면서부터 이 집이 헐리기까지 거의 100년이라는 시간을 살다가 사라진다. 특이한 점은 계절의 변화에 따라 거의 동일한 일을 반복할 뿐인 이 정원사 이야기가 소설 전체 분량의 반을 차지한다. 정원사는 일련의 역사적 사건이나 사회적 변화, 소유주 교체와는 거의 무관하게 오직 정원 가꾸기, 양봉, 집수리 등 집안일에만 몰두할 뿐 "그가 어디에서 왔는지 마을 사람들 가운데 아는 사람은 아무도 없다"(*HS*, 13). 호숫가의 집이 "한 줌의 공기를 둘러싼 네 개의 벽"(*HS*, 38) 이상으로 유기체와 같은 삶을 살다가 대지의 일부로 귀속되는 것처럼, 시간을 초월해 살다간 이 정원사 또한 이 집이 사라질 때 어디론가 사라진다. 자연의 알레고리로서의 정원사는 이 집에서 살았던 인물들의 이야기를 집과 공유하는 집의 보존자이자 관찰자이다. 반대로 이 호숫가의 집은 정원사와 함께 살았던 유기체이자 '기억의 몸'으로서 기억의 주체이기도 하다.

그렇다면 여기서 다음과 같은 질문이 제기된다. 즉 20세기 역사의 굵직한 사건들을 배경으로 인물들이 체험한 트라우마와 탈역사적인 자연의 논리는 어떤 함수관계를 갖는가. 작가는 이 호숫가의 집에서 살았던 인물들이 체험한 트라우마와 비극적인 사건들을 간직한 이야기들도 결국엔 초시간적인 자연의 질서 속으로 사라질 것이라는 체념을 대변하는가. 이 질문에 에르펜베크는 다음과 같이 답변한다.

저는 다행스럽게도 학교에서 변증법이 무엇인지 배웠답니다. 설명하기가 어렵긴 하지만 예를 들어 설명한다면 훨씬 낫겠지요. 그러니까 사람들의 운명이 그렇게 중요하지 않다는 것을 깨닫는다면 한편으론 분명 위안이 될 수 있을 것입니다. 모든 것이 소멸하고, 자연은 그대로 남아 있다는 사실 말입니다. 그런데 자연 또한 변화합니다. 이러한 변화는 이른바 말하는 보편적 원리일 것입니다. 그것에 관해 사람들이 걱정하거나 할 필요는 없지요. 다른 한편으론 정말 실제로 개별적인 사람들에게 일어난 비극적인 운명에 직면해 지구의 역사가 무심하다는 사실은 결코 위로가 되지 않습니다. 오히려 경악스러울 따름이지요. 끔찍한 사실은 한 인간에게 실존적으로 그렇게 중요하고, 생사의 문제가 걸려 있는 것들이 지구의 역사에서 전혀 무관한 채 분리되어 있다는 사실입니다(Schuster and Paul, 2008).

이 답변을 통해 상실과 트라우마에 관한 에르펜베크의 소설 미학적 관점은 다음과 같이 요약될 수 있다. 첫째, 에르펜베크는 이 호숫가의 집에서 살았던 인물들이 역사적인 사건을 배경으로 체험한 트라우마와 비극적 사건들을 자연의 순환이라는 법칙에 수렴시킬 수 있다면 그리고 종국에 이 모든 것들이 황폐해지는 것이라면, 여기에서 일종의 '위로'를 얻을 수 있지 않을까 하는 가능성을 열어놓는다. 그런데 실제는 자연의 무심함과 달리 트라우마에 대한 기억은 사라지지 않는다. 오히려 비극적인 사건들이 이와는 전혀 무심한 자연의 순환과 평행선을 그리며 대비될 때, 그 비극의 강도가 더욱 강렬하게 드러나는 효과를 자아낸다. 역사적 시간을 살다 간 인물들이 체험한 비극적 이야기들과 나란히 탈역사적인 삶의 행보를 이어가는 정원사의 이야기가 격자무늬처럼 짜인 이 소설의 구성은 이와 같은 의도에서 비롯된 것으로 이해할 수 있다. 둘째, 에르펜베크는 통일 이후 진행된 재산권 반환 소송으로 인해 체험한 개인적인 상실감과 박탈감이야말로 어떤 논리적 설명이나 법적 근거로도 위로받을 수 없다는 점을 분명히 전제한다. 그럼에도 에르펜베크는 이 집의 사라짐을 정치적 차원의 트라우마로 고착하려 하지 않고 생성과 소멸이라는 자연의 순환에 따른 소멸로 받아들이기 위한 미학적 준거를 제시한다. 이에 따른 작업은 이미 소설의 전반부에 건축가를 통해 설계한다. 비록 소설의 말미에 이 호숫가의 집이 철근, 시멘트, 나무, 유리로 세워진 무기체로 철거되지만, 작가에게는 이 집이 근본적으로 자연의 순환 속으로 귀속될 수 있는 생명을 지닌 유기체여야 하기 때문이다.

이 집을 지은 건축가는 다음과 같이 말한다.

집을 짓는 사람은 자신의 삶을 땅에 밀착시키는 것이다. 머물러 있는 것에 살아 있는 몸을 부여하는 것이 그의 소명이다. 또한 건축이란 한 집의 입체적 형체뿐만 아니라 그 내면을 창조하는 것이다(HS, 42).

2) 나누어진 영토, 나누어진 기억

이 소설 『재앙』의 시공간은 역사적으로나 지리적으로나 동독지역에 집중된다. 우선 이 집이 위치한 샤르뮈첼 호수는 베를린에서 남동쪽으로 약간 떨어진 브란덴부르크주에 위치한다. 등장인물들과 관련된 지명으로는 베를린을 비롯해 폴란드의 여러 지역, 체코를 비롯한 동유럽과 모스크바이며, 그 외에 망명지로 남아프리카공화국과 브라질 등의 지명이 잠깐 언급될 뿐이다. 그런데 서독과 관련된 지명은 거의 나오지 않는다. 동베를린에서 건축 사무소를 운영하던 건축가가 서베를린으로 떠나야 했던 사연을 여러 차례 반복한 것을 제외하곤 서독의 어떤 다른 지명도 찾아볼 수 없다. 건축가가 "구원의 서쪽"(HS, 39)에 도달한다고 하거나, 장벽이 와해되기 전에 동독을 떠나려는 '전차인(轉借人)'의 친구가 시험을 일주일 앞두고 "우리는 서쪽으로 가야 해"(HS, 151)라고 했을 때라든가, 서독에 거주하는 집의 원소유주에 대해 "서쪽에서 사는 상속인"(HS, 175)이라고 했을 때도 '서쪽'이란 단지 동쪽의 바깥으로서 동독인들에게 타자로 지시된다. 이 소설에 그려진 장소들이 전적으로 동쪽에 쏠림으로써 비록 통일 이후에 쓰인 작품이지만 이 소설은 여전히 '나누어진 기억'을 대변한다고 볼 수 있다(Ostheimer, 2013: 259). 이렇듯 작가는 동·서독이 공유하거나 갈등하는 지점을 배제하고, 소설의 시공간을 동독지역으로 한정함으로써 동독인들의 과거에 대한 '개인적 회상'에 정치적 사건으로서의 서독과의 통일을 개입시키지 않으려는 배타적인 문학적 전략을 일관되게 관철한다.

동독에 치우친 이 소설의 공간은 다시 독일의 경계를 넘어 동유럽으로 확대된다. 이러한 공간의 확대는 구동독 문학에서 오랫동안 금기시된 '홀로코스트'와 직접 연결된다.[2] 예니 에르펜베크는 동독 시절 수면 아래 잠겨 있던

---

2) 미하엘 오스트하이머에 따르면 1945년 이후 동독과 서독은 '기억 정책'에서 근본적인 차

홀로코스트 일화를 수면 위로 끌어올림으로써 포스트 동독문학의 새로운 국면을 보여준다. 1930년대 삶의 터전을 버리고 부득이 망명을 떠나거나 수용소로 끌려가 홀로코스트의 희생자가 된 유대인 가족의 이야기와 제2차 세계대전 당시 러시아로 망명을 떠나야 했던 가족들의 이야기는 이 소설의 무대가 되는 호숫가의 집을 기억 문화의 틀에서 바라보는 '기억의 장소'로 자리매김한다(Biendarra, 2014: 126).[3] 이 소설의 화자는 베를린에서 부를 축적한 조부 덕택에 샤르뮈첼 호숫가에 여름 별장을 소유한 '직물 공장주'의 유대인 가족들을 모두 실명으로 거론함으로써 이 소설에서 직업명이나 가족 내에서의 관계 등으로 대표되는 다른 인물들과의 차이를 보여준다. 여기에 홀로코스트와 관련된 이야기에 문화적 전승의 가치와 그 효력을 배가하기 위해 소설의 화자는 '반복'의 전략을 구사한다. 이를테면 『구약성경』에 나오는 인물들의 이야기가 세대를 뛰어넘어 대대로 후대에까지 전해지기를 염원하는 것과 같은 방식으로, 한 가족의 가계도에 들어 있는 이름들이 일일이 그리고 반복적으로 거론된다.

부모인 헤르미네와 아르투어 사이에서 장남인 루트비히 자신과 누나인 엘리

이가 있었다. 특히 동독이 반파시즘적 저항의 후계자로서 사회주의 일당독재의 토대 위에 서 있었던 까닭에 반파시즘에 관한 기억 이외의 부분은 상당히 주변화되었다는 것이 요지다. 그런데 독일통일과 더불어 동독문학계에 '기억의 전환'이 일어나게 된다. 동독 시절 금기로 여겨진 홀로코스트와 나치의 희생자, 제2차 세계대전에서 귀환한 사람들에게 전쟁으로 인한 도주와 망명의 체험을 이야기하도록 함으로써 이들에 대한 문학적 기억을 이끌어내도록 시도하고, 더 나아가 이들에게 애도를 표함으로써 포스트 동독 문학은 새로운 장을 열었다는 평가를 받는다.

3) 비엔다라는 소설 속 홀로코스트의 희생자 '도리스'라는 이름의 소녀를 '도리스 카플란(Doris Kaplan)'으로 추정한다. 그녀는 전 유럽에 걸쳐 자행된 나치의 만행과 전쟁으로 인해 고통을 받은 유대인 가족들의 이야기가 독일에 국한되지 않고 전 유럽에 해당되므로 이 집을 '유럽적 기억의 장소'로 승격시켜야 한다고 강조한다.

자베트가 태어났고, 엘리자베트가 에른스트와 결혼해 조카딸인 도리스가 태어났다. 루트비히와 안나 사이에서 엘리오트와 누나의 이름을 딴 어린 엘리자베트가 태어났다(*HS*, 48, 55, 59).

이 유대인 가족의 수난사는 나치의 유대인 박해에서 시작된다. 장남 루트비히와 그의 아내 안나는 독일을 떠나 남아프리카 케이프타운으로 망명을 떠나 그곳에 정착하지만, 그의 부모는 폴란드에서 가스실로 끌려간다. 이 두 사람은 아들 가족이 있는 남아프리카로 가기 위해 1939년 시세에도 못 미치는 헐값에 호숫가의 집터를 급히 팔고 여객선을 타려고 했으나, 뜻을 이루지 못한다. 한편, 도리스의 아버지 에른스트는 아우토반 공사 중 발진티푸스로 사망했다는 소식이 전해지고, 엘리자베트와 도리스는 바르샤바로 떠난다. 도리스는 바르샤바 게토의 한 어두운 지하실에 숨어 지내야 했지만, 결국 발각되어 가스실로 끌려간다. 죽음의 문턱을 넘나드는 절박한 상황은 온전한 문장으로 묘사될 수조차 없다. 마치 전보를 치듯 서술형이 생략된 간략한 문체의 반복은 도리스가 직면한 당시의 긴박감을 보여준다.

도리스, 에른스트와 엘리자베트의 딸, 12세, 구벤 출생(*HS*, 79, 84f., 86).

도리스의 삶과 관련된 단어, 소리, 움직임들이 거두어지고 제일 마지막에 더 이상 누구도 결코 부를 일이 없을 이 소녀의 이름, '도리스'만 짧게 호명된다(*HS*, 92). 그녀의 죽음이 수많은 무명의 희생자 속에서 사라져 버릴 최후의 순간에 다시 한번 더 그녀의 이름을 소리 내어 부르는 화자의 퍼포먼스는 홀로코스트의 재앙 앞에서도 이 소녀의 정체성을 지켜주려는 애틋한 절규로 들린다. 동시에 그녀의 이야기를 잊지 않으려는 강한 다짐으로 읽힌다(Probst, 2010: 77 이하 참조).

3) 침묵에 대항하는 개인적 회상

분단 시절의 구동독을 배경으로 전개되는 이 소설의 이야기들 가운데 체제에 관한 비판적인 견해나 사회주의 이념에 관한 어떤 논쟁도 찾아볼 수 없다. 러시아에 망명했다가 귀환한 여류 작가와 그녀의 사돈이 된 '방문객'은 망명 당시에 겪은 고통과 고난을 회상하지만, 이들의 이야기는 모두 생사를 넘나들던 타향살이의 어려움과 가족관계의 단절 등에 관한 것이다. '여류 작가'의 경우에도 이웃인 젊은 의사에 대한 탄원서를 통해 당의 고위급 인사들의 주치의로서 누리는 그 의사의 특권과 횡포를 지적하지만, 이 부분 역시 신랄한 체제 비판으로 이어진 것은 아니다. 오히려 결과적으로 자신이 원한 대로 호숫가의 집을 직접 구매할 수 있다는 전갈을 당국에서 받았을 때, 이 여류 작가는 비록 반어적이긴 하지만 "사회주의적 경의를 표하며"(*HS*, 123) 이를 수용한다. 이 여류 작가의 손녀가 통일과 함께 할머니 때부터 전해 내려온 유산이자 자신의 소유물인 호숫가의 집에 대한 소유권을 상실하게 되었을 때도 재산권 반환과 맞물려 불거진 통일 공간에서의 정치적·사회적 차원의 동·서독 갈등에 대한 어떤 언급도 없다. 커다란 충격 앞에서 예상할 수 있는 개인적인 억울함이나 분노의 표출도 찾아볼 수 없다. 에르펜베크 스스로 통일 이후 구동독 전체에 내려진 집단적 선입견이나 구동독 주민들이 가지고 있는 심리적 상실감이나 박탈감 등을 모를 리 없건만, 소설 속 인물들의 이야기에는 통일 공간에서 서독의 언론매체를 통해 전해진 구동독에 관한 내용은 전혀 찾아볼 수 없다. 다음 인용문은 에르펜베크 소설의 이러한 특징을 뒷받침한다.

그녀의 작품에서 구동독은 불법 국가라든지 독재라든지 하는 어떤 정치적인 형상으로 나타나지 않으며, 이보다는 주로 어린 시절의 장소이자 유년 시절의 추억이 서린 공간일 뿐이다. 이러한 작가의 관점은 독자들이 혼란스러워하기에 충분한 여지를 남긴다. 에르펜베크는 문서들을 수집해 이 지역에 관한 지형학적인 지식을 축적하는 데 집중할 뿐, 구동독에 대한 어떤 윤리적인 평가에도 관심이 없다(Marx and Schöll, 2014: 12).

이처럼 소설에 형상화된 에르펜베크의 동독은 '집단적 기억' 속에 고착된 구동독과는 거리가 멀다. 서독과 동독이 비교되거나 구동독에 대한 어떠한 정치적 판단이나 선입견을 포함하지 않는 이러한 내러티브가 통일 이후 언론에서 다루어진 구동독에 대한 편견과 판단에 익숙해진 독자들에게는 이 인용문에서 이야기하듯이 오히려 '혼란스럽게' 다가올 수 있을 것이다. 이에 대해 에르펜베크는 개인의 체험, 감정, 윤리의 차원을 제도의 차원에서 바라보는 구동독의 과거로부터 분리할 것을 요구한다.

그러나 사람들이 스스로 경험한 것과 그때 느낀 감정은 논쟁거리가 될 수 없습니다. 그것은 전적으로 개인적인 윤리이며, 이후에 습득한 지식과도 무관합니다(Erpenbeck, 2014: 24).

에르펜베크는 체제와는 무관한, 억압된 기억과 침묵 속에 잠겨 있는 지극히 개인적인 이야기들을 '개인적 회상'을 통해 기억의 수면 위로 끌어올리는 것이 소설 쓰기의 고유한 역할이라는 점을 강조한다. 궁극적으로는 이 이야기들을 다른 사람들과 공유할 수 있는 '문화적 기억'으로 전승시키는 것이 작가의 본분으로 인식한다. 작품 속의 여류 작가 역시 러시아 망명 시절에 견뎌야 했던 "침묵하기"(HS, 118)를 깨뜨리고 글쓰기에 몰입하게 된다. 작가가 침묵을 깨고 어떤 기억을 이야기로 풀어내는가 하는 선택이 현시점에서 잘못되었다고 하더라도 과거에 대한 개인의 기억만큼은 그 인간의 삶에서 절대적인 의미를 지닌다는 사실을 강조한다.

그녀가 독일로 돌아온 이후엔 철자를 통해 자신의 기억을 다른 사람들의 기억으로 바꾸는 일에 모든 열정을 쏟아부었다. 그것은 마치 배를 타고 자신의 삶을 다른 사람의 인생으로 옮겨놓는 것과 같았다. 스스로에게 전수할 가치가 있다고 여겨지는 기억들은 철자를 통해 수면 위로 올려놓았지만, 그녀의 마음을 아프게 하는 다른 기억들은 도로 수면 아래로 밀쳐냈다. 이러한 선택이 잘못된 것인지 아닌지 지금 그녀는 알 수 없다. 왜냐하면 평생 내면의 눈으로 간직해 온 것이 세상의 전부이며, 결코 반쪽짜리가 아니기 때문이다(HS, 122).

화자는 이렇게 내적 긴장 속에서 선택된 소설의 이야기들이 그 전에는 수면 아래 잠겨 있었음을 비유를 들어 설명한다. 소설의 '서문'에서도 침묵 속에 감추어진 이야기들을 수면 위로 끌어올려 소설로 엮는 것 자체를 빙산의 일각이 녹는 데 비유했다.

차갑고 거대한 몸집이 수천 년에 걸쳐 기지개를 켜고 조금씩 꿈틀거릴 동안, …… 빙산의 표면 위에서는 조금씩 물이 녹았다(HS, 9).

이것은 역으로 동독인들의 삶과 그들의 이야기가 여전히 수면 아래 감춰져 있다는 것을 시사한다. 어둠 속에 묻혀 있는 개별적인 비극과 트라우마가 현실에서는 제대로 알려지지 않았다는 것이 포스트 동독 문학 연구자들의 판단이기도 하다. 동독의 기억 문화를 사회학적 담론으로 분석하는 토마스 아베(Thomas Ahbe)도 독재국가로서의 동독이 아닌 동독인들의 기억 속에 녹아 있는 그들의 과거를 아직 드러나지 않은 빙산에 비유한다.

빙산의 은유는 보이는 것과 보이지 않는 것과의 관계를 반영한다. 관찰자의 시선에서 볼 때, 수면 위에 나타나 잘 보이는 것은 '국가적으로 특권을 누린 독재에 관한 기억'이다. 그러나 동독의 기억 가운데 대부분은 수면 아래의 어둠 속에 묻혀 있다(Ahbe, 2013: 49).

동독인들의 기억 속에 간직되어 드러나지 않은 동독인들의 삶과 이와 관련된 이야기들을 '수면의 위와 아래'라는 수직적인 구도에서 설명하는 작가는 수면 아래 감춰진 이야기들을 이 소설 곳곳에 숨겨둔 다양한 물건들에 투영하기도 한다. 이를테면, 건축가로서 큰 성공을 거두긴 했으나 동독 정부와의 마찰로 인해 자신의 여름 별장을 급히 떠나야 했던 건축가가 호수 한가운데에 숨겨놓은 마이센 도자기와 은맥주잔, 오랜 시간이 흐른 훗날 정원 텃밭에서 발견된 은수저로 가득한 상자, 건축가의 아내가 거주하는 침실의 옷장 뒤에 숨겨진 또 다른 벽장, 도리스가 나치를 피해 숨어든 작은 은신처 등과 같이 숨겨진 물건들과 장소가 사람들에게 발각되면서 비로소 이와 관련된 이야기들이 세상에 알려진다.

4) '기억의 몸'의 상실과 문학적 애도

대지와 물의 경계에 위치한 호숫가의 집은 역사적 상실과 트라우마를 체험한 인물들의 '기억의 장소'일 뿐만 아니라, 세대를 거듭하며 자연스럽게 생성과 소멸 과정을 겪어야 하는 '기억의 몸'으로 형상화된다. 소설에 등장하는 정원사와 동일시되는 이 집은 기억의 대상으로 머무르지 않고, 생성과 소멸의 원리에 노출된 몸으로서 이 집이 품고 있는 생명감, 호흡, 온도, 공기 등은 이 집에 살았던 인물들의 이야기들과 유기적인 소통을 가능하게 한다(Probst, 2010: 71 이하 참조). 이 호숫가의 집과 관련된 방, 현관문, 계단, 장롱 뒤에 숨겨진 방, 테라스의 난간 위에 앉아 있는 모형 새, 수영장으로 나갈 때 사용하는 수건과 이 집에 배어 있는 "페퍼민트와 장뇌(樟腦) 냄새"(HS, 76, 177) 등은 세대를 거듭해도 상이한 인물들의 삶에 반복해서 등장하며, 세대를 뛰어넘어 존재한 이 집에 대한 기억을 감성적으로 일깨워주는 장치로 작동한다. 물질적

대상을 머리에서 가슴으로, 몸으로 느낄 때 과거의 기억이 더욱 생생하게 전해지게 마련이다(Beise, 2007: 11). 이렇듯 '문학적 기억'의 서사에 독특한 감성이 덧입혀진 유기체로서의 집은 '건축가가 집을 지을 때부터 이미 전제되고 있었다. 건축가는 살로 된 피부 위에 옷이라는 피부가 더해지고 그다음에 "제3의 피부"(HS, 38)인 집이 갖춰지면 인간이 정착할 수 있는 고향이 만들어진다고 보았다.

이 건축가에 따르면 "집이란 살아 있는 무언가가 마치 여기서 자라난 것처럼 보이는"(HS, 42) 생명체와 같다. 여류 작가의 손녀가 서독의 원소유주와의 소송에서 패한 후 뜻하지 않게 '불법 소유주'가 되어 이 집을 둘러보게 되었을 때, 오랜 세월을 견뎌온 이 집에 이미 목재 부식균이 습기와 함께 벽을 타고 번져나가고 기둥이 썩어 들어가는 모습을 발견하게 된다. 마치 한 인간의 육체가 쇠락하는 것과 같이 이 집의 소멸이 임박해졌을 때, 이 불법 소유주는 다 쓰러져 가는 집 안에 들어가 바닥을 쓸고, 걸레질을 하고, 왁스로 광을 내고, 닫혀 있던 창문을 열어 방안을 환기시킨다. 어차피 철거될 집이지만 그녀는 생명이 다해 명을 거두기 직전의 사람에게 작별을 고하듯 일종의 제의(祭儀)를 수행한다. 예전에 할머니가 돌아가시기 직전, 손녀인 그녀가 레이스가 달린 할머니의 잠옷을 잘 세탁하고 다려서 마지막 가는 길에 입혀 드렸던 것처럼 창문에 달린 커튼을 호수의 물로 깨끗하게 빨고 다시 창문에 걸어 방을 단장하기도 한다. 죽은 사람의 몸을 염(殮)하듯 모든 청소와 단장을 마친 여주인은 이후에 더는 쓸 일이 없을 열쇠를 주머니에 넣은 채 곧 헐리게 될 집을 떠난다. 그녀는 마지막으로 "아즈텍 인디언들에게 쓸고 닦는 일은 신성한 것"(HS, 184)이라는 신문 기사를 인용한다. 거주하는 사람도 없고, 물건도 거의 치워진 집을 두고 떠나는 '불법 소유주'는 "이 집이 이제 텅 비어 있어, 이 집에 대고 공중으로 날아올라 멀리 떠다니라고 명령을 내릴 수 있을 정도로 전혀 무게가 나가지 않는 것 같다"(HS, 181)고 홀가분한 자신의 심정을 털어놓는다. 이렇듯 이 집은 이 집에 거주했던 죽은 사람들을 추모하는 박물관으로서의 '기억의 장소'에 머무르지 않고, 극진한 애도의 대상이 된다. 여류 작가의 손녀는 이러한 과정을 통해 이 집에 누적된 과거의 이야기들과 작별을 고한다. 에르펜베크는 집의 축조와 헐림을 자연의 생성과 소멸의 원리에 수렴시켜 오랜 추억이 서린 집과의 심정적인 결별을 감행한다. 그런데 여류 작가의 손녀가 보여준 극진한 애도 의식과는 대조적으로, 막상 이 집이 철거될 때는 '법률 규정'에 따른 철저한 산술적 측량만이 적용된다.

> 결과적으로 이 집은 대략 잡아도 약 290m³ 용량이 나올 것이다. 화물트럭 한 대당 17~18m³의 쓰레기를 옮긴다고 치면, 모두 …… 치우는 데 적어도 17번 정도는 짐차로 실어날아야 한다(*HS*, 188).

독일통일의 여파로 이 집은 결국 '쓰레기'로 치워진다. 경제 논리와 법적 절차에서는 이 집에 어떤 역사가 배어 있는지, 어떤 기억이 스며 있는지, 어떤 삶의 희로애락이 숨어 있는지 아무런 관심거리가 되지 않는다. 동독인들의 삶이 부정되고 잊히는 것으로부터 그리고 침묵의 심연으로 빠져드는 것에서 과거의 삶을 지켜내려는 글쓰기 또한 현실의 불도저 앞에서는 무기력할 뿐이다. 이 소설의 화자는 '후기'에서 담담하게 그리고 오히려 냉정할 정도로 건조하고 치밀하게 이 집의 철거 과정을 기술한다. 어떤 법적 절차와 계산에 따라 이 집이 헐리는지 그 과정을 상세히 서술한 화자는 집이 완전히 철거된 후에야 비로소 이 집이 속했던 "자연 풍경이 잠시라도 다시 스스로의 모습을 되찾는다"(*HS*, 188)라는 문장으로 이 소설을 끝낸다. 이러한 백지상태는 격동의 역사, 상실의 역사에 대한 '애도 작업' 이후에 찾아오는 일종의 휴지기(休止期)로 간주된다. 이러한 휴지기 이후에 그 땅에 어떤 계획이 어떻게 구체화될지 그 이후의 과정은 큰 의미가 없어 보인다. 에르펜베크는 역사적 소용돌이 속에서 체험한 개인적인 트라우마를 극복하기 위해 과거와의 온전한 작별이 불가피하며, 이를 통한 내적 치유 과정 또한 절실함을 보여줄 뿐이다(Schöll, 2014: 43).

4. 맺음말

에르펜베크의 소설 『재앙』에 관한 기존 연구들에서는 독일통일이라는 역사적 사건이 차지하는 비중이 그리 크지 않았다. 주요 포커스는 '동독 아이들 세대'로서의 에르펜베크가 '기억 문화'의 틀에서 시도하는 개인적 회상이 가지는 문학적 의의나 인간 사회의 질서에서 벗어나 존재하는 자연과 물질이라는 비인간에 섬세히 접근하는 에르펜베크의 미학적 실험에 맞춰졌다. 이러한 연구 경향은 작가가 이념적 논쟁을 다루지 않고, 또 이 소설에서 통일에 관한 이야기가 거의 없는 까닭에 당연한 것처럼 보이기도 한다. 그러나 이 연구는 이 소설이 집필된 동기로서의 통일 이후 재산권 반환이라는 사건이 몰고 온 독일통일의 후폭풍 속에서 동독 출신 작가가 시도하는 동독인들의 삶에 대한 문학적 성찰에 더 큰 비중을 실었다. 작가는 이 소설에서 독일통일에 관해 아무런 반응도 하지 않는 것처럼 보이지만, 독일통일이라는 역사적인 사건이 동독인들의 일상에 얼마나 큰 영향을 미쳤는지에 대해 다음과 같이 이야기한다.

> 그때까지만 해도 우리끼리 조용히 살고 있었던 동독 사람들은 갑자기 전 세계적인 비난의 대상이 되었다. 그리고 갑자기 경제가 더 잘 기능하는 곳만 온 세상이 된 듯했다. 갑자기. 갑자기 우리의 언어는 마치 고대 오리엔트의 언어처럼 전 세계 사람들의 구경거리가 된 듯했다. 그 문자는 해독될 수 있지만 그 문자가 이야기하는 삶은 영원히 가라앉았다. 왜냐하면 우리의 일상은 갑자기 더 이상 일상이 아니라 박물관이 되었거나, 또는 사람들이 얘깃거리로 삼는 모험이 되었다. 우리의 풍속은 흥미로운 인기몰이로 전락했고. 몇 주 사이에 당연한 것이 더는 당연한 것이 될 수 없었다(Erpenbeck, 2014: 24).

통일이 동반한 체제 격변기 속에서 동독인들은 그들의 현재가 갑자기 낯선 과거로 전락되거나 그들의 삶의 이력이 부정되는 현실에 직면했다. 베를린장벽이 붕괴된 지 거의 20년이 되어서도 동독인들의 삶과 그들의 이야기가 여전히 수면 아래의 '빙산'으로 비유되는 현실에 직면해 에르펜베크는 소설『재앙』을 출간했다. 어린 시절 추억이 서려 있는 호숫가의 집을 상실하게 된 작가 자신의 체험은 통일 이전 동독인들의 삶을 되돌아보고 기록하는 계기가 되었고, 이러한 이야기들과 더불어 침묵 속에 잠겨 있던 삶의 증언들을 수면 위로 끌어올리게 했다. 통일 이후 동독인들이 체험한 물질적 상실과 심리적 박탈감에서 비롯된 이 소설을 통해 작가는 사라져 가는 것들에 대한 자기 이해의 과정을 피력하고, 종국에는 상실의 체험에 대한 자신의 '뒤늦은 애도'를 표명한다. 이를 위해 작가가 사용한 미학적 장치들은 호수와 뭍이라는 중간 지대에 접해 있는 이 '호숫가의 집'을 소설의 배경으로서가 아니라 이야기의 주체로 각인시킨다. 더 나아가 이 이야기들이 생성된 '기억의 장소'를 넘어서 자연의 순환 속으로 사라져 가는 '기억의 몸'으로 형상화된다. 이러한 문학적 기획이 과연 역사적 차원에서 상실의 불가피함을 설명하는 데 설득력이 있는가라는 질문에 대해선 확실한 답을 내놓을 수 없다. 그러나 개인의 회상을 토대로 풀어낸 상실과 애도의 서사는 역사 기술과는 차별되는 미시적 관점을 통해 침묵 속에 감춰진 삶에 대한 인식을 새롭게 일깨워 주는 문학의 고유한 기능이 있다는 점에서 이 소설의 독창성을 찾을 수 있을 것이다.

에르펜베크는 자신의 소설 미학을 토대로 상실과 트라우마의 체험에서 일말의 치유와 극복의 가능성을 제시하려고 했다. 그렇다고 해서 이 소설이 동독의 과거를 그리워하거나 미화하는 것은 아니다. 에르펜베크는 이 소설을 구동독에 대한 향수로 채우지 않고, 오히려 '고향'을 찾으려는 사람들이 종국에는 상실을 체험하는 '재앙'에 대해 이야기함으로써 '오스탈기(Ostalgie)'와 분명히 선을 긋는다. 그런데 이 소설의 공간이 오롯이 동독지역에 집중됨으로써 정치적 통일에 반하는 '나누어진 기억'을 암시한다는 점을 상기해 보면, 동독의 과거에 대한 작가의 양가적 성격을 가늠해 볼 수 있다. 특히 샤르뮈첼 호숫가에서 보낸 유년 시절에 대한 회상과 온전한 고향에 대한 그리움을 보여준다는 점에서 분명 '동쪽에 대한 노스탤지어'를 강하게 느끼게 한다. 다른 한편으로는 에르펜베크가 그려내는 동독의 과거가 지난 20세기의 시대사 속에서 다양한 인물이 겪어야 했던 상실과 트라우마의 역사라는 것을 되돌아보면, 이 소설은 오히려 고향에 대한 그리움과 환상에 반기를 드는 '안티 고향(Anti-Heimat)'의 성격을 드러낸다(Probst, 2010: 85 이하 참조). 단적인 예로 샤르뮈첼 호숫가의 집에서 '고향(Heim)'을 찾으려 한 인물들은 결국 그 고향이 존재하지 않는다는 것을 깨달을 수밖에 없었고, 이로써 그들이 이 집에 투영한 고향이라는 신화도 번번이 깨어졌다(Marx and Schöll, 2014: 9). 이것을 함축적으로 보여주는 것이 바로 이 소설의 제목인 독일어 단어 'Heimsuchung'이다. 이 단어는 '고향을 찾는 것' 또는 '재앙'으로 해석될 수 있다. 오히려 이 소설에서는 이 단어의 뜻 가운데 하나만 고르는 것보다 두 개 의미를 동시에 맞물려 적용하는 편이 타당할 것이다. 그 이유는 동독의 과거가 부정되고, 동독에 대한 편향적 역사화가 진행된 통일 공간에서 동독인들의 삶과 이들의 이야기를 전승하려는 작가의 문학적 기획에는 체제와는 무관한 동독인들의 삶과 그들의 고향을 위한 일종의 방어기제가 자리하고 있는 것이 분명하기 때문이다(Ahbe, 2013: 50).[4]

● **참고문헌**

류신·노영돈 외. 2013. 『독일신세대문학. 1990년 이후 독일 문학계의 지형 변화』. 민음사.
배기정. 2019. 「사라진 집: 동독에 대한 문학적 기억의 장소 — 예니 에르펜벡의 소설 『재앙』 연구」. ≪뷔

---

4) 토마스 아베가 분석한 동독의 과거에 대한 기억 방식을 토대로 에르펜베크의 '문학적 기억'을 살펴보면, 이는 동독 체제에 대한 비판적인 시각이라기보다는 체제는 비록 잘못되었더라도 이와는 무관하게 '올바른 삶'을 살았다는 입장을 보여주는 이른바 '조정된 기억(Arrangementgedächtnis)'에 가깝다고 볼 수 있다.

히너와 현대문학≫, 52.

에르펜베크, 예니(Jenny Erpenbeck). 2010. 『그곳에 집이 있었을까』. 배수아 옮김. 을유문화사.

한정희. 2006. 「구동독 지역 몰수부동산의 처리원칙 및 실태」. ≪EU학 연구≫, 11(1).

Ahbe, Thomas. 2013. "Die Ostdeutsche Erinnerung als Eisberg. Soziologische und diskursanalytische Befunde nach 20 Jahren staatlicher Einheit." in E. Goudin-Steinmann and C. Hähnel-Mesnard(ed.). *Ostdeutsche Erinnerungsdiskurse nach 1989: Narrative kultureller Identität.* Berlin: Frank & Timme.

Assmann, Aleida. 2006. E*rinnerungsräume. Formen und Wandlungen des kulturellen Gedächtnisses* (3rd ed.). München: C. H. Beck.

Beise, Arnd. 2007. "Körpergedächtnis als kulturwissenschaftliche Kategorie." in B. Bannasch and G. Butzer(ed.). *Übung und Affekt. Formen des Körpergedächtnisse*, 6. Berlin, Boston: De Gruyter.

Biendarra, Anke S. 2014. "Jenny Erpenbecks Romane Heimsuchung (2008) und Aller Tage Abend(2012) als europäische Erinnerungsorte." in F. Marx and J. Schöll(ed.). *Wahrheit und Täuschung. Beiträge zum Werk Jenny Erpenbecks.* Göttingen: Wallstein.

Döbler, Katharina. 2008.5.29. "Großmutters klein Häuschen." *Die Zeit*, 23.

Draeger, Kathleen. 2006. "Versuch über einen Verlust – Schwierigkeiten mit der Identität: Jenny Erpenbecks Wörterbuch." in I. Nagelschmidt, L. Müller-Dannhausen, S. Feldbacher (ed.). *Zwischen Inszenierung und Botschaft. Zur Literatur deutschsprachiger Autorinnen ab Ende des 20. Jahrhunderts.* Berlin: Frank & Timme.

Erpenbeck, Jenny. 2010. *Heimsuchung*(3rd ed.). München: Eichborn.

_____. 2011. *Dinge, die verschwinden.* München: btb.

_____. 2014. "Über das Erzählen und das Verschweigen. Bamberger Poetik- Vorlesung." in. F. Marx and J. Schöll(ed.). *Wahrheit und Täuschung. Beiträge zum Werk Jenny Erpenbecks.* Göttingen: Wallstein.

Galli, Matteo. 2013. "Post-Staatliche DDR-Literatur in der Literaturgeschichtsschreibung. Eine Bestandsaufnahme." in N. O. Eke(ed.). *Nach der Mauer der Abgrund? (Wieder-) Annäherungen an die DDR-Literatur.* Amsterdam, New York: Rodopi.

Kałążny, Jerzy. 2016. "Was bleibt? Zum Fortleben der DDR-Literatur in der Forschung." *Studia Germanica Posnaniensia*, 37.

Köhler, Astrid. 2013. "Große Form - kleine Form. Gegen den Strich der Familiensaga." in L. Herrmann und S. Horstkotte(ed.). *Poetiken der Gegenwart: Deutschsprachige Romane nach 2000.* Berlin, Boston: De Gruyter.

Marx, Friedhelm and Schöll, Julia: "Wahrheit und Täuschung, Eine Einleitung." in F. Marx and J. Schöll(ed.). *Wahrheit und Täuschung. Beiträge zum Werk Jenny Erpenbecks.* Göttingen: Wallstein,.

Nagelschmidt, Ilse. 2009. "Die wilden Jahre sind vorbei. Paradigmen der Identitätskonstruktion in der ostdeutschen Literatur nach 1989." in A. Geier(ed.). *Konkurrenzen, Konflikte, Kontinuitäten, Generationenfragen in der Literatur seit 1990.* Göttingen: Wallstein.

Ostheimer, Michael. 2013. "Nachgeholte Trauerarbeit. Traumatische Erinnerungsräume im Werk ostdeutscher Autoren nach 1989." in N. O. Eke(ed.). *Nach der Mauer der Abgrund? (Wieder-)Annäherungen an die DDR-Literatur.* Amsterdam, New York: Rodopi.

Probst, Inga. 2010. "Auf märkischem Sand gebaut. Jenny Erpenbecks Heimsuchung zwischen verorteter und verkörperter Erinnerung." in I. Nagelschmidt, I. Probst, T. Erdbrügger (ed.). *Geschlechtergedächtnisse. Gender-Konstellationen und Erinnerungsmuster in Literatur und Film der Gegenwart.* Berlin: Frank & Timme.

Schöll, Julia. 2014: "Wörter und Dinge. Jenny Erpenbecks Text- und Objektästhetik." in F. Marx and J. Schöll(ed.). *Wahrheit und Täuschung. Beiträge zum Werk Jenny Erpenbecks.* Göttingen: Wallstein.

Schuster, Maren and Paul, Martin. 2008. "Man kann sich sein Verhältnis zur Vergangenheit nicht aussuchen: Interview mit Jenny Erpenbeck." http://www.planet-interview.de/interviews/ jenny-erpenbeck/34662/.

영화를 통해 본 통일 이후 동독인의 삶
토마스 슈투버 감독의 영화 〈통로들에서〉

백민아

1. 머리말

영화는 "사회 현실의 총체(das Gesamt der Realitäten einer Gesellschaft)"(Silbermann, 1980: 18)로 우리가 사는 사회를 반영한다. 마르틴 슈뢰어(Martin Schrör)는 "사회적 관계의 변화를 다루고, 세계와 삶의 관점을 전달하며, 완전한 사회상을 포함하고, 삶에서 중요한 모든 것(출생, 가족, 폭력, 질병, 사랑, 섹슈얼리티, 죽음)을 다루는 것이 영화이다"라고 정의한다(2008: 7). 영화는 감독의 관점에 따라 사회와 삶을 사실 그대로 재현하는 데 초점을 맞추느냐, 예술적 표현 형식에 중점을 두느냐가 결정된다. 지크프리트 크라카우어(Siegfried Kracauer)는 전자를 '리얼리즘적 경향(die realistische Tendenz)', 후자를 '형식적 경향(die formgebende Tendenz)'으로 분류하면서 어느 한쪽을 선택하는 것이 아니라 두 경향이 서로 조화를 이루어야 한다고 말한다. 그는 영화적 접근법으로 영화 매체의 미학적 표현을 활용하되 현실을 사실적으로 그릴 때 예술적인 의미 역시 더욱 강화된다고 주장한다(Mülder-Bach and Biebl, 2005: 74~78에서 재인용).

토마스 슈투버(Thomas Stuber)의 영화 〈통로들에서(In den Gängen)〉[1]는 현대

---

1) 국내에서는 〈인디아일(In the aisles)〉로 개봉했으나, 영화가 마트에서 근무하는 여러

독일 사회의 모습을 현실적으로 재현한다. 이를 위해 롱테이크, 클로즈업 등 영화적 표현 기법을 적극 활용하고 있고, 미학적 형식을 통해 메시지를 전달하는 점이 특징이다. 슈투버는 1981년 라이프치히에서 태어난 동독 출신 감독으로 전형적인 전환기 아이들(Wendekinder)2)에 속한다. 그는 인터뷰를 통해 동독의 분위기가 영화감독으로서 흥미를 갖게 한다고 말한다. 그리고 자신의 영화에서 자기 자신과 자신이 가장 잘 알고 있는 사람들의 이야기를 다룬다고 설명한다(Hünniger, 2018). 통일 후 친구들과 어울려 놀던 버려진 창고가 마치 집처럼 느껴졌던 어린 시절의 경험을 바탕으로 탄생한 이 영화는 작센 지역에 있는 한 대형 마트에서 벌어지는 이야기를 다루어 제68회 베를린 영화제 공식 경쟁 부문에 초청되기도 했다.

전환기 시절에 겪은 유년기와 노동계급의 갈망에 대해 노래하는 영화 〈통로들에서〉는 세 개의 에피소드로 나눠 연령, 성별이 다른 세 인물의 삶을 다룬다. 주류 코너를 담당하는 브루노(Bruno)는 신입으로 들어온 크리스티안(Christian)을 무심히 맞이하지만 그에게 일을 가르쳐주고 속마음을 터놓을 만큼 가까워진다. 작품 내내 브루노는 크리스티안을 계속 격려하는 자상한 멘토 역할을 수행한다. 사탕 코너 담당인 마리온(Marion)은 항상 밝은 얼굴로 마트에서 근무하고 있지만 그 이면에는 개인적인 고통이 숨어 있다. 기혼인 마리온은 크리스티안에게 호감을 느끼며 혼란스러워하는 모습을 보인다. 크리스티안은 마트에 신입으로 들어온 젊은 청년으로 마트에서의 근무가 첫 사회 경험인 듯 어수룩한 모습을 보인다. 영화는 과거에 범죄를 저질렀던 그가 마트에 취직 후 지게차 자격증을 따고 정직원이 되어 일을 계속하는 것으로 끝난다.

인물의 삶을 다루고 있다는 점에 주목해 '통로'라는 뜻의 독일어 Gang의 의미를 살려 '통로들에서'라고 번역했다.

2) 1975년에서 1985년 사이에 태어난 240만 명의 독일인이 이 세대에 속한다. '동쪽 지역의 아이들(die Zonenkinder)', '동독의 제3세대(die dritte Generation Ost)'로 불리기도 한다(Jilovsky and Lewis, 2015: 109).

국내에서는 이 영화의 표면적인 줄거리에 주목해 대형 마트에서 일하는 남녀의 사랑 이야기, 마트 노동자들의 삶의 외로움을 노래한 작품으로 소개되었다. "영화는 사회를 '반영'할 뿐만 아니라 사회에 영향을 미치며, 다른 한편으로는 단순히 현실을 묘사하는 것이 아니라 동시에 해석하기도 한다"(2008: 7)라는 슈뢰어의 말처럼 영화를 온전히 이해하기 위해서는 표면적으로 드러나는 이야기 구조를 감상하는 것에서 더 나아가 사회·문화적 차원에서 '해석'해야 한다. 이 영화의 주요 배경이 되는 마트는 독일통일 이후 기업 인수 과정을 거쳐 생겨난 장소이며 이곳에서 일하는 사람들 대부분이 구동독 출신이라는 점으로 미루어보아, 이 영화는 독일통일 상황과 관련지어 해석할 여지가 많다. 그러므로 이 글에서는 영화 〈통로들에서〉를 감독의 관점에서 바라본 독일통일의 의미를 중심으로 해석해 본다. 특히 영화의 주요 장소인 '대형 마트'를 표현하는 영화적 영상 기법과 연출 방식을 통해 장소가 내포한 상징적인 의미를 고찰해 본다. 더불어 주요 등장인물인 브루노와 마리온, 크리스티안을 중심으로 이 세 인물이 통일 이후 독일 사회와 독일인들의 삶을 어떻게 대변하는지, 이들의 삶을 통해 독일통일이 개인의 삶에 어떤 모습으로 형상화되고 있는지를 탐구해 본다.

2. 장소의 상징적 표현과 의미

이 영화는 작품의 주된 장소인 마트를 보여주며 시작한다. 이러한 공간의 제시는 영화 전반에 걸쳐 일관된 서사적 의미를 지닌다. 슈투버는 장소를 표현하는 방식에 다채로운 변화를 주며 공간 제시 방식을 영화의 주된 특징 중 하나로 설정했다. 더불어 이 표현 방식의 변주는 감독의 뜻을 내포하고 있기 때문에 장소가 지닌 상징적 의미를 파악하는 데 중요하다. 이 절에서는 장소를 제시하는 주된 방식인 수평적 제시와 수직적 제시를 중심으로 마트가 지닌 의미를 살펴본다.

1) 수평적 보여주기

슈투버는 정적인 프레임과 롱숏, 롱테이크 등의 미학 형식을 활용해 '영화적 리얼리즘(cinematic realism)'을 추구한다(이주봉, 2016: 17). 이러한 표현 형식은 특히 장소를 제시하는 데 활용된다. 감독은 카메라가 이동하며 장소의 이곳저곳을 비추는 방식이 아니라 마치 사진을 찍어 보여주듯이 정지된 상태의 공간들을 제시하는 방식을 반복한다. 더불어 이 정적인 공간 제시는 수평적 시선을 유지하고 있으며, 수평의 위치에서 바라보는 단면을 보여준다.

〈그림 14-1〉은 불이 꺼진 마트의 빈 공간을 비추는 모습으로 영화 시작 부분에 등장하는 장면이다. 일면 아무 의미 없어 보이는 마트 내부의 공간이지만 전체적으로 어두운 조명 가운데 일부를 비추고, 수평적 카메라 배치와 정지 상태의 움직임과 같은 조형적 요소들을 담고 있다. 이 영화는 이러한 세팅, 조명, 구도, 카메라의 각도와 움직임 등 영화 기술적인 차원에서의 미장센을 적극 활용하고 있으며, 이를 통해 장소 속에 존재하는 인물의 삶을 이해하도록 유도한다. 또한 공간의 이미지를 하나씩 이어 붙이는 몽타주 기법을 사용해 관객에게 장소를 다각도에서 바라보게 하고, 더 나아가 영화의 주된 배경이 되는 장소를 특별하게 인식하도록 하는 효과를 준다.

곧이어 지게차를 탄 채 일을 하는 직원들이 등장하면서 이 영화는 정적인 공간 제시에서 동적인 카메라워킹으로 연출 방식이 변화한다. 이때 흘러나오는 음악 「도나우강의 왈츠」는 마치 마트 통로를 오가는 지게차들이 음악에 맞춰 왈츠를 추고 있는 듯한 리듬감을 부여해 정지된 장소에 생동감을 불어넣는 효과를 준다. 이때 카메라의 시선은 수평을 유지하는데, 이러한 '수평 트래킹' 방식은 관객들이 대상을 객관적으로 바라보도록 한다(윤시향, 1998: 63).

그림 14-1 불이 꺼진 마트의 모습

장면 1

장면 2

자료: https://serieson.naver.com/movie/detail.nhn?productNo=3843482(이하 그림 모두 동일).

2) 수직적 내려다보기

수평적 구도에서의 이미지 제시가 장소와 등장인물을 '보여주는' 기능을
했다면 부감 기법으로 연출한 수직적 구도는 대상을 조망하는 상위 계층의
시선을 표현한다.

'장면 3'을 보면 공간을 단면적으로 제시하던 수평적 시선과 달리 마트의
전체 구조가 입체적으로 내려다보인다. 마트의 가장 상층부에서 내려다보고
있는 카메라의 시선은 마치 마트 내부를 CCTV로 감시하는 듯한 느낌을 준
다. 또한 위에서 내려다보는 모습은 마치 브루노가 즐겨하는 체스판의 모습

그림 14-2 부감 기법으로 연출한 장면

장면 3

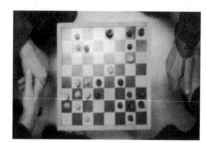
장면 4

과도 유사하다(장면 4). 마트에서 움직이는 직원들은 곧 체스판 위의 말과 같으며, 체스판을 사이에 두고 마주 앉아 말을 움직이는 행위자처럼 더 높은 위치에서 그들을 바라보고 조종하는 사람이 있다는 것을 상징적으로 표현한다.

3) 수평과 수직이 나타내는 상징적 의미

영화는 "사회가 표현되는 시각적 형식(visuelle Formen, in und mit denen sich eine Gesellschaft darstellt)"(Denzin, 2003: 417)이기 때문에 영화를 구성하는 이미지들은 우리가 사는 사회의 모습이 투영된 상징물이다. 영화의 주된 공간인 마트는 인물들이 일을 하는 곳일 뿐만 아니라 사람들과 공동체 관계를 맺는 삶의 터전이다. 인물들의 일상적 공간인 마트가 수평과 수직의 시선으로 제시되며 상징적 의미를 내포하는 것과 마찬가지로 인물 간의 관계에서도 수평과 수직의 관계를 발견할 수 있다. 이와 같은 수평과 수직의 '시선'과 '관계'는 독일 사회를 구성하는 계층구조를 상징적으로 보여준다.

마트에는 직원들 외에 두 명의 관리자가 등장하는데, 한 명은 동독 출신의 루디(Rudi)이고 다른 한 명은 지게차 안전 교육과 자격증 시험을 관할하는 감독관이다. 루디는 마트 직원들을 관리하는 역할을 수행한다. 그가 맡은 직함이 관리자이기는 하지만 다른 직원들과 동일하게 수평적인 구도로 등장하고 크리스티안에게 마트의 규율이나 규칙을 설명할 때 '사장', '윗선'이라고 언급하는 것으로 보아 그는 다른 직원들과 다를 바 없는 노동자의 일원일 뿐이다. 루디와 직원들의 수평적인 관계는 '퇴근 의례'를 하는 모습에서도 나타난다. 직원들은 탈의실에서 옷을 갈아입고 1층으로 내려와 퇴근 카드를 찍은 뒤 일렬로 줄을 서서 한 사람씩 루디와 악수를 하고 인사말을 주고받으며 퇴근을 하는 일련의 의식 같은 행동을 하는데, 이는 동독 사회주의 체제의 노동 관습을 묘사한다.

반면 지게차 자격시험을 관장하는 감독관은 마트의 실질적인 관리자 계층

그림 14-3 **동독인 관리자와 서독인 관리자**

장면 5

장면 6

에 해당되는 인물로, 작업복을 입은 루디와 달리 와이셔츠를 입었다. 그는 수직적 위치에 존재하는 서독 관리인의 모습을 형상화한다. 안전교육을 실시하는 그의 태도는 서독인은 냉정하다는 고정관념을 형상화하기도 한다. 교육생들에게 지렛대의 원리를 설명하며 "이건 8학년 수준의 물리"라고 언급하는 장면은 얼핏 보면 친절하게 설명하는 듯하지만, 교육생들의 학업 수준을 무시하는 본심이 드러난다.

그의 인간미 없고 냉철한 모습은 교육과정의 일부로 마트에서 벌어지는 안전사고 장면에서 드러난다. 작업자의 몸통이 잘려 나가고 손목이 잘려 피가 분출되는 모습을 보며 감독관은 소리 내어 웃음을 터뜨린다. 본능적으로 인상을 찌푸릴 만한 끔찍한 사고 장면을 보며 웃음을 지을 수 있는 건 내가 겪지 않을 일이며 나와는 무관한 상황이라는 가정을 내포하며, "회사가 돈을 그냥 주나"라며 곧바로 시험지를 배부하는 그의 모습은 노동자들을 철저히 하위 계급으로 바라보는 서독 자본가의 이미지를 대표한다.

3. 독일통일과 인물의 삶

동독과 동독인에 대한 기억은 시간적 차원에서 바라보는 객관적 성찰에서

한 발 더 나아가 "개별 세대의 주관적인 시간(die subjektive Zeit der einzelnen Generationen)"으로 바라보아야 "동독의 문학적 기억(die ostdeutsche literarische Erinnerung)"으로서 가치를 지닌다(Norkowska, 2021: 497). 이 영화는 이러한 관점에서 볼 때, 같은 동독 출신이지만 서로 다른 세대를 대표하는 브루노와 크리스티안, 여성의 삶을 대표하는 마리온을 통해 다양한 세대의 주관적 삶을 다룬다는 점에서 특징적이다. 슈투버는 마치 연극의 장처럼 한 사람, 한 사람의 이름으로 된 에피소드로 나눠 개인별 서사를 제시한다. 감독은 영화를 제작할 때 "자신의 문화적 상징체계 내에서 서사를 창출"(변학수·채연숙, 2004: 327)하기 때문에 이 영화 속 인물들의 삶에서 통일독일이라는 문화적 배경을 바탕으로 작품을 해석하는 것이 타당하다. 그러므로 이 절에서는 '브루노, 마리온, 크리스티안'의 삶을 그리는 영화 속 표현 방식 및 인물들과 상징적 관계를 나타내는 소재를 중심으로 살펴보도록 한다.

1) 브루노: 고독과 상실

브루노는 통일 이후 급변하는 독일 사회를 가장 직접적으로 경험한 세대를 대표한다. 독일통일은 "동독으로부터 서독으로의 재분배 과정"(김누리, 2005: 314)으로 통일 직후 많은 동독의 회사들은 서독에 흡수되었다. 브루노가 다니던 구동독의 국영 트럭 회사 역시 서독에 흡수되었고, 그는 고용이 승계된 덕에 지금까지 마트에서 근무하고 있다.

여긴 국영 트럭 회사였어. 상상해 봐. 루디랑 볼프강도 여기서 일했었어. 클라우스도. …… 상황이 변하자 회사가 문을 닫고 새로운 기업이 고용을 승계했지. 독일통일의 승자들이지.

통일 직후 실업 문제가 큰 사회문제로 대두한 것을 고려하면, 고용 승계를

그림 14-4 브루노를 상징하는 클로즈업 이미지

장면 7

장면 8

장면 9

장면 10

통해 일자리를 유지할 수 있었던 자체가 운 좋은 사례에 해당된다. 그런데도 통일로 인해 변화를 겪을 수밖에 없었다고 씁쓸하게 이야기하는 브루노를 향해 "그래도 일자리는 얻었잖아요"라고 말하는 크리스티안의 모습은 같은 동독인들 사이에서도 처한 상황과 세대에 따라 서로 입장이 다르다는 것을 보여준다. 그러나 이는 지극히 제3자 혹은 서독인의 시선으로 바라본 이야기다. 브루노의 입장에서는 평생 해오던 일을 갑자기 잃었고, 자신의 의지와 상관없이 주어진 일을 해야 하는 상황이 큰 부담으로 다가온다. 급속히 진행된 통일 과정에서 익숙한 세계 질서가 붕괴되는 것은 통제 불가능한 현상이었고, 브루노와 같은 개인들은 거대한 사회 변화의 흐름 속에서 "정체성의 파괴(Störerfahrung der Identität)"(Norkowska, 2021: 494)라고 할 만한 거대한 혼란을 경험한다.

통일 이후 브루노의 삶은 마치 군데군데 생채기가 나 있고 허름해진 낡은 지게차(장면 8, 9)와 눈이 가려진 토끼 인형(장면 10)과도 같다. 감독은 마치 지

그림 14-5 **브루노의 집**

장면 11   장면 12

게차가 브루노의 신체 일부분 혹은 삶의 일부분이라도 되는 것처럼 브루노가 운전하는 지게차의 단면을 아주 가까이 클로즈업해 부분부분을 보여준다. 그러나 이 지게차의 모습을 보면 표면의 페인트칠은 벗겨져 있고, 좌석의 가죽은 너덜너덜하게 뜯어진 상태이다. 브루노의 삶은 사회구조가 서구적으로 조정되는 변화 과정 속에서 훼손되었으며(Landua and Zapf, 1991: 11), 이는 허름한 지게차가 곧 브루노라는 것을 상징하는 듯한 연출로 나타난다. 더불어 지게차에는 토끼 인형이 달려 있는데, 이 인형을 자세히 살펴보면 스티커로 눈을 가리고 있다. 물론 일을 하던 중에 생긴 작은 쓰레기들을 토끼 인형에 한데 모아 붙여놓은 것일 수도 있으나 지게차의 한 면 한 면을 클로즈업하고 토끼 인형 역시 클로즈업하며 브루노의 일상을 그리는 연출 방식에 비추어볼 때, 눈이 가려진 이 인형 역시 앞을 보지 못한 채 그저 캄캄한 어둠 속에 갇힌 듯한 브루노의 황량한 심정을 대변하는 것으로 보인다.

통일 이후의 외로운 삶은 브루노의 집 곳곳에서도 나타난다. 퇴근 후 한잔하자며 크리스티안을 집에 데려왔을 때 브루노는 "와이프가 자고 있으니 시끄럽게 하면 안 돼, 아침에 일찍 일어나거든"이라고 말했지만, 사실 그의 집에는 아무도 없다. 주방에는 술병만이 널브러져 있고 침대에는 시트조차 깔려 있지 않다. 거실 소파에 이불이 펼쳐진 모습에서 그가 오롯이 혼자 지내왔으며 그에게 집은 휴식과 안정의 공간이 아니라 사무치도록 외로운 고독의 장소였음이 드러난다. '한 팀'이라고 칭할 만큼 유대감이 깊은 직원들은 그가 아내와 함께 사는 것으로 알고 있었다. 그러나 그가 죽은 이후에야 밝혀진 외로운 삶은 통일 이후 무너진 가정의 모습, 가족의 해체와 말 못 할 외로움을 묵묵히 견뎌낸 구세대의 아픔을 보여준다.

브루노의 연령대에 비추어보면 그는 통일을 주도했던 '독일통일의 주역' 세대에 속한다. 그가 통일을 적극적으로 지지했는지는 정확히 알 수 없으나, 통일 이후의 사회 변화에 대해 부정적인 시각을 가지고 있었음이 분명히 나타난다. 서독의 자본가들을 '독일통일의 승자들'이라고 칭하고, 통일 전이 좋았다는 뉘앙스로 이야기하는 것을 보았을 때 그는 과거의 삶을 그리워하는 오스탈기(Ostalgie)적 성향을 보인다. 그러나 당시를 무조건 미화하고 되돌아가야 한다고 주장하진 않는다. 그리고 동시대의 사람들과는 조금 다른, 전형적인 틀에서 벗어난 구세대의 모습을 보인다. 그는 수습 기간 중 술을 마시고 지각한 크리스티안에게 "아직 수습 기간이야, 정신 차려"라고 조언하고, 크리스티안을 집에 데려와 과거의 허물을 들어주며 "괜찮은 사람"이라고 격려한다. 브루노의 태도는 통일 이후 사회에 적응하지 못해 고통스러워하는 인물들과 달리 먼저 통일을 경험하고 살아온 사람으로서 다음 세대에게 격려와 위로를 건네는 앞 세대의 모범을 상징한다.

그럼에도 브루노는 끝내 자살한다. 표면적으로는 통일 이후 별다른 문제 없이 사회에 적응을 한 것으로 보이는 사람들도 말 못 할 고민이 있고, 통일로 인한 고독과 외로움에 고통을 받기도 한다는 것을 상징적으로 보여준다. 그에게 통일은 자신을 구속하고 속박하는 것으로 여겨졌고, 그는 마트에서 일하며 답답한 공간에 갇힌 듯한 억압과 속박을 느낀다. 이는 그가 휴식 시간에 담배를 피우는 공간을 통해 발견된다(〈그림 14-6〉). 잠시 쉬기 위한 공간이 마치 쇠창살에 갇힌 모습으로 표현되는 구도가 반복되면서 그가 일하는 마트가 브루노에게 얼마나 답답한 구속의 공간이었는지, 통일로 인한 변화가 얼마나 그의 삶을 얼마나 억압했던 것인지를 보여준다.

그림 14-6 **속박된 브루노의 삶**

장면 13   장면 14

　결국 그는 노끈으로 목을 매고 죽음을 택하게 되는데, 일을 하던 도중 '노끈'이 언젠가 요긴하게 쓸 데가 있다고 말하는 모습에서 그의 죽음은 계획된, 필연적인 것이라는 것이 나타난다. 브루노의 자살은 외부 자극에 의한 질식으로 숨 막힐 듯한 공간이 주는 압박감을 상징하는 행위이다. "길을 달리던 때가 그리워"라는 말을 마지막으로 생을 마감한 그는 죽음을 통해 자유를 얻게 된다.

2) 마리온: 물질적 풍요와 가부장적 속박

　사탕 코너를 담당하는 마리온은 항상 밝은 표정으로 일하지만, 그 이면에는 가정에서의 상처를 안고 있다. 그녀는 마트 직원이기보다 손님이 더 자연스러울 듯한 차림을 하고 있다. 항상 깨끗한 하얀색 계열의 옷을 입고, 그녀의 목과 귀에는 물질적 풍요를 상징하듯이 금목걸이와 귀걸이가 걸려 있다(장면 16). 그리고 이러한 소재들은 감독의 클로즈업을 통해 마리온의 이미지를 강화하는 효과를 준다.
　마리온의 집(장면 17)은 그녀가 다른 직원들에 비해 경제적으로 안정적인 생활을 하고 있음을 보여준다. 제대로 된 주방 도구나 침대 시트조차 없던 허름한 브루노의 집과 다르게 마리온의 집은 다층 구조의 전원주택이며 마리온

그림 14-7 **마리온의 부르주아적 이미지**

Marion

마리온

장면 15

장면 16

장면 17

의 남편은 고급 승용차를 타고 출근한다. 집 내부 역시 따뜻한 느낌을 주는 베이지 톤의 가구들과 값비싼 소품들이 잘 정리되어 안락한 이미지를 형성한다. 그러나 겉으로 보이는 집의 이미지와 달리 마리온에게 집은 자신의 삶을 구속하고 상처를 주는 공간일 뿐이다.

마트 직원들은 마리온에게 호감을 표현하는 크리스티안에게 다가가 "좋은 사람"이라고 말하거나 마리온과 크리스티안이 이어지길 바라는 듯한 태도를 보인다. 크리스티안은 이리나(Irina)에게 마리온이 자신을 좋아한다는 말과 함께 그녀가 기혼이라는 사실을 듣고 놀라 방황한다. 그러나 아이러니하게도 브루노는 "진심으로 잘해줄 사람이 필요해"라며 마리온의 곁에 크리스티안이 있어주기를 바라는 듯한 말을 건넨다. 결혼은 "사랑과 존경(Liebe und Achtung)" (Uhlmann·Hartmann and Wolf 1961: 62)을 기반으로 한다고 생각하는 마트 직원들은 마리온이 행복하지 않은 결혼 생활에서 벗어나 진정한 행복을 얻기를

그림 14-8 **수조 속 물고기와 물고기가 튀어 오르는 모습**

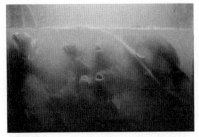

장면 18

장면 19

기원하는 것이다.

"마리온은 남편 문제야. 쓰레기 같은 놈이지. 마리온한테 함부로 한다고 들
었어."
"때리기도 해요?"
"가끔 맞고 와."

브루노는 크리스티안에게 마리온이 오랫동안 출근하지 못하는 이유가 가
정폭력 때문이라고 말하며 그녀의 곁에 있어달라고 말한다. 브루노가 크리스
티안과 이 이야기를 나누는 장소는 물고기가 가득 찬 수조 앞이다. 크리스티
안은 브루노의 이야기를 들으며 수조 안 물고기를 바라본다. 그리고 숨 쉴 공
간도 부족해 보일 정도로 빽빽이 채워진 물고기들이 클로즈업되고 그중 한
마리가 마치 수조를 탈출하려는 듯 수직으로 높이 튀어 오르는 모습이 연출
된다(장면 18).
화면을 가득 채우는 수조 속 물고기는 마치 결혼이라는 제도에 구속
된 마리온을 표현하는 듯하다. "노동사회(Arbeitsgesellschaft)"이자 "노동자사회
(Arbeitergesellschaft)"(Landua and Zapf, 1991: 10)로 정의될 수 있는 동독 사회는
"가족과 일의 양립(die Vereinbarkeit von Familie und Beruf)"을 보장하기 위한 사

회정책을 펼쳤고, 동독 여성들은 높은 고용률을 보였다. 그러나 통일 이후 독일 여성들, 특히 많은 구동독 여성들은 일자리를 잃었고, 그 일자리 남성들에게 넘겨주게 된다. 동독 체제에서는 누구나 성인이 되면 결혼을 하여 가정을 이루어 아이를 출산했고, 여성은 육아와 경제활동을 동시에 해내는 것이 이상적이라는 '사회주의적 가족(sozialistische Familie)' 개념이 동독 특유의 문화로 자리 잡았다. 그러나 통일 이후에는 가정에서 남성이 경제활동을 하고 여성은 가정을 안정적으로 돌보는 것이 이상적이라는 "보통가정(Normalfamilie)"(도기숙, 2005: 272) 혹은 "시민가정(bürgerliche Familie)"(Mau, 1994: 198) 이데올로기가 국가적 차원에서 강조되면서 동독의 여성들은 혼란을 겪는다. 결혼과 육아를 하면서도 "일하는 어머니(arbeitende Mutter)"(Kröplin, 1999: 189)의 이상을 추구하며 살아온 동독 여성들은 통일 이후 한순간에 실직 상황에 놓이면서 사회적 존재감 상실로 소외감을 느끼게 되었다. 이러한 관점에서 봤을 때 마리온이 겪는 가정에서의 불화 역시 마트에서 근로자로 일하는 것보다 집안에서 아내 역할에 충실하기를 강요하는 남편과의 가치관 차이에서 비롯된 것으로 추측된다. 그러나 마리온은 계속 사회생활을 하려는 모습을 보인다. 수조에서 튀어 오르는 물고기의 모습은 가정 내에 머물기보다 외부로 나가 자신의 주체적인 삶을 살기 위해 끊임없이 투쟁하는 마리온의 의지를 상징적으로 나타낸다.

마리온에게 통일은 물질적 풍요를 가져다주었으나 자유와 삶의 주체성을 앗아간 주요인으로 작용한다. 통일로 인해 동독인들이 추구하던 사랑, 우정, 삶 같은 정신적 가치가 훼손되어 고통받게 된 것이다. 마리온은 남성과 같이 머리를 짧게 자르고 출근을 하는데, 이는 가부장적인 사회에 굴복하지 않겠다는 의사 표현을 상징한다. 그녀는 통일 사회 속에서 자신의 삶과 사회적 위치를 지키기 위해 고군분투하는 여성들을 대변하는 인물이라고 할 수 있다. 결혼은 마치 통일 직후 물질주의를 마음껏 누리게 된 동독인들의 삶을 상징한다. 자본주의를 급격히 맞닥뜨린 동독인들이 물질 만능주의에 현혹되어 눈에 보이는 물질을 최우선으로 취급하다 보니 이전 공동체주의 속에서의 인간적인 가치나 정신적인 것들의 소중함을 잊은 것처럼 마리온 역시 고급차와 좋은 집을 소유한 부유한 남성을 만나 결혼했지만, 정서적인 교감이 아니라 억압과 폭력을 겪으며 고통스러운 삶을 살고 있는 것이다. 그래서 마리온에게 마트는 일을 하는 공간을 넘어 같이 일하는 동료들과 정서적 교감을 나누고, 그들에게 공감과 위로를 받으며 치유하는 공간으로 상징된다.

3) 크리스티안: 결핍과 희망

1980년대 초에 태어난 토마스 슈투버 감독은 동독에서 태어나 자라던 중 통일을 경험한다. 그리고 자신의 유년 시절의 기억, 통일을 경험한 젊은 세대로서 자신의 경험을 이 작품 속에 녹여내고 있다. 이와 같은 자전적인 내러티브는 다른 사회적 행위자와의 의사소통을 목표로 하며 이러한 이야기 방식은 "사회적 행동의 한 형태(eine Form sozialen Handelns)"로 정의된다(Norkowska, 2021: 496). 그렇기 때문에 크리스티안이라는 인물의 삶은 독일의 젊은 세대가 경험한 실제적 삶과 연관되며 감독은 크리스티안을 통해 통일 이후의 세대와 소통하는 것이다.

마트에 출근한 첫날 작업복을 입어보는 크리스티안의 손목에서 문신을 발견한 루디는 손님들에게 불쾌감을 줄 수 있으니 보이지 않게 하라고 일러준다. 크리스티안의 상반신에는 팔부터 어깨, 등에 이르기까지 크고 기괴한 모양의 문신이 그려져 있으며, 특히 등에는 까만 개와 흰 개가 양쪽에서 서로를 향해 으르렁거리는 문신을 하고 있다(장면 22). 이는 마치 흑과 백, 사회 부적응자와 적응자를 표현하는 듯하다. 마트에서 근무하는 내내 말 한 마디 없이 과묵하고 내성적으로 보이는 이미지와 달리, 크리스티안의 몸에 남겨진 문신은 그의 앞선 삶이 어떠했는지를 짐작하게 한다.

크리스티안에게 문신은 혼란스러웠던 유년 시절의 흔적이다. 그가 함께

그림 14-9 **크리스티안의 몸에 남아 있는 문신**

장면 20

장면 21

장면 22

어울렸을 것으로 보이는 친구들은 마트에 찾아와 "왜 연락을 피하냐"라며 화를 내고, 크리스티안에게 "모범 시민이라도 된 거냐"라며 비아냥거린다. 온통 문신으로 가득한 불량한 인상의 친구들은 사회 범죄를 주동하는 집단을 표상하며, 이들과 함께 유년 시절을 보낸 크리스티안 역시 정상적이지 않은 삶을 살아왔을 것이라고 추측할 수 있다.

크리스티안은 "친숙한 세계와 보호받는 유년 시절로부터의 작별"(Norkowska, 2021: 508)을 경험한 전환기 세대로, 그가 사는 집은 형광등도 제대로 달려 있지 않으며, 가족도 없이 혼자 지내는 그의 삶은 언제부터 시작되었을지 모를 외로움으로 가득하다. 결핍으로 가득한 크리스티안의 집을 두고 박태식 평론가는 "문화의 차이가 새로운 계급사회를 형성하고 있는 것"(2019)이라고 말한다. 크리스티안은 마트를 '집'이라고 표현하면서 자기가 머무는 집은 잠을 자기 위한 곳이라고 말한다. "하루 일을 마치고 매장을 나서면 밖은 완전히 다

그림 14-10 **크리스티안의 집 내부**

장면 23   장면 24

른 세상이다. 각자 자기 공간으로 간다. 마치 다음 날 다시 집으로 돌아오기 위해 깊은 잠을 자러 가는 것 같다"라는 크리스티안의 독백은 집에 대한 의미를 생각해 보게 한다. 누군가와 대화하며 관계를 맺는 곳, 서로 소소한 이야기를 공유하는 곳, 내가 할 수 있는 일과 해야 할 일, 역할과 임무가 주어지는 곳을 집이라고 정의한다면 크리스티안에게는 마트가 그러한 욕구를 충족시켜 주는 장소로 기능하는 것이다.

크리스티안의 정서적 결핍은 쓰레기 소각장에서 폐기한 음식을 게걸스럽게 입에 집어넣는 행위로 표현된다. 마트에서 유통기한이 지난 제품들은 모두 쓰레기장에서 소각된다. 루디는 "작업 끝나면 바로 들어가. 절대 먹으면 안 돼. 사장한테 걸리면 옷 벗어야 해"라고 경고한다. 그러나 이는 잘 지켜지지 않는다. 영화 후반부에 가서 크리스티안은 아예 다른 사람들을 신경 쓰지 않고 쓰레기통에 고개를 박은 채 허겁지겁 섭취한다. "우린 먹고 또 먹었다. 미친 듯이. 아무 생각 없이"라는 크리스티안의 독백처럼 온갖 크리스마스 장식과 상품들로 풍족함이 흘러넘치는 마트와는 대조적으로, 동물적인 태도로 아무 생각 없이 입 안에 음식물을 집어넣고 있는 그의 모습은 결핍에서 기인한 것으로 보인다. 외롭고 허기진 마음이 식욕으로 발현되어 그런 행동을 보인 것이다.

마리온을 보고 사랑에 빠졌지만 그녀가 결혼했다는 사실에 방황하고 혼란

그림 14-11 방황하는 크리스티안

장면 25

장면 26

그림 14-12 마리온의 집을 방문한 크리스티안의 모습

장면 27

장면 28

스러워하는 그의 모습은, 마치 한순간 부푼 꿈을 갖고 통일을 희망했지만 현실을 마주하자 혼란스러워하던 동독인들의 모습을 상징하는 듯하다. 마리온이 결혼했다는 사실을 알게 된 크리스티안은 연락을 끊고 지내던 친구들을 찾아가 정신을 잃을 정도로 술을 마신다. 이때 그의 혼란스러운 심리 상태는 마치 술에 취해 동공이 풀린 듯 초점이 흐릿한 장면으로 표현되며(장면 25), 크리스티안의 뒤에서 정신없이 싸우는 친구들의 모습(장면 26)은 갈등하는 그의 내면을 나타낸다.

병가를 내고 오랫동안 출근하지 않는 마리온이 걱정된 크리스티안은 꽃을 들고 마리온의 집을 찾아가서 남편이 출근한 것을 확인한 후 초인종을 누른다. 응답이 없자 거실 창문을 열고 집 안으로 들어가 곳곳을 살피던 그는 샤워를 하는 마리온의 모습을 훔쳐보다가 마리온이 인기척을 느끼자 급히 도망

간다. 마리온을 걱정하는 마음과 달리, 크리스티안의 모습은 마치 몰래 들어온 '침입자'(장면 27)이자 이내 자취를 감추는 '도망자'(장면 28)의 모습으로 표현된다. 이는 동독에서 유년 시절을 보낸 세대들이 통일 이후 사회에서 느끼는 소외감을 상징한다. 그들이 통일된 독일 사회에 온전히 초대받지 못한 '손님'처럼 겉돌거나 주류 사회에 편입되지 못한 채 회피하는 삶을 살아야 했다는 것을 나타낸다.

어릴 적 범죄를 저질렀지만 다행히 소년범이라 범죄 기록이 말소된 덕분에 크리스티안은 마트에 취직을 할 수 있었다. 매일 출근할 때마다 작업복을 입고 문신이 최대한 가려지도록 소매를 끝까지 잡아당겨 내린 후 거울 속에 비친 자신의 모습을 확인하는 그의 모습은 마치 의식을 치르는 듯 비장하기까지 하다. 마트에서의 실습은 사회 구성원으로서 인정받을 수 있기 위한 공식적인 절차에 해당된다. 마트에 취업하고 지게차 자격증을 따는 일련의 과정은 처음으로 사회 일원으로서 인정받는 경험이며, 자신의 존재 가치를 확인받는 상징적 의미를 지닌다. 동독인들에게 직장은 '삶의 공동체'이자 제2의 가족이 되어 서로 배려하고 협동하는 곳이라는 인식이 강했다(Richter, 1999: 20). 그렇기 때문에 가족이 없는 크리스티안에게는 마트 직원들의 응원은 큰 힘이자 위로가 되며 마치 아버지, 어머니, 삼촌 같은 느낌으로 내면의 공허함을 달래준다. 특히 브루노는 크리스티안을 정서적으로 안정시키는 역할을 한다. 크리스티안을 자신의 집에 초대한 그는 크리스티안의 과거에 대해 묻고는 "너 괜찮은 녀석이야. 다들 그렇게 생각해"라며 크리스티안을 진심으로 격려한다. 더불어 마리온과의 관계 역시 "그녀가 돌아오면 …… 너도 거기 있어야지, 그녀를 위해서. 기운 내"라고 말하며 아들을 바라보는 듯한 눈길을 보낸다. 정서적으로 결핍된 크리스티안을 이해한 브루노가 마트라는 공간에서 마리온과의 정서적 교감을 통해 안정을 찾을 수 있기를 바라는 마음이 느껴진다.

지게차 자격증을 딴 크리스티안은 실습 기간을 무사히 마친 뒤 정직원이 된다. 소외된 사회 계층의 외로움을 상징하는 이 인물은 마트라는 사회공동체의 일원으로서 제 역할을 할 수 있게 되었고, 반복되는 일상 속에서 '모범시민'으로 안정된 삶을 영위하게 되었다. 크리스티안은 통일 이후 30여 년이 지난 독일 사회에서 새로운 희망을 품은 젊은 세대의 모습을 표현한다. 이는 "동독의 첫 번째 베씨(die ersten Wessis aus Ostdeutschland)"라고 표현되는 "전환기 세대의 성공 스토리(die Erfolgsgeschichte der Wende-Kinder)"로 평가될 수 있다(Norkowska, 2021: 508).

4. 맺음말

지금까지 독일통일이라는 문화적 배경을 바탕으로 영화 〈통로들에서〉의 표현 기법과 인물들의 서사를 분석해 보았다. 영화의 주된 배경이 되는 '대형마트'는 수평적 시선으로 마트 직원들의 삶과 일상 공간을 비추었으며 수직적 시선을 통해 통일 이후 독일 사회의 자본주의적 계층구조를 상징한다는 것을 확인했다. 더불어 '브루노, 마리온, 크리스티안'으로 구분되는 세 개의 에피소드를 중심으로 통일 이후의 삶이라는 관점에서 인물들의 삶을 해석해 보았다.

브루노의 삶을 통해 통일은 그 시대를 직접 경험한 구동독의 세대들에게는 정체성이 붕괴될 만큼 강력한 변화였고, 그 속에 수동적으로 놓인 개인은 반복되는 일상을 살아가지만 폭풍 속의 눈처럼 격렬한 고독과 외로움을 겪어왔다는 것이 브루노의 삶을 통해 나타난다. 더불어 마리온으로 대표되는 동독여성들은 통일 이후 실직 증가와 경제활동의 제약 등으로 주체성을 상실한 채 속박된 삶을 살게 되었다. 유년 시절에 통일을 경험한 세대인 크리스티안은 가족의 해체와 상처로 얼룩진 유년기를 보냈으나, 사회 구성원으로서 사회에 편입되어 살아가려는 의지와 희망을 품을 개인을 대표한다.

이들에게 마트는 온 세상으로 표현된다. 이곳은 누군가에게는 '집'이 되기도 하고 '휴가지'가 되기도 하며, 그들이 일하는 작업장은 '시베리아'가 되기도 하고 '바다'가 되기도 한다. 새벽 근무를 하며 좋아하는 음악을 틀고, 지게차를 조종하면서 파도 소리를 느끼는 이들의 낭만적인 모습은 통일독일 사회에 대한 여전한 희망을 표현한다. 이 영화는 단순히 구동독 시절에 대한 그리움이나 향수를 그려내는 것이 아니라, 다양한 세대의 삶을 통해 통일 이후의 삶의 모습을 다각도로 그리고 있다. 더불어 통일이 단순히 동독인과 서독인의 문제가 아니라 개개인의 경험과 상황에 따라 다양한 의미가 있고, 저마다 다른 영향을 받았고 받을 수 있음을 강조한다.

● 참고문헌

김누리. 2005. 「[역비논단] 통일독일의 사회문화 갈등」. ≪역사비평≫, 73.

도기숙. 2005. 「통일이후 동독여성이 겪는 사회·문화 갈등: 한반도 통일을 대비한 교훈」. ≪한국여성학≫, 21(1).

박태식. 2019.3.1. 「[영평이 추천하는 이 작품] 부르노는 어디로 갔을까? '인 디 아일'」. ≪텐아시아≫. http://tenasia.hankyung.com/movie/article/2019030105714(검색일: 2021.8.2).

변학수·채연숙. 2004. 「몽타주인가 클로즈업인가: 독일영화와 한국영화의 의미구상의 형식」. ≪독어독문학≫, 45(4).

윤시향. 1998. 「현대 영화가 받아들인 브레히트: 영화에서의 '생소화 효과'」. ≪브레히트와 현대연극≫, 56.

이주봉. 2016. 「뉴밀레니엄 전환기의 독일영화: 베를린파 영화를 중심으로」. ≪현대영화연구≫, 12(3).

Denzin, Norman K. 2003. "Reading Film – Filme und Videos als sozialwissenschaftliches Erfahrungsmaterial." In Uwe Flick(Hg.). *Qualitative Forschung*(Ein Handbuch.2). Auflage, Reinbek bei Hamburg.

Hünniger, Andrea H. 2018.5.23 "Thomas Stuber: "Es geht um Empathie, ohne den Osten zu verklären". " *Zeit Online*. https://www.zeit.de/kultur/film/2018-05/thomas-stuber-in-den-gaengen-interview(검색일: 2021.8.13).

Jilovsky, E. and Lewis, A. 2015. "The 1.5 Generation's Memory of the GDR: Child Victims Testify to the Experience of Forced Exile." *German Life and Letters*, 68(1).

Kröplin, R. 1999. "Das Selbstbild ostdeutscher Frauen." *Ostdeutsche Biographien. Lebenswelt im Umbruch*.

Landua, D., W. Zapf. 1991. "Deutschland nach der Wiedervereinigung: zwei Gesellschaften, eine Nation: zum Stand des gesellschaftlichen Transformationsprozesses." *Informationsdienst Soziale Indikatoren*, 6.

Mau, S. 1994. "Der demographische Wandel in den neuen Bundesländern: Familiengründung nach der Wende: Aufschub oder Verzicht?" *Zeitschrift für Familienforschung*, 6(3).

Norkowska, K. 2021. "Generationsspezifische Erzählmuster?: Die DDR in Texten von Autorinnen und Autoren der Aufbau-Generation, der Entgrenzten Generation und der Wende-Kinder nach 1989." *Zeitschrift für Germanistik*, 31(3).

Schrör, M. 2008. "Einleitung: Die Soziologie und der Film." *Gesellschaft im Film*.

Silbermann, Alphons. 1980. "Zur soziologischen und sozialpsychologischen Analyse des Films." In Michael Schaaf and Gerhard Adam(eds.). *Filmanalyse. Grundlagen, Methoden, Didaktik*. München.

지은이

김면회

서강대학교 정치외교학과를 졸업하고, 독일 베를린 자유대학교에서 박사학위를 받았다. 2005년 한국외국어대학교 정치외교학과에 부임한 이래 한국유럽학회, 한국독일정치학회 및 비교민주주의학회 회장을 역임했다. 주요 관심 분야는 독일 및 유럽의 정당정치이고, 최근에는 새롭게 부상하고 있는 '신사회계약론(New Social Contract)' 연구에 몰두하고 있다.

논문으로 「극우 포퓰리즘 정당 '독일을 위한 대안당'의 성장과 한계: 이슈정당 논의를 중심으로」(2022), 「틈새정당과 정당민주주의: 독일의 경우」(2019), 공저로 『한반도 통합과 동북아 평화의 미래: 독일 통일 사례를 중심으로』(2021), 『유럽의 타자들』(2019), 『유럽의 민주주의: 새로운 도전과 과제』(2014) 등이 있다.

김영찬

서울대학교 경영학과를 졸업하고 동 대학원에서 석사학위, 한국외국어대학교에서 국제지역학 박사학위를 받았다. 한국은행에서 근무하는 동안 독일 마르부르크 대학교에서 수학했고, 프랑크푸르트사무소 주재원과 소장을 지냈다. 이후 대외경제정책연구원(KIEP)의 통일국제협력팀 초청연구위원으로 근무하며 독일 할레경제연구소와의 공동연구에도 참여했다. 현재 인천대학교 통일통합연구원 객원연구원으로 있다.

저서로 『독일 통일 과정에서 독일마르크화, 독일연방은행의 역할』(2017), 『통일 후 남북한경제 한시분리운영 방안: 통화·금융·재정분야』(주 저자, 2016), 『중국·베트남 금융개혁이 북한에 주는 함의』(공저, 2015), 『독일견문록』(2005), 논문으로 "Policy Measures for SMEs in Eastern Germany"(2018), "Economic and Social Integration in Germany"(2017) 등 동서독, EU 및 남·북한 경제·통화통합에 관한 다수의 저서와 논문이 있다.

김호균

서울대학교 경제학과를 졸업하고, 독일 브레멘 대학교 경제학과에서 석사 및 박사 학위를 받았다. 한독경상학회 회장, 경실련 상임집행위원장, 대통령자문 정책기획위원, 국제교류재단 해외 파견 교수(독일 베를린 자유대학교) 등을 역임했다. 현재 명지대학교 명예교수이다.

저서로 『독일의 사회적 시장경제』(2018), 경제정책론』(2016), 『한국 신자유주의 꼼수경제학 비판』(2014), 『제3의길과 지식기반경제』(2001), 『신정치경제학개론』(1993), 역서로 『정치경제학 비판을 위하여』(2019), 『정치경제학 비판 요강』(2000), 논문으로 「독일의 '사회국가 4.0'에 관한 연구」(2019), 「독일의 고용기적과 사회시장경제」(2015), 「경제정책의 질서정합성에 관한 연구」(2008), 「독일 사회경제개혁의 현실적, 이념적 배경」(2006) 등이 있다.

류신

중앙대학교 독어독문학과를 졸업하고, 독일 브레멘 대학교에서 독일 현대시 연구로 박사학위를 받았다. 현재 중앙대학교 유럽문화학부 독어독문학과 교수로 재직하고 있다. 2000년 ≪경향신문≫ 신춘문예 평론이 당선된 후 한국문학과 독일문학, 시와 회화를 비교하는 연구에 집중하고 있고, 최근에는 색채 인문학, 독일 미술사 등으로 연구 지평을 확장하고 있다. 2015년 한국독일어문학회 '올해의 논문상'을 수상했다.

저서로 『말하는 그림』(2018), 『시와 시평』(공저, 2017), 『색의 제국. 트라클 시의 색채미학』(2016), 『서울 아케이드 프로젝트: 문학과 예술로 읽는 서울의 일상』(2013), 『독일 신세대 문학』(공저, 2013), 『장벽 위의 음유시인 볼프 비어만』(2011), 『수집가의 멜랑콜리』(2010), 『통일 독일의 문화변동』(공저, 2009), 『다성의 시학』(2002) 등이 있다.

마이케 네도(Maike Nedo)

1971년 켐니츠에서 출생했다. 라이프치히 대학교에서 독문학, 영문학, 연극학 전공을 전공하고 작가, 저널리스트로 활약하고 있다. ≪디 차이트(Die Zeit)≫ 등에 글을 기고하고 있으며, 아우프바우 출판사(Aufbau Verlag), 호프만 운트 캄페(Hoffman und Campe), 링크스 출판사(Links Verlag) 등의 원고 편집인(Lektorin)이다.

배기정

한국외국어대학교 독일어과를 졸업하고, 독일 마르부르크 대학교에서 박사학위를 받았다. 현재 독일고등교육진흥원(DAAD)이 지원하는 중앙대학교 독일유럽연구센터 연구교수로 재직 중이다.

저서로 『독일 신세대 문학』(공저, 2013), 『변화를 통한 접근』(공저, 2006), 역서로 『탈학습, 한나 아렌트의 사유방식』(공역, 2016), 논문으로 「알프레드 되블린의 미래소설 『산, 바다, 거인』에 그려진 탈인격적 인간의 형상화」(2022), 「패자의 표상에 새겨진 '선한 유럽인': 슈테판 츠바이크의 유럽비전과 현재적 의미」(2014), 「제3의 요소: '하나의 유럽'을 위한 독일 전기낭만주의자들의 문화적 유럽기획」(2013) 등이 있다.

백민아

성균관대학교 독어독문학과를 졸업하고, 서울대학교에서 박사학위를 받았다. 현재 서울대학교 독어교육과 강사이자 동 대학교 교육종합연구원(재외교육지원센터) 연구원으로 재직 중이다. 독일 통일과 통일문학, 상호문화적 관점에서의 문학과 문화교육 등을 연구하고 있다.

논문으로 「영화 〈소피 숄의 마지막 날들〉의 문화 교육적 가치 고찰」(2022), 「영화 〈통로들에서〉에 나타난 독일 통일: 통일 이후의 삶을 중심으로」(2021), 「이주자의 시선으로 바라본 '출신'의 상대적 의미 고찰: 사샤 스타니시치의 『출신』 속 장소를 중심으로」(2020), 「공감 교육을 위한 독일 전환기 문학의 가치」(2019)가 있다.

베티나 에프너(Bettina Effner)

뮌스터 대학교, 베를린 대학교에서 사학과 독문학을 전공했고, 기센대학교 역사학 박사학위를 받았다. 현재 베를린장벽재단(Stiftung Berliner Mauer) 부단장이며, 동시에 베를린장벽재단 소속의 마리엔펠트 긴급수용소 기념관(Erinnerungsstätte Notaufnahmelager Marienfelde)의 관장이다.

주요 저술로 *Flucht im geteilten Deutschland: Erinnerungsstätte Notaufnahmelager Marienfelde* (2005), *Der Westen als Alternative: DDR-Zuwanderer in der Bundesrepublik und in West-Berlin 1972-1989/90* (2020)이 있다.

볼프강 엥글러(Wolfgang Engler)

베를린 훔볼트 대학교에서 철학을 전공하고 박사학위 취득했다. 현재 베를린 에른스트 부슈 예술대학교 교수로, 총장을 지냈다. 하노버 대학교, 프랑크푸르트 대학교, 세인트갈렌 대학교 등에서 강의했으며, ≪디 차이트≫ 문예란의 객원 편집자이다. 저서로 *Die Ostdeutschen: Kunde von einem verlorenen Land*, *Die Ostdeutschen als Avantgarde*, *Wer wir sind: Die Erfahrung, ostdeutsch zu sein* 등이 있다.

신광영

서울대학교 사회학과를 졸업하고, 미국 미네소타 대학교 사회학 석사, 위스콘신 대학교 사회학 박사학위를 받았다. 현재 중앙대학교 사회학과 CAU-펠로우(CAU-Fellow)로 재직 중이다. 전공 영역은 노동, 사회불평등과 비교정치경제학이다.

저서로 『성공의 덫에 빠진 대한민국: 역진적 선별복지의 정치·경제적 궤적』(공저, 2022), 『한국의 불평등』(공저, 2022), 『교육, 젠더와 사회이동』(공저, 2021), *Precarious Asia: Global Capitalism and Work in Japan, South Korea, and Indonesia* (공저, 2021), 『스웨덴 사회민주주의 연구: 노동, 복지와 정치』(2015), 『세계화와 생활세계 구도변동』(공저, 2014), 『한국 사회 불평등 연구』(2013), 『세계화와 소득불평등』(공저, 2007), 『한국의 계급과 불평등』(2004), 『한국 사회의 계급론적 이해』(공저, 2003), 『동아시아의 산업화와 민주화』(1999), 『계급과 노동운동의 사회학』(1994) 등이 있다.

안성찬

서강대학교 독어독문학과를 졸업하고, 독일 레겐스부르크 대학교에서 독문학, 철학, 예술사를 연구했다. 서강대학교에서 숭고의 미학 연구로 박사학위를 받았다. 현재 서울대학교 인문학연구원 교수로 재직 중이다. 포스트모더니즘, 독일 미학, 독일과 서양 근현대 문학이론, 매체이론, 독일통일과 통일 이후 독일의 사회상, 18세기 독일 문화 등을 중점적으로 연구해 왔다.

저서로 『문명 밖으로』(공저, 2011), 『문명 안으로』(공저, 2011), 『통일 독일의 문화변동』(공저, 2009), 『이성과 감성의 평행선』(2004), 『숭고의 미학』(2004), 역서로 『매체이론의 지형도』(2018) , 헤르더의 『인류의 교육을 위한 새로운 역사철학』(2011), 니체의 『즐거운 학문』(2005) , 논문으로 「독일 통일의 사례를 통해 본 한반도 통일의 과제 1」(2016), 「포스트모더니즘과 독일 문예이론」(2016)이 있다.

이동기

서울대학교 서양사학과를 졸업한 뒤 동 대학원에서 석사학위를 받고 박사과정을 수료했다. 독일 예나 대학교 사학과에서 독일통일 연구를 주제로 박사학위를 받았다. 독일 본 대학교 아시아학부 연구원과 서울대학교 통일평화연구원 HK연구교수, 강릉원주대학교 사학과 교수, 독일 튀빙겐 대학교 방문교수 등을 지냈다. 현재 강원대학교 일반대학원 평화학과 교수로 재직하고 있다. 강원대학교 통일강원연구원 원장을 지냈으며, 현재 통일부 정책자문위원과 강원도 남북교류자문위원회 위원, 대한민국역사박물관 운영자문위원을 맡고 있다. 주요 연구 영역은 냉전사와 유럽현대사, 평화이론 및 사상, 과거사 정리, 공공역사 등이다.

저서로는 『비밀과 역설』(2020), 『현대사 몽타주』(2018), 『20세기 평화텍스트 15선』(2013), *Option oder Illusion?: Die Idee einer nationalen Konföderation im geteilten Deutschland 1949-1990* (2010) 등이 있다.

조성복

연세대학교 경제학과를 졸업하고, 두이스부르크-에센 대학교에서 정치학 석사학위를, 퀼른 대학교에서 정치학 박사학위를 받았다. 현재 중앙대학교 독일유럽연구센터 연구교수이다. 주독일 대한민국대사관 전문연구관, 대한민국 국회 정책비서관 및 정책연구위원으로 근무했고, 국민대학교·성공회대학교·경인교육대학교 등에서 강의했다. 최근에는 학생 및 시민들과의 소통을 강화하기 위해 '조교수의 사치'라는 유튜브 계정을 개설했다.

저서로 『누가 그들에게 그런 권리를 주었는가?: 미래 세대를 위한 정치제도 개혁』(2022), 『연동형 비례대표제란 무엇인가』(2020), 『독일 연방제와 지방자치』(2019), 『독일 사회, 우리의 대안』(2019), 『독일 정치, 우리의 대안』(2018), 『탈냉전기 미국의 외교·안보정책과 북한의 핵정책』(2011), *Die Außen- und Sicherheitspolitik der USA und Nordkoreas* (2008) 등이 있다.

옮긴이

김은비 한·독 통번역사
손여원 한·독 통번역사

한울아카데미 2408
독일유럽연구총서 제6권

미완의 독일통일

독일통일 30년을 돌아보며

ⓒ 김면회·김영찬·김호균·류신·마이케 네도·배기정·백민아·
   베티나 에프너·볼프강 엥글러·신광영·안성찬·이동기·조성복, 2022

기   획 ┃ 중앙대학교 독일유럽연구센터
지은이 ┃ 김면회·김영찬·김호균·류신·마이케 네도·배기정·백민아·
        베티나 에프너·볼프강 엥글러·신광영·안성찬·이동기·조성복
펴낸이 ┃ 김종수
펴낸곳 ┃ 한울엠플러스(주)
편집책임 ┃ 최진희

초판 1쇄 인쇄 ┃ 2022년 11월 21일
초판 1쇄 발행 ┃ 2022년 11월 30일

주소 ┃ 10881 경기도 파주시 광인사길 153 한울시소빌딩 3층
전화 ┃ 031-955-0655
팩스 ┃ 031-955-0656
홈페이지 ┃ www.hanulmplus.kr
등록번호 ┃ 제406-2015-000143호

Printed in Korea.
ISBN 978-89-460-7409-5 93920 (양장)
        978-89-460-8224-3 93920 (무선)

※ 책값은 겉표지에 표시되어 있습니다.
※ 무선 제본 책을 교재로 사용하시려면 본사로 연락해 주시기 바랍니다.